图解
经典 *11*

以现代手法诠释千年中国哲学经典

图解庄子

读懂庄子的智慧

庄子/原著

紫图/编绘

南海出版公司

2007·海口

梦蝶图　刘贯道绘　绢本　水墨设色　元代

　　庄子梦见一对蝴蝶正在梦见他（庄子）。此图取材于"庄周梦蝶"典故，相传为元代官廷画师刘贯道所绘，笔法细利削劲，晕染有致。此画表现的是：炎炎夏日的绿树荫下，庄子坦胸仰卧于石床之上，酣然入睡。睡梦之中的庄子，迷迷糊糊梦见自己变成了蝴蝶，悠闲自在地飞舞在花丛中，忘记了自己原来是庄周。忽然梦醒，却不知是庄周梦见了蝴蝶，还是蝴蝶梦见了庄周。上方绘有一对翩翩飞舞的蝴蝶，正好点明画题，体现了庄子思想中物我合一，自在逍遥的境界。

庄子的书案

仰卧的庄子，头抵一张八仙桌，桌上置有书籍、笔砚、盆花、琴和酒。这些极具道家特色的陈设，体现了庄子以诗书自娱的精神生活。

童子

在这和谐又自由的天地中，小童子抵树根而眠，完全融入和谐的自然中，或许也在做着蝴蝶飞舞的梦呢。

做梦的庄子

庄子坦胸仰卧，手拿扇子，鼾然入梦，体现出悠然自得之状。庄子在梦中忘记了自己，让蝴蝶和自己合而为一，体味着绝对的逍遥游。

梦中的蝴蝶

一对正梦见庄子的蝴蝶，翩翩飞舞，自由自在，正是庄子逍遥游的物化形象。

古树与青藤

古树自然斜生，枝干遒劲，针叶细密，有滴翠之韵；一根青藤缠绕树干，攀援而上，暗示了幽静而神秘的逍遥美妙之境。

庄子洗漱处

画中一角，摆放着庄子的水桶和洗漱盆，自然质朴。这些生活用品的出现，意味着即便是在日常生活中，他也恒守精神的逍遥和自在。

编者序

追寻自由的灵魂

　　春秋战国时代，百家竞起，学派纷纭，开创了我国思想史上的黄金时代。在诸子百家中，庄子是道家学派的集大成者，他用文学的形式，表达出哲学体系的复杂性和诡论性，超过了任何诸家。在文学上，《庄子》的独特风格是后世浪漫主义创作的思想源泉。在哲学上，则直接激发了魏晋玄学及禅宗的思辨。中国哲学史上的主要论题和基本观念，不少也是引发于《庄子》。另外，在美学、绘画等方面，《庄子》也影响至深。可以说，《庄子》作为中国古代的经典，已经深深植入中国文化和每个中国人之间。

　　《庄子》一书多是用寓言故事、圣哲之言和荒诞之语来表达深刻的哲理，读起来十分有趣；但由于是古文，后世对《庄子》的解读多是以注庄来解庄，带有太多的学术气味，让人进入玄而又玄之境，远离了我们的生活，使普通人很难理解其思想真谛。以至于人们对《庄子》的了解多是"逍遥"、"齐物"等的概念性认识，只知其然而不知其所以然。因此如何用这些哲理来解读我们的人生、影响我们的人生，是《庄子》最现实的意义所在。

　　高速运转的当代社会，让我们如棋子一样，迷失了生活的目的和意义。对外在世界的执著追求和世俗的价值观，让我们的生活越来越沉重，在成功后的辛酸和失败后的痛苦中，我们挣扎着。而《庄子》中以冷眼观世的哲理，正是我们现在需要跳出世俗，为自己的心灵寻找自由的一剂良方。

　　为了让读者能更好地对《庄子》有深刻的感悟，读出真正的"逍遥"，并对自己的人生有所帮助，我们出版了《图解庄子》这本书，这本书对庄子的主要思想作了梳理，将《庄子》三十三篇分为逍遥游、齐物论、养生经、人间世、论大道、政治观六大部分。每个部分下面对最能代表庄子思想的篇章，结合当下社会现状，进行了深入的阐述和讲解。能够让您对庄子核心思想中的"逍遥游"、"齐物论"等有总体的把握，对人生的现状有一另类视角的解读。让您的心胸更宽广，让您的思想更深邃，让您的心灵更自由。

本书最具特色且最让我们引以为豪的地方，是通过一张张生动的图解与表格，使您能够准确又轻松地掌握我们所想要传达的重点，您不会再有枯燥乏味之感。最重要的是这种全新的体验，或许会让您对这个世界看得更宽阔、更清晰。

在我们最初"图解"这本书时，也曾有过诸多的困惑。譬如：

● 如何重新诠释《庄子》的思想？

● 如何用图画和图表来解析庄子的寓言？

● 如何让庄子的思想和当今社会相联系？

● 如何让人们真正体会到"逍遥"？

作为本书的编者，我们在编写过程中，尽量广泛地搜集资料，参考各方观点，使其内容更加丰富，哲理更清晰易懂。另外，结合现实生活，使庄子的思想离我们更近，能够对我们的人生有所帮助。但由于编者能力水平有限，且某些资料也很难搜集齐全，我们在编写本书时，难免有一些疏漏，有些观点也有待商榷。

我们诚恳地希望读者能提出宝贵意见，以便我们在此基础上更上一层楼，为读者带来更好的阅读享受。

编者谨识
2007年6月

目录 ....

第1章 ...... 揭秘庄子其人其书

第2章 ...... 逍遥游

第7章······政治观

《庄子》思想结构图

1 逍遥游

中心思想是至人无己，神人无功，圣人无名。像姑射山神人一样，乘云气，驾飞龙，遨游于四海之外。

3 养生经

中心思想是像庖丁解牛一样游刃有余地生活。方法是心斋、坐忘，根本是缘督以为经。

《庄子》中心思想有

逍遥、齐物、
养生、无为等。

5 论大道

中心思想是大道无处不在，要想达到真人、至人之境，必须靠个人去体悟。

❷ 齐物论

中心思想是"天地与我并生，万物与我为一"，从道的角度看，一切事物都是通而为一的。

❹ 人间世

中心思想是人世间复杂多变，面对这些，要外化而内不化。

❻ 政治观

中心思想是天下不是管出来的，只有无为才能无不为。

本书阅读导航

本节主标题
本节所要探讨的主题

书名与章节序号
本书每章节分别采用不同色块标识，以利于读者寻找识别。同时用醒目的序号提示该文在本章下的排列序号。

7

魏晋风度

《庄子》与玄学

魏晋时期的士人是中国历史上最特殊的士人，他们的思想根基来源于《庄子》，在用庄的同时也发展了《庄子》，形成一个新的哲学派别——玄学，后世称此时风潮为"魏晋风度"。

● **玄学历程**

两汉经学至东汉末年已溃不成军，随着士人群体意识的自觉以及三国魏时曹氏父子政治方略的转变，清谈玄虚之风勃然而起。老、庄之学特别是庄子学说开始在文化领域乃至名士生活中扮演主角。总览魏晋二百年历史，玄学清谈大抵经历了"正始名士"、"竹林名士"、"中朝名士"和"江左名士"四段历程。形成了独具特色的"魏晋风度"。

"正始名士"中的代表人物何晏、王弼更重《老子》《易经》而略《庄子》。"竹林名士"中的嵇康、阮籍等，虽然仍是老、庄并谈，但其侧重点已渐由重老转向重庄，期望以自然统率名教，使名教复归于自然。他们向慕自然、追求自由散漫的人格境界、心性情怀与庄子非常接近。"中朝名士"的代表王衍、乐广、郭象等转向自然与名教的合一，乃至推崇名教而否定自然，从而形成对正始特别是竹林精神的背离；而此期谈风，更具有脱离现实而虚无玄远的特点。东晋偏安的"江左名士"代表王导、庾亮、谢安等，身居高位，推波助澜，使得正始之音绵延不绝，庄、老之学日趋转盛。然而，随着人们对外在自然的关注以及一批高僧和兼通佛理之名士的崛起，名士风貌与玄学内容也悄然发生了转变。

● **玄学对《庄子》的影响**

在玄学演进的过程中，《庄子》传播范围空前广泛，对打破两汉繁琐经学的统治、揭露名教礼法的虚伪面目起了积极作用。庄子哲学成为玄学演进的直接推动力，使得此期哲学思辨得以迅速上升；东晋名士之玄释合流、以佛解庄，则为传统庄学注入了新质。庄学也养育了自由开放、热爱自然，以颖悟、旷达、真率、放浪为特点的名士精神，拓展和提升了魏晋名士的审美天地和审美情操。魏晋名士在发展和深化庄学的同时，也对《庄子》作了不少歪曲和错误的解读，整个庄学至此基本定型，其原始义与玄学新义一起对此后千年的中国文化产生了巨大影响。

28

图解标题

针对内文所探讨的重点，进行图解分析，帮助读者深入领悟。

魏晋风度——庄子思想影响的见证

玄学历程

魏晋时期，士人自由放旷，对庄子思想的运用与发挥也达到极致，产生了新的哲学流派——玄学。总览魏晋二百年历史，玄学大抵经历"正始名士"、"竹林名士"、"中朝名士"和"江左名士"四段历程，形成了独具特色的"魏晋风度"。

图表

将隐晦、生涩的叙述，以清楚的图表方式呈现。此方式是本书的精华所在。

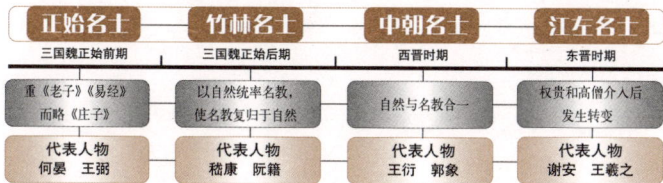

正始名士	竹林名士	中朝名士	江左名士
三国魏正始前期	三国魏正始后期	西晋时期	东晋时期
重《老子》《易经》而略《庄子》	以自然统率名教，使名教复归于自然	自然与名教合一	权贵和高僧介入后发生转变
代表人物 何晏 王弼	代表人物 嵇康 阮籍	代表人物 王衍 郭象	代表人物 谢安 王羲之

魏晋名士

魏晋玄学的历程中，先后出现了许多留名青史的名士，最有名者当属竹林七贤、谢安和王羲之。

谢安，东晋著名政治家。年轻时曾在上虞的东山筑庐蛰居，过着闲适的隐居生活。年过不惑时，受命于朝廷危难之际，开始了他中年以后二十年的政治生涯。公元383年，指挥与前秦淝水一战，大获全胜，给中国战争史写下了以少胜多的辉煌一页。

谢安

竹林七贤

竹林七贤是指三国魏时七位名人嵇康、阮籍、山涛、向秀、刘伶、阮咸、王戎的合称。他们常集于山阳（今河南修武）竹林之下，肆意酣畅，故世称竹林七贤。他们大多崇尚老庄之学，不拘礼法，生性放达。

魏晋名士

插图

较难懂的抽象概念运用具象图画表示，让读者可以尽量理解原意。

王羲之，东晋伟大的书法家，被后人尊为书圣。永和九年（公元353年）三月三日，王羲之与谢安、孙绰等人，在山阴（今浙江绍兴）兰亭"修禊"，作《兰亭序》，被称为"天下第一行书"。

修禊   **相关链接**

东晋风俗，在每年阴历的三月三日，人们必须去河边玩一玩，以消除不祥。

王羲之

相关链接

本书的名词及概念的解说。

揭秘庄子其人其书

《庄子》与玄学

29

第1章

揭秘庄子其人其书

庄子是一位乱世隐者，看遍天下之书，以出世之态冷眼观世。他用诗人的才气，留一部《庄子》，借寓言、重言和卮言构筑起"道"之大厦，影响了中国的哲学、文学、美学等诸多门类，更影响了无数人的生活和灵魂。

百家争鸣的乱世战国

庄子的时代

1

庄子所处的年代，一方面社会正经历着剧烈的动荡，战争频发、生灵涂炭；另一方面也正值百家争鸣的黄金时代。

《庄子·天下》篇中论述了墨子、禽滑厘、宋钘、尹文、彭蒙、田骈、慎到、关尹、老聃、庄子共五派十子，附带叙及名家的惠施和公孙龙等。其实除此之外，还有儒家的孟子和荀子、阴阳家的邹衍、法家的韩非子等等。这就是后世所称道的"百家争鸣"。

战国（公元前475年～公元前221年）时期，随着社会生产力的发展，新旧阶级之间和各阶级、阶层之间的斗争复杂而又激烈。过去的政府办学变成了私人讲学，有知识、有学问的人多起来。他们以"士"的身份出现在历史舞台上，就是现在的知识分子阶层。同时，各诸侯为逐鹿中原，十分需要知识分子，因而"养士"之风盛行。各诸侯对"士"往往采取宽容的政策，允许学术自由。因此，各家各派的著作如雨后春笋般涌现出来。各种观点杂然并存，各种针锋相对的辩论时有发生。一时呈现出"百家争鸣"的局面。

所谓"百家"，主要有儒家、道家、墨家、法家、阴阳家、名家、纵横家、兵家、农家、杂家等等。其中有儒、墨之争，儒、法之争，儒、道之争等，就是在各家的内部也有不同派别的争论，他们都从自己的立场出发，提出救世的主张。儒家代表孟子先后与墨家和杨朱争辩。道家代表庄子继承和发展了老子关于"道"的哲学思想，超越了任何知识体系和意识形态的限制，站在人生边上来反思人生，对儒家的学说进行了诙谐的讽刺。法家代表韩非总结了商鞅的"法"、申不害的"术"、慎到的"势"，使法家的理论趋于完善，开始对儒家比较系统的批判。

在诸子百家相互诘难，进行激烈论争的同时，各家之间还有相互影响的一方面。如道家、法家之间，儒家、法家之间，儒家、道家之间都有相互借鉴之处。诸子百家的相互影响到战国后期更为明显，由于政治上统一已成为大势所趋，"百家争鸣"渐渐转入了总结阶段，此时，吕不韦所著的《吕氏春秋》就把百家之言融合在一起，为百家争鸣的局面画上了句号。

战国百家争鸣图

战国时期，各诸侯竞相争雄，为吸引人才，对知识分子采取宽容政策，允许学术自由，由此出现了百家争鸣的局面。代表人物主要有儒家的孟子和荀子、墨家的墨子、道家的庄子、法家的韩非子等等。他们之间既相互争辩又相互影响，在中国的思想文化史上留下了浓重的一笔。

吕不韦：（秦国）
门派：杂家
思想核心：诸子兼有，调和了儒、道、法家
代表作：《吕氏春秋》

李悝：（魏国）
门派：法家
思想核心：赏必行、罚必当，尽地力、平籴法
代表作：《法经》

公孙龙：（赵国）
门派：名家
思想核心：白马非马、坚白石离
代表作：《公孙龙子》

孙膑：（齐国）
门派：兵家
思想核心：国富才能兵强、事备而后动、以"道"制胜、必攻不守
代表作：《孙膑兵法》

邹衍：（齐国）
门派：阴阳家
思想核心：五德终始说、大九州说
代表作：《邹子》《邹子终始》

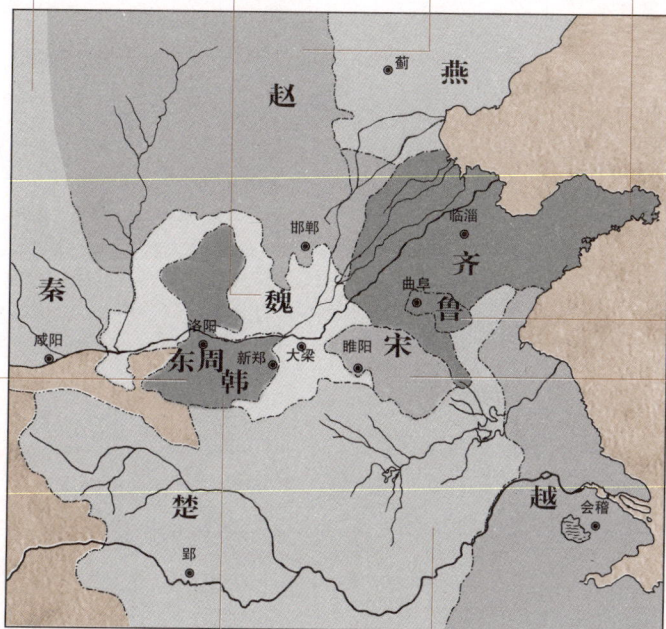

赵　燕
蓟
邯郸　临淄
秦　魏　齐鲁
咸阳　洛阳　曲阜
东周　新郑　大梁　宋
韩　睢阳
楚　越　会稽
郢

孟子：（鲁国）
门派：儒家
思想核心：仁政、性善论
代表作：《孟子》

苏秦：（东周）
门派：纵横家
思想核心：合纵
代表作：《苏子》

韩非：（韩国）
门派：法家
思想核心：法、术、势
代表作：《韩非子》

许行：（楚国）
门派：农家
思想核心：种粟而后食、市贾不贰
代表作：《神农》

庄子：（宋国）
门派：道家
思想核心：逍遥、齐物、无为
代表作：《庄子》

墨子：（鲁国）
门派：墨家
思想核心：兼爱、非攻、勤俭、节约、名副其实
代表作：《墨子》

揭秘庄子其人其书

庄子的时代

乱世隐者

庄子其人

这位曾经梦蝶而不辨蝴蝶与自己的先哲，最大的梦想是做泥塘里一只自由自在的乌龟。生当乱世，他弃漆园小吏，站在常人难以达到的宇宙之巅冷眼观世，想为人类万物求得一种合理的生存状态。留一部《庄子》，幽默诙谐中道尽人生真谛。

● 白描庄子

庄子（约公元前369～公元前286年），名周，字子休，宋国蒙（今河南商丘）人。自幼家境贫寒，曾经做过宋国的漆园吏。他一生淡泊名利，主张修身养性、清静无为。因为世道污浊，所以他退隐；因为有黄雀在后的经历，所以他与世无争；因为人生有太多不自由，所以他强调率性。他主张精神上的逍遥自在，试图达到一种不需要依赖外力而能成就的一种逍遥自在境界；认为宇宙中的万事万物都具有平等的性质，人应融入于万物之中，从而与宇宙相终始；提倡护养生命的主宰是要顺从自然的法则，要安时而处顺；要求重视内在德性的修养，德性充足，生命自然流注出一种自足的精神力量。他所著的《庄子》，想象丰富，语辞华美，气势壮观，文章极富有寓意，生动而思辩性强。

● 庄子生卒

由于庄子生不显赫，乃乱世隐士，所以关于他的生卒年代，史籍中没有明确记载。能够据以判断的文献资料，一是《史记》的大概说明，即与梁惠王、齐宣王同时和楚威王想请庄子为相来判断。二是《庄子》的有关内证，就是以书中提到的魏惠王、惠子、宋王偃、公孙龙、赵惠文王等推断。其他还有晋人李颐说与齐泯王同时，南宋朱熹说比孟子晚几年等。近代学者据以上线索，对庄子生卒年分别画出一个大致的时限。学术界普遍采用的是马叙伦《庄子年表序》所谓公元前369～公元前286年之说。

● 庄子故里

近年来，河南商丘、安徽蒙城、山东东明都邀集学者开会研讨，说其地是庄子故里，真是聚讼纷纭、莫衷一是。关于庄子故里，最早、最有权威的记载是司马迁的《史记·庄子传》，说庄子为战国中期蒙人。至于蒙地在战国时属于哪个国家，或许在他看来，当时的人都十分清楚，毋庸赘言。没想到正是在这一点上，后世意见分歧，先后出现宋之蒙、梁之蒙、齐之蒙、楚之蒙、鲁之蒙诸说。

庄子的生平

庄子生卒

由于庄子生不显赫，乃乱世隐士，所以关于他的生卒年代，史籍中没有明确记载。近代学者们只有根据《史记》和《庄子》中的一些内容大概推出庄子的生卒之年。

提出者	生年	卒年	出处
梁启超	公元前370年左右	公元前310～前300年	《先秦学术年表》
马叙伦	？～公元前369年	公元前298～前286年	《庄子年表序》
闻一多	公元前375年	公元前295年	《古典新义·庄子》
钱 穆	公元前368年或稍后	公元前298年或稍后	《先秦诸子系年通表》
陈元德	约公元前350年	公元前270年左右	《中国古代哲学史》

学术界普遍认同此说

庄子故里

庄子是名人，又是说不清楚的人，其故里自然就有很多说法，因此就各说其由。主要有宋之蒙、梁之蒙、齐之蒙、楚之蒙、鲁之蒙诸说。

庄子墓
位于现今河南民权县唐庄村东，只有孑然一冢，墓碑为清代乾隆时立。

庄子井
此井为庄子取水处。

庄子故里想象图

庄子故里，古名漆园，民风淳厚，是孕育庄子哲学思想的摇篮。

	现今地址	可靠证据
宋蒙说	今河南民权县	1．西晋杜预、北魏郦道元、现代郭沫若强力推荐；2．庄子井、庄子墓等文化遗址。
齐蒙说	今山东蒙阴县	南朝梁释智匠《古今乐录》
梁蒙说	今山东曹县	小蒙县城境内尚有漆园、庄子垂钓之濮水、钓台、庄子观等遗址。
楚蒙说	今安徽蒙城县	1．宋代建的庄子祠；2．苏轼为其作的《庄子祠堂记》。
鲁蒙说	今山东东明县	北宋初所编《太平寰宇记》称，那里的漆园城北有庄周钓台。

道家二圣
老子与庄子

3

今人说到儒家必是孔孟，道家则必是老庄。没有老子，就没有"道"，更不会有庄子之"道"。没有庄子，老子的影响就会是另一个样子，后来的道家文化也会是另一个样子。

● 老子是谁

老子这个人和他写的书都有点神秘。他是道家学派创始人，在道教中，被尊为太上老君。《史记》里面关于老子有一个传记，讲得很简单。司马迁说：老子是春秋楚国苦县人，姓李名耳，字伯阳。又称老聃。后来做了周守藏室的史官。老子在做史官的时候，纵观天下大势，觉得天下事已无可挽救，于是决定归隐。在归隐的路上经过函谷关，守关的尹喜知道这是一位大哲，就请他把他的想法写下来，于是老子就为这个守关的人写下了"道德之意"五千言。老子写完《道德经》以后，就从此消失了，世人再也没有关于他的消息。《老子》（《道德经》）五千言里所述非常难读懂。如果没有道家后来的文献，我们甚至没有办法来理解老子这个"道"的概念究竟是什么。我们解读或研究《老子》，必读一本典籍《庄子》。《庄子》将《老子》的"道"发挥到极致，又自成一体，是道家的集大成者。

● 老子和庄子比较

自古迄今，谈到道家，许多人自然而然便想到老子与庄子。总认为二者的道，是同一之道，并不作更深入的分析与探讨。事实上，二者的道之方式与后果，都大有不同，一个是智者，一个是诗人；一个是欲济天下，一个是游心天地；一个欲建立小国寡民的乌托邦，一个却是寻求姑射仙人的自由天地。老子反儒家之道而行之，欲济天下于无为又无不为；而庄子却只关心自己，不为世俗的一切所干扰。许多人认为道家就是无为而独善其身，这是不太准确的，老子还是心怀天下而跃跃欲试，庄子却不屑一顾而纵浪荒野。

老子讲"上""下"之别和"民""圣人"之别，从中亦可窥其深心曲致在"天下"，而庄子的文字里，讲至人，讲鄙人，全是关注于个人独立在世的方式，所以，老子关注的是社会性的道，而庄子关注的是个人性的道，天下不可或忘，他却只求"忘天下于天下，以天下忘天下"，寻求无碍个性的境界。

老子与庄子

老子与庄子比较

老庄时常并提，但却有不同。无论是时代、籍贯、著作，还是思想。但二者都本于道，老子之道是根，而庄子是道的集大成者。

 老子

 庄子

共同点

① 敏锐地反省人类的认知能力

② 由自身的修炼而领悟道德的真义

不同点

		老子	庄子
①	时代	春秋	战国
②	籍贯	楚国	宋国
③	著作	名为《老子》，语录体，分道篇和德篇，共八十一章。	名为《庄子》，片断体，分内、外、杂三篇，共三十三章。
④	特色	比喻、排比	寓言、重言、卮言
⑤	主要思想特色	将心中的"道"融入日常的世界，在庶民中体现"道"的本质。	谨守"道"的境界，安静地过独善其身的生活。
⑥	道教尊称	太上老君	南华真人

老庄妙语

老子之《老子》和庄子之《庄子》中有许多妙语，能让我们体味到人生的真谛和本真，回味无穷。

庄子妙语

不知周之梦为蝴蝶欤？蝴蝶之梦为周欤？

意有所至，而爱有所亡。

来世不可待，往世不可追。

相濡以沫，不如相忘于江湖。

吾终身与汝交一臂而失之。

朴素而天下莫能与之争美。

人生天地之间，若白驹过隙，忽然而已。

宁于祸福。

哀莫大于心死。

去人滋久，思人滋深。

庄子
老子

老子妙语

无名天地之始，有名天地之母。

上善若水。

功遂身退，天之道也。

人法地，地法天，天法道，道法自然。

知人者智，自知者明。

鱼不可脱于渊，国之利器不可以示人。

大音希声，大象无形。

天下之至柔，驰骋天下之至坚。

治大国，若烹小鲜。

信言不美，美言不信。

南华真人
庄子与道教

庄子在道教中被尊为南华真人,《庄子》一书更是被道教列为经典。南朝的上清茅山道的陶弘景就极为推崇《庄子》,后来道教更从义理上深刻地阐发了庄子的思想,并将其消融在道教养生修仙的理论与实践中。

● 道教简述

道教是中国古代宗教按其自身内在的逻辑,经过长期的历史发展而形成的,是中国土生土长的宗教。因以"道"为最高信仰而得名。它认为,经过一定的修炼,人可以得道成仙。道教尊老子为教祖,奉《道德经》为主要经典。

自东汉中叶形成以来,它经历了创建期、改造期、兴盛发展期、宗派纷起期和逐渐衰落期,迄今在我国流传已有两千多年的历史。它在长期的发展过程中,对中华民族与中国社会的政治、经济、哲学、文学、艺术、音乐、化学、医学、养生学、气功学以及民族关系、民族心理和社会习俗等各个方面都产生了深刻的影响。是中华民族宝贵的文化财富,为人类文明的进步作出了许多重大的贡献。

● 道教中的庄子

道教与道家有直接的关系。名称上,道教以"道"为教派之名;思想上,道教以道家的哲学思想为最高的信仰,并据之构建了道教的理论体系;人物上,道家学派的创始者老子,成了道教的教主。庄子在唐玄宗时追号南华真人,宋徽宗时封微妙元通真君。道家的另外几个代表人物列子、文子、亢桑子分别成为冲虚真人、通玄真人、洞灵真人。

● 《庄子》对道教的影响

汉代,学者多以黄老并称,至魏晋而盛称老庄,庄学也就大量为道教所吸收和改造。如葛洪《抱朴子》、司马承祯《坐忘论》等都利用和改造了《庄子》的思想。唐宋时,《庄子》日益为道教所重视,唐代著名道士成玄英、孙思邈、李含光,宋代道士陈景元、褚伯秀都曾为之作注疏。

《庄子》对道教的影响主要有三方面:一是本体论思想对道教义理的影响。二是"心斋"、"坐忘"等修习方式对道教修炼的影响。三是"圣人"、"神人"、"至人"形象的描述对道教神仙思想的影响。

《庄子》对道教的影响

　　道家思想是道教的核心，作为"道"之集大成者，《庄子》被列为道教重要典籍，对道教的发展产生过深远影响。其主要影响有三点：一是本体论思想对道教义理的影响。二是"心斋"、"坐忘"等修习方式对道教修炼的影响。三是"圣人"、"神人"、"至人"形象的描述对道教神仙思想的影响。

人们创造的神仙类型

① **幻想类** 如姑射山神人
② **传说类** 如黄帝
③ **历史类** 如范蠡

道教修持之法

● 早晚功课
就是道士每天早晚两次上殿念诵必读的经文。

● 炼气
就是以持久地锻炼导引和呼吸，融会天地之精气于自身，祛除疾病，长生成仙。

● 云游参访
就是道士离观搜求道书，寻访仙踪，遍游名山。这是苦行励志的一种手段，也是对道士信仰和意志的磨炼。

● 斋戒
就是要道士经常保持身心的洁净，虔诚奉道。

1.《庄子》所描述的"圣人、神人、至人"的形象影响了道教中的神仙思想。

《庄子》为道家思想的重要典籍，道教称其为《南华真经》。

3.《庄子》中有许多关于"道"的本体思想的阐述，发展了道教的理论。

2.《庄子》在关于养生中提到的"心斋"、"坐忘"之法，影响了道教中的修持之法。

25

三分其书

《庄子》篇目

5

今本《庄子》是以西晋郭象本为标准的，他把《庄子》分为内七篇、外十五篇、杂十一篇三个部分。

● 篇目概要

《庄子》应于先秦时期就已成书，我们今天看到的三十三篇本《庄子》，是经西晋郭象删订流传下来的。汉代《庄子》有五十二篇十余万字，这种五十二篇本到魏晋时期仍然较为常见。魏晋时玄风盛行，庄学渐起，为《庄子》作注者多达数十家，但这些注庄者往往根据自身对庄子的理解和个人喜好，对《庄子》一书的篇目作了一定的删改，从而形成了多种多样的《庄子》版本。郭象以前，主要的《庄子》版本有崔谦本、向秀本、司马彪本、李颐本。其中崔谦、向秀本为二十七篇（向秀本一作二十六篇，一作二十八篇），司马彪本五十二篇，李颐本三十篇。现在人们看到的郭象的三十三篇本，是他在五十二篇本的基础上吸收各家尤其是向秀庄学成果之后删订的。经过郭象删订的《庄子》，无论从篇章还是字句方面，都更为精纯。由于他吸收和借鉴了向秀及当时各家之注，并在此基础上进行了自己颇富改造性的独特诠释，故为历代推崇，逐渐成为定本，流传至今。

今本《庄子》有内七篇、外十五篇、杂十一篇，这是由郭象划定的。但在郭象之前，就已有内、外或内、外、杂篇之分，且篇目构成上与郭象不尽相同。至于划分内、外、杂篇的依据和标准，则众说纷纭，未有定论，主要有根据文意之深浅、风格功用之不同和标题有无寓意来划分等观点，但都缺乏确凿无疑的证据。

● 内篇与外、杂篇的对应关系

自宋代以来，学术界逐渐形成了一种为多数人所接受的观点，内篇为庄子自著，成文在先；外、杂篇为庄子后学所作，附翼其后。这一观点已成为当今最流行的说法。从古本、今本《庄子》的体例看来，全书是以内篇为基本，以外、杂篇反复阐发、补充。它们之间既有一定区别又有密切联系，是不可或缺的完整、统一的体系。全书的结构体系就是由内、外、杂篇组成的三重回旋结构体系。外、杂篇可以与内七篇相对应，是对内七篇相关思想的再论述。

《庄子》之书

《庄子》篇目

现在我们看到的《庄子》一书，是由晋代郭象删订而成的。他把其分为内七篇、外十五篇、杂十一篇三部分，共计三十三篇。

《庄子》

内篇	外篇	杂篇
阐述庄子逍遥、齐物等思想	从多个方面深入地阐述庄子养生、大道等思想	对庄子主要思想的补充和一些其他思想
逍遥游　齐物论 养生主　人间世 德充符　大宗师 应帝王	骈拇　马蹄　胠箧 在宥　天地　天道 天运　刻意　缮性 秋水　至乐　达生 山木　田子方　知北游	庚桑楚　徐无鬼 则阳　外物　寓言 让王　盗跖　说剑 渔父　列御寇　天下

《庄子》内篇与外、杂篇的对应关系

从古本、今本《庄子》的体例来看，全书是以内篇为基本，以外、杂篇反复阐发、补充。它们之间既有一定区别又有密切联系，是不可或缺的完整、统一的体系。本书即在此基础上对庄子思想加以阐发。以下图表将《庄子》内篇与外、杂篇对应关系整理呈现。

内篇		外杂篇
逍遥游	1	秋水、马蹄、山木
齐物论	2	徐无鬼、则阳、外物、寓言
养生主	3	刻意、缮性、至乐、达生、让王
人间世	4	庚桑楚、渔父
德充符	5	骈拇、列御寇
大宗师	6	田子方、盗跖、天道、天运、知北游
应帝王	7	胠箧、说剑、在宥、天地、天下

6

真人、隐士、士大夫

《庄子》哲学的三种境界

庄子哲学是一种自然人生哲学，此一哲学体系有三大人格境界：一是与道同在的理想人格境界，又称真人境界；二是隐士境界；三是士大夫境界。

● 真人境界

庄子哲学的最高范畴是"道"。与道同在者只是那些"圣人"、"神人"、"真人"、"至人"。他们超越了世俗，超越了是非，超越了时空，超越了生死，超越了物我界限，与天地精神融为一体，"无名"、"无功"、"无己"、"无待"，成为真正的"自由人"。

● 隐士境界

庄子式的隐士人格境界的特征是顺天而不顺人。庄子一方面向往逍遥自由、天人合一之境界，力求在纷乱的世俗世界保持一份心灵的平静，树立起超凡脱俗的独立人格；另一方面为了实现自己的哲学主张，为了维护心灵深处的理想境界，决不与世俗妥协，不与专制君主合作，不与缺乏操守的士人为伍。他以一种清醒的理性主义态度处世，是一位是非分明、立场坚定的隐士，是一位风骨凛然、人格高洁的隐士，是一位开拓出独特的精神境界的隐士，是一位建构出高明而精美的哲学体系的隐士。

● 士大夫境界

从根本上讲，庄子不主张与统治者合作，反对士人入仕。但庄子亦深知他无法阻止士人进入仕途。因此，庄子替他们设计了一种新型的士大夫境界。这一人格境界的内涵可用"顺人而不失己"或"内直而外曲"来概括。庄子希望士大夫在顺应专制君主的外表下，一面引导国君，使之不干或少干伤天害理之事；一面保持旷达自由的心态，与天地精神相往来。但在实践上很难操作，常使士人处于二重人格、人格分裂的尴尬境地。

前述三重人格境界，是一个整体，皆隶属于庄子人生哲学的大系统之中。贯穿其间的主旨是：天人合一，超旷逍遥。同时，此三重人格境界又各自独立，不可混淆。简单地说，真人境界是理想境界，隐士境界和士大夫境界是现实境界。隐士境界是庄子本人及游方外者的人格境界，士大夫境界是庄子为游方内者所设计的人格境界。

《庄子》哲学的三种人格境界

　　庄子哲学是一种自然人生哲学，此一哲学体系有三大人格境界：一是理想人格境界，又称真人境界；二是隐士境界；三是士大夫境界。

1 真人境界

　　真人超越了世俗，超越了是非，超越了时空，超越了生死，超越了物我界限，与天地精神融为一体。

3 士大夫境界

　　士大夫是对中国古代官僚文人知识分子的统称。他们在顺应专制君主的外表下，一面引导国君，使之不干或少干伤天害理之事；一面保持超旷自由心态，与天地精神相往来。

庄子像

2 隐士境界

　　隐士顺天而不顺人，力求在纷乱的世俗世界保持一份心灵的平静，树立起超凡脱俗的独立人格。

隐士十种

①	真隐	如晋宋间的宗炳、元代的吴镇。
②	先官后隐	如陶渊明。
③	半官半隐	如王维。
④	忽官忽隐	如元末明初时王蒙、明末董其昌。
⑤	隐于朝	如三国时徐庶。
⑥	假隐	如明代陈继儒。
⑦	名隐实官	如南朝齐梁时陶弘景。
⑧	以隐求高官	如唐代的卢藏用、司马承祯。
⑨	不得已而隐	如明末清初的顾炎武、黄宗羲。
⑩	先隐后官	如汉末诸葛亮、元末的刘基。

魏晋风度

《庄子》与玄学

魏晋时期的士人是中国历史上最特殊的士人，他们的思想根基来源于《庄子》，在用庄的同时也发展了《庄子》，形成一个新的哲学派别——玄学，后世称此时风潮为"魏晋风度"。

● 玄学历程

两汉经学至东汉末年已溃不成军，随着士人群体意识的自觉以及三国魏时曹氏父子政治方略的转变，清谈玄虚之风勃然而起。老、庄之学特别是庄子学说开始在文化领域乃至名士生活中扮演主角。总览魏晋二百年历史，玄学清谈大抵经历了"正始名士"、"竹林名士"、"中朝名士"和 "江左名士"四段历程。形成了独具特色的"魏晋风度"。

"正始名士"中的代表人物何晏、王弼更重《老子》《易经》而略《庄子》。"竹林名士"中的嵇康、阮籍等，虽然仍是老、庄并谈，但其侧重点已渐由重老转向重庄，期望以自然统率名教，使名教复归于自然。他们向慕自然、追求自由散漫的人格境界、心性情怀与庄子非常接近。"中朝名士"的代表王衍、乐广、郭象等转向自然与名教的合一，乃至推崇名教而否定自然，从而形成对正始特别是竹林精神的背离；而此期谈风，更具有脱离现实而虚无玄远的特点。东晋偏安的"江左名士"代表王导、庾亮、谢安等，身居高位，推波助澜，使得正始之音绵延不绝，庄、老之学日趋转盛。然而，随着人们对外在自然的关注以及一批高僧和兼通佛理之名士的崛起，名士风貌与玄学内容也悄然发生了转变。

● 玄学对《庄子》的影响

在玄学演进的过程中，《庄子》传播范围空前广泛，对打破两汉繁琐经学的统治、揭露名教礼法的虚伪面目起了积极作用。庄子哲学成为玄学演进的直接推动力，使得此期哲学思辨得以迅速上升；东晋名士之玄释合流、以佛解庄，则为传统庄学注入了新质。庄学也养育了自由开放、热爱自然，以颖悟、旷达、真率、放浪为特点的名士精神，拓展和提升了魏晋名士的审美天地和审美情操。魏晋名士在发展和深化庄学的同时，也对《庄子》作了不少歪曲和错误的解读，整个庄学至此基本定型，其原始义与玄学新义一起对此后千年的中国文化产生了巨大影响。

魏晋风度——庄子思想影响的见证

玄学历程

魏晋时期，士人自由放旷，对庄子思想的运用与发挥也达到极致，产生了新的哲学流派——玄学。总览魏晋二百年历史，玄学大抵经历"正始名士"、"竹林名士"、"中朝名士"和"江左名士"四段历程，形成了独具特色的"魏晋风度"。

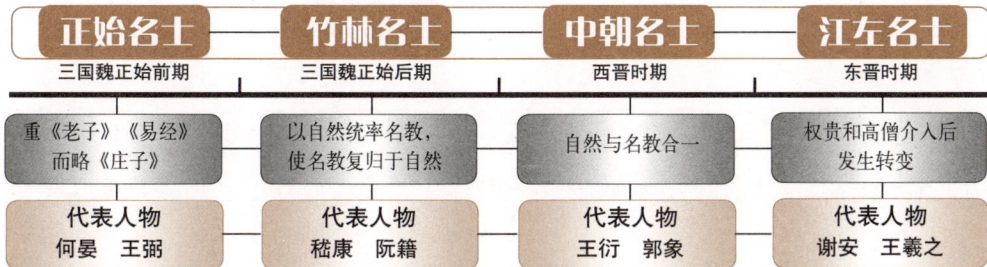

正始名士	竹林名士	中朝名士	江左名士
三国魏正始前期	三国魏正始后期	西晋时期	东晋时期
重《老子》《易经》而略《庄子》	以自然统率名教，使名教复归于自然	自然与名教合一	权贵和高僧介入后发生转变
代表人物 何晏　王弼	代表人物 嵇康　阮籍	代表人物 王衍　郭象	代表人物 谢安　王羲之

魏晋名士

魏晋玄学的历程中，先后出现了许多留名青史的名士，最有名者当属竹林七贤、谢安和王羲之。

谢安，东晋著名政治家。年轻时曾在上虞的东山筑庐蛰居，过着闲适的隐居生活。年过不惑时，受命于朝廷危难之际，开始了他中年以后二十年的政治生涯。公元383年，指挥与前秦淝水一战，大获全胜，给中国战争史写下了以少胜多的辉煌一页。

竹林七贤

魏晋名士

竹林七贤是指三国魏时七位名人嵇康、阮籍、山涛、向秀、刘伶、阮咸、王戎的合称。他们常集于山阳（今河南修武）竹林之下，肆意酣畅，故世称竹林七贤。他们大多崇尚老庄之学，不拘礼法，生性放达。

谢安

王羲之，东晋伟大的书法家，被后人尊为书圣。永和九年（公元353年）三月三日，王羲之与谢安、孙绰等人，在山阴（今浙江绍兴）兰亭"修禊"，作书《兰亭序》，被称为"天下第一行书"。

王羲之

修禊　　　　**相关链接**

东晋风俗，在每年阴历的三月三日，人们必须去河边一玩，以消除不祥。

多种体裁的浑沌组合

《庄子》的文体形态

8

现代著名学者闻一多说：如果你要的是纯粹的文学，在庄子那素净的说理文的背景上，也有着你看不完的花团锦簇的点缀——诗、赋、传奇、小说，尽够你欣赏的、采撷的。

● 奇异的散文

《庄子》是一部古今罕见的、非常奇异的散文。庄子把自然现象、社会现象和人的心理、思维现象统统纳入自己的创作，大大拓展了散文的题材。对于恶浊的现实，他以大胆、锐利的眼光，审视了造成人异化的全部文明史。他广泛运用想象、虚构的浪漫主义手法和奇肆谲怪的语言，使文章结构严谨而富于变化，形散而神不散。他俯视百家，创立了一种"寓言"、"重言"、"卮言"相结合的新体例。两汉鸿文、魏晋风度、盛唐之音等，无不披拂着《庄子》的流风余影。

● 绝妙的诗

《庄子》是散文，也是诗。庄子用诗人的气质所写的人和物，无不打上诗人的感情色彩。他以葱茏的想象力，用奇妙的象征艺术达到了诗的最高审美境界。用极其凝炼、铿锵的诗的语言创造出了许多神奇瑰丽的意境。在行文中，有意无意间常常使用诗的语言，随着他情感的起伏跌宕，也自然形成诗的节奏和韵律。后世的感伤诗、玄言诗和山水田园诗以及曹植、阮籍、陶渊明、李白、苏轼、郭沫若、闻一多、毛泽东的诗无不受其影响。

● 赋的滥觞

《庄子》多铺陈文字，并形成相对独立的篇章，具备了赋的基本特征。亦诗亦文，散韵结合，奠定了赋的特有机制。文中运用的假设问对的结构模式、对比映衬的铺陈方式、虚拟寄托的构思特点、富丽奇僻的词汇影响了赋体尤其是汉大赋的形式特征。贾谊、枚乘、张衡等赋无不与其有联系。

● 小说创作之祖

《庄子》中创作了许多鲜明生动、神奇怪诞的人物形象，它有奇特多样、精彩高妙的写人手法，更有离奇动人、曲折完整的小说情节和雄奇怪诞、诙谐风趣的小说语言。后世的六朝志怪和志人小说、唐传奇、宋元话本、明清长短篇小说都受到它的影响，近现代的鲁迅、郭沫若、王蒙、贾平凹的小说也与其有多方面的联系。

《庄子》对后世文学的影响

　　《庄子》一书的文体形态对后世散文、诗、赋和小说的创作产生了深远影响，后世的文学家由此创作了更多的经典。

散文

　　《庄子》广泛运用想象和虚构的浪漫主义手法和奇肆谲怪的语言，使文章结构严谨而富于变化，形散而神不散。

陶渊明《归去来兮辞》（节选）

富贵非吾愿，帝乡不可期。
怀良辰以孤往，或植杖而耘耔。
登东皋以舒啸，临清流而赋诗。
聊乘化以归尽，乐夫天命复奚疑？

诗

　　《庄子》以葱茏的想象力，用奇妙的象征艺术达到了诗的最高审美境界。用极其凝炼、铿锵的诗的语言创造出了许多神奇瑰丽的意境。在行文中，有意无意间常常使用诗的语言，随着他情感的起伏跌宕，也自然形成诗的节奏和韵律。

李白《大鹏赋》

一升正气两翼风，浩然正气鬻大鹏。
扶摇直上九万里，翻然落在魁星楼。
五凤来仪玉羽振，六龙狂欢金蛇舞。
慨当身临三清界，七言八句大鹏赋。

赋

　　《庄子》运用的假设问对的结构模式、对比映衬的铺陈方式、虚拟寄托的构思特点、富丽奇僻的词汇影响了赋体。

苏轼《前赤壁赋》（节选）

少焉，
月出于东山之上，徘徊于斗牛之间。
白露横江，水光接天。
纵一苇之所如，凌万顷之茫然。
浩浩乎如冯虚御风，而不知其所止；
飘飘乎如遗世独立，羽化而登仙。

小说

　　《庄子》中创作了许多鲜明生动、神奇怪诞的人物形象，它有奇特多样、精彩高妙的写人手法，更有离奇动人、曲折完整的小说情节和雄奇怪诞、诙谐风趣的小说语言。

鲁迅《起死》（节选）

我庄周曾经做梦变了蝴蝶，
是一只飘飘荡荡的蝴蝶，
醒来成了庄周，
是一个蛇蛇硕硕的庄周。
究竟是庄周做梦变了蝴蝶呢，
还是蝴蝶做梦变了庄周呢，
可是到现在还没有弄明白。

《庄子》

33

9

语言大师的多面手法
《庄子》的语言特色

《庄子》中的语言，时而汪洋恣肆，如浩海无涯，深不可测；时而奇诡雄豪，如江河直下，动人心魄；时而空灵缥缈，如余音绕梁，不绝于耳；更有诙谐风趣，时不时幽你一默。

● 汪洋恣肆

《庄子》立足于解决"人"的问题，却从自然入手，通过对大自然的深刻观察和体验，发现了无限、无穷、神秘莫测的大道，进而以自然来论人世。天大、地大、道大、自然大，以"大"为美，行文吞吐河海，包举宇内，尽显大开大合之势。文意层层相连、波澜起伏，有时一波三折、奇景迭现，形成汪洋之势。其文常是横空而来，倏然而逝；写景状物，仪态万方；纵横捭阖，手法多变；文采斐然，语词富丽尽显恣肆之风。

● 奇诡雄豪

《庄子》文章的奇诡，表现在以奇诡的人与物构成奇诡的意象，或以诡怪之人做出不可以实情揣度的诡怪之事。表现在以奇妙的比喻来说理，有时不免落于诡辩；表现在运用奇诡之语、荒唐之言来叙说、论辩。《庄子》文章的雄奇豪健，就如一个纵横驰骋于疆场之上的大将、闯关陷阵的勇士，大有不可一世之慨。颇有战国时纵横家的语言风格，充分运用象征手法，夹以排比，似议似论，以排山倒海之势、雷霆万钧之力和滔滔雄辩，使人目瞪舌卷，乖乖服从。

● 空灵缥缈

《庄子》之文，在一大段说理之后，总会有几句议论性的语言；几经波折之后，总会归于平静，呈现出细流涓涓，于愤世嫉俗之中衬托出超俗人格。这一切，有时虽只是简单的三言两语，但足以引人深思，如余音绕梁，不绝于耳，将人们带入一个空灵缥缈的境界之中，得到一种超俗的享受。

● 诙谐风趣

《庄子》幽默诙谐的语言大多体现在故事和比喻说理中，传达出庄子内心的悲凉与对人生的无奈，也表达对人物的好恶与爱憎之情。当用诙谐幽默的语言来有意挖苦、批判对手，或用来揭露丑恶的社会现象时，它就变成了讽刺，并且用得非常巧妙，深刻揭露了统治阶级的昏庸残暴和社会现实的黑暗恐怖。

《庄子》的语言

《庄子》的语言特色

《庄子》中的语言，丰富而多变化，生动而不流俗。主要有汪洋恣肆、奇诡雄豪、空灵缥缈、诙谐风趣等四大特色。

● 汪洋恣肆

《庄子》中吞吐河海，包举宇内，尽显大开大合之势。文意层层相连、波澜起伏，有时一波三折、奇景迭现，形成汪洋之势。

● 奇诡雄豪

《庄子》文章的奇诡，表现在以奇诡的人与物构成奇诡的意象，或以诡怪之人做出不可以实情揣度的诡怪之事。

《庄子》的
语言特色

● 空灵缥缈

《庄子》在一大段说理之后，总会有几句议论性的语言，将读者的思绪带入空灵缥缈的境界之中。

● 诙谐风趣

《庄子》语言幽默诙谐，传达出庄子内心的悲凉与对人生的无奈。使人含泪微笑。

《庄子》语言特色的代表篇目

语言风格		代表篇目
汪洋恣肆	大开大合，仪态万方	骈拇、马蹄、天运、秋水、外物、天下
奇诡雄豪	诡怪之事，排山倒海之势	外物、至乐、知北游、盗跖、说剑
空灵缥缈	说理后的精辟议论	齐物论、人间世、在宥、天地、徐无鬼
诙谐风趣	讥讽与慨叹中的内心悲凉	秋水、外物、盗跖、列御寇

在发展中创新
《庄子》研究

10

《庄子》作为诸子经典之一,研究者自是不乏其人。从战国到现在,无数的研究者已使《庄子》变得更加丰富。

● 古代研究

这一时期研究的主要方式是注庄、解庄。战国时,荀子对庄子已有所批判,将庄子学说加以改造、发挥,以为己用。《吕氏春秋》对庄子思想和内容也多有引用。西汉前期的淮南王刘安、司马迁都对庄子有所研究,秦汉辞赋、经学也都吸纳、改造了部分庄子思想,以为己用。魏晋时期,注庄、解庄者多以零散的感悟见长,对庄子思想也能有较深的契入,缺陷是或由于体例限制而不成系统,或所作发挥不尽符合庄子原意。隋唐时期的庄学研究注重字义、音释,少重义理,并混杂神仙学说,且开佛道合流之势。宋明时期注庄之风很盛,重义理,佛庄思想进一步融合。清代庄子研究既有义理的阐发,也有校勘训诂的收获。

● 近代研究

这一时期的庄学研究除了传统的训诂校释的著作外,由于西方文化的传入,庄学研究也呈现了一些新的特点,即逐渐以西方哲学为参照来解庄。其长处是摆脱了对庄子思想的点线式的、直观的了解,而在形式上的体系化、内容上的理性分析方面取得了一些进展。

● 现代研究

这一时期又可分为三个时期:第一时期(1949年~1959年)是新中国庄学研究的起步时期,能够成熟地运用马克思主义研究方法的人很少,因此这一时期的庄学研究概括介绍的多,考辨注释的多。第二时期(1960年~1976年)比较注重庄学的阶级属性,提出了如何评价和研究庄子的问题,其特点是政治与学术结合比较紧密。第三时期(1977年至今)的庄学研究呈现繁荣之势,除了纠正庄子研究中的左倾倾向外,在基础性的工作方面也取得了突出成果,一些学者还将庄子与外国思想家进行了比较研究。在庄子的美学研究方面,李泽厚先生颇多创见。总体来讲,近年来对于庄子思想的研究和评价渐趋客观和精确。

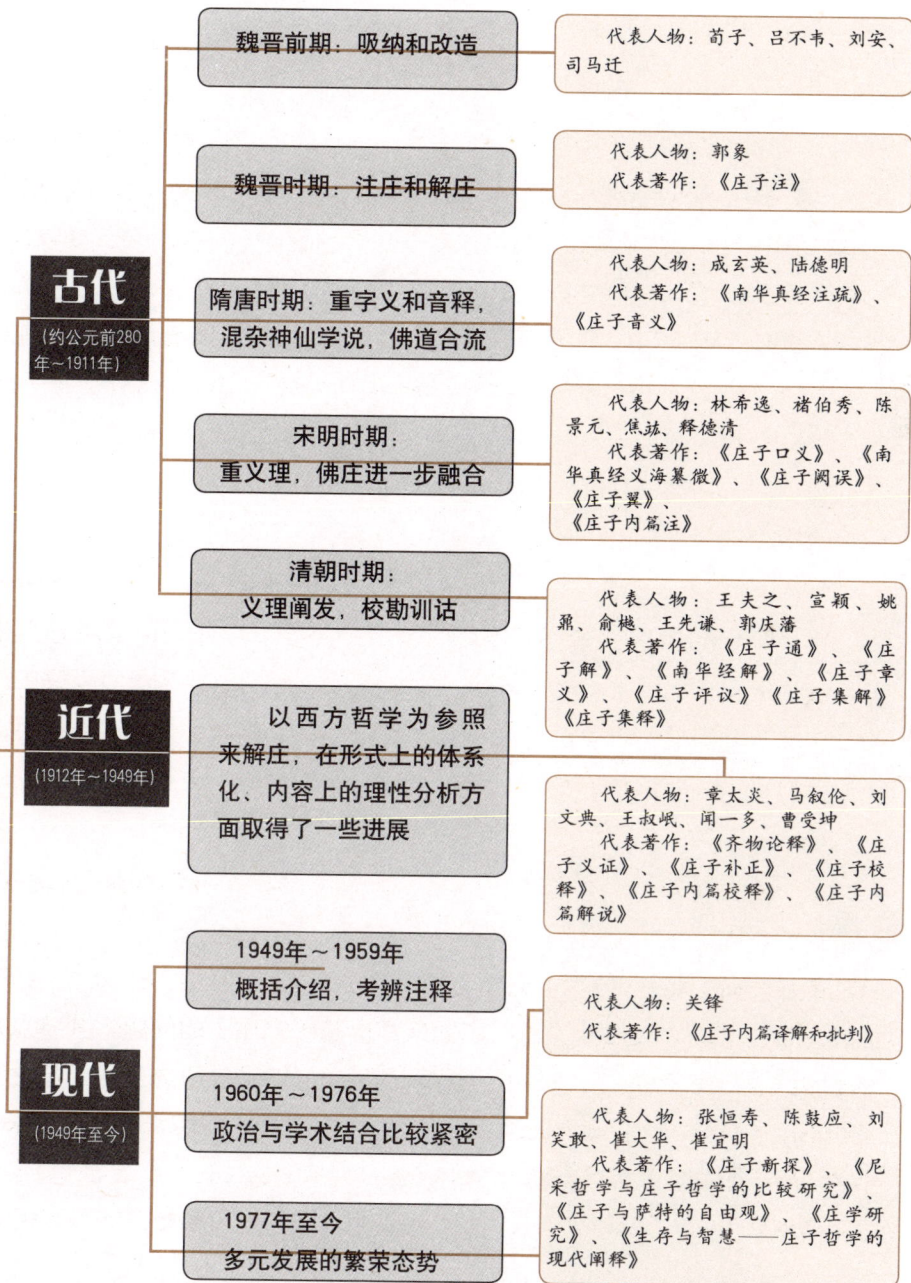

古今《庄子》研究

　　《庄子》经过魏晋玄学和道教的渲染，对中华文化有较大的影响。后世的研究大致可以分为三个阶段。

《庄子》研究

古代（约公元前280年～1911年）

- **魏晋前期：吸纳和改造**
  - 代表人物：荀子、吕不韦、刘安、司马迁

- **魏晋时期：注庄和解庄**
  - 代表人物：郭象
  - 代表著作：《庄子注》

- **隋唐时期：重字义和音释，混杂神仙学说，佛道合流**
  - 代表人物：成玄英、陆德明
  - 代表著作：《南华真经注疏》、《庄子音义》

- **宋明时期：重义理，佛庄进一步融合**
  - 代表人物：林希逸、褚伯秀、陈景元、焦竑、释德清
  - 代表著作：《庄子口义》、《南华真经义海纂微》、《庄子阙误》、《庄子翼》、《庄子内篇注》

- **清朝时期：义理阐发，校勘训诂**
  - 代表人物：王夫之、宣颖、姚鼐、俞樾、王先谦、郭庆藩
  - 代表著作：《庄子通》、《庄子解》、《南华经解》、《庄子章义》、《庄子评议》《庄子集解》《庄子集释》

近代（1912年～1949年）

- **以西方哲学为参照来解庄，在形式上的体系化、内容上的理性分析方面取得了一些进展**
  - 代表人物：章太炎、马叙伦、刘文典、王叔岷、闻一多、曹受坤
  - 代表著作：《齐物论释》、《庄子义证》、《庄子补正》、《庄子校释》、《庄子内篇校释》、《庄子内篇解说》

现代（1949年至今）

- **1949年～1959年 概括介绍，考辨注释**
  - 代表人物：关锋
  - 代表著作：《庄子内篇译解和批判》

- **1960年～1976年 政治与学术结合比较紧密**
  - 代表人物：张恒寿、陈鼓应、刘笑敢、崔大华、崔宜明
  - 代表著作：《庄子新探》、《尼采哲学与庄子哲学的比较研究》、《庄子与萨特的自由观》、《庄学研究》、《生存与智慧——庄子哲学的现代阐释》

- **1977年至今 多元发展的繁荣态势**

第 2 章

逍遥游

人该怎么活着？庄子说：逍遥游。像大鹏一样，志存高远，扶摇而上九万里；像许由一样，给予天下也不受；像姑射山神人一样，乘云气，驾飞龙，遨游四海之外。如何能做到？庄子说：至人无己，神人无功，圣人无名。

本章图版目录

逍遥游

对自由的畅想

逍遥游是庄子思想的最高境界。他用奇思妙想为人们构筑了一个精神的自由境地，让人们有了一次自由的畅想。

　　自由一直是人类追求的梦想。从原始社会发展至今，人类一次次地超越自身，在自由之路上勇敢前行，也不断给自由添加新的内涵。人类在通往自由的路上一般处于三个维度之内，即人和自然的关系、人和社会的关系、人和灵魂的关系。庄子的 "逍遥游"展示了人和灵魂的关系中的自由，同时涉及人和自然的关系。

　　庄子的逍遥游是无限的、超越性的精神之游。古人虽然没有对无限的精确定义，然而对无限的理解却是十分准确的，是指远远超出观测对象影响范围外的大、远、高等。在这其中，庄子为我们创造了鱼变为鲲，鲲又化为鹏的高远境界。庄子不满足于麻雀等所处的境地，而向往鹏所代表的日常无法看见或体验到的宏大事物，也就是向往超越、向往无限。

　　庄子的逍遥游是一种"游戏之游"，但它不是一般的嬉戏，而是内心的游戏。因为抱着游戏的观点，所以它不是人类通过知识和技术对外在世界的控制和掌握，不是对物的工具性的掌握。面对同一棵大树，庄子不像惠子那样只想到大树长得不够规矩，不能制作成用具，他想到的是让大树成其为大树，在旷野上自由生长，而人卧在树下也可以做精神的自由漫步。这说明他不是以普通的成年人的功利视角来观察世界，而是把人和灵魂的关系置于其他关系之上，以近于儿童又超出儿童的游戏的视角来观看、体验，从而逍遥。

　　庄子的逍遥游又是无待、自在的。庄子的逍遥游不是命运在某个瞬间的馈赠，它是无待的，无待于外在事物，自由自在。要想达到这种无待境界，庄子告诉我们，至人无己，神人无功，圣人无名。纵使是天下，许由也不要。纵使是高位，庄子也不做。

　　人类对自由的追求从来没有停止过，人类追求的是有一定限制因而也具有了意义的自由，它像太阳一样照耀着人类，也弄花了人类的眼睛，让人类不能轻易看到。面对庄子的逍遥游，我们羡慕不已。也许人类的自由之路十分漫长，在全体人类抵达自由之前，我们可以在某些时刻仰望星空，进入冥想世界中逍遥。

逍遥游

　　庄子的最高理想是逍遥游。他构想鲲化为鹏后的展翅高飞，自由翱翔天际。他面对送来的高官厚禄，愿做一只曳尾涂中的乌龟而自由自在。他愿把一棵大树放在无何有之乡而寝卧其下任逍遥。以下图示为庄子逍遥游思想的五个典型形象，揭示其中的内在哲学逻辑关系。

一个目标：逍遥游

鲲鹏展翅，
象征无穷大世界，
即逍遥游要达到的境界。
——选自《逍遥游》中"鲲鹏展翅"

三种做法

❶ 无名无功的境界

许由不受天下，意指不要功名利禄，达到"无名无功"的精神境界。
——选自《逍遥游》中"许由不受天下"

❸ 无功的境界

一棵无用的大树，可以树立在旷野，人可以自由自在地逍遥在树下。
——选自《逍遥游》中"无何有之乡"

❷ 至人无己的境界

姑射山神人自在逍遥，不与天下人随波逐流，暗指至人无己的精神境界。
——选自《逍遥游》中"姑射山神人"

　　庄子不要"留骨而贵"的高官厚禄，只愿做一只"曳尾涂中"的乌龟。意指不求功名，破除自我中心，追求与天地精神相往来的境界。
——选自《秋水》中"曳尾涂中"

鲲鹏展翅

逍遥游的四大境界

2

逍遥游的四大境界：待风、乘风、背风、弃风。

鲲要化为鹏，必须借助风力，但最终还要弃风而飞翔，否则就会被风力所控制，只有这时才能达到逍遥游的境界。

● 待风：逍遥游的第一境界

鲲从小鱼变成大鱼后，也不能平白无故地变成大鹏飞走。它还必须等待一样东西才能起飞，那就是风。这正如赤壁之战的"万事俱备，只欠东风"。有了风，鲲才能飞得起来，它必须经过漫长的等待、准确的等待。

所谓"准确的等待"，是指要在准确的时间里等、在准确的空间里等，不能有误差，不能错过，要刚好风来的那一刻，这样才能趁势飞翔。

不是什么风都能飞，要最大的风才有最大的势。庄子说："鹏是乘着六月的大风而飞去的。"就是要借助六月的大风。六月正值盛夏，这时天清地朗，热气飞旋，正是大风最旺盛时。庄子又说："野马般的游气，飞扬的游尘，以及活动的生物被风相吹而飘动。"说六月的大风像万马奔腾，又像灰尘弥漫，因为它是万事万物共同的作用，所以特别猛烈。有了这样的风，当然可以助鲲飞翔。

● 乘风：逍遥游的第二境界

经过漫长的、准确的等待，终于把风等来了。但在乘风之前需要"辨风"，即辨别风向，看清这是小风还是大风，不能见风就上，要等来适当的风才能上。

理想的大风终于来了，在那时候，鲲必须全力一搏，飞腾而起，趁风的运动、趁海的运动飞起来，就可以变成鹏，昂首天外。

庄子说："鹏的背，不知道有几千里；奋起而飞，它的翅膀就像天边的云。海动风起时就迁往南海。当鹏迁往南海的时候，水花激起达三千里，翼拍旋风而直上九万里高空。"可以得出鲲化为鹏、乘风而上的具体操作程序为：一是大风来了，大海震荡；二是鲲奋力一跃，借助风势水势飞起来，化为鹏；三是鹏飞起来后要不停地击水，借助水势参与风的运行，最后乘风上天。

简单地讲，就是先借风力，再借水势，最后又借风力。风力是远因，水力是近因，鲲的意志则是决定性因素。

"待风"境界

鲲先由小鱼变成大鱼，即由鱼变成鲲。然后开始苦苦地等待大风的到来。鲲的变化与等待，暗喻大圣必先深蓄厚养方可致用的道理。

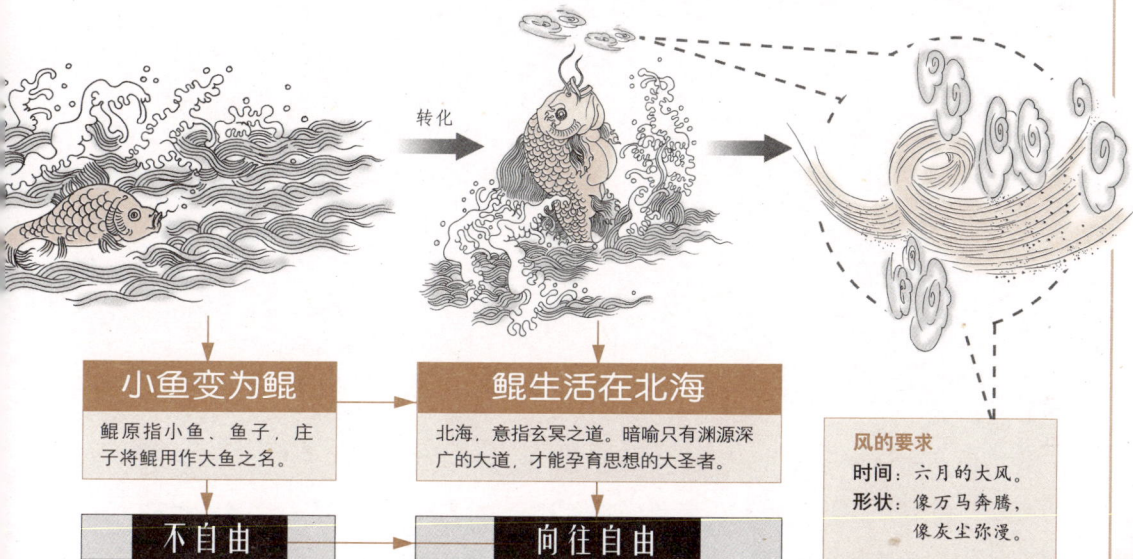

转化

小鱼变为鲲	鲲生活在北海
鲲原指小鱼、鱼子，庄子将鲲用作大鱼之名。	北海，意指玄冥之道。暗喻只有渊源深广的大道，才能孕育思想的大圣者。
不自由	**向往自由**

风的要求
时间：六月的大风。
形状：像万马奔腾，
　　　像灰尘弥漫。

逍遥游　逍遥游的四大境界

"乘风"境界

鲲化为鹏、乘风而上的具体操作程式为：一是大风来了，大海震荡；二是鲲奋力一跃，借助风势水势飞起来，化为鹏；三是鹏飞起来后要不停地击水，借助水势参与风的运行，最后乘风上天。这部分意指所谓为道需合于世道，方能应运而生，进而成就宏大事业。

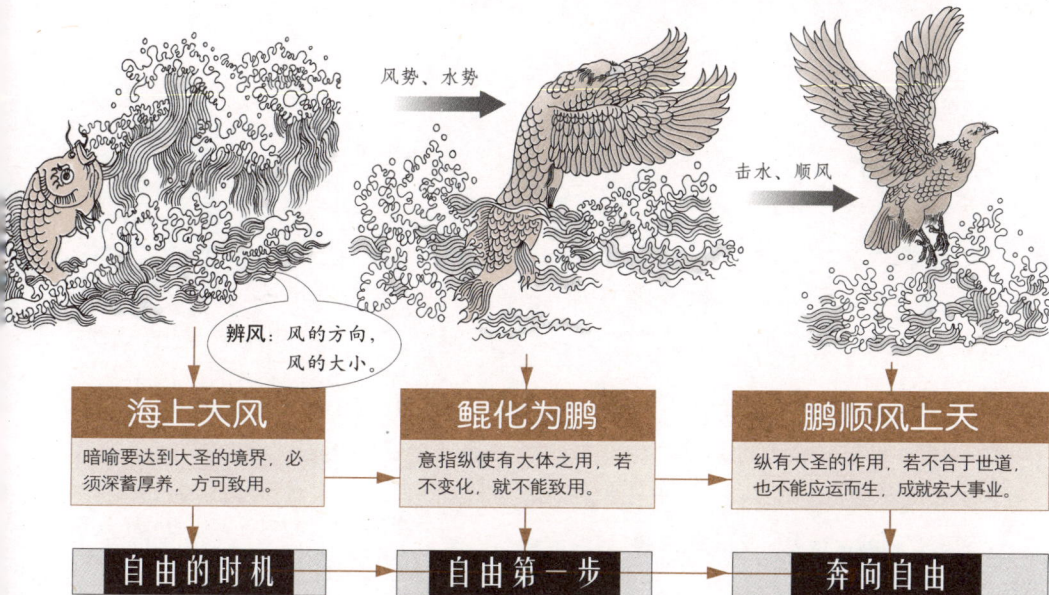

风势、水势

击水、顺风

辨风：风的方向，
　　　风的大小。

海上大风	鲲化为鹏	鹏顺风上天
暗喻要达到大圣的境界，必须深蓄厚养，方可致用。	意指纵使有大体之用，若不变化，就不能致用。	纵有大圣的作用，若不合于世道，也不能应运而生，成就宏大事业。
自由的时机	**自由第一步**	**奔向自由**

2

● **背风：逍遥游的第三境界**

乘风之后，鹏与风融为一体。风吹到哪里，鹏就去哪里，如此一直飞行了九万里。在这九万里中，鹏在风中，因为它刚成形，不敢妄为，不得不受风控制。但是慢慢地，鹏发觉自己力大无比，完全可以脱离风的控制自己飞行，于是它一个侧身，借风的弹力飞到了风的上面。这时，鹏在风上。

庄子说："所以鹏飞九万里，那厚积的风就在它的下面，然后才乘着风力，背负青天而没有阻碍，然后准备飞往南海。"鹏御风而行，完成了自我的觉醒。这是它的第二次觉醒。第一次是鲲化为鹏、脱离水的控制，通过变身获得自由。第二次是鹏试图脱离风的控制自己飞动，即通过摆脱风的约束而获得全面自由。

刚开始，风给了鹏机会。但鹏不能永远跟风走，再走下去，它就会变成风的"奴隶"。背负青天，逆天而行，从而通过以一人对抗全世界的孤独方式完成了自身的丰富，以一人肩负全世界的压抑方式完成了心灵的解放。就这样，鹏的意志不但使它飞起，还使它与造物主平起平坐，不再自卑于神灵，相反的，它要脱离一切的道自成一道，自由翱翔。

这种逍遥是自傲的，它自制一种生存方式，不是游刃有余，而是游于刃之上，它以另一种方式实现了自由。

● **弃风：逍遥游的第四境界**

这时不要顺风，要逆风，只有这样才能自由。但这种自由还不彻底，因为鹏虽然不再跟风了，风却还要跟随鹏，如影随形，很难摆脱。就算鹏轻轻一振翼，风马上就从翅膀间滑出。

依风而行，不是真正的飞翔。真正的飞翔是静止的飞翔。群星都是投身于轨道中，自然可随天运行。凡有翅膀的都飞不快。要想真正的飞就不能靠自己飞，要借助更大的力，那就是大道之运行，即大化，也即天时。

大风很大，但它自己吹不起来，也要借天时。因此，与其借风，不如借风背后的风，那就是天时，只要像群星一样进入轨道，就可以无翅飞翔，就可以真正飞翔。我们弃风而行，可以不再因乘风而狂乱，以一颗宁静的心进入永恒。

弃风是最高境界，弃风后鹏才是鹏，飞才是飞，逍遥游才是真正的逍遥游。一切自由自在，借天道婉转天地，实现自我之完美。

"背风"境界

鹏在风中，因为它刚成形，不敢妄为，不得不受风控制。但是慢慢地，鹏发觉自己力大无比，完全可以脱离风的控制自己飞行，于是它一个侧身，借风的弹力飞到了风的上面。

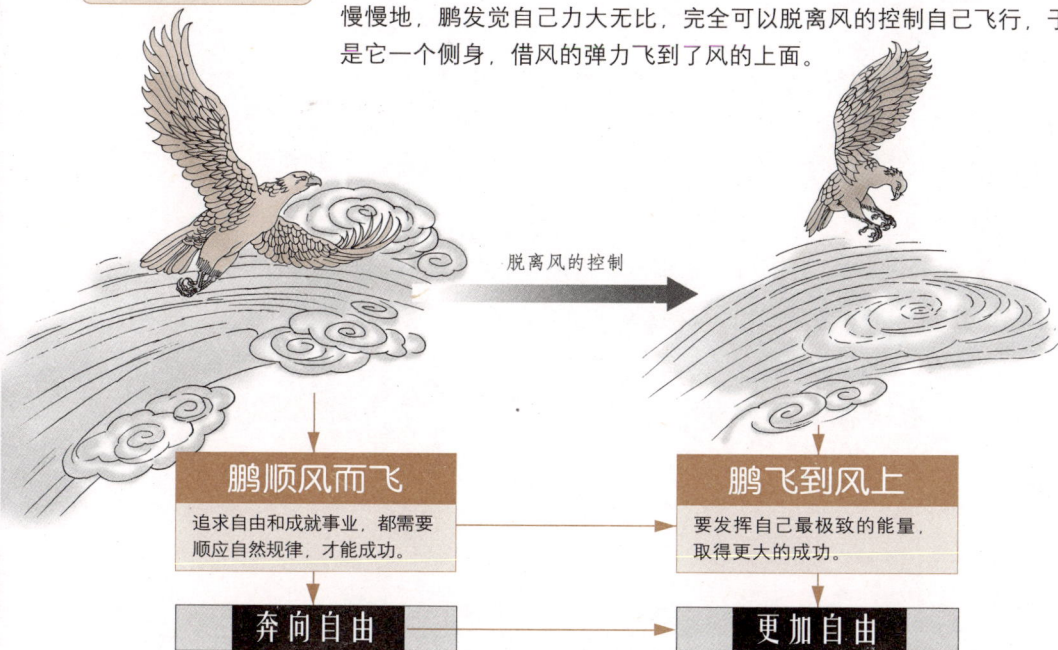

脱离风的控制

鹏顺风而飞
追求自由和成就事业，都需要顺应自然规律，才能成功。

鹏飞到风上
要发挥自己最极致的能量，取得更大的成功。

奔向自由

更加自由

"弃风"境界

这时不要顺风，要逆风，只有这样才能自由。与其借风，不如借风背后的风，那就是天时，只要像群星一样进入轨道，就可以真正飞翔。

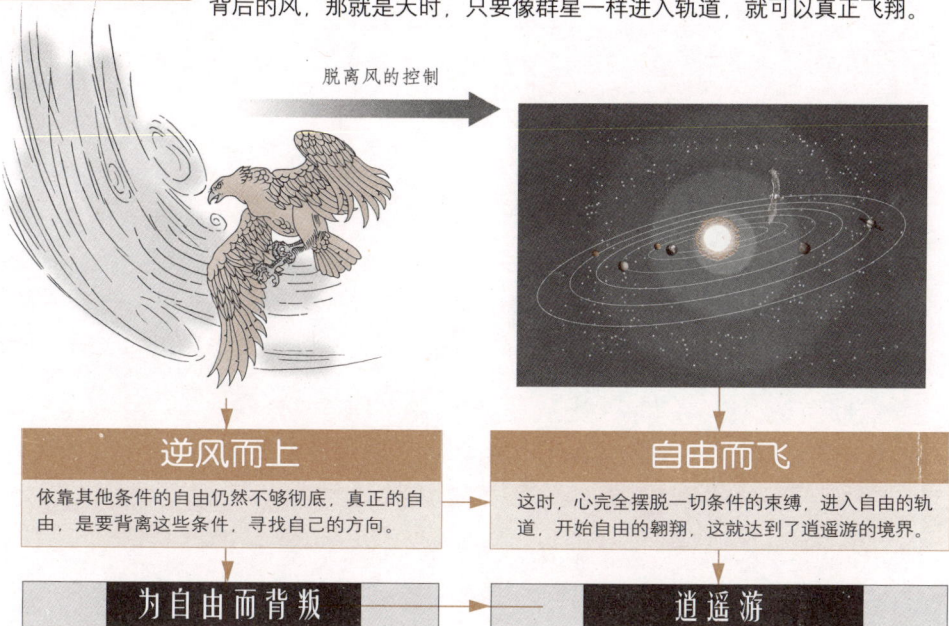

脱离风的控制

逆风而上
依靠其他条件的自由仍然不够彻底，真正的自由，是要背离这些条件，寻找自己的方向。

自由而飞
这时，心完全摆脱一切条件的束缚，进入自由的轨道，开始自由的翱翔，这就达到了逍遥游的境界。

为自由而背叛

逍遥游

无穷之境

逍遥游的三种做法

要想逍遥游，就要无所依赖。做到无己、无功、无名，才能到达无穷之境。

庄子说："若顺着自然的规律，而把握六气的变化，以游于无穷的境域，还有什么依待呢！所以说，至人无己，神人无功，圣人无名。"

在庄子看来，只有无所依赖，才能够达到真正的自由。麻雀、斑鸠和蝉达不到自由，就是大鹏鸟也还没有达到这种境界。因为它们都还有所依赖，都还处在相对的境界，而在相对的境界中，就必定受相对条件的限制。

要想达到真正的无所依赖，就要按照自然的本性行事，乘着六气的变化，进入无穷的境界。只有在这无穷的境界中才能无所依赖，无所依赖就不受约束，自由也就出现了。达到了这种境界的人就是至人、神人、圣人。怎样才能成为至人、神人和圣人呢？具体的做法如下：

● 无己

"无己"，就是去掉主观的自我，恢复自然的本性。只有无我，才能够随物变化，一旦有我，就会执著。一旦执著，"我"就从世界中孤立了出来，站到了世界的对立面，从而就受"我"的对立面的约束，也就不自由了。人们之间的一切冲突都由于有了自我意识，有了"我"、"己"，就会追求自我的利益和名声，从而就会引来祸患和烦恼。因此忘却自我，是摆脱人生困苦的根本途径。

● 无功

"无功"，就是不要去人为地建功立业。历史上没有好下场的人大多是那些建功立业的人。要建功立业，就要与人争斗，就要斗智斗勇。其结果只有两种，要么伤害了别人，要么被别人伤害，这两种结果都是不可取的。被人所伤自然是悲剧，或遭受许多痛苦，或不能终其天年；而伤害了别人的人日子也并不好过。胜利者虽然看起来强大，但却时时受到暂时还不强大的对立一方的威胁，所谓树大招风也。胜利者正因强大而成为众矢之的，因此他生活于不安和恐惧之中。而一个不去建功立业的人就可以逍遥于这双方的争斗之外，过一种安宁的生活。建功立业的实质无非是追逐名利，而追逐名利必致伤身。比如战国七雄终被秦所统一，而秦只二世而亡。

逍遥游的三种做法

要想真正的逍遥游，就要无所依赖。要想达到真正的无所依赖，就要按照自然的本性行事，乘着六气的变化，进入无穷的境界。做到无己、无功、无名。

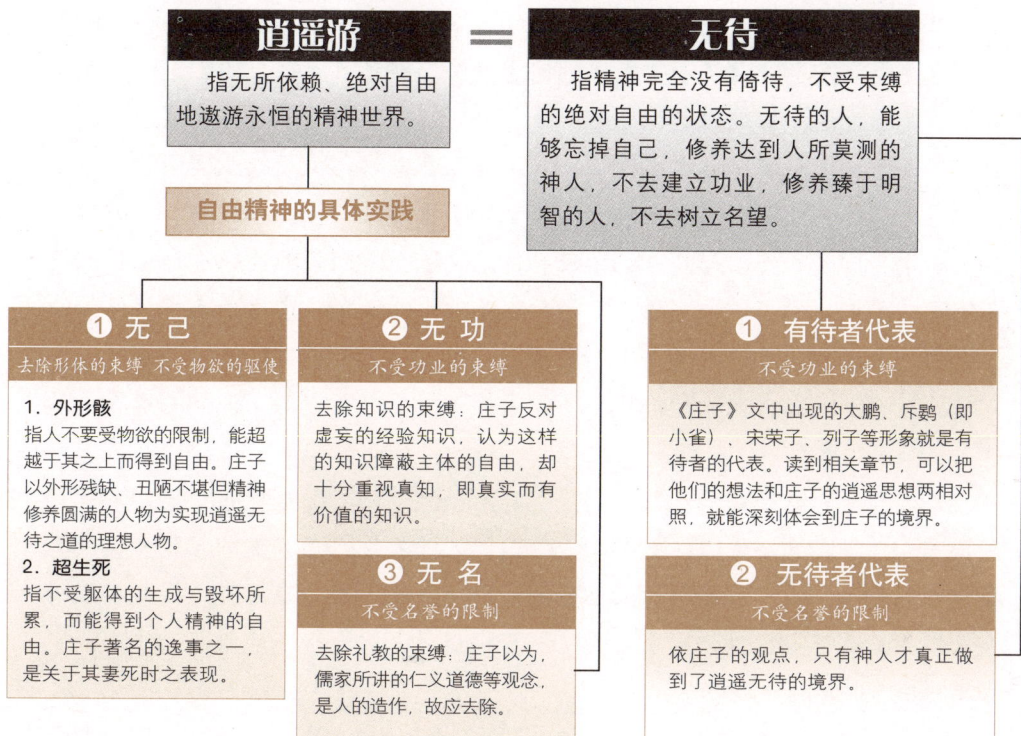

逍遥游 **＝** **无待**

指无所依赖、绝对自由地遨游永恒的精神世界。

指精神完全没有倚待，不受束缚的绝对自由的状态。无待的人，能够忘掉自己，修养达到人所莫测的神人，不去建立功业，修养臻于明智的人，不去树立名望。

自由精神的具体实践

❶ 无己
去除形体的束缚　不受物欲的驱使

1. 外形骸
指人不要受物欲的限制，能超越于其之上而得到自由。庄子以外形残缺、丑陋不堪但精神修养圆满的人物为实现逍遥无待之道的理想人物。

2. 超生死
指不受躯体的生成与毁坏所累，而能得到个人精神的自由。庄子著名的逸事之一，是关于其妻死时之表现。

❷ 无功
不受功业的束缚

去除知识的束缚：庄子反对虚妄的经验知识，认为这样的知识障蔽主体的自由，却十分重视真知，即真实而有价值的知识。

❸ 无名
不受名誉的限制

去除礼教的束缚：庄子以为，儒家所讲的仁义道德等观念，是人的造作，故应去除。

❶ 有待者代表
不受功业的束缚

《庄子》文中出现的大鹏、斥鷃（即小雀）、宋荣子、列子等形象就是有待者的代表。读到相关章节，可以把他们的想法和庄子的逍遥思想两相对照，就能深刻体会到庄子的境界。

❷ 无待者代表
不受名誉的限制

依庄子的观点，只有神人才真正做到了逍遥无待的境界。

有功和无功

有功的实质是在相互的争斗中追逐名利，而追逐名利必致伤身。无功则可以逍遥于双方的争斗之外，过一种安宁的生活。

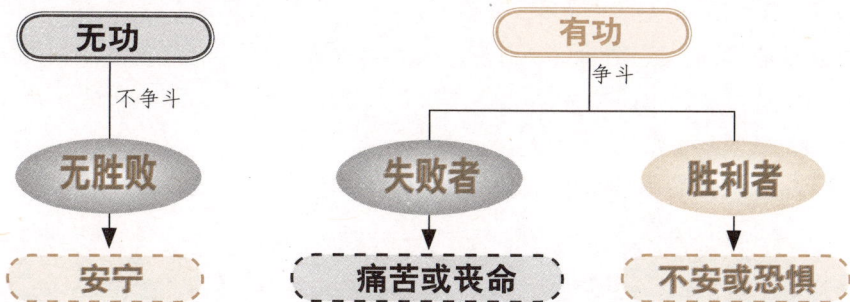

无功 —不争斗→ **无胜败** → **安宁**

有功 —争斗→ **失败者** → **痛苦或丧命**

胜利者 → **不安或恐惧**

● **无名**

　　"无名"，就是不要追求名声，因为名声对人生同样也是有害的。庄子举了许多以名伤身的例子：关龙逄因尽忠进谏而被夏桀所杀，比干也因此而被商纣王挖心。他们都是以名害生的例子，是为"忠臣"这个名称所累。既然国君已经昏庸，忠谏又有什么意义呢？既不能改变昏君，也不能改变国家，只是白白搭上自己的性命而已。而商朝末年至死不食周粟的伯夷和叔齐，也同样是为名所累。周朝的粮食与商朝的粮食有什么区别呢？商朝的可以吃，周朝的就不能吃？不就是换了一个名称吗？粮食还是原来的那个味道。事实上，作为一个老百姓来说，做谁的臣民在大多数情况下是无关紧要的，他永远是被统治的对象。对于臣民而言，改朝换代，不过是换了一个名称，对于他们的实际生活能有什么意义呢？

　　"无己"、"无功"和"无名"实际上指出了阻碍实现自由的绊脚石就是自己、功利和名誉。以自我为中心就会掉入狭隘和自私的窠臼，从而失去辨别真实的能力；以功利的眼光看待世界，就会泯灭人性，丧失情感，甚至成为别人利益的牺牲品；过分追求名誉，甚至把名誉看成比生命还重要的东西，就会举步维艰，画地为牢。

　　总之，"己"、"功"、"名"，这些东西都妨碍了人的独立与自由，对人生是有害的。一个人如果达到了这样一种"无己、无功、无名"的境界，就进入了独立与自由的状态了。

　　为什么只有"游乎穷者"才能达到绝对的自由呢？因为只要我们还处在有限的境域之中，就难免去比较大小多少，难免有你我之分，于是就去追求大和多，追求自我的利益。这样就永远被那些更大、更多的利益所牵制。自由也就谈不上了。人们世世代代总是争来斗去，其根本原因就是由于他们处于这种相对的处境中，由于有了大小、你我之分。

　　逍遥虽然只是庄子提出的一种理想状态，但是它却给了我们思考问题的一个方法，就是当我们陷于失败之中而不能自拔，或者为一件事情迷惑不解时，不妨把它们推向极端，当混沌思想的烘炉加热到沸腾时，它就会变得清澈直白。

而当我们从无穷的角度来看问题的时候，情况就截然不同了。无穷是超乎一切大小和你我之分的，它是一种绝对的、终极的境界。以这终极的眼光去看世界，大小、你我之分就消失了。我们日常所追求的功名利禄都变得毫无意义了。我们所得到的一切最终都要归还给无穷。人们之间争斗的根本原因和人们所牵挂的无非是功名利禄，而当我们放弃它们的时候，也就从斗争中解放了出来，从而就无所牵挂了。无所牵挂了也就有了自由，而只有"游无穷者"才能够无所牵挂。

有穷之境和无穷之境

在有限的境域之中，有大小、多少、你我之分，永远被那些更大、更多的利益所牵制，失去自由。无穷之境中，大小、你我之分就消失了，我们日常所追求的功名利禄都变得毫无意义了，我们所得到的一切最终都要归还给无穷。

无穷之境
无大小
无多少
无你我

有穷之境
有大小
有多少
有你我

无何有之乡

寝卧树下的悠然

无何有之乡，什么也没有，把大树栽在那里，每天在那里优哉游哉才是真正的逍遥。正是"本来无一物，何处惹尘埃"。

　　惠子和庄子因为大树的作用发生了争执，惠子对庄子说："我有一棵大树，人家都叫它做'樗'。它的树干木瘤盘结而不合绳墨，它的小枝弯弯曲曲而不合规矩，生长在路上，匠人都不看它。现在你的言论，大而无用，大家都抛弃。"庄子说："你没有看见猫和黄鼠狼吗？卑伏着身子，等待出游的小动物；东西跳跃掠夺，不避高低；往往踏中机关，死于网罗之中。再看那斄牛，庞大的身子好像天边的云，虽然不能捉老鼠，但它的功能可大了。现在你有这么一棵大树，还愁它无用，为什么不把它种在虚寂的乡土，广漠的旷野，任意地徘徊在树旁，自在地躺在树下。不遭受斧头砍伐，没有东西来侵害它。无所可用，又会有什么祸害呢？"

　　庄、惠"大而无用"与否的辩论，实际上是指人的才能的社会价值意义。惠施是从功利性的立场来看的，他认为这些东西虚无缥缈，于世无补，既得不到社会的承认，也不可能实现自己的功利目的，改善自己的生存条件，庄子思想虽宏阔玄妙，但不切实际，大而无用。庄子的价值论是以他对社会的批判为前提的。他把现实中的人比喻成为了生存，"以候敖者"而"东西跳梁"的"狸狌"，把诸侯王者的贪婪与奸诈之巧智比喻成为捕兽的"机辟"和"网罟"，"狸狌"再机灵也逃不了捕猎者的追杀与残害，这就是"人世间"。个性生活在这种深重的灾难中，连自己的生命都保不住，哪还会奢望价值的实现。正因为庄子看透了统治阶级的丑恶面目，看破了人世间的种种利害冲突，所以，他无意于当世，不想通过任何途径实现自己的社会价值，不想为活命而殉利、殉名、殉天下。

　　庄子虽然对人的社会价值持否定态度，但他并没有轻生，也没有皈依上帝，把自己的命运交给冥冥的神去主宰。他否定了人的功利价值的同时，也肯定了个体的精神价值。这种精神价值的独特之处，即是对人生的真、善、美的理想追求，是现实生活破灭的期望在人的精神幻想中的一种补偿，即一种想象式的满足。在自由的精神追求中，虽然不能满足自己的功利需求，但却可以深入思考人生存的意义，反思人的真正价值所在。庄子价值论的意义在于，他在中国思想文化史上，第一次把自由视为人的天性。

所以，庄子因大树无用而构想的"无何有之乡"，并非虚无缥缈之处，而是他超越了世俗之境的理想的精神故乡，是他理念世界中绝对的精神自由。

大树的用处

同样一棵大树，惠子从功利的角度衡量，认为大树是无用的，庄子却认为正因其无用，可以把它放在无何有之乡，人可以躺在树下自由而逍遥。借由在对大树有用与否的辨析，庄子又一次巧妙地讲述了他的"道"。

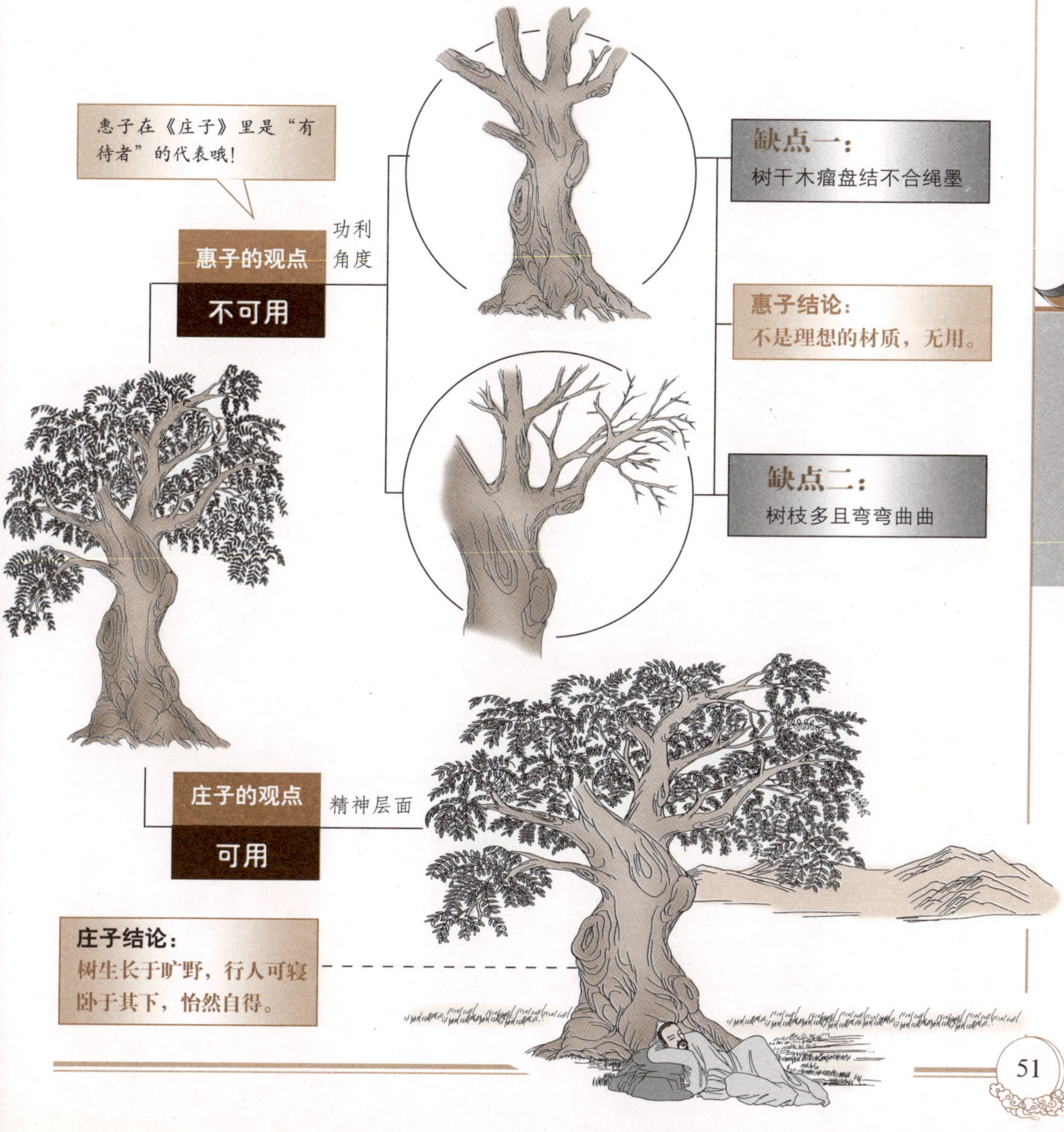

惠子在《庄子》里是"有待者"的代表哦！

惠子的观点
不可用

功利角度

缺点一：
树干木瘤盘结不合绳墨

惠子结论：
不是理想的材质，无用。

缺点二：
树枝多且弯弯曲曲

庄子的观点
可用

精神层面

庄子结论：
树生长于旷野，行人可寝卧于其下，怡然自得。

曳尾涂中

自由自在的乌龟

是"留骨而贵",还是"曳尾涂中",这是个问题。

庄子在濮水钓鱼,楚威王派了两个大夫先去表达他的心意说:"我希望将国内的政事委托先生!"庄子持着鱼竿头也不回地说:"我听说楚国有只神龟已经死了三千年了,国王把它盛在竹盒里用布巾包着,藏在庙堂之上。请问这只龟,宁可死了留下一把骨头让人尊贵呢?还是愿意活着拖着尾巴在泥巴里爬?"两个大夫说:"宁愿活着拖着尾巴在泥巴里爬。"庄子说:"那么请便吧!我还是希望拖着尾巴在泥巴里爬。"

以上就是"曳尾涂中"的故事,它形象地描述了庄子对名利的淡漠,对权势的蔑视。反映了庄子超越功名,返归自然,酷爱自由的人生态度和价值理想。故他宁愿像乌龟般拖着尾巴在烂泥中打滚,也不愿去楚国为官而失去自由。

在出世和入世之间,庄子选择了出世,那他为什么选择这种没有丰厚的物质享受,只有贫穷、寂寞的孤独人生呢?升官发财是人之常理,是应该主动去争取的,何况是送上门来的呢?其实不然,因为他已看穿了盗国盗民的统治阶级的丑恶面目,不愿助纣为虐,为虎作伥;更不愿为取得功名而牺牲自己的自由天性。他以楚国神龟的悲惨遭遇深刻地说明:神龟为王者利用,丧失了性命,只剩下它永世不能知晓的"留骨而贵"的一文不值的虚名。如果它"曳尾涂中",自由自在地生活在大自然的怀抱中,也许真能有千年的寿命。所以,庄子决不为官入仕,自我欺骗,自我麻醉,牺牲自由,徒留空名。

与庄子同时代的"留骨而贵"者,让我们看看他们的结局。战国法家代表人物商鞅,在秦孝公的支持下对秦国进行改革,使秦国国富兵强,为统一六国打下坚实的基础。可秦孝公一死,保守派反戈一击,结果商鞅被车裂灭族。另一个法家的代表人物吴起,是继孙武之后,既善于用兵同时又具有高深的军事理论的第一人。历史上,吴起作为军事家与孙武齐名,后世论兵,莫不称"孙吴"。作为政治家、改革家,他与商鞅齐名。吴起一生在鲁、魏、楚三国出将入相。最后,在楚国贵族的叛乱中被射死。

有"留骨而贵"者,也有"曳尾涂中"者。魏晋大诗人陶渊明在任彭泽令时,因要束带迎接上级,而叹道:"我岂能为五斗米向乡里小儿折腰。"遂归隐田园。诗仙李白，在仕途上屡屡碰壁后，吟出"安能摧眉折腰事权贵，使我不得开心颜"的诗句。

明代风流才子唐伯虎有诗云："别人笑我太疯癫，我笑他人看不穿。"这或许是对"曳尾涂中"的最好注解。

乌龟的两种选择

庄子一生贫贱，身处穷闾陋巷，靠织草席卖麻鞋为生，而能臻于大道，得享天年。"曳尾涂中"这个寓言故事再一次诠释了庄子无待的境界，蕴涵着深刻的人生哲理：留骨而贵者纵是荣华富贵享尽，却终身受人驱使，更有甚者为其丧失了性命。曳尾涂中者或许终生贫困，但却因拥有了更多的自由而得享天年。

代表人物 →

商鞅：战国时期在秦实行变法，奠定秦统一六国的根基。 → **被变法守旧派车裂**

吴起：战国时期在鲁、魏、楚三国出将入相。 → **被楚国贵族射死**

留骨而贵 → **享尽荣华富贵，却丧失性命**

代表人物 →

陶渊明：不为五斗米折腰，后归隐田园。 → **田园隐士**

唐伯虎：科场横祸后，在故乡桃花庵里做"神仙"。 → **狂放一生**

曳尾涂中 → **终生贫困，却得享天年**

逍遥游

自由自在的乌龟

神人的逍遥境

不以俗物为务

姑射山上的神人之所以美好，就在于他能做一个纯粹的自己，而不与天下人随波逐流，不为俗物所累。

在遥远的姑射山上，住了一个神人，肌肤有若冰雪一般洁白，容态有若处女一般柔美；不吃五谷，吸清风饮露水；乘着云气，驾御飞龙，而遨游于四海之外。他的精神凝聚，使物不受灾害，谷物丰熟。他的德量，广被万物合为一体，人世喜纷扰，他却不肯劳形伤神去管世间的俗事。外物伤害不了他，洪水滔天也不会被溺毙，大旱使金石熔化、土山枯焦而他不会感到热。他的尘垢秕糠，就可以造成尧、舜，怎肯纷纷扰扰地为外务所累。

姑射山上的神人之所以那么美好，就在于他能做一个纯粹的自己，而不与天下人随波逐流，不为俗物所累。只要你单一、专注，就可以明白一切。人生的积累过程不是为了积累够多，而是为了积累得够纯。只要够纯，就会够神。

纯的境界是觉醒。美女幼小时，不知道自己是美女，于是一切恣态自然美好，让人喜欢。一朝觉醒，美女就顾影自怜而自恋，从此扭捏作态，毁了天然之美，何者为纯，竟是后者。因为美女不知道自己美，人不知道自己是自由的，就没有意义，觉醒后才有意义。不纯之金胜于纯金，人毁后才是纯的。

纯的境界是动。东晋宰相谢安指挥淝水之战时，却在家里下棋。他必须找点事做，必须动起来，才能以自身的小运动应照外界的大运动。世上没有静，有的只是"动的和谐"。静坐非静，血在流。花开非静，香盈袖。愈动愈纯，以速度致单一。

纯的境界是一。森林再大，也是"一"片森林；地上人再多，也是"一"个地球村。道生一，一生二，二生三，三生万物。然后又是万物归三，三归二，二归一。纯是一切，而不是一个。反照自身，原来所争的一切并不属于自己。最辉煌的成就，也常不过功过相当，更别说并不辉煌的业绩，从根本上说，损人尤多，损己亦尤多。原来，人生的辉煌昙花一现，短暂中又掺着许多虚假。真正的鲜花与阳光，岁岁年年今又是，日日新，月月新，只在自然的怀抱中。

这猛醒只在生命的最后时刻才看得到，实在迟了些，但迟了也有意义。

有两位英雄同室操戈，一成一败。成功者，占有天下，为帝为王。失败者，流落异国他乡，一生不免壮志难酬，凄风苦雨。为帝为王者后来晚节不佳，几乎把天下断送了，众叛亲离中，孤苦谢世。旁人把这消息告诉流落异国他乡的那位英雄，意在安慰他，让他高兴，那人却说："我也是要上那条路的，一切都过去了。"一句话说尽了争斗的徒劳，荣华的虚妄。

　　所以，第二次世界大战时赫赫有名的英国首相丘吉乐，临终前，别人请他说几句话，他竟然说出："一切都厌倦了。"他不再说，也不再做了，从容归去。

姑射山神人

　　逍遥游是庄子思想的核心，也是他反复强调的主题。庄子将逍遥游境界人格化、具体化成姑射山神人，神人肌肤若冰雪，柔美若处子的美丽形象在于其内外兼修。

不吃五谷，吸清风饮露水。

驾御飞龙

精神凝聚，外物不伤其身。

德量广被五物而合为一体。

乘着云气，遨游于四海之外。

逍遥游的人格形象——姑射山神人

　　逍遥游究竟是什么样的？姑射山神人就告诉了我们逍遥游的情境，姑射山神人肌肤如雪，柔美如处子的美丽形象，意指逍遥游无所依赖，不为外物所累的境界。

纯的境界

　　姑射山神人之所以那么美好，在于其纯，不为外物所累。纯是什么？是觉醒，是动，是一。

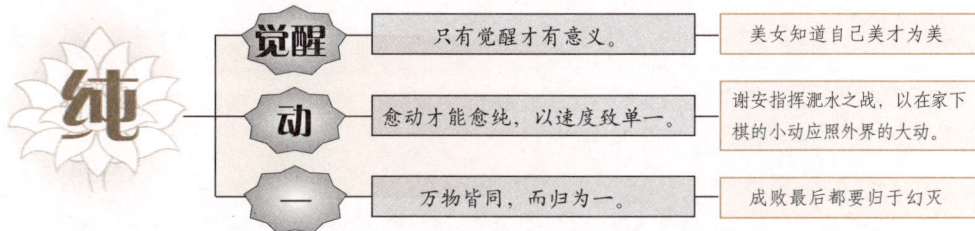

纯

觉醒	只有觉醒才有意义。	美女知道自己美才为美
动	愈动才能愈纯，以速度致单一。	谢安指挥淝水之战，以在家下棋的小动应照外界的大动。
一	万物皆同，而归为一。	成败最后都要归于幻灭

许由不受天下

我是一只小小鸟

人生有许多虚浮之事，名利皆是如此，既是虚浮的东西，就不要太放在心上，应该保存内心的那份自然和单纯。

尧想把天下让给许由时说："日月都出来了，而烛火还不熄灭，要和日月比光，不是很难么！及时雨都降落了，而还在挑水灌溉，对于润泽禾苗，岂不是徒劳么！先生一在位，天下便可安定，而我还占着这个位子，自己觉得很惭愧，请容我把天下让给你。"许由说："你治理天下，天下已经安定了。而我还来代替你，我难道是为着名吗？名是实的宾位，我难道为着求宾位吗？小鸟在深林里筑巢，所需不过一枝；鼹鼠到河里饮水，所需不过满腹。你请回吧！我要天下做什么呢？厨子虽不下厨，主祭的人也不越位去代他来烹调。"

人生有许多虚浮之事，名利皆是如此。短浅之人认为这是生命之本，坠入名利之中。其实人生之真恰恰在于摆脱这些虚浮之事。人应该超越成败得失，心安理得地生活与工作，这样看似无所作为，但人生在世最根本的东西得到了保证。生活本身就是人的作为。

虚名能为人带来一时心理的满足感，也就使争名、争虚名的事常有发生。为了虚名而去争斗，是人世间各种矛盾、冲突的重要起因，也是人生之中诸多烦恼、愁苦的根源所在。虚名本身毫无价值和意义，任何一个真正的有识之士都不会看重虚名。

名誉的取得必须靠实实在在地做，靠创造性的工作和人们看得见的业绩，比如那些大发明家、大科学家、大文学家，他们中有的尽管不善言表，但他们的行为在人们心目中树立了令人敬慕的形象。

荣誉本身也是责任。一分荣誉，十分责任。一个有健康情操的人，当获得某种荣誉后，兴奋之余就是压力。他要付出更多的努力，去完成新的课题。他往往不是担心自己得到的荣誉低，被别人看低了，而是怕"盛名之下，其实难副"。与名誉相生的是虚荣，但虚荣心过强会给人带来无穷的烦恼。踏上虚荣的高台阶，必定迈进自私的低门槛。

实际上，造物主并没有让谁光彩照人、名气压人，也没有让谁低三下四、可怜巴巴。成功了，做出了大事业，有了大名声，还是人；没有做出大事业，默默无闻，也依然是人。这样看来，追求名声常常使有些人失去人的许多天然的本性，将纯洁变成芜杂，把天然扭曲为造作。名声的坏处这样就显而易见了。品格修养好的人就是能不把名当一回事，恢复人生本来的自然、单纯的状态。

实与名的关系

名是实的宾位，名誉必须靠创造性的工作和人们看得见的业绩取得，其本身是没有任何意义的。

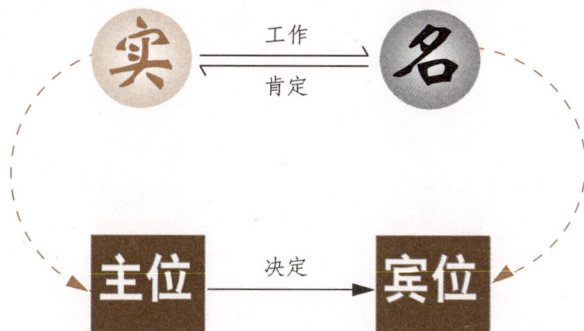

名的解析

名誉一方面是对成绩的嘉奖，同时更是一种责任和压力，不应刻意追求名誉，要以自然、平和的心态生活。

如果工作只是为追求虚荣，那么就会为此而争斗不止，带来无尽的烦恼。

通过工作成绩得到名声后，会产生很大的压力和责任，这时就要抛弃名声，而投入到新的工作中。

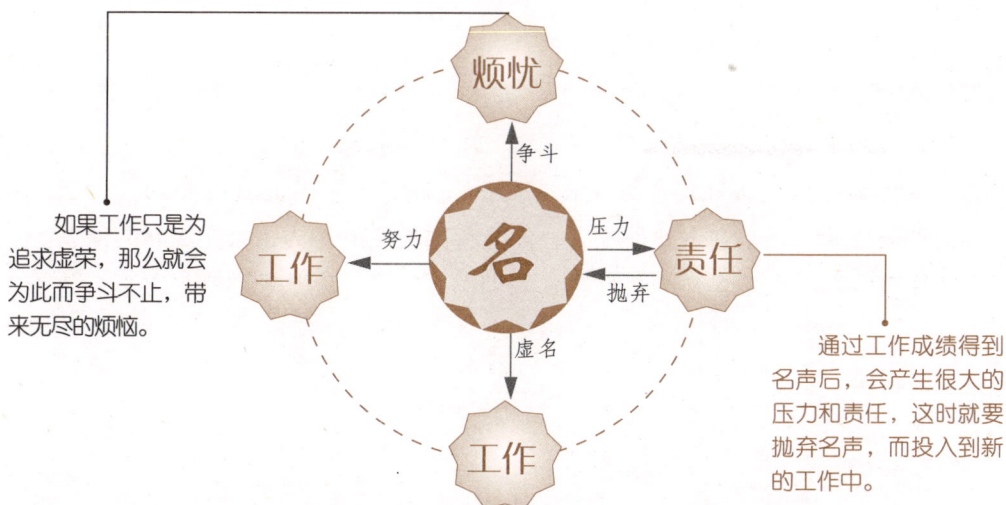

大鹏鸟与麻雀

幸与不幸

8

大鹏鸟和麻雀都是有限的，与无限相比都是渺小的。它们各有各的逍遥，又各有各的不幸，同样人类也是渺小的，也有幸与不幸。

● **谁更幸福**

麻雀曾嘲笑大鹏鸟说："你究竟要到哪里去呢？我使出吃奶的劲往上飞，也不过飞几十丈那么高就得回来，在蓬蒿之间翱翔，已经是飞翔的最高境界了。而你究竟到哪里去呢？"

从总体上说，在庄子看来，无论是大鹏鸟还是麻雀，都还没有达到真正自由的境界，原因在于它们都仍然有所依赖。麻雀局限于丛林之中的狭小空间，根本谈不上自由；就是大鹏鸟也没有达到独立不依的程度，它之所以能飞那么高，是借助于大风的力量。因此这两者都是需要超越的，只有达到了无所依赖的境界，才能够具有真正的自由。

在这两者当中，庄子对大鹏鸟显然是欣赏有加，而对麻雀的描述则充满了戏谑、嘲讽的语气。我们对大鹏鸟也会很自然地肃然起敬，因为它视野开阔，气魄宏大，有英雄气概；而麻雀在大鹏鸟面前如同小丑一般可笑，它鼠目寸光，即使尽力地翻飞跳跃，最高也不过数尺而已，有什么资格嘲笑伟大的鹏呢？

然而，这只是从比较、相对的角度得出的结论，如果我们从终极的角度来看，或者说从庄子所说的道的角度来看，则大鹏鸟与麻雀并没有实质性的区别，甚至于大鹏鸟的处境更加可悲！

既然道是无限的，无始无终的，那么大鹏鸟无论飞多么高、多么远和多长时间，都不可能接近无限，无限是不可能接近的，可接近的则不可能是无限的。大鹏鸟飞了九万里那么高，已经够高的了，但与无限相比，仍不过是蓬蒿之间罢了。

在庄子看来，知识是一切不幸的根源。如果按照这个观点来衡量，那么大鹏实际上是很不幸的，它的不幸正在于它的有知，在于它力量的强大。它知道在它面前永远有一个无穷的宇宙，而这个宇宙是可望而不可即的；在这个无穷的宇宙面前，它存在与不存在都是一样的，不管存在多长时间，都不过是一刹那而已。

相反，麻雀倒是更幸福，它的幸福正在于它们的无知。它们不知道在丛林之外还有一个巨大的空间，更不知道还有一个无限广袤的宇宙，它上下翻飞于狭小的空间之中，并不知道它自己的"小"，这种"小"只是在大鹏鸟的眼中才存在着。所以它因知足而快乐，没有面对无限时的烦恼。因此可以说，大鹏与麻雀各有各的逍遥，又各有各的不幸。

大鹏鸟和麻雀的幸与不幸

从无限的角度来看，大鹏与麻雀各有各的逍遥，又各有各的不幸。

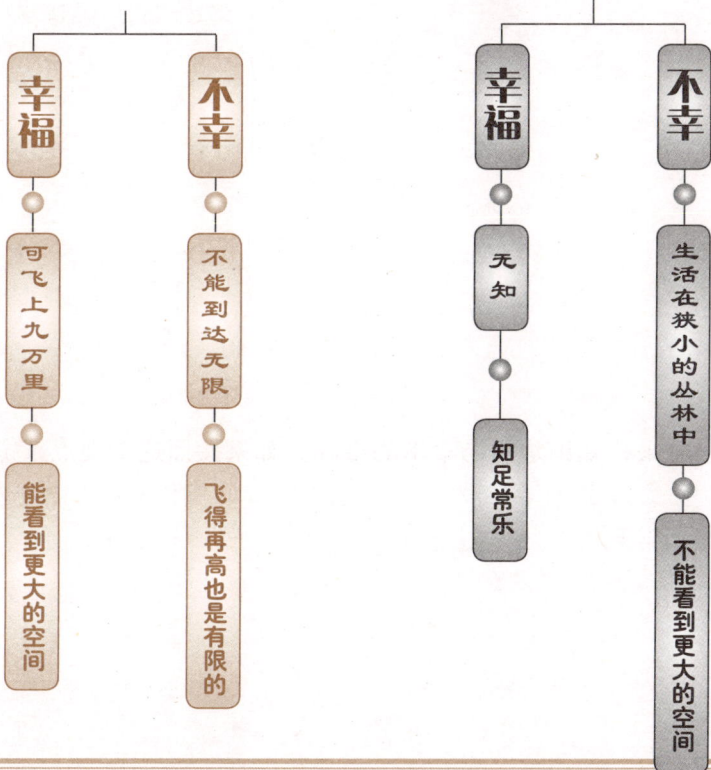

幸福	不幸	幸福	不幸
可飞上九万里	不能到达无限	无知	生活在狭小的丛林中
能看到更大的空间	飞得再高也是有限的	知足常乐	不能看到更大的空间

● **人类的不幸**

　　我们人类之不幸在于有意识，当面对无穷时却不能游于无穷，渴望把握世界和人生却无法把握，面前永远存在着陌生的领域，这使我们永远生活于一个不确定的世界里。生活在这样一个不确定的世界里，总是充满了恐惧和烦恼，从而就不可能幸福和自由。当面对无穷的宇宙时，人类只能感到自己的孤独、无奈和渺小。全宇宙的沉默使人类恐惧。

　　只有无知才没有恐惧，才能够幸福和自由，但人不可能无知，因为人不可能没有意识。从这个角度说，人实在是一种悲剧性的存在。人类的悲剧不在于生活的艰难，也不在于他们的自相残杀，而在于这种与生俱来的、无法摆脱的意识。

　　人类常常以嘲笑的口吻谈论那些微小的生命，可是，从广阔的宇宙视野来看，人类与那些生命并没有实质的区别。蚂蚁是一种匍匐在大地上的生物，它们的天空大概只有一厘米那么高，那以上的天空对它们来说是不存在的。还有一种花，叫挂叶菊，叶子差不多有巴掌那么大。在它们的叶子上生活着一种针眼大的动物，俗称"密虫子"。它们一生都生活在一个叶子上，绝大部分时间是静止的，即使爬行起来，也极端缓慢和短暂。一个叶子大概就是它们的全部世界了，它们永远不知道是生活在一个小小的叶子上。它们由于无知而很少欲望，很少欲望也就很少痛苦。俯视着这小小的生命，想想人类，在这个无边无际、无始无终的宇宙中，人类不也是生活在这样一片小小的叶子上吗？

　　当我们认识到这一切时，我们就该抛弃一切的欲望，而从无待的境界中寻找自己的位置。要想逍遥游，就必须认识到自己的幸与不幸，并通过修养，而弥补自己的不幸。人不能只是活在自己所设置的目标中而自生自灭，要从现实中走出来，看一看外面的世界同样地宽广。一味地追求世俗的东西，到最后只能是烦恼越来越多，而不幸的成分也越来越大。

人类的不幸

人类之不幸在于有意识，当面对无穷时却不能游于无穷，渴望把握世界和人生却无法把握，面前永远存在着陌生的领域，这使我们永远生活于一个不确定的世界里。生活在这样一个不确定的世界里，总是充满了恐惧和烦恼，从而就不可能幸福和自由。

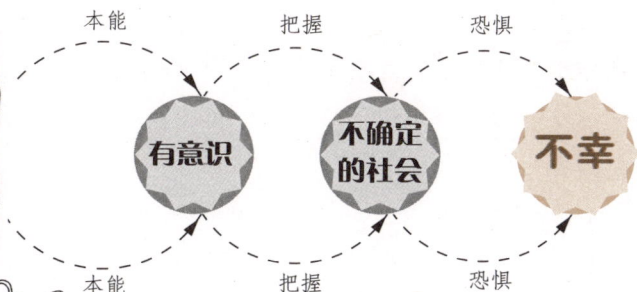

本能	把握	恐惧

有意识 → **不确定的社会** → **不幸**

本能	把握	恐惧

人类的渺小

人类在无边无际、无始无终的宇宙中就如挂叶菊上的"小虫子"，十分渺小。

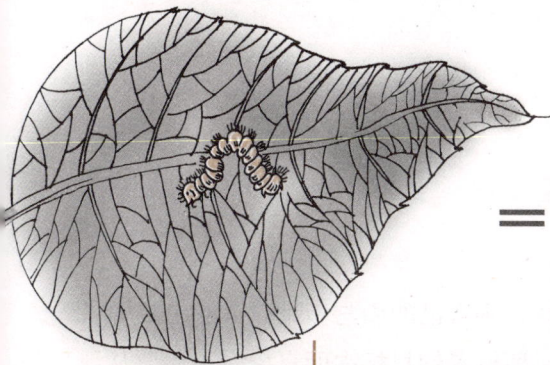

=

叶子上的小虫	宇宙中的人

渺小

认识到我们的渺小后，就该抛弃一切的欲望，而从无待的境界中寻找自己位置。

第 **3** 章

齐物论

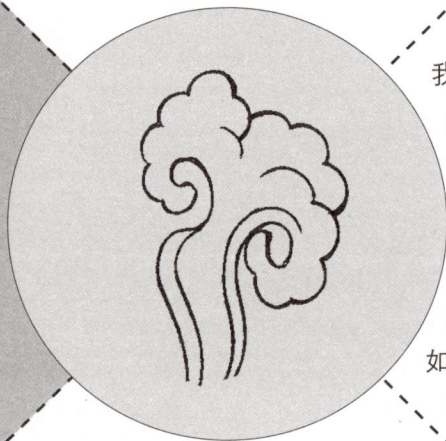

天地与我并生，万物与我为一。面对物我，庄子能梦蝴蝶，同样蝴蝶也能梦庄子。面对生死，正如黑夜和白昼的变化，正如春夏秋冬之轮回。面对是非，其实本无所谓对错，与其争辩，不如融于大道。面对人生，不过是一场梦罢了。

齐物论

万物齐同的世界

齐物论是庄子思想的核心。他挥洒文学上的才华，创作各式各样的寓言，告诉人们万物本一体的"道"的世界，要用达观的心态和眼光来看待一切。

　　齐物论包含齐物与齐论两个意思。庄子认为世界万物包括人的品性和感情，看起来是千差万别，归根结底却又是齐一的，这就是"齐物"。庄子还认为人们的各种看法和观点，看起来也是千差万别的，但世间万物既是齐一的，言论归根结底也应是齐一的，没有所谓是非和不同，这就是"齐论"。

　　对于物我来说，庄子认为是同一的，所以梦中的蝴蝶能梦到他，他也能知道鱼儿的快乐。对于生死，人们多是迷恋生命而害怕死亡。由于死亡往往和老、病相连，与生离交关，所以人们认为死亡是一种莫大的痛苦。但庄子却将生死看成像四时变化一样自然，所以，当妻子死后他鼓盆而歌，当自己死时，他主张薄葬。对于是非、对错的判断，有时人们太拘泥于是非上面，反而模糊了事情的本质。庄子提醒人们，有时我们已经偏离了事情本身而不自知，使得方法成为了另一种障碍。与其争论不休，不如保持沉默。人们常用自己的标准来评量别人，岂知个人的标准不能一视同仁，人类的标准也不能放诸四海，所以河伯和井中蛙不知道大海的广阔。面对人生，庄子说人生如梦，自以为清醒的，或许正说着梦话。人生是一场梦，人生的理想，是一场梦中之梦，人们在梦中悲伤、哭泣，失落、懊恼，等到梦醒了，才发现一切都是梦。

　　总之，庄子反对将真理绝对化，树立权威的独断论述，也反对将人的价值夸大，渺视其他物种的狂妄。他将是非的争论，看做是一段喋喋不休的絮语；将贪生怕死的恐惧，视同一场美丽的梦幻。庄子以他高深的哲学论辩和精湛的语言能力，力驳一个包括天地的大论。然而，对他而言，这似乎不费吹灰之力，就像一只翩翩飞舞的蝴蝶，超越了一切凡尘俗世的纠葛，最终只为生之喜悦而飞舞。而我们，除了欣赏它华丽的身影外，也会赞叹它那轻盈的舞姿。

齐物论

　　庄子认为万物是齐一的。他能梦蝶，而蝶也能梦他；他为妻子之死鼓盆而歌，因为生死本一体。他在众人的争辩中保持沉默，因为大言不辩。他大彻大悟后，看到人生不过是一场梦幻。

齐物我
梦中的庄子梦见了蝴蝶，
而梦中的蝴蝶也梦见了庄子。
——选自《齐物论》中"庄周梦蝶"

齐是非
为世间事争论是非
是没有意义的，
因为大言不辩。
——选自《齐物论》中"大言不辩"

齐生死
庄子妻死，
他却鼓盆而歌，
因为生死就如四时变化一样
自然而然。
——选自《至乐》中"鼓盆而歌"

大道为一
从道的角度来看，
天地与我并生，
万物与我同一。

齐大小
面对无尽的宇宙，
我们应该宏观地去认识万物，
不要做井底之蛙，只见一隅。
——选自《秋水》中"井底之蛙"

大道为一
其实世上本没有路

2

一切稀奇古怪的事物，从道的角度来看都可通而为一。一切事物从通体来看就没有完成和毁坏，都是复归于一个整体。顺着自然的路径走而不知道它的所以然，这就叫做"道"。

———

道路是人走出来的，事物的名称是人叫出来的。可有它可的原因，不可有它不可的原因；是有它是的原因，不是有它不是的原因；一切事物本来都有它是的地方，一切事物本来都有它可的地方。没有什么东西不是，没有什么东西不可。所以举凡小草和大木，丑陋的女人和美貌的西施，以及一切稀奇古怪的事物，从道的角度来看都可通而为一。万事有所分，必有所成；有所成必有所毁。所以一切事物从通体来看就没有完成和毁坏，都是复归于一个整体。

只有通达之士才能了解这个通而为一的道理，因此他不用固执自己的成见而寄寓在各物的功分上，这就是因任自然的道理。顺着自然的路径走而不知道它的所以然，这就叫做"道"。

古时候的人，他们的知识有个究极。有人认为宇宙初始并不存在万物，这便是知识的究极，到达尽头了，不能再增加了。次一等的人，认为宇宙初始存在万物，只是万物之间并不存在界域。再次一等的人，认为宇宙初始不但已存在万物，并且事物之间有分界，只是不计较是非。是非的造作，道就有了亏损。道的亏损是由于私好所形成的。

宇宙有一个"开始"，有一个未曾开始的"开始"，更有一个未曾开始那"未曾开始"的"开始"。宇宙最初的形态有它的"有"，有它的"无"，更有未曾有"无"的"无"，更有未曾有那"未曾有无"的"无"。忽然间发生了"有""无"，然而不知道这个"有""无"果真是"有"果真是"无"。现在我已经说了这些话，但不知道我果真说了还是没有说。

天下没有比秋毫的末端更大的东西，而泰山却是小的；没有比夭折的婴儿更长寿的，而彭祖却是短命的。天地和我并存，而万物和我合为一体。万物一体加上我所说的就成了"二"，"二"再加上"一"就成了"三"，这样继续往下算，就是最巧善的计算家也不能得出最后的数目。从无到有已经生出三个名称了，何况从有到有呢！因任自然就是了。

道原本是没有分界的，语言原本是没有定说的，为了争一个"是"字而划出许多的界线，如有左，有右，有伦序，有等差，有分别，有辩论，有竞言，有争持，这是界线的八种表现。天地以外的事，圣人是存而不论的；天地以内的事，圣人只议评而不争辩。

大道是不可名称的，大辩是不可言说的，大仁是无所偏爱的，大廉是不逊让的，大勇是不伤害的。"道"讲出来就不是真道，言语争辩就有所不及，仁常守滞一处就不能周遍，廉洁过分就不真实，勇怀害意则不能成为勇。这五者不要疏忽，那就差不多近于道了。

大道为一

从道的角度来看，万事都可通而为一。万物是从无到有的，然后事物之间有了分界，有了是非，道也就有了亏损。

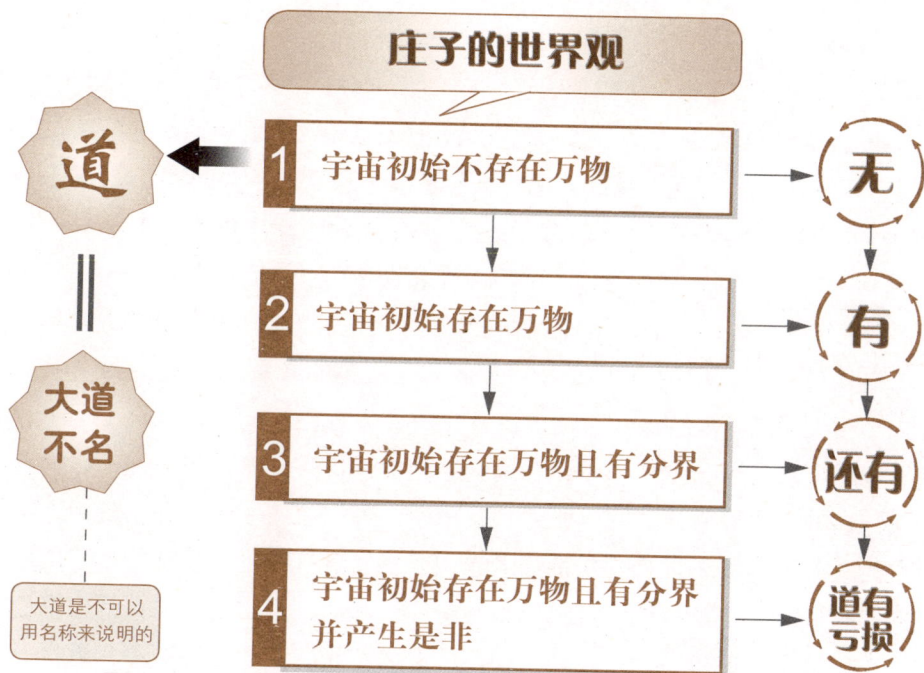

庄子的世界观

道 ＝ 大道不名

大道是不可以用名称来说明的

1 宇宙初始不存在万物 → 无

2 宇宙初始存在万物 → 有

3 宇宙初始存在万物且有分界 → 还有

4 宇宙初始存在万物且有分界并产生是非 → 道有亏损

其实世上本没有路

67

庄周梦蝶

蝴蝶也能梦到我

3

庄周蝴蝶梦中，庄子强调的是一种"物化"思想，必须摒弃世俗杂念，凝神聚意，使个体进入物我相化、物我两忘的交融为一、难舍难分的特殊情境，也只有在这种宁静美好的意境中才能体悟庄周梦蝶的真正内涵。

● 真实的蝴蝶梦

从前庄周梦见自己变成蝴蝶，栩栩然飞向空中，简直就像是一只真正的蝴蝶，觉得十分快乐。可以随心所欲，竟然忘了还有庄周的存在。但是，忽然醒来却发现栩栩如生的却是庄周本人。不知道是庄周梦见自己变成蝴蝶呢？还是蝴蝶梦见自己变成庄周呢？

唐代诗人李商隐写过一首七律诗云："锦瑟无端五十弦，一弦一柱思华年。庄生晓梦迷蝴蝶，望帝春心托杜鹃。沧海月明珠有泪，蓝田日暖玉生烟。此情可待成追忆，只是当时已惘然。"其中的"庄生晓梦迷蝴蝶"就出自《庄子·齐物论》结尾的"庄周梦蝴蝶"的寓言。李商隐借此来表达自己怀才不遇、悲剧爱情的感喟之情以及人生如梦的伤感情怀。

从常人的情理考虑，庄周梦蝴蝶似有可能，但蝶梦庄周则纯属荒诞之言。其实人和对象的关系是对立统一的，既有相异的对立面，又有融通交合的统一面；同样，人认识把握客观事物的方法，既有逻辑推论式的理性思维，也有直接体悟的直觉思维，前者偏重于理智，后者强调感情因素。庄周的"蝴蝶梦"实际上侧重于人和自然之间和谐统一的一面，运用艺术的直觉思维，通过情感体验，内在观省的认识方法，领悟人和自然在生命根源上的同根性的深刻哲理。

梦是人的潜意识的自由表露，人生活在现实的各种利害关系网之中，终日为功利事务而四处奔波，生活的沉重感和文化规范的制约，压抑了个体的自由无拘的自我意识。在梦境中，一切利害冲突，世俗杂念销声匿迹，心灵自由开阔，情感意识异常活跃，丰富的想象力把个人带进了一个超越了时间、空间限制的自由天地，素日受到压抑的潜意识如梦初醒，以真切生动的形象出现在人的心理世界。"梦蝴蝶"反映的正是庄子在现实社会惨遭压抑中渴望自由的潜意识，是个人理想中的"自由王国"的艺术再现，是庄子渴望淳朴敦厚、无私无虑的人际情感和自由的劳动创造活动的理想、愿望的充分反映。可见，"蝴蝶"在这里是美好生活的化身、是自由人生的象征。在民间广为流传的

"梁山伯和祝英台"的爱情故事中，故事结尾处，在阳光明媚、百花争艳的春天，一双彩蝶自由飞于梁祝墓前，表现了中华民族对自由的爱情生活和美好未来的热烈向往之情。

庄周梦蝶

庄周梦蝶的奇异处在于：不仅庄周梦到了蝴蝶，而且蝴蝶也梦到了庄周，即主体和客体融合为一体。

庄周梦蝶

主体梦见客体

蝶梦庄周

客体梦见主体

主客合一

蝴蝶的象征

蝴蝶梦的本质是对自由的向往，蝴蝶就是自由的象征。

庄周梦蝶

人生自由

梁祝化蝶

爱情自由

自由

● 移情和物化

人和物是有别的，人能意识到对象的存在，而对象是无法感知人的心理奥秘的，这是一个不容否认的客观现实。那如何理解"蝶梦庄周"呢？这不能从功利的、逻辑分析的角度去强调人和物的对立面，而需从审美的视角、艺术的眼光去评判对象。人在长期认识改造自然界的活动中，不断地探索自然物的特征和本质，对其了如指掌。自然物在外形结构和运动变化中的各种姿态，使人产生了复杂丰富的情感，这样，人往往把自己的喜怒哀乐之情移注到自然物身上，使它富有人的情感意志，人便在和自然物交流生命情感的过程中得到一种精神快乐和心理补偿，这种现象叫做"移情"。庄子恰恰是在解除了社会规范的制约和人的功利欲念干扰的自由梦境中，把自己渴望自由生活的情感意识移注到无拘无束、天真可爱的蝴蝶身上，使蝴蝶具有人的属性，"蝴蝶"便成了美的化身、自由的象征。我们只有以审美的态度、艺术的眼光才能体验到人和自然万物在生命根源上的同一性，才能理解"蝶梦庄周"的合理性。这种独特的体认客观世界的方法，具有情感体验、直觉领悟和不可言传的性质，注重于意会，是直觉思维。

庄子在动荡不安的社会现实中的凄惶处境和人生感慨，使人们误解了"蝴蝶梦"的含义，后人特别是文化士人遭遇仕途坎坷后，往往产生"人生如梦"的消极情绪，这样"人生如梦"便逐渐代替了"蝴蝶梦"本身，仕途险恶，人生短暂，无可奈何的宿命论思想代替了"庄周梦蝶"原有的生动活泼的审美理想和人生愿望。汉魏南北朝乐府民歌中常有"人生在世，如白驹过隙"的感叹，唐宋诗词中的"悲秋意识"，把"人生如梦"及时行乐的颓废情绪作为主体内容之一。苏轼的《念奴娇·赤壁怀古》，借缅怀历史上的英雄人物的赫赫功绩来倾诉自己理想未遂的激愤之情，"人生如梦，一樽还酹江月"的感喟，更有"运退英雄不自由"的消极厌世之情。可见，随着历史岁月的流逝，庄周梦蝶的含义已面目全非。

其实庄周梦蝶中庄子强调的是一种"物化"思想，从人和自然的同根性来看，"天地与我同生，万物与我为一"，这必须摒弃世俗杂念，凝神聚意，使个体进入物我相化、物我两忘的交融为一、难舍难分的特殊情境，凭借直觉领悟人和自然万物浑然一体的审美情趣，在艺术欣赏的境界中回味大自然生生不息的旺盛活力，追求人生最完美的乐趣。也只有在这种宁静美好的意境中才能体悟庄周梦蝶的真正内涵。

移情

移情是人把喜怒哀乐之情移注到自然物身上，使它富有人的情感意志，人便在和自然物交流生命情感的过程中得到一种精神快乐和心理补偿。

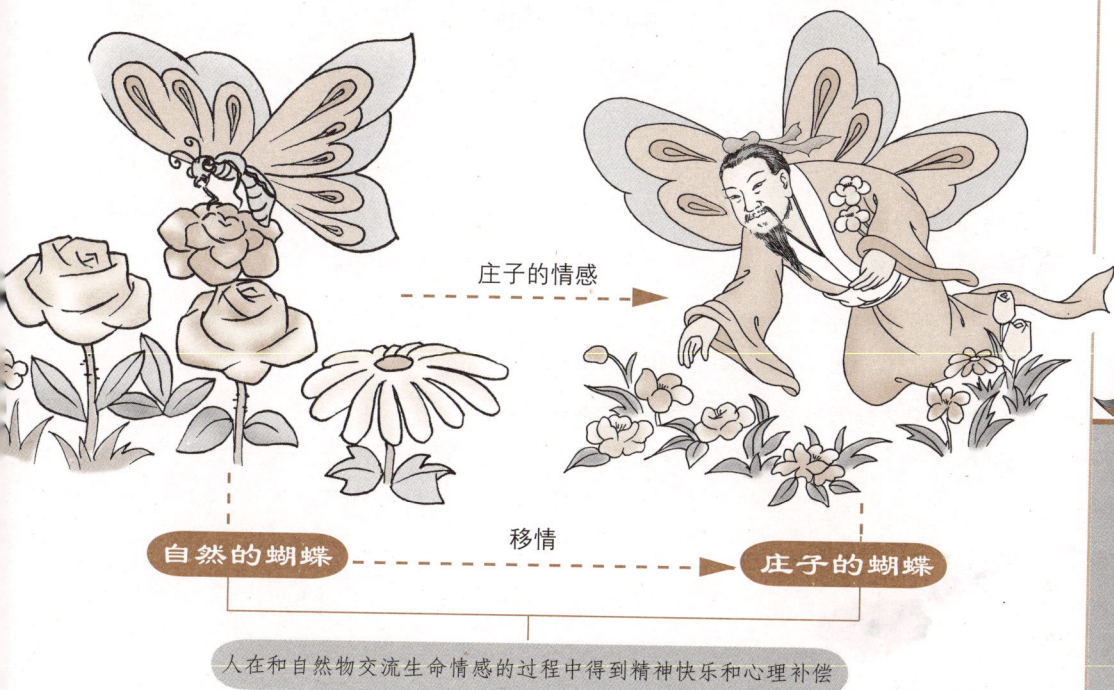

庄子的情感

自然的蝴蝶 ——移情——> 庄子的蝴蝶

人在和自然物交流生命情感的过程中得到精神快乐和心理补偿

齐物论

蝴蝶也能梦到我

蝴蝶梦与人生如梦

蝴蝶梦是生动活泼的审美理想和人生愿望。而"人生如梦"是对世事险恶，人生短暂的无可奈何的宿命论思想。

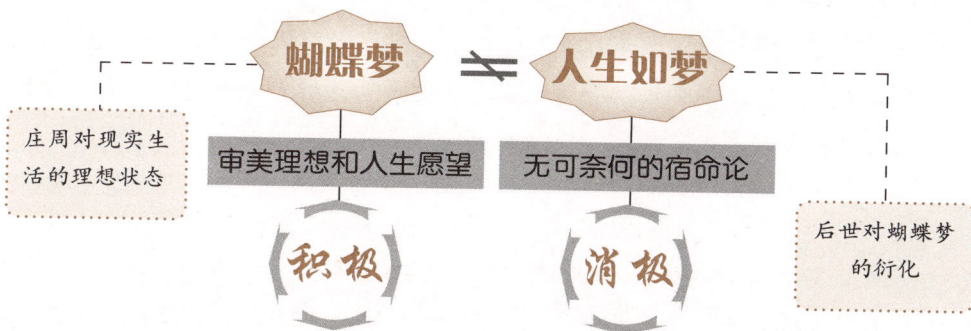

蝴蝶梦 ≠ 人生如梦

庄周对现实生活的理想状态

审美理想和人生愿望 — 积极

无可奈何的宿命论 — 消极

后世对蝴蝶梦的衍化

濠梁鱼乐

我知道鱼儿的快乐

庄子之所以能知道鱼的快乐，是因为他从人和物交融统一的角度，把自己强烈的主观感受和喜怒哀乐之情移注到鱼身上，这样鱼便有了喜乐，它与人在心理默契中交流着各自的情感。

● 鱼乐之辩

庄子和惠子在濠水的桥上游玩。庄子说："鱼儿悠悠哉哉地游出来，这是鱼的快乐啊！"惠子问："你不是鱼，怎么知道鱼是快乐的？"庄子回说："你不是我，怎么知道我不晓得鱼的快乐？"惠子辩说："我不是你，固然不知道你；你也不是鱼，那么你不知道鱼的快乐，是很明显的了。"庄子回说："请把话题从头说起吧！你说'你怎么知道鱼是快乐的'这句话，就是你已经知道了我知道鱼的快乐才问我，现在我告诉你，我是在濠水的桥上知道的啊！"

庄、惠在濠梁之上"知鱼之乐"的论辩，是一个广为流传、耐人寻味的故事。它从一个侧面反映了庄子和惠施截然不同的价值取向及思维方式。惠施从人与物对立的视角，说明人不能感知动物的喜怒哀乐；庄子从人与物的通融的角度，赋"鱼"以人的情感意识；前者是纯理智的逻辑思维，后者是艺术审美型的直觉思维。

惠施是战国时期名辩学派的代表人物，具有杰出的政治才干，热衷于游说辅佐诸侯国君的社会活动。曾游魏，为惠王立法。与邓析齐名，谋划齐、魏国君相会于徐州称王；出使楚国，停止五国伐秦的计划；说服赵国，请伐齐存燕，是魏惠王、襄王时期魏国政治舞台上的风云人物。他和庄子都是宋国人，常在一起辩论，是学术研究的好朋友，但两人情趣、志向迥然不同，惠施想以雄才大略立功名于天下，而庄子则无意于当世。惠施是名辩大家，以雄辩的口才和论证逻辑称著当世，而庄子是富有艺术家气质的哲学家，喜沉思冥想，重意会轻言传，以直觉体悟事理。人能否"知鱼之乐"的论辩鲜明地反映了惠施功利性取向的价值观和重"言传"的逻辑思维，反衬出庄子超功利的艺术审美价值取向和重"意会"的直觉思维的独特之处。

鱼乐之辩

庄子和惠子在濠梁之上关于"知鱼之乐"的论辩是两种思维方式的交锋。惠子从人与物对立的视角，用逻辑思维得出"人不知鱼之乐"的结论。庄子从人与物交融的视角，用直觉思维体悟出"人知鱼之乐"的境界。

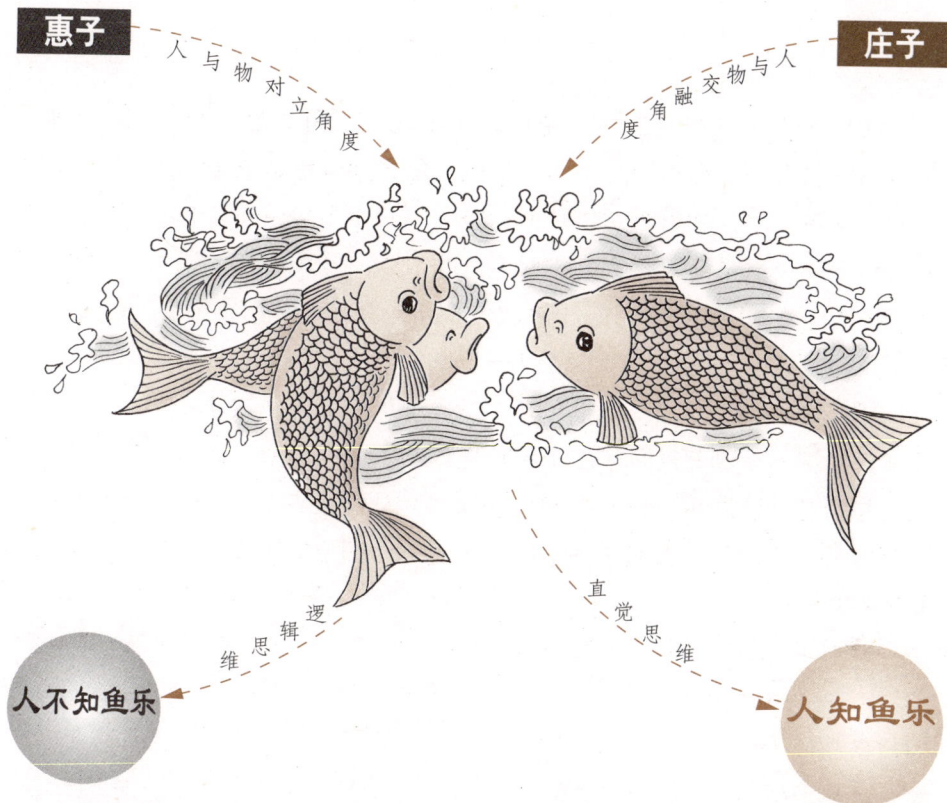

惠子　　　　人与物对立角度　　　　角度融交物与人　　　**庄子**

维思辑逻　　　　　　　直觉思维

人不知鱼乐　　　　　　　　**人知鱼乐**

惠施（惠子）　　　　　　　　　　　　　　**相关链接**

宋人，是名家的代表人物。他在公元前334年至前322年间（魏惠王后元元年至十三年）做魏的相国，主张联合齐、楚，尊齐为王，以减轻齐对魏的压力，曾随同魏惠王到齐的徐州，朝见齐威王。他还为魏国制订过法律。到公元前322年，魏国被迫改用张仪为相国，把惠施驱逐到楚国，楚国又把他送到宋国。到公元前319年，由于各国的支持，魏国改用公孙衍为相国，张仪离去，惠施重回魏国。

惠施也和墨家一样，曾努力钻研宇宙间万物构成的原因。据说，南方有个奇人叫黄缭的，曾询问天地不塌不陷落以及风雨雷霆发生的原因，惠施不假思索，立刻应对为"遍为万物说"。惠施的论题，主要的还是有关宇宙万物的学说，他的著作已经失传，只有《庄子·天下篇》保存有他的十个命题。

● **逻辑思维与直觉思维**

从物和人相对立的视角分析，惠施的反诘是强有力的，他无疑是这场论辩的胜利者。人类认识与改造自然的目的是为了满足自己的需要，功利性是人类活动的基本动因。在这种生存意识的支配下，人是世界的主体，而自然是人征服占有的对象，人是有意识的存在物，有喜怒哀乐之情，而自然物没有情感意识，便不会有喜怒哀乐的心理感受，人也不能认识体味自然物的感受，这是人类的同感。如果有人说自然物有情有义，常人自然以为他是胡说八道。惠施便是从这一简单的生活常识出发，否认庄子的感受的。惠施是从人和物对立冲突的角度理解问题的，实用性的功利价值态度和分析论证型的逻辑方法，使他把人仅仅理解为利益的动物、逻辑的工具，而不是活生生的全面的人。

若从人和物交融统一的角度深入思考庄子提出的问题，便会得出与惠施相反的结论，即庄子"知鱼之乐"的感受并非胡言乱语，而是人的真切的主观感受。正因为人是有意识的存在物，所以，他是有欲望、需求、激情、冲动和意志的活生生的存在物，不但有物质需要，也有精神需要。在特定的时间空间场合，人们为了抒发自己强烈的主观感受，便把自己的喜哀乐之情移注到眼前的自然物身上，这样自然物便成了有情有义的生命物，它与人在心理默契中交流着各自的情感。庄子之所以在濠梁之上的优美自然环境中，能感受到平日在动荡现实中不曾有过的自由快乐，是怡然自得、无拘无束的"鱼"，唤醒了庄子心灵深处渴望充满美和自由情趣的人生理想，借物生情，借物感怀。这种生命哲理的获得，不是通过品尝鱼肉的美味或者分析鱼的生理结构的方式，而是通过心理体验、直觉领悟的方式感受到的。

庄子和惠施是两种情趣相反的人格类型，惠施为功利性思辨型的人，不能理解并否定庄子的直观感受是意料之中的事情，而庄子是超功利审美型的人，自然能知鱼之乐。有些人认为，庄子于此偷换论题，进行诡辩。其实是和惠施一样，是以己观物，而不是"以庄解庄"，自然难得庄学之旨！

逻辑与直觉、言传与意会，是人类相辅相成的认识事物的思维方式，缺一不可。万不可否定直觉和意会，让逻辑和言传独占心灵，把自己变成纯理智的思维工具，扭曲了人性。西方科学主义文明的危机，非理性思潮和自然人文主义的勃兴，确证了完美的人性绝不是理智的科学和发达的物质文明所能塑造的，人类还需要真、善、美的高级精神享受，需要艺术和美的熏陶，需要人的灵性去意会，去直觉体悟宇宙自然的奥秘，倾听生命的呼声，用真情和爱去拥抱生活。

逻辑思维与直觉思维

庄子的直觉思维和惠子的逻辑思维实是鸟之双翼，是人类认识事物的两种相辅相成的思维方式，缺一不可。

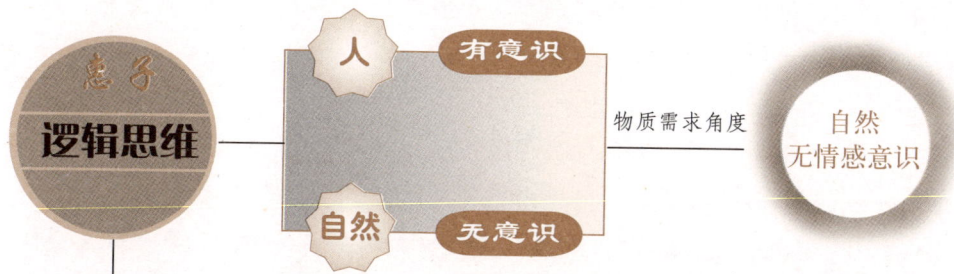

惠子
逻辑思维

人 —— 有意识

自然 —— 无意识

物质需求角度

自然
无情感意识

逻辑思维
又称抽象思维，是思维的一种高级形式。其特点是以抽象的概念、判断和推理作为思维的基本形式，以分析、综合、比较、抽象、概括和具体化作为思维的基本过程，从而揭露事物的本质特征和规律性联系。

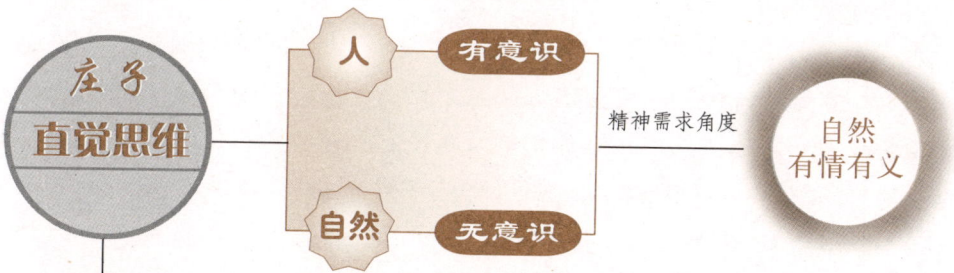

庄子
直觉思维

人 —— 有意识

自然 —— 无意识

精神需求角度

自然
有情有义

直觉思维
是指对一个问题未经逐步分析，仅依据内因的感知迅速地对问题答案作出判断，猜想、设想，或者在对疑难百思不得其解之中，突然对问题有"灵感"和"顿悟"，甚至对未来事物的结果有"预感"、"预言"等都是直觉思维。

鼓盆而歌

达观地对待死亡问题

在对待死亡问题上，庄子以理性的态度告诉我们：要顺乎自然，乐天安命以超越生死。

● 鼓盆而歌

庄子的妻子死了，惠子前来吊唁，看见庄子正坐在那里敲着盆子唱歌。惠子说："与妻子生活了一辈了，生子、衰老，最后死亡，不哭也就罢了，还要敲着盆子唱歌，这太过分了吧！"庄子说："不是这样。当她刚死的时候，我怎么会不动感情！可是当我想到，一开始她本无生命；不但没有生命，而且也没有形状；不但没有形状，而且没有气息。那时候混杂在大道之中，然后因大道的变化而有气，因气的变化而有形，因形的变化而有生命。而今又因变化而死亡。这就如同春夏秋冬四时的变化一样。她本来就安然地寝于巨大的墓穴之中，而我却哭得死去活来，自以为不通天理，所以就不哭了。"

自从人类诞生之日起，人的生死，便成为牵惹人心的十分敏感的问题。"生"意味着对个体生命的肯定，"死"则预示着个体永远离开了生活，不能分享人间的快乐幸福，是对人的生命的否定。所以，从常理看，人们对生、老、病、死都有一种不能拂拭的恐惧感。所以"贪生恶死"是人的自然本性。当然，人也是社会的动物，人生的价值又体现在为群体做些有益的事。但不管怎样，人们无法回避死亡问题。在古代中国，诸子百家对待死亡的态度各有不同。孔孟儒家主张人们应把主要精力投入到实现人生价值上，个人不必考虑死亡问题，也不必害怕死亡，实际上是对死亡问题的回避。墨家认为，人的生死穷达，皆由前世所定，无法改变，宣扬人死亡后灵魂不灭而变为鬼，可以享受祭祀，是典型的命定论者和精神不灭论者。唯有庄子道家认为生死是一种自然现象，反对任何关于死亡的神秘观点和对死亡的恐惧。主张知天安命，不悦生恶死，具有朴素唯物论的因素。

儒、墨、道家对死亡的态度

对于死亡问题，先秦诸家各有论说，儒家对死亡问题采取回避态度；墨家认为人死亡后灵魂不灭变为鬼后享受祭祀，是典型的命定论者和精神不灭论者；道家认为生死是一种自然现象，反对任何关于死亡的神秘观点和对死亡的恐惧。

儒家	墨家	道家
人应该把主要精力投入到实现人生价值上，个人不要考虑死亡问题，也不要害怕死亡。	人的生死穷达无法改变，宣扬人死后灵魂不灭而变为鬼，享受祭祀。	生死是一种自然现象，反对任何关于死亡的神秘观点和对死亡的恐惧。
回避死亡的价值	命定论和精神不灭论	朴素唯物论

5

● 庄子的生死观

　　惠子诘难老朋友的所作所为，是从常人的情理角度考虑的。庄子在妻死后，不但不悲伤，反而奏乐高歌，心情十分舒畅。这在现代人也难以理解，认为庄子违背人情世理。事实上，庄子绝非无情无义的人，妻子刚死亡的时候，他何尝不百感交集，悲哀伤痛呢！但他认为，人类在产生以前，无形无神，后来在混沌状态中才生出一种生命之气，赋予人以形体和精神，人死亡了，生命元气消失，人又回到大自然的怀抱中。人的生命从自然中来，最后又回到自然中去，就像昼夜流转，四时变化一样，自然而然，何必号啕大哭伤身损命呢？所以，要顺乎自然，乐天安命以超越生死。以无心无情的达观生活态度，冷静地对待死亡问题。痛苦、忧惧，虽合人情，却违天理，甚不可取。

　　庄子所讲的道理诚然不错，但是人不可能是这么有理性的，不可能只要想通了道理就去照着做。人的理性与情感之间的确存在着差距，常常出现相互矛盾的情况，对于死亡正是如此。从理性上说，即使是一般的人也知道是自然现象，死是无可奈何的事情，因此悲伤是没有用的；可是，当面临死亡的时候却无法不悲伤，人非草木，孰能无情？有人说庄子的思想是非理性的，但由此看来庄子不仅是理性的，而且是太理性了。

　　对于死亡，不应过分恐惧，但也无须欢欣鼓舞，要做到"不知悦生，不知恶死"，这才是得道的境界，也就是不动心的境界。既然生死是自然现象，所以生不必快乐，死亦无须痛苦。同样地，生也不用痛苦，死也用不着快乐。

　　对于生命，既不应该喜悦，也不应该厌恶，顺其自然而已。喜悦与厌恶都是没有意义的。生命不因你喜悦而延长，死亡也不因你喜欢就会快速到来。死与生，是人自己不能控制的，在死亡面前，你痛苦也罢，喜悦也罢，都无济于事，死亡之神决不会因你的情绪而有改变，它是铁面无情的。

　　生命确实只是事物无穷的变化历程中的一个形态，而人也同样只是无数形态中的一个短暂的形态而已，但是我毕竟是我，与那些不同的形态有着实质性的区别，否则就是没有我了。虽然说我们是"道"的显形，但在显形为"我"之前和显形为"我"之后，即生前和死后，我是不存在的，虽然说构成我的那些东西依然存在于道之中，可是那不是我；人与万物本来一体，但我不是万物。尽管我们得到生命无须特别的喜悦，但生命确实非常值得珍视，因为我们的生命只有这一次，我们能够拥有这种"人"的形态的几率也是微乎其微的，既然如此，为什么不好好珍惜我们的生命呢？

关于生死的正确认识

庄子的万物齐同的思想，带给我们对死亡的正确认识：生死不是对立的，人活着的时候包含着死的因素，死后又回归自然，继续流转。

类型一： 生死对立

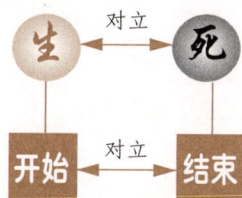

生 ←对立→ 死

开始 ←对立→ 结束

人类的死不等于把生命否定掉，所以死不是生的对立。

类型二： 生包含着死

生死

人的死也是生的一部分，换句话说，人经常是包含着死而活着的。

庄子的生死观

庄子认为：人类在产生以前，无形无神，后来在混沌状态中才生出一种生命之气，赋予人以形体和精神，人死亡了，生命元气消失，人又回到大自然的怀抱中。人的生命从自然中来，最后又回到自然中去，就像昼夜流转，四时变化一样，自然而然。

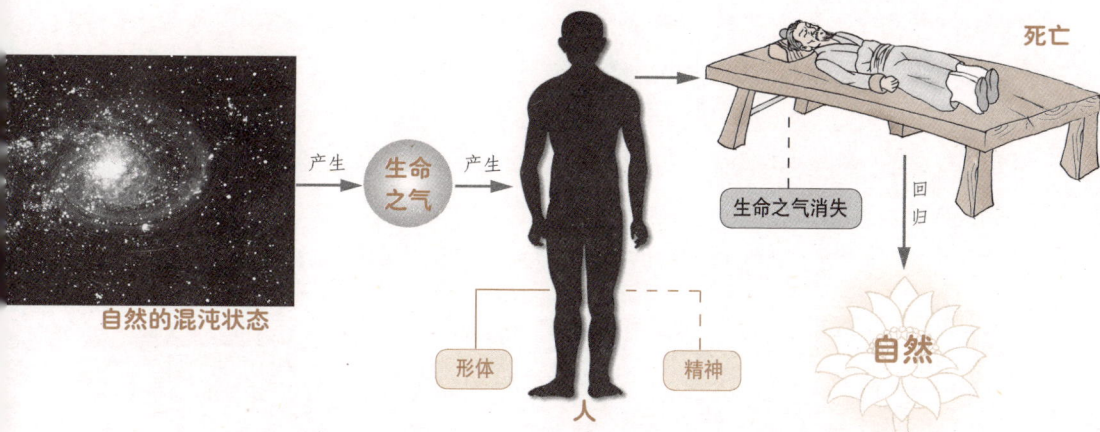

自然的混沌状态

产生 → 生命之气 → 产生

死亡

生命之气消失

回归

形体　精神

人

自然

庄子将死

中国式精神解脱

6

庄子将死时的通达乐观实际上是具有悲剧意识的生命情调向壮观宇宙意识的升华，是对时间、对死亡的中国式精神解脱。

庄子快要死的时候，弟子们都想厚葬他。庄子说："我用天地做棺椁，用日月做双璧，星辰做珠玑，万物做殉葬。我的葬礼还不够吗？还有什么比这更好的！"弟子说："我怕乌鸦老鹰吃了你呀！"庄子说："露天让乌鸦老鹰吃，土埋被蚂蚁吃，从乌鸦嘴里抢来给蚂蚁，为什么这样偏心呢！"

庄子视死亡为元气变化，回归自然，在上为乌鸦老鹰食，是气化的自然，在下为蚂蚁食，也是气化的自然。主张厚葬是愚者的奢望，是徒有其表的虚华形式，违背天道自然规律，不可取也。所以人应破除妄为，顺应自然，乐天安命，高高兴兴地回到大自然母体的怀抱中，让大自然的良辰美景陪伴自己，安息寝卧，随物而化。

"死亡"问题是经常出现在《庄子》一书的人生话题。庄子对待"死生"问题实际上是采取艺术审美性的态度，即对万物的变化，保持观照而不牵惹自己的情感判断的态度，即对时间、对死亡的忧惧的一种精神超越。苏轼在《前赤壁赋》中云："自其变者而观之，则天地曾不能以一瞬，自其不变者而观之，则物与我皆无尽之。"都是指针对宇宙自然而言，要顺应自然，乐天安命，随与化迁；针对自己的精神而言，要超越生死而来的痛苦忧惧，不为物动，保持无情无心的达观态度。这实际上是具有悲剧意识的生命情调向壮观宇宙意识的升华。是对时间、对死亡的中国式精神解脱。它具有二重性，一方面是对现实的黑暗、生命的苦闷的愤怒呐喊和宣泄释放，另一方面又是对生命的价值意义的现实否定，让人的能动性萎缩在主观精神的象牙塔中去浮想联翩。这往往成就的是文学艺术，而回避的是社会人生。绝对的精神自由是一种虚假的自由，但却是真切的艺术创造自由或审美自由。这正像一个连体双胞胎，是一个活生生的矛盾体，理解了这一点，也就领悟了中国传统艺术精神的真谛。

薄葬与厚葬

庄子认为无论是薄葬还是厚葬，最后都要回归自然，厚葬只是愚者的奢望，是徒有其表的虚华形式，违背自然天道，是不可取的。

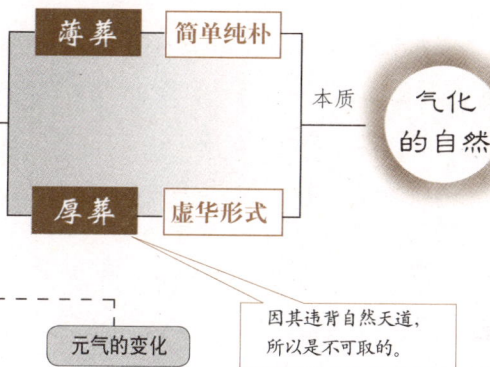

薄葬 —— 简单纯朴

本质 —— 气化的自然

厚葬 —— 虚华形式

死亡

元气的变化

因其违背自然天道，所以是不可取的。

葬礼 相关链接

就是对死者的处理方式。主要包括安葬、殡仪、举哀等。除近现代才出现的非宗教性葬礼外，各种丧葬仪规均与宗教观念有关。从原始社会的旧石器时代起，人类便产生了灵魂观念。原始人认为，人死灵魂不死，仍能干预活人的人事、祸福。受这种灵魂不灭观念的制约及各国各民族文化传统、宗教信仰的差异，产生了形形色色的葬礼风俗：有的葬礼盛大隆重；有的简易朴素；有的充满了宗教色彩；有的科学而又卫生。在葬式上，世界各民族中有土葬、火葬、水葬、天葬、洞葬、树葬、悬棺葬、壁橱葬、食葬等多种形式。

中国式精神解脱

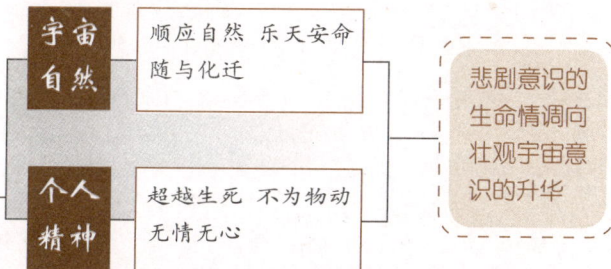

庄子对生死的超脱，其实是一种中国式精神解脱，主要有两种观点。针对宇宙自然而言，要顺应自然，乐天安命，随与化迁；针对自己的精神而言，要超越生死而来的痛苦忧惧，不为物动，保持无情无心的达观态度。

庄子对生死的解脱

中国式精神解脱

宇宙自然 —— 顺应自然 乐天安命 随与化迁

个人精神 —— 超越生死 不为物动 无情无心

悲剧意识的生命情调向壮观宇宙意识的升华

齐物论

中国式精神解脱

81

丽姬嫁夫
他乡也是安乐地

7

顺生者必得全生，要想人生美满，就要顺其自然。所有的伤害都会把你转移到更好的地方去，绝处必逢生，任何困难挺一挺就过去了。

丽姬是艾地封守土之人的女儿，貌美如花。当晋国刚迎娶她的时候，丽姬悲痛欲绝，泪水浸透了衣襟。后来她进了晋国的王宫，跟晋王同睡一床，与晋王一同享受山珍海味，晋国的富庶超过了艾地，丽姬这才后悔当初不该哭泣。

顺生者必得全生，要想人生美满，就要顺其自然。所有的伤害都会把你转移到更好的地方去，绝处必逢生，任何困难挺一挺就过去了。还有一个人尽皆知的故事，也是这个意思，就是"塞翁失马"。

战国时期，靠近北部边城，住着一个老人，名叫塞翁。塞翁养了许多马，一天，他的马群中忽然有一匹走失了。邻居们听说这件事，跑来安慰，劝他不必太着急，年龄大了，多注意身体。塞翁见有人劝慰，笑了笑说："丢了一匹马损失不大，没准会带来什么福气呢。"邻居听了塞翁的话，心里觉得很好笑。马丢了，明明是件坏事，他却认为也许是好事，显然是自我安慰而已。过了几天，丢失的马不仅自动返回家，还带回一匹匈奴的骏马。邻居听说了，对塞翁的预见非常佩服，向塞翁道贺说："还是您有远见，马不仅没有丢，还带回一匹好马，真是福气呀。" 塞翁听了邻人的祝贺，反而一点高兴的样子都没有，忧虑地说："白白得了一匹好马，不一定是什么福气，也许惹出什么麻烦来。" 邻居们以为他故作姿态，纯属老年人的狡猾。心里明明高兴，有意不说出来。

塞翁有个独生子，非常喜欢骑马。他发现带回来的那匹马顾盼生姿，身长蹄大，嘶鸣嘹亮，剽悍神骏，一看就知道是匹好马。他每天都骑马出游，心中洋洋得意。一天，他高兴得有些过火，打马飞奔，一个趔趄，从马背上跌下来，摔断了腿。邻居听说，纷纷来慰问。塞翁说："没什么，腿摔断了却保住性命，或许是福气呢。"邻居们觉得他又在胡言乱语。他们想不出，摔断腿会带来什么福气。 不久，匈奴兵大举入侵，青年人被应征入伍，塞翁的儿子因为摔断了腿，不能去当兵。入伍的青年都战死了，唯有塞翁的儿子保全了性命。

我们都曾有过丽姬的哭泣，却难得有塞翁的那份心态。人生不如意事十之八九，但总不会是处处绝境，更多的是"山重水复疑无路，柳暗花明又一村"。人生其实时常需要换个角度来看问题的，不要走向极端，一切都要顺其自然。人的一生就是要在世事变幻中变得从容淡定。

丽姬嫁夫与塞翁失马

相比丽姬后悔当初不该哭泣，塞翁似乎更懂得顺其自然的道理。其实人生不总是绝境，即使是绝境也总有"柳暗花明"的时候，只有顺生方能全生。

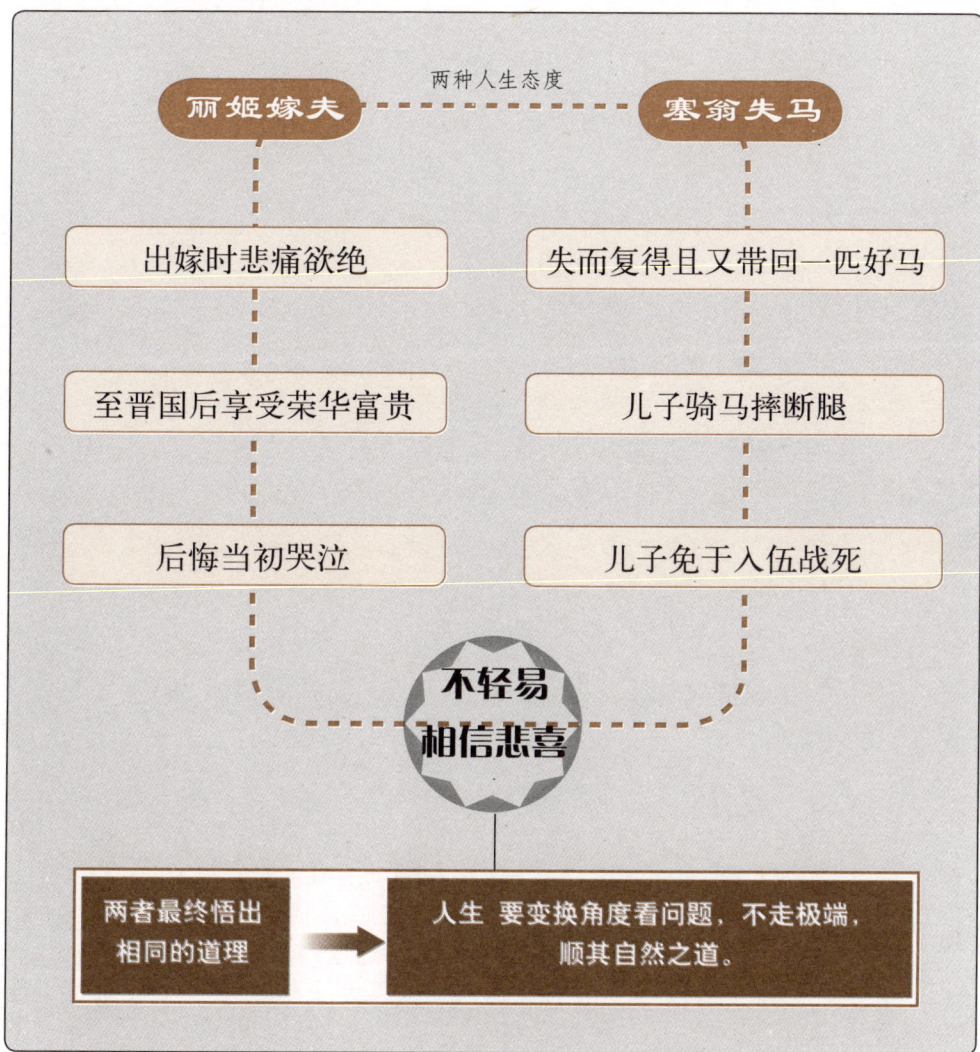

两种人生态度

丽姬嫁夫 —— **塞翁失马**

丽姬嫁夫	塞翁失马
出嫁时悲痛欲绝	失而复得且又带回一匹好马
至晋国后享受荣华富贵	儿子骑马摔断腿
后悔当初哭泣	儿子免于入伍战死

不轻易相信悲喜

两者最终悟出相同的道理 ➡ 人生 要变换角度看问题，不走极端，顺其自然之道。

朝三暮四

本质没有变

8

朝三暮四与朝四暮三，其实是同一事物的不同选择，其结果自然会有不同。

有一个养猴的人，喂猴子吃栗子，对这群猴子说："早上给你们三升而晚上给你们四升。"这些猴子听了都很生气。养猴的人又说："那么早上给你们四升而晚上给你们三升。"这些猴子听了都高兴起来。名和实都没有改变而猴子的喜怒却因而不同，这是因为顺着猴子的主观心理作用。

这个故事并非是说猴子愚蠢，被人愚弄。而意在指出，颠倒来看事情，往往效果不一样。

有个大学教授做了一个很有趣的实验。他分给每个学生一箱苹果，看他们是怎么来吃这箱苹果的。结果发现，有的人专挑大的吃，一箱苹果吃完，他说："我吃了一箱大苹果。"有的人则专挑小的吃，把大的留在后面，结果一箱苹果吃完，他说他只吃了一箱小苹果。有的人为了减少损失，专挑烂的先吃，结果他吃了一箱烂苹果。而有的人则置烂苹果于不顾，专门先把烂苹果挑了出来丢掉，只吃好的苹果，结果一箱苹果吃完，他说："我吃了一箱好苹果。"

其实，这就是每个人的人生观。苹果人人会吃，各有巧妙不同。苹果都是一样的，只是每个人选择吃的方法不同而已。苹果问题虽小，却反映了生活中的深刻的哲理问题，反映了我们的人生观。有的人专挑大的、好的吃，结果吃了一箱大苹果、好苹果，心里总是比较高兴的，就会变得心情舒畅；而有的人则专挑小的、烂的吃，结果吃了一箱小苹果、烂苹果，心里可就不那么开心了，就会心情郁闷。由此看来，心情的好与坏，其实也就在于我们自己了。当我们遇到心情不好时，也要学会调整自己，给自己一份好心情，凡事想开点，有什么难处总会解决的。

在我们的现实生活中，经常都要面对"先吃哪个苹果"的选择。我们在作出选择去咖啡厅品尝咖啡的时候，就放弃了其他的休闲生活方式；我们在选择吃浪漫西餐的时候，就不能再同时去吃传统中餐；我们在选择了去一家公司工作，就失去了到其他公司谋求发展的机会；我们在选择一份美丽甜蜜的爱情时，就意味着不再纠缠于其他人的感情。……

我们选择所有这些得到和失去的，都是一种机会。我们每天都要自觉不自觉地对各种机会进行比较得失是如何的。只要我们觉得我们自己的选择可能获得的收益大于失去的这些，那么，我们对自己的选择就应该无怨无悔。

也许有一些人，会对我们的选择并不赞同，甚至认为我们的选择太笨太傻太蠢。我们也不必太在意他人的看法，只要是我们自己真正喜欢的选择就可以了。别人之所以会有这种看法，是因为他们的感觉和我们的感觉并不相同。同样一个世界同样一个事物，从不同人的眼里看出来的很可能是完全不同的感觉和感受。

当我们人生中面临多种选择的时候，我们应该认真地想一想，先吃哪个苹果好。人生总是在不停地选择，有选择，当然就会有得也有失。我们得到我们所选择的东西，同时，也就失去了我们所未曾选择的东西。重要的是，我们得到的千万别是一个烂苹果，而失去的，千万别是一个好苹果。

在日常生活中，到底先吃哪个苹果，对我们个人并没有太大的影响，但先吃哪个苹果的选择，却别有一番深意，因为那代表着我们真实的人生观。选择好我们的苹果，选择好我们的人生。

- -

朝三暮四与朝四暮三

喂猴人朝三暮四和朝四暮三的两种喂猴方法，从本质上说，名和实都没有改变，而猴子的快乐与否只是主观作用。同样，一件事如果颠倒来看，结果却不一样。

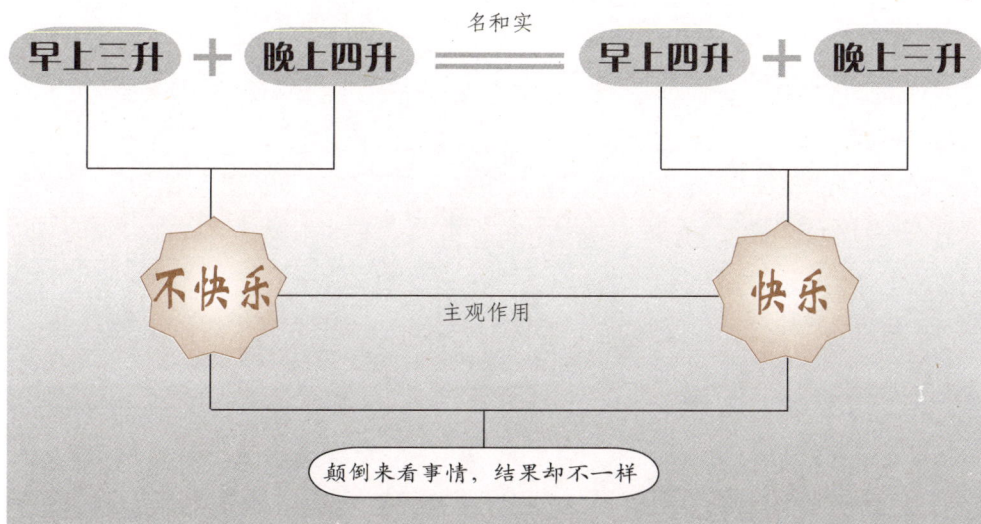

早上三升 ＋ 晚上四升 ＝（名和实）＝ 早上四升 ＋ 晚上三升

不快乐 —— 主观作用 —— 快乐

颠倒来看事情，结果却不一样

大言不辩

最高的争辩术

最高的辩论就是不争辩，因为争辩总是片面的，不能达到真理。最高的道的境界只能用心体会，不是争辩出来的；能够争辩得清楚的东西都不是根本，而只是一些枝节的东西，而且争辩只能陷入无穷的是非。

● 争辩没有对错

天下熙熙攘攘，人们每天都在争论着对错，好像真的可以争论出个谁是谁非似的。在庄子看来，这是徒劳无益的，因为在这个世界上没有任何人能够制定评判是非的标准，能够作为是非的评判者。

现在假设我与你在进行辩论，假如你胜了，而我没有胜你，你就一定是对的，而我是错的吗？或者反过来，我胜了你，而你败了，那么我就真是对的，而你是错的吗？是其中一方对呢，还是其中的一方错呢？是我们俩都对呢，还是我们俩都错误呢？这些问题我们两个都不可能知道。

可见，争论的双方之间是无法确定是非的，因为，双方中的任何一方都认为对方是错而自己对，各自有各自的是非标准，处于尖锐对立之中，因而就无法达到统一，也就难以确定谁对谁错。用我的标准来衡量，你不同意，用你的标准来衡量，我也反对，双方怎么可能统一起来。当然，在现实生活中常常可以看到双方统一的情况，但那通常是在不平等的情况下出现的，也就是说，是以强权来确定对错的。这就不再取决于辩论本身，而是取决于权力的大小了。如果不是这样，便很难出现这种双方"一致"的结果。

那么第三方是不是可以作为评判的标准呢？不可以。因为别人本来也稀里糊涂，我们要谁来进行评判呢？让与你观点相同的人来评判，已经与你相同了，怎么能够作出公正的评判？让与我观点相同的人来评判，既与我相同，又如何能有公正的评判？让与你我观点不同的人来评判，既然已经不同，判断怎么可能公允？让与你我相同的人来评判，既然已经相同，怎么可能有公允的判断？这就是说，没有人能够确定是非的标准，也没有人能够判定谁对谁错。

因此庄子主张不要陷入这种无谓的辩论，这种辩论对人生不仅无益，而且有害，解决不了任何问题，徒然浪费宝贵的生命。

争辩无是非

争论的双方之间是无法确定是非的，因为，双方中的任何一方都认为对方是错而自己对，各自有各自的是非标准，处于尖锐对立之中，因而就无法达到统一，也就难以确定谁对谁错。

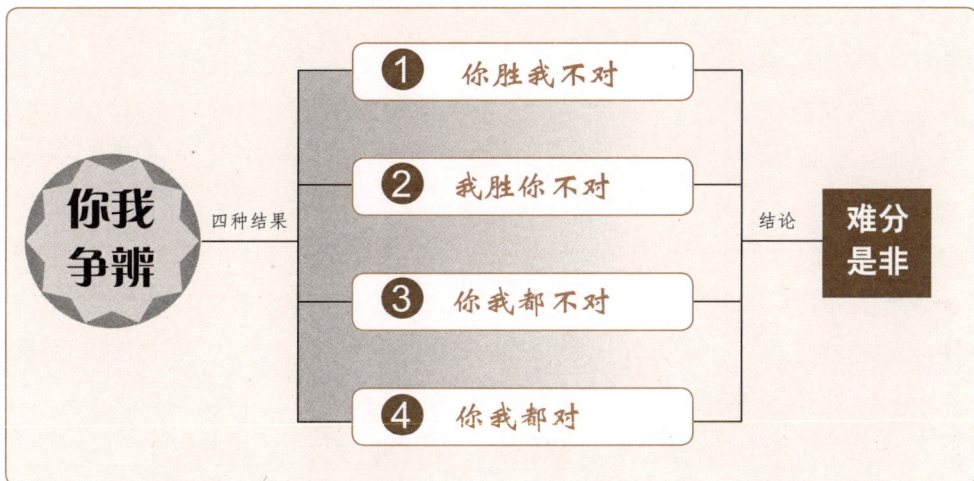

```
你我争辨 —— 四种结果
    ❶ 你胜我不对
    ❷ 我胜你不对
    ❸ 你我都不对
    ❹ 你我都对
    —— 结论 —— 难分是非
```

争辩无标准

争辩无法决定时，会找来第三者评判，但第三者必带有一定的观点，与你相同、与我相同、与你我都不同、与你我都相同，各种观点不能确定统一的标准，其结果自然也就没有标准。

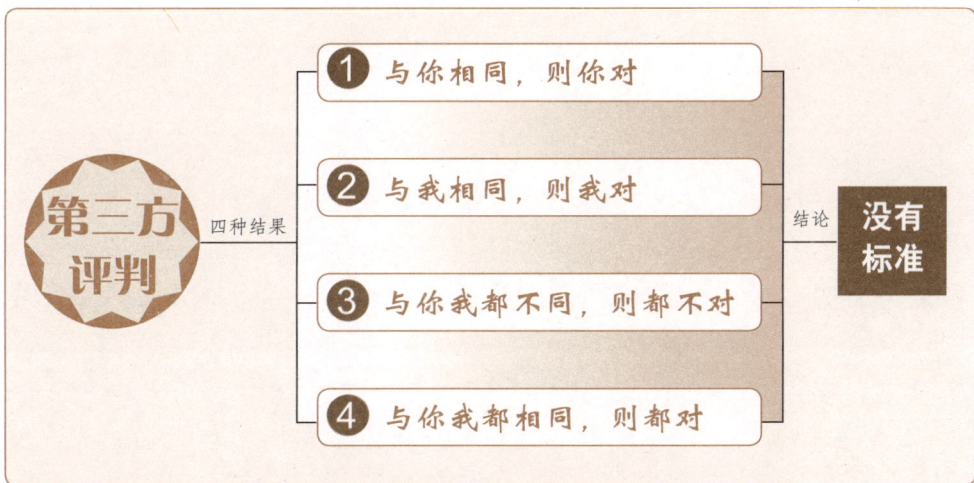

```
第三方评判 —— 四种结果
    ❶ 与你相同，则你对
    ❷ 与我相同，则我对
    ❸ 与你我都不同，则都不对
    ❹ 与你我都相同，则都对
    —— 结论 —— 没有标准
```

最高的争辩术

● **大言不辩**

公正的评判之所以不可能，根本上是由于人的自我肯定，每个人都认为自己的所作所为是正确的。任何人实际上都把自己看做世界上最好的人。虽然有些人也进行自我批评或批判，但无论怎么批判还是觉得自己的行为合情合理。人不可能从根本上否定自己。人都渴望世界上的人和自己一样，天下从此就太平无事了。之所以如此，就在于他用来评判的逻辑或标准依然是自己的逻辑，用自己的逻辑来评判自己，当然总是正确的。

争辩为什么不能达到真理、不能确定是非呢？庄子认为，凡是分别，一定伴随着没有分别，在辩论中也必定有不可辩论的东西。因为辩论中的任何一方都从自己的角度出发来看问题，因而只能看到一个方面，而看不到另外的方面，既然他有看不到的方面，也就不可能辨别清楚。再者，就双方都有看不到的方面而言，他们是没有分别的，即都是片面的。从这种片面的观点出发，是达不到真理的。

既然没有谁能够判别真假、决定对错，是不是就没有真理了呢？非也。真的境界还是存在的，但它存在于言辞和辩论之外，而不存在于辩论的任何一方之中。真理具有居中的性质和不可说的性质。当我们"说"真理的时候就已经不是真理了。庄子称这种真的境界为"大道"。

所以他说"大道不称"，大道无须宣扬，因为能够说得清楚的就不是道。而且道既然是真的，它就是一定要实现和展示自己的，因而就具有不可抗拒的力量。我们所说的"事实胜于雄辩"就是这个道理。在它面前任何的"说"都显得苍白无力。大道本身也是无法说清楚的，越说反而越不清楚。

所以他说"大言不辩"，即最高的辩论就是不争辩，因为争辩总是片面的，不能达到真理。最高的道的境界只能用心体会，不是争辩出来的；能够争辩得清楚的东西都不是根本，而只是一些枝节的东西，而且争辩只能陷入无穷的是非。因此这种"不辩"是最高的辩论。

"不言之辩，不道之道"的境界，是超越于我们的任何现成的思维之上的，想用我们现成的、僵化的思维去把握它是不可能的。我们日常的思维总是固定在现成的规定上，而这种现成规定必定是一些个人的偏见，把这种偏见强加于人，确定为人们行为的规范，就是强权。有了强权，真理就没有了，光明就被隐藏起来，人们看到的就只是个人的黑暗了。"不言之辩，不道之道"的境界，就好像一座天然的府库，无论注入多少也不会满溢，无论取出多少也不会枯竭，但是它是从哪里来的我们却不知道，它好像隐藏着的光明，不断地显耀出来，照亮我们的心灵。

大言不辩

　　最高的辩论就是不争辩，因为争辩总是片面的，不能达到真理。最高的道的境界只能用心体会，不是争辩出来的；能够争辩得清楚的东西都不是根本，而只是一些枝节的东西，而且争辩只能陷入无穷的是非。

争辩的结果
没有是非，而且争辩双方都是片面的观点，不能达到真理。

不争辩的结果
用心体会最高的道，这样才能接近真理。

最高的争辩术

望洋兴叹

走出世俗小天地

10

河伯望洋兴叹，以海洋博大广阔的气势，引申出宇宙自然的广漠无垠，反衬出人的渺小有限。说明只有走出世俗生活的小天地，迈向宇宙自然的无限时空，才能体会到宇宙万物的无穷无尽。

秋天河水及时上涨，所有的小川都灌注到黄河里去，水流的宽阔，两岸及河中水洲之间，连牛马都分辨不清。于是河神洋洋自得，以为天下的盛美都集中于他一身。他顺着水流往东行走，到了北海，他向东面望，看不见水的边际，于是河神才改变自得的脸色，望着海洋对海神而感叹说："俗语说，'听了许多道理，总以为谁都不如自己'，这就是说我了。而且我曾经听说有人小看孔子的见闻和轻视伯夷的义行，起初我不相信；现在我看见你这样博大而难以穷尽，我要是不到你这里来，可就糟了，我一定会永远被懂得大道的人所讥笑了。"

河伯望洋兴叹，以海洋博大广阔的气势，引申出宇宙自然的广漠无垠，反衬出人的渺小有限。说明只有走出世俗生活的小天地，迈向宇宙自然的无限时空，才能体会到宇宙万物的无穷无尽。

庄子强调人应从世俗狭隘的人间生活小天地的局限中走向无垠的宇宙自然，才能拓宽知识视野，使个人从封闭狭隘的传统观念中解放出来，去认识宇宙自然的无穷奥妙。庄子对传统世俗价值系统和思维方式的否定，是对人生价值的重新评估。他在批判传统文化时，又寻求符合自然规律和自然人性的人类价值目标和思维方式。庄子的认识论有相对主义的流弊，但对儒墨诸子囿于门派之见的自我中心主义的狭隘封闭思想的批判，对人的认识能力有限性的揭示，具有合理性的因素。其认知思维具有一定的创新性，表现之一便是开放性的广博思维视野。

春秋战国时期，诸子百家相互争鸣，但往往囿于学派之见，自是而非他，以绝对真理标榜其学派思想的理论和现实价值，具有封闭排他的自我中心主义的流弊。同时儒、墨、阴阳、名辩、法家等都把注意力放在现实的社会问题的思考上，多是政治伦理学，他们几乎不约而同地忽视了人和宇宙自然的关系问题。理论是实用生活经验的总结，缺乏抽象性。唯有老庄道家能超越现实自我，在宇宙自然的高度探究天人之际，古今之变。较少掺杂个人成见，思维视野开拓，思想解放，不迷信盲从权威，具有怀疑权威，批判现实勇气和开拓创新的探索精神。在思维的开放性这一点上，先秦诸子莫之能先。

　　河伯在狭窄封闭的河道小天地中自我满足，自我陶醉的神态，正是儒墨等诸子百家的生动写照。河伯走出河道的小天地后，欣赏到了海洋的恢弘无限，才挣脱了狭窄视野的局限，认识到自己的渺小。"望洋兴叹"是河伯惊奇心的活脱表现；"见笑于大方之家"是对自己陈旧观念和封闭心灵的深刻反省和检讨。河伯不断地超越自我，所以，他才能聆听北海关于天人之辩的宏论。这里隐含的寓意是，超越社会，超越自我，虚而待物，便能体味宇宙自然的大道，达到"人与天合"的最高境界。

　　"望洋兴叹"和"见笑于大方之家"具有深刻的寓意，它有利于人挣脱自我中心主义的樊篱束缚，从封闭狭窄的生活小天地走出，面向更广阔的人生天地。开放的心灵，往往孕育着创造的人生，超越自我，便能不断完善充实自我。

走出世俗小天地

　　河伯看到海洋而兴叹，是他走出了自我生活的狭隘空间。同样，人应从世俗狭隘的人间生活小天地的局限中走向无垠的宇宙自然，才能拓宽知识视野，使个人从封闭狭隘的传统观念中解放出来，去认识宇宙自然的无穷奥妙。

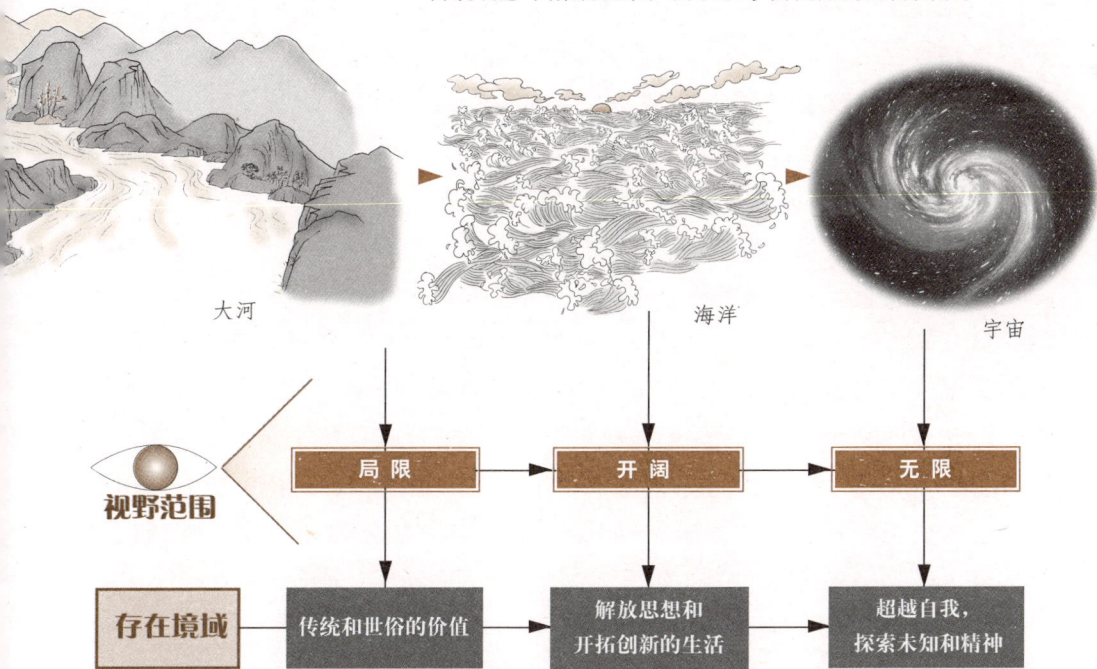

大河　　　　　　　　海洋　　　　　　　　宇宙

视野范围　　　局限 → 开阔 → 无限

存在境域　　　传统和世俗的价值 → 解放思想和开拓创新的生活 → 超越自我，探索未知和精神

井底之蛙

只见一隅

11

也许我们都是生活在井里的青蛙，只是有的选择留在井底，有的选择跳出井口而已。圈于内心，把自己圈在自己的围城里，缺少与外界的交流，将不会适应千变万化的世界。

浅井里的青蛙对东海的大鳖说："我快乐极了！我出来在井栏杆上跳跃着，回去在破砖边上休息着；游到水里就浮起我的两腋，托着我的两腮，跳到泥里就盖没我的脚背；回头看看井里的赤虫、螃蟹和蝌蚪，却不能像我这样快乐。而且我独占一坑水，盘据一口浅井，这也是最大的快乐了。你何不随时进来看看呢！"东海的鳖，左脚还没有伸进去，右脚已经被绊住了，于是回转退却，把大海的情形告诉它说："千里路的遥远，不足以形容它的大；八千尺的高度，不足以量尽它的深。禹的时代十年有九年水灾，可是海水并不增加；汤的时代八年有七年旱灾，可是海岸并不浅露。不因为时间的长短而有所改变，不因为雨水的多少而有所增减，这也是东海的快乐。"浅井里的青蛙听了，惊慌失措，茫然自失。

这就是"井底之蛙"的故事，庄子以"浅井之蛙"明指公孙龙子名辩之流，实指百家诸子。明指能混淆黑白，颠倒是非的名辩之流的一曲之见、一孔之见，实喻诸子百家圈于"成见"的"俗辩"、"小辩"。井底之蛙，就是形容包括公孙龙子名家在内的诸子百家封闭保守的心灵。

庄子能以开放的心灵超越现实自我，以精神的自由开脱来体认广漠无垠的自然万物的真善美，这种开拓的精神气度，无疑具有解放思想、启蒙心智的积极意义。庄子人生创造的一大实绩，应推其超越自我的开放精神。它使人能冲破固有的规范框架，有所怀疑，有所批判，有所开拓，有所创新。给人的文化创造活动注入新鲜的血液，使人能不断地解放思想、更新观念、转换思维机制，创造美好的人生。

然而现实中像井底之蛙一样的人数不胜数，自以为是，枉自尊大。相反的是，他们听到"大海"之大时，不会目瞪口呆，只会持不信的态度。他们根本就不知道自己是井底之蛙，而以为自己是龙。

如果把一个人的知识比作一个圆，圆内是他内在所学，圆的边缘代表他接触的未知的知识，那么知识越多，圆就越大，接触到的未知就越多，就越觉得自己学的远远不够。一个人的知识越少，圆就越小，接触到的未知就越少，就越容易满足。一个人的目光如果只在圆内，满足于现状，往往不思进取；而一个人如果能够突破自我，目光伸向更广阔的空间，心灵的境界将会无边无际。

也许我们都是生活在井里的青蛙，只是有的选择留在井底，有的选择跳出井口而已。囿于内心，把自己圈在自己的围城里，缺少与外界的交流，将不会适应千变万化的世界。这样的人只能郁郁寡欢，被社会所淘汰。只有心灵的富足，对人对事的宽容，才会拥有良好的人际关系，拥有丰富多彩的人生。这就是为什么有人享受人生，觉得人生是幸福的，而有些人则感叹人生，觉得人生悲苦无限的原因。从自己的天地走出来吧，做一只翱翔天宇的雄鹰，莫做井底浅薄的青蛙。

青蛙的快乐和东海的快乐

青蛙和东海都是快乐的，只是青蛙的快乐是有局限的，而东海的快乐是无限的。在当今千变万化的世界中，我们要走出青蛙式的快乐，拥有东海的博大胸怀。

出来在井栏上跳跃，回去在破砖边休息。

游到水里就浮起两腋，托起双腮，跳到泥里就盖没脚背。

独占一坑水，盘据一口浅井。

局限的快乐

千里路遥不足以形容其大，八千尺的高度不是以形容其深。

水灾海水不增加，旱灾海水不减少。

不同时间长短而改变，不因雨水多而增减。

无限的快乐

93

说梦

人生就是一场大梦

沉浸于梦中，梦就是真实的；沉迷于生活中，生活就是梦幻的。从这一点上说，梦和生活没有什么区别。只有在大彻大悟之后，才知道人生是一场大梦。

孔子的学生瞿鹊子问长梧子，说孔子曾说过圣人可以遨游于尘世之外的说法，而长梧子认为孔子也未必知道圣人体道的真相，他说："梦中饮酒作乐，醒后或许遇到伤心难过的事；梦中悲伤哭泣，醒来后说不定又愉快地去打猎。人在梦中时，不知道他自己是正在做梦。有时梦中还在做梦，醒了之后才知道那是梦。"

长梧子又说："只有在大彻大悟之后，才知道人生是一场大梦。而愚蠢的人自以为是清醒，好像什么都知道。整天说这是君呀，那是民的，真是浅陋极了！我看孔子和你瞿鹊子，都是在做梦。而我说你在做梦，其实我也在做梦。"

沉浸于梦中，梦就是真实的；沉迷于生活中，生活就是梦幻的。从这一点上说，梦和生活没有什么区别。所有的事物返回本真都是一样的，就像人和猴子虽然表面上看极为不同，却都是由古猿进化而来。

人就生活在梦中，如果没有梦，人生就毫无趣味了。每个人对未来都有种种理想，正是这些理想规定了我们生活的意义。我们常常看到有些人醉生梦死，游戏人生，原因就在于他们的生活是没有意义的，他们的未来没有希望，只有虚无，从而他们的精神没有寄托。可以说，他们是无梦的人。有些人则与他们相反，因为责任使他们对未来充满了希望。这些理想和希望总是处于未实现的状态，所以说，现实生活是为梦想而存在的。这些希望的理想大多数是不能够实现的，都是虚幻的，也就是梦。这梦虽然虚幻，却使我们的生活获得了意义。

从根本上说，即使那些能够实现的理想，也都是一种梦。因为任何现实都是要消逝的，无论多么伟大的功绩和事业，都会在时间的河流中销声匿迹。回望漫长的历史，那些叱咤风云的英雄人物如同一个个幻影，而他们辉煌的业绩则灰飞烟灭。

正如庄子所说，世俗的人们斤斤计较于什么高贵和卑贱，以为那就是真实了，其实他们只是沉浸在一个梦中罢了。卑贱也罢，高贵也罢，最后都不过是一场梦。宇宙中的万物同样也没有一个是永久长存的，凡是存在的都要消失，从这个方面看，宇宙是一个更大的梦，而我们只是这个梦中一些小小的插曲罢了。

　　当然，当我们沉浸于梦中的时候，那梦就是真实的，因为我们体验到的快乐与痛苦是真实的。所以，尽管人生如梦，但这梦还是要做的，如果因为人生和世界的梦幻性质而厌倦人生，那么这样的生活就更没有意义了。

梦境人生　　每个人都有梦，也有生活。梦和生活的共同点是最后都要归于虚幻，所以说人生如梦，但生活的意义在于为了理想（梦想）而追求的过程是实实在在的。

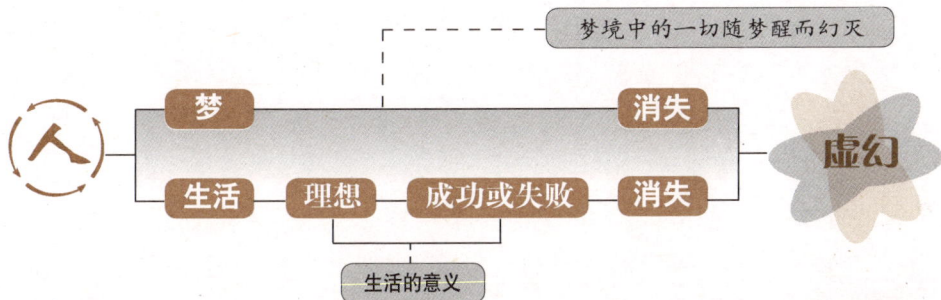

　　　　　　　　　　　　梦境中的一切随梦醒而幻灭

人 ── 梦 ────────── 消失

　　── 生活 ── 理想 ── 成功或失败 ── 消失　　　虚幻

　　　　　　生活的意义

相关链接

梦的种类

　　梦文化是中国古代文化中不可缺少的重要组成部分，虽难登大雅之堂，但在民间却流传甚广，古人根据梦的内容不同，把梦分为以下十五类：

① **直梦**
即梦见什么就发生什么，梦见谁就见到谁。

② **象梦**
即梦意在梦境内容中通过象征手段表现出来。

③ **因梦**
由于睡眠时五官的刺激而做的梦。

④ **想梦**
即想所做之梦，是内在精神活动的产物。

⑤ **精梦**
由精神状态导致的梦，是凝念注神所做的梦。

⑥ **性梦**
是由于人的性情和好恶不同引起的梦。

⑦ **人梦**
是指同样的梦境对于不同的人有不同的意义。

⑧ **感梦**
由于气候因素造成的梦。

⑨ **时梦**
由于季节因素造成的梦。

⑩ **反梦**
就是相反的梦，阴极则吉，阳极则凶。

⑪ **籍梦**
也就是托梦，人们认为神灵或祖先会通过梦来向我们预告吉凶祸福。

⑫ **寄梦**
就是甲的吉凶祸福在乙的梦中出现，乙的吉凶祸福在甲的梦中出现，或者异地感应做同样的梦。是由于人们之间的感应而形成的梦。

⑬ **转梦**
是指梦的内容多变，飘忽不定。

⑭ **病梦**
是人体病变的梦兆，是由于人体的阴阳五行失调而造成的梦。

⑮ **鬼梦**
即噩梦，梦境可怕恐怖的梦。

第 **4** 章

养生经

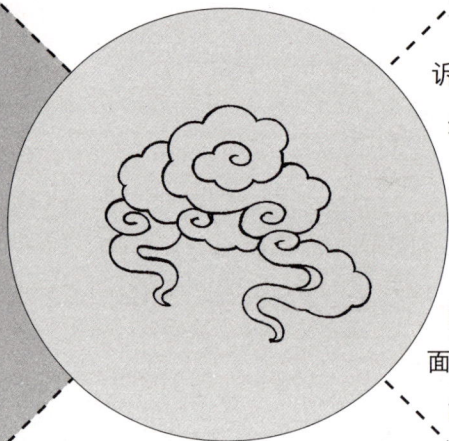

游刃有余地生活是每个人的心愿。庄子告诉我们要心斋和坐忘，就是要顺其自然，不为人事而累；在人世复杂的环境中，秉持修护精神的原则，则不论遇到多么困难的事，都可以迎刃而解，面对人生的诸多情境，亦能游刃有余。

养生经

1

养生经

游刃有余地生活

庄子告诉人们要顺其自然、安于本分，在人世复杂的环境中，秉持修护精神的原则，则不论遇到多么困难的事，都可以迎刃而解，面对人生的诸多情境，亦能游刃有余。

养生是庄子处世哲学的起点，也是"尽人事、安于命、任逍遥"的立足点。因此庄子的养生就不仅仅是为了养生而养生，也就是说庄子的养生更多地体现为一种超越肉体和生理的精神活动。实际上，庄子养生的最高境界"尽年"已是一种纯粹的精神上的绝对自由，与逍遥已无任何分别。

庄子的养生思想主要围绕着"保身、全生、养亲、尽年"四点展开。庄子告诉人们要顺其自然、安于本分，在人世复杂的环境中，秉持修护精神的原则，则不论遇到多么困难的事，都可以迎刃而解，面对人生的诸多情境，亦能游刃有余。具体的方法是心斋和坐忘：心斋就是到达虚静、空明的境界，坐忘就是要忘欲、忘智、忘掉一切杂念。到达的境界是像庖丁解牛那样，依乎天理，固其自然，达到物我两忘为一的境界。

庄子强调要不为人事而累。庄子通过与骷髅的对话，尽述了人世间的种种负累，要想"全生"就必须放下这些负累而生活，并且提出"四六法则"，告诉了人们具体的人生负累。只有当你的心静下来，并且放下人生的负累，不为人生的悲喜而悲喜，到达无乐的境地，才能得到永远的快乐。只有一个人精神修养到极致，凡事不挂心，外物不侵扰，只专注于精神，全然忘记自己的存在才能尽享人生。

庄子的养生是以精神为根本，但也要求保护身体，两者都不可偏废。要像牧羊人一样，时不时地鞭策后进之羊。生命以精神为宗主，而非身体，因为精神可以虚静无为，但身体往往受到欲念的牵制，且个人的生命有限，只有精神能如薪火相传，超越有限，绵延不绝。

时间过去了几千年，但庄子的养生思想仍然可以作为今天人们追求更高生活质量的指导。养生不仅需要药食、仪器、功法，更要着重于精神、心理的自我调节。养生的关键在于明白地做自己生命的主宰，在生命的自在中达至永恒。

庄子的养生经

　　庄子非常善于养生，活了83岁。他丰富的养生经验总结起来就是：以心斋、坐忘为其实践方法，遵循中道，以之为不变的原则为其养生之根本，达到像庖丁解牛一样物我两忘、游刃有余的养生最高境界。

养生最高境界

养生要因循天道，
物我两忘，
要像庖丁解牛一样游刃有余。
——选自《养生主》中"庖丁解牛"

不要自取烦恼

面对世事变幻，
精神一定要放松，
不要自己为难自己。
——选自《达生》中"齐桓公遇鬼"

心性自由

养生贵在心性自由，正如
笼外之鸡，宁可生活艰难
也不愿被养于笼中。
——选自《养生主》中"沼泽野鸡"

庄子的养生经

庄子的养生经告诉人们，要顺其自然，安守本分，以精神为其根本。

形体与精神并养

修养精神和保护身体
是养生的两个重要方面，
要像牧羊人一样鞭策落后者。
——选自《达生》中"养生如牧羊"

养生经

游刃有余地生活

99

心斋和坐忘
养生之法

2

"心斋"和"坐忘"为庄子的养生之法，"心斋"的奥妙在"虚而待物"，到达虚静、空明的纯然精神境界。"坐忘"重在忘欲、忘智、忘掉一切杂念，纯任精神遨游，才可与道同一。

● 心斋

庄子通过颜回和孔子的对话，告诉了我们什么是心斋。颜回说："请问什么是'心斋'？"孔子说："你心志专一，不用耳去听而用心去体会，不用心去体会而用气去感应。耳的作用止于聆听外物，心的作用止于感应现象。气乃是空明而能容纳外物的，只要你达到空明的心境，道理自然与你相合。'虚'就是'心斋'。"

"心斋"具体是什么呢？孔子又说："如能悠游于藩篱之内而不为名位所动，能够接纳你的意见就说，不能够接纳你的意见就不说。自己不要自闭，也不要暴躁，心灵凝聚而处理事情寄托于不得已，这样就差不多了。"

孔夫子告诉颜回所问心斋的做法是一连串做下去的，中间本无所谓阶段，但为学者容易入门起见，不妨在整个过程中划分为以下几个步骤：

第一步是"若一志"。就是做心斋时首先要心中思想专一，不要有许多杂念在里面打搅，杂念如果不扫除干净，心斋就很难做好。

第二步是"无听之以耳，而听之以心"。普通所谓听，本是用两个耳朵听各种声音；而此处所谓听，绝不是听声音。如我们鼻中呼吸之气，都没有声音。虽然没有声音，但自己却能够知道鼻中气息一出一入，或快或慢，或粗或细，纵然是聋子，也会有这个感觉，所以说是用心去体会。

第三步是"无听之以心，而听之以气"。心是有知觉的，还可以说得上一个"听"字；气是没有知觉的，如何也能够用它来听？心所听的对象是气，气所听的对象是什么？原来听息的工夫做得时间长久，心和气已经打成一片，分不开了，气不能作为心的对象了，不能再说用这个心听那个气。所以说"无听之以心"。此时身体中的神和气虽然团结在一起，尚未达到混沌境界，还稍微有点知觉，继续做下去，并不需要很多的时间，自然就完全无知觉了。从有知觉到无知觉这一段暂时的过程中，与其说以心听气，使心和气对立，不如说以气听气，使心和气二者之间泯去裂痕，所以说"听之以气"。此处虽仍旧说

"听"，实际上就是不要再着意于"听"，成语"听其自然"、"听之而已"中的"听"字是此处最好的解释。

第四步是"听止于耳，心止于符"。初做心斋时，注重在"一"字诀；等到念头归一之后，就注重"听"字诀；假使长久地抱住一个"听"字不肯放松，那就显得太过执著了。再后就要用"止"字诀了，所谓"听止于耳"，就是教人不要再着意去听。此时已渐渐地入于混沌境界，身中是神气合一，心的知觉已不起作用，所以说"心止于符"，这种神气合一的状态是无知无觉的，外表看来和睡着了一样，但内部的情况是不相同的。

第五步是"气也者，虚而待物者也，唯道集虚，虚者心斋也"。以前由浅而深的境界，一步步地都经过了，最后到了"虚"的境界。这个"虚"是从无知无觉以后自然得到的，不是意识制造出来的。此时之"气"是自然之"气"与精神之"气"的统一，是生理和心理相统一的内在生命之气。

心斋　　　"心斋"的奥妙在"虚而待物"，到达虚静、空明的纯然精神境界。可分为以下几个步骤：1. 若一志。2. 无听之以耳，而听之以心。3. 无听之以心，而听之以气。4. 听止于耳，心止于符。5. 气也者，虚而待物者也，唯道集虚，虚者心斋也。

心斋

虚而待物，到达虚静、空明的纯然精神境界。

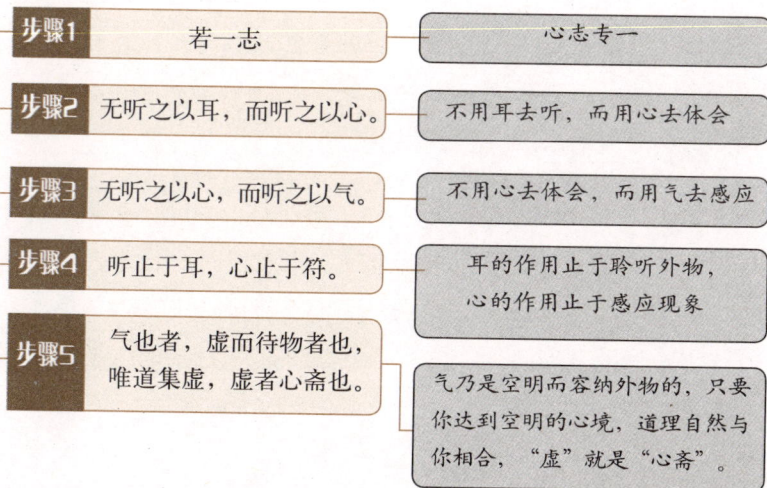

步骤1	若一志	心志专一
步骤2	无听之以耳，而听之以心。	不用耳去听，而用心去体会
步骤3	无听之以心，而听之以气。	不用心去体会，而用气去感应
步骤4	听止于耳，心止于符。	耳的作用止于聆听外物，心的作用止于感应现象
步骤5	气也者，虚而待物者也，唯道集虚，虚者心斋也。	气乃是空明而容纳外物的，只要你达到空明的心境，道理自然与你相合，"虚"就是"心斋"。

● 坐忘

　　庄子还是用孔子和颜回的对话，告诉了我们什么是坐忘。颜回说："我进步了。"孔子说："怎样进步呢？"颜回说："我安然相忘于礼乐了。"孔子说："很好，但是还不够。"过了几天，颜回又见孔子说："我进步了。"孔子说："怎样进步呢？"颜回说："我安然相忘于仁义了。"孔子说："很好，但是还不够。"过了几天，颜回又见孔子说："我进步了。"孔子说："怎样进步呢？"颜回说："我坐忘了。"孔子惊奇地说："什么叫坐忘？"颜回说："不着意自己的肢体，不摆弄自己的聪明，超脱形体的拘执，免于智巧的束缚，和大道融通为一，这就是坐忘。"孔子说："和万物同一体就没有偏私了，参与万物的变化不偏执常理。你果真是贤人啊！我愿意追随在你的后边。"

　　"坐忘"和"心斋"一样，是庄子闻道的重要方法之一。"坐"为静坐冥想，"忘"为忘物，"丧我"，去欲、去智，或者"无功"、"无名"、"无己"。"忘"为人生态度，"坐"为闻道的方法途径。这本是得道之法，但得道的宗旨是延益个体生命，故亦是养生之法。古代人的养生之道，强调性命双修，既有动功（如体操、武术），也有静功，总称气功导引之法，今称为生命科学。

　　庄子的养生之道，不是动功，而是静功。庄子的静功修养，绝非修炼自然之气，而是在"忘"的境界，使自然之气不断向人的属性靠拢，使之与人的情感意识相融，生化成内在生命之气。这种"气"实际是一种虚静、空灵、明澈的心理状态、主体对客观哲理的认识，不是归纳或演绎的逻辑分析，而是越位内推、高度综合的直觉彻悟，并伴随着强烈的主观体验活动。

　　"坐忘"中"堕肢体"和"离形"指的是摆脱由生理而来的欲望；"黜聪明"和"去知"指的是摆脱普遍所谓的知识活动。庄子的"离形"并不是根本地否定欲望，而是不让欲望得到知识的推波助澜，以致溢出各自性分之外。在性分之内的欲望，庄子视为性分之自身，同样加以承认。所以坐忘的境界中，以"忘知"最为主要。忘知，是忘掉分解性的、概念性的知识活动。

　　简言之，"坐忘"就是我坐这里休息，突然之间忘了我是谁。一个人活在这世界上，就像鱼活在湖里面一样，它根本忘记自己是一条鱼，当它记起自己是一条鱼的时候，代表它已离开了水。你看沙滩上的鱼，一直在挣扎着，因为它发现自己是一条鱼，需要水。在水里游的鱼，常不觉得自己是条鱼，它觉得自己就像处在"道"里面，完全忘记自己是谁。

坐忘

　　"坐忘"和"心斋"一样，是庄子养生的重要方法之一。"坐"为静坐冥想，"忘"为忘物，"丧我"，去欲、去智，或者"无功"、"无名"、"无己"。

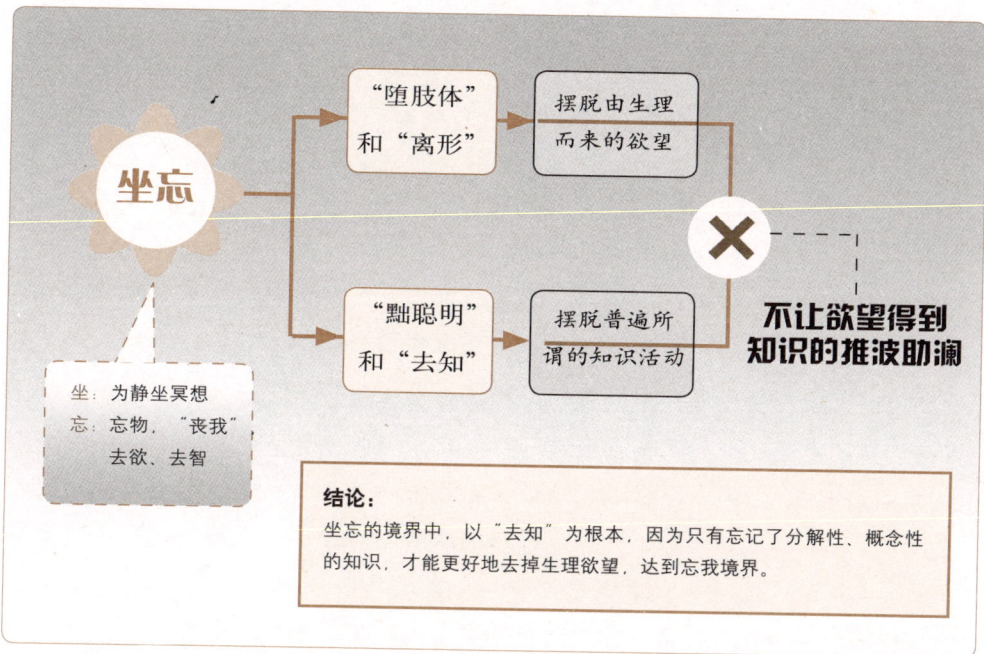

坐忘

坐：为静坐冥想
忘：忘物，"丧我"
　　去欲、去智

"堕肢体"和"离形" → 摆脱由生理而来的欲望

"黜聪明"和"去知" → 摆脱普遍所谓的知识活动

不让欲望得到知识的推波助澜

结论：
坐忘的境界中，以"去知"为根本，因为只有忘记了分解性、概念性的知识，才能更好地去掉生理欲望，达到忘我境界。

相关链接

《坐忘论》

　　唐代司马承祯撰，一卷。全书分为敬信一、断缘二、收心三、简事四、真观五、泰定六、得道七等七部分。也就是修道的七个步骤和层次，集中讲坐忘收心、主静去欲的问题。认为学道之初，要须安坐，收心离境，不著一物，入于虚无，心于是合道。因为境为心造，只有收心，使其一尘不染，超凡脱俗，才能向静和虚无的心体回归。其主静说对后世宋代理学家影响极大。

庖丁解牛

养生之道

3

庄子借庖丁解牛的技艺修养，申说养生之道。庖丁"依乎天理"、"固其自然"、"以无厚入有间，恢恢乎其于游刃必有余地矣"的经验之谈，自然是因循天道，与天合一。故能有物我两忘为一的生命体验。

● 庖丁解牛

庖丁替文惠君宰牛，手所触及的，肩所倚着的，足所踩到的，膝所抵住的，划然响声，进刀割解发出哗啦响声，没有不合于音节；合于《桑林》乐章的舞步，合于《经首》乐章的韵律。文惠君说："啊！好极了！技术怎能到达这般的地步？"

庖丁放下屠刀回答说："我所爱好的是道，已经超过技术了。我开始宰牛的时候，所见不过是浑沦一牛。三年以后，就未尝看见浑沦的整只牛了。到了现在，我只用心神来领会而不用眼睛去观看，器官的作用停止而只是心神在运用。顺着牛身上自然的纹理，劈开筋肉的间隙，导向骨节的空隙，顺着牛的自然结构去用刀，即连经络相连的地方都没有一点妨碍，何况那大骨头呢！好的厨子一年换一把刀，他们是用刀去割筋肉；普通的厨子一个月换一把刀，他们是用刀去砍骨头。现在我这把刀已经用过十九年了，所解的牛有几千头了，可是刀口还是像在磨刀石上新磨的一样锋利。因为牛骨节是有间隙的，而刀刃是没有厚度的；以没有厚度的刀刃切入有间隙的骨节，当然是游刃恢恢而宽大有余了。所以这把刀用了十九年还是像新磨的一样。虽然这样，可是每遇到筋骨盘结的地方，我知道不容易下手，小心谨慎，眼神专注，手脚缓慢，刀子微微一动，牛就哗啦解体了，如同泥土溃散落地一般，牛还不知道自己已经死了呢！这时我提刀站立，张望四方，感到心满意足，把刀子揩干净收藏起来。"文惠君说："好啊！我听了厨夫这一番话，得着养生的道理了。"

这个庖丁解牛的故事是众所周知的，文惠君能体会到养生之道，而一般人大多慨叹于庖丁的高超技艺和庄子描写的生动传神与想象的奇特，很少注意到它的主题是养生。按照庖丁自己的话，他是借解牛技艺的锻炼来体会自然天道的规律，所以，庖丁解牛实质上是炼技和"闻道"统一的修养活动，是修性的养生之学。那么，养生的奥秘是什么？

首先，要有虚静的心理状态。即通过"忘"而使主体的认知思维由"以我观物"向"以物观物"转变。如同未体道时"见山是山，见水是水"，体道时"见山不是山，见水不是水"，得道时，"见山还是山，见水还是水"一样，这是由忘物、丧我而心理虚静的修养活动。再者，在体道过程中，物我既融为一体，自然在劳动创造活动中就伴随着彻悟生命哲理的直觉体验，它是一种审美性质的精神快感。庖丁解牛的过程之所以是美的，正是在对象中发现自我的创造本质的一种审美快感的流露。正因为"以天合天"的修养活动能使人精神快乐，永葆青春，所以，文惠君能在庖丁解牛的活动中领悟到养生之道。

庖丁解牛的修炼过程

庖丁解牛是借解牛技艺的锻炼来体会自然天道的规律，所以，庖丁解牛实质上是炼技和"闻道"统一的修养活动，是修性的养生之学。

庖丁解牛后的状态
提刀站立，张望四方，感到心满意足

炼技

① 开始解牛时，看见的就是一整头牛，生硬地去肢解牛。

② 解了无数头牛后，技术有了长进，解牛时就不是看见一整牛，而是更了解其细微处。

闻道

③ 随着解牛数量增加和技术的增长，解牛时只用心神领会而不用眼睛去看，器官的作用停止，而只是心神在作用。

④ 现在解牛时，顺着牛身上自然的纹理和自然结构去用刀，连经络相连的地方也没有一点妨碍。

3

● **解牛与养生**

解牛与养生有什么关系呢？可以从以下几个方面来理解：

首先，养生要合乎自然大道，而不能仅仅停留在技术层面上。庖丁所追求的是道，而不是技术、技巧，他的境界已经超过了这个低级、肤浅的层次。养生如果只是胳膊有病养胳膊，腿不舒服养腿，或者只养一时之心境，图暂时的快乐，都不可能达到目的。因为，技术的东西不能解决根本的问题，只能处理一些细枝末节的东西，难以达到大道。其次，大道自然，无心而为，而斤斤计较于养生的方法、技术，是丢失了养生的根本，反而劳心费神，心神疲惫，那就不是养生，而是害生了。

养生重要的是养心，而不是养形体。庖丁解牛技艺之所以能够达到如此娴熟的程度，并不是他的感官多么灵敏，这种境界也已经不是感官能够感知到的。对于牛的结构、筋骨的走向都已经了然于胸，即使闭着眼睛也一样解牛，他用来看的不是肉眼，而是"心眼"。

人们通常注重的是他们的形体，而不是心灵，生理上一有疾病就赶紧就医吃药，但对于心灵上的疾病却视而不见。他们不知道心灵的疾病才是最可怕的疾病。如果心灵不健康，健全的身体不仅没用，而且有害。长寿的人不只是肉体和物质因素，更重要的是心灵。如果心理不健康，肉体也就不可能健康。很多疾病都是由心灵因素导致的。一个总是心情抑郁的人，怎么可能有一个好身体。观察一下长寿的人就可以发现，他们的共同特点是心地宽广，不为鸡毛蒜皮的事而耿耿于怀。如果只靠吃药来维持健康，而不去修心养性，生理就不可能健康，这些药物本身也会损害人的健康。

养生还要依乎天理，因其固然。若是相反，违反了天理，不因其固然，效果就会适得其反。养心之道在于清心寡欲，欲望太多或者忧心忡忡，心中塞满了太多的东西，这样的心灵会因负担过重而劳累不堪。心中无物，便身轻如燕，便自由自在。这就叫依乎天理。在身体的养生方面可以更清楚地体现出"因其固然"的道理。

人老了，头发自然变白，这就是自然。可有的人非要改变这自然之理，把头发染成黑色，结果有些人因此得了不治之症。有人因年老秃头，便去吃生黑发的药，黑发长出来了，但不久命也没了。

自然有自己的淘汰法则，人偏要把自己的规则加进去，以自己的小算盘去谋划大自然，那么作茧自缚，甚至自取其辱就是尽然的了。自然的才是最美的，一切修饰后的事物都因其虚伪而有所缺憾。

解牛与养生

养生要合乎自然大道，而不能仅仅停留在技术层面上。正如庖丁所追求的是道，而不是技术、技巧，他的境界已经超过了这个低级、肤浅的层次。其次，大道自然，无心而为，而斤斤计较于养生的方法、技术，是丢失了养生的根本，反而劳心费神，心神疲惫，那就不是养生，而是害生了。

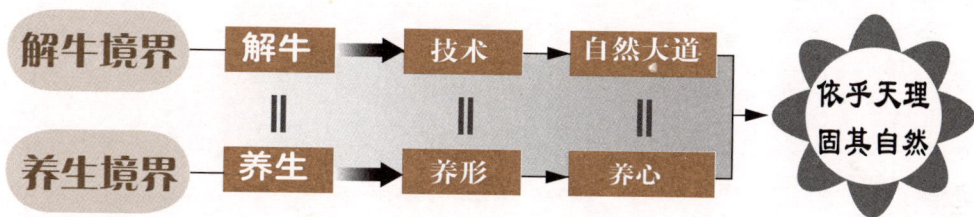

解牛境界 —— 解牛 → 技术 → 自然大道
养生境界 —— 养生 → 养形 → 养心
依乎天理 固其自然

相关链接

养生之道

就是中医的养生理论。基本概括了几千年来医药、饮食、宗教、民俗、武术等文化方面的养生理论。其内容不外以下四点：

① **顺其自然**
强调在养生的过程中，既不可违背自然规律，同时也要重视人与社会的统一协调性。

② **形神兼养**
在养生过程中既要注重形体养护，更要重视精神心理方面的调摄。

③ **动静结合**
现代医学主张"生命在于运动"，中医也主张"动则生阳"，但也主张"动中取静"、"不妄作劳"。

④ **审因施养**
养生不拘一法、一式，应形、神、动、静、食、药……多种途径、多种方式进行养生活动。此外，也要因人、因地、因时之不同用不同的养生方法。

缘督以为经

养生之本

4

"缘督以为经"，即居于两个极端之间，既不要去做善事，也不要去做恶事，两者都不能使人本真地活着，只有忘却善恶，居中而行，任事情自然而然，才能够过一种平静而自然的生活，从而可以保全健康的生命，尽自己的孝道，终其天年。

● 害生的行为

我们的生命是有限的，而知识是无限的。以有限求无限，只能导致身心疲惫。已经因为追求知识而陷于困惑了，尚不知道停止，岂不是更加危险？做好事无不带来名声，而做坏事无不触犯刑律。所以最好的办法就是忘却善恶，遵循中道，以之为不变的原则，这样才可以保全自己的身体，使自己的身体健康，可以有益于自己的双亲，可以终其天年。

人们都知道生命的重要，可是在实际的作为中却常常不是这样，经常做着对生命有害的事情。这就不能说是真正地知道生命的重要了。上面的那段话中，庄子揭示了有害于生命的几种行为，并指出了全生保命的途径。

首先，庄子指出了追求知识的害处。知识不仅不能解决问题，反而使人陷入困惑。因为，越是去求知，遇到的问题、是非就越多，我们就需要寻求更多的知识来解决这些问题，这就使人处于一种疲于奔命的状态，永远没有完结。而且，想用知识来解决问题，从根本上来说是不可能的，因为知识的对象是无限的，我们无法达到，可以说这是一条绝路。因此，走这条道路只能增加人的烦恼。

人们常说，世界虽然是无限的，但我们的认识也是无限的，因而通过无限的认识过程可以接近或认识无限。但这种说法忽视了一个问题，即世界的无限是真无限，而我们认识的无限是假无限，它只是没有限度的意思，但任何一种认识或者说无论达到何种程度的认识都是有限度的认识，所达到的必定是一定界限之内的认识，以这种有限的知识是不可能接近无限的。

其次，知识不能有益于生命，那么扬善抑恶是否对生命有益呢？庄子认为扬善抑恶也是有害的。他说，做善事无不带来名声，而做坏事无不触犯刑律。他把名声与刑罚相提并论，认为这两者对人都无好处。触犯法律的危害就不用说了，人人知晓。那么名声有什么害处呢？

我们往往只看到名利的好处，而看不到由名所带来的害处。有了名，就需要去维护这名声，就需要迎合大众，否则你的名声就要受到威胁。我们这个时代的人对此比古人的感受恐怕要更强烈，看一看那些影视红星，他们的一举一动都要受到公众的注视，常常由于迎合观众而丧失了个性，有的甚至因为公众的舆论而生存艰难，活不下去。有的名人则成了某些经济集团的工具，成为经济活动的附庸。

害生的行为

庄子认为害生者有两点：一是追求知识，因为以有限求无限，只能导致身心疲惫。二是善恶，因为做坏事会得到刑罚，而做好事会得到名声而失去自我。

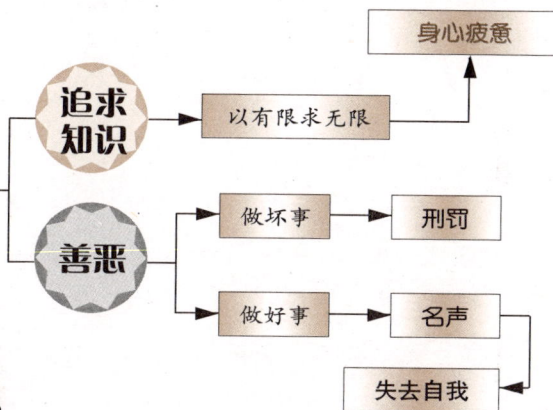

害生图

追求知识 → 以有限求无限 → 身心疲惫

善恶 → 做坏事 → 刑罚

善恶 → 做好事 → 名声 → 失去自我

相关链接

养生之术

就是中医养生的方法。只有在养生之道的指导下，方能实施。其内容囊括了以下七方面：

① **神养**

包括精神心理调养、情趣爱好调养和道德品质调养等方面。多涉及了中医文化、宗教文化和民俗文化内容。

② **行为养**

包括衣、食、住、行和性生活等生活起居行为调养。

③ **气养**

主要为医用健身气功的"内养功"。多涉及了中医文化、宗教文化和武术文化内容。

④ **形养**

主要包括形体锻炼及体育健身活动。多融合了医学文化和武术文化内容。

⑤ **食养**

为中医养生之术的主要内容之一，其应用范围较广，适应人群也较多。主要内容为养生食品的选配调制与应用，以及饮食方法与节制等。内容包括了医、药、食、茶、酒以及民俗等文化。

⑥ **药养**

主要内容为养生药剂的选配调制。其制剂多为纯天然植性植物药，其制法也多为粗加工调剂，其剂型也多与食品相融合。因此，中医常有"药膳"之说。

⑦ **术养**

是以上养生之术以外的一种非食非药的养生方法，即利用按摩、推拿、针灸、沐浴、熨烫、磁吸、器物刺激等疗法进行养生。主要涉及医药文化。

● 缘督以为经

那么究竟怎么样"全生"保命呢？庄子提出应"缘督以为经"，即居于两个极端之间，既不要去做善事，也不要去做恶事，前者会因带来名声而不自由，后者则因犯法而不自由。两者都不能使人本真地活着，只有忘却善恶，居中而行，任事情自然而然，才能够过一种平静而自然的生活，从而可以保全健康的生命，尽自己的孝道，终其天年。

保身、全生、养亲、尽其天年，才是人生最重要的东西。若没有生命，即使富甲天下、家值万贯、名扬四海，又有什么意义呢？即便还活着，若是不健康，这里或那里有疾病，则生理上就不健全，就不可能活得愉快。活着不能孝敬自己的父母，使他们老有所养，做儿女的大概也不会舒服。最后，人活着虽然终有一死，但如果没有享尽天年，中途夭之，也是令人遗憾的。因此，一切危及一生这四大要事的作为都是应该摒弃的。

或许有人会问：如果没有财富怎么来实现这些人生要事呢？怎么养活自己和父母？庄子的意思并不是禁欲，彻底否定任何的欲求，如果是这样的话，生命和健康就要受到威胁，也与庄子的主张相矛盾。这是走向了另一个极端，已经不是居中了。他的本意是要过一种自然而然的平静生活，不要刻意去做什么，要限制过多的欲望。居中，就是要适度，超过了一定的限度，好处就会变成害处了。

庄子的"缘督以为经"等养生之学是中国文化特有的，西方文化也讲人的生命可以长生，后来演变成西方的宗教，所谓到天堂去，就得永生，那是讲肉体生命死后，精神生命可以得到永生。只有中国文化非常特别，认为肉体生命可以通过某种学问、某种方法修成永恒的存在，叫做长生不死，这就是后来讲的神仙，也就是庄子所讲的"真人"。

人的欲望，随着年龄、知识、经验的增长而升高，非常可怕。许多学佛学道的人，讲起来自己什么都看空了，其实未必如此。这样一来，不能专修，想"缘督以为经"，想长生不老，绝对不可能。历史上秦始皇、汉武帝以及唐朝和明朝的几个皇帝，要做神仙，人到了权位最高处，还要想另外一个超越，结果是一命呜呼。汉武帝具有雄才大略，有两个人讲话很影响他，一个是道家的神仙东方朔，东方朔很滑稽，经常搞得汉武帝哭笑不得；一个是汲黯，汲黯当面批评汉武帝："内多欲而外施仁义。"内在欲望那么大，而外面讲大仁大义，又想修道，成神仙升天，怎么可以得到呢？其实，历史上岂止汉武帝，大概所有学佛修道的都是汉武帝的徒弟，都犯了"内多欲而外施仁义"这个毛病。真正做到无欲无求，"缘督以为经"，一句话就成功了。

缘督以为经

缘督以为经就是要忘却善恶，遵循中道，以之为不变的原则，这样才可以保全自己的身体，使自己的身体健康，可以有益于自己的双亲，可以终其天年。

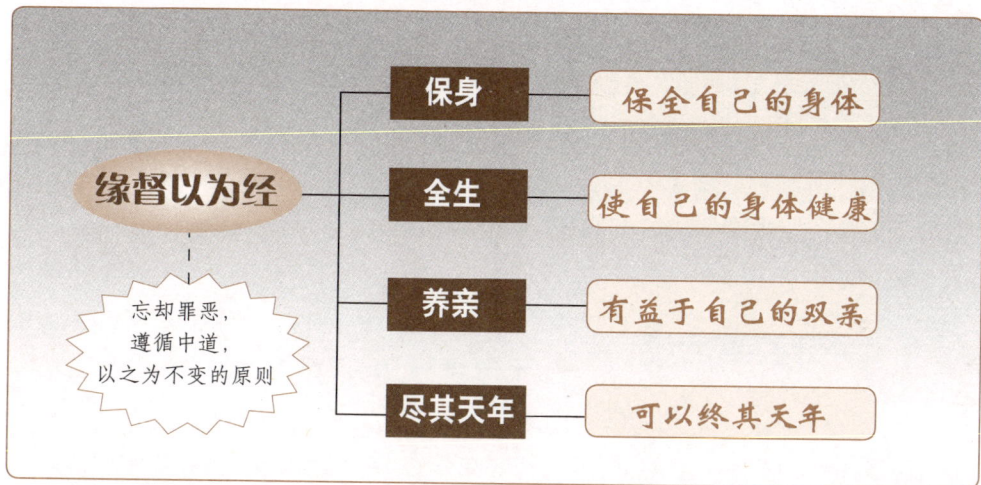

缘督以为经

忘却罪恶，遵循中道，以之为不变的原则

- 保身 —— 保全自己的身体
- 全生 —— 使自己的身体健康
- 养亲 —— 有益于自己的双亲
- 尽其天年 —— 可以终其天年

养生忠告

相关链接

① 正确的观念远比昂贵的药物和危险的手术更能帮助患者消除疾病。有了正确的观念，你就会有正确的决定，你就会有正确的行为，你就可以预防许多疾病的发生。

② 健康，从调节心性开始。为了你的健康，你学佛吧。学佛得到的快乐是人生最高的享受。

③ 人违背了养生法则，虽不一定会立即得病，但一旦形成习惯，就会大大增加得病的机会。

④ 人生最忌是个乱字。心乱了，对外可以紊事，对内可以打扰血气，使失正常。凡恼怒恐怖喜忧昏疑，都是乱，为多病短寿的根源，不但养病时不应乱，即平时亦忌心乱。

⑤ 凡人欲求长寿，应先除病。欲求除病，当明用气。欲明用气，当先养性。养性之法，当先调心。

沼泽野鸡
愿为自由顾

5

野鸡之所以不愿被养在笼中，是因为它想过一种符合自己本性的自由自在的生活。养生亦如此，只有养护自己的本性，才能活得富有生机，展现出生命的本义。

　　生活在沼泽地中的野鸡虽然生活艰难，寻找很长时间才能够找到饮食，但它还是不愿意被关在笼子中，尽管在笼子中吃喝无忧，精力充沛，但却不是好的生活方式，因为这种生活使它失去了自由，也丧失了本性。

　　庄子所谓养生，并不仅仅是活着，而是要过一种符合自己本性的生活，即自由自在的生活。养生也就是要养护自己的本性。只有这样活着，才活得富有生机，展现出生命的本义。如果不是这样活着，那么活的时间再长也是无意义的。

　　人是占有欲最强烈的动物。为了占有他喜欢的对象或限制他所憎恶的对象，便发明了监狱，将他们囚禁起来。人类把他所爱和所恨的对象都关在监狱里，让人分不清他究竟是在爱，还是在恨。把罪犯关到监狱里，似乎还可以理解，可是把自己的所爱关到监狱里，就有些匪夷所思了。比如，人们喜爱动物，就把它们关到动物园里，而那不过是动物监狱的别称；人们喜欢鸟，就把它关到笼子里，人们对宠物爱护有加，爱不释手，以为那就是对它们的爱了，而不知道这种爱正是这些动物的枷锁。这些动物因为爱而失去了自由，丧失了本性，已经不是为了自己而活，而是为别人活着。

　　人的欲望就是一座监狱，不仅是动物的监狱，而且也是人类自己的监狱。人们建立了"家"，把自己所爱的人和物密封起来，不许别人染指；人们建立了"单位"，以便确定自己的势力范围；人们发明了国家，为的是占有国家之内的人和物。这种种规范造就了"人"，"人性"也就产生了。可见，人本来并不是"人"，"人性"是被各种外在的力量挤压成的。

　　寻找一个主人，在笼子中生活，似乎是幸福的，这样没有任何危险，一切都是安定的，可以安逸地度过一生。然而这样的生活没有任何创造性、神秘性和挑战性，从现在就可以看到一辈子的情形，从生可以看到死。从这个角度说，这样的生活没有生机，是死的生活，虽生犹死。在笼子外则截然不同，虽然要时时面临着丧命的可能，没有任何确定性，可是正是这种无常性赋予生活意义，使生命焕发出绚丽的光彩。

在主人的关照下，或许可以得到想要的一切，但这样的生活是没有意义的。如果你的一切要求都可以满足，那将是一种无聊的生活。人们平时总是埋怨这个没有得到，那个也还缺少，十分渴望一种完全满足的生活，而没有意识到正是这种缺憾造就了生活的意义。我们设想一下，可以满足你的任何要求，但有一个条件，就是要把你关在笼子里，相信多数人是不会愿意的。

令人遗憾的是，我们常常就生活在这样的笼子里。我们的一生就是从一个个较小的笼子到一个个较大的笼子的过程。当我们在一个较小的笼子中的时候，渴望着到一个更大的笼子里去，以获得更大的利益和自由，但是到了那里以后才发现还有更大的笼子，于是便再追求下去。直到最后才知道，整个社会就是一个巨大的笼子。许多人感叹"怀才不遇"，其实是遗憾没有进到一个更大的笼子里，没有找到一个更高一级的主人。而怀才有遇，只意味着怀才者成为了某个主人的奴才。因此，只有那些怀才不遇的"才"，才是符合其天然本性的、还没有被奴化的才。

其实，养生之本在于养护自己的天然本性，即自由的本性。丧失了这一点，也就丧失了为人的根本，生命的本来意义也就丧失了。所以，野鸡不愿被养在笼中，为的是自由。

笼外之鸡与笼内之鸡

笼外之鸡生活艰难却有自由，笼内之鸡吃喝无忧却没有自由，真是鱼和熊掌不可兼得。

生活艰难 　 行动自由

为自己而活

吃喝无忧 　 失去自由

为别人而活

无乐

至极的快乐

我们都希望能快乐地生活，但如果喜和悲是同样程度的情绪，则两者都已超过了自然平静的状态。悲伤结束之后，我们会觉得平静，那快乐终止之后，带来的就是失落与寂寞。在避免任何痛苦的前提下，庄子给我们的秘诀是"无乐"。

世界上有没有至极的欢乐呢？有没有可以养活身心的方法呢？如果有，要做些什么，依据什么？回避什么，留意什么？寻求什么，舍去什么？喜欢什么，厌恶什么？

世界上所尊贵的，就是富有、高贵、长寿、名声；所享乐的，就是身体的安适、丰盛的饮食、华丽的服饰、美好的颜色、悦耳的声音；所厌弃的，就是贫穷、卑贱、夭折、恶名；所苦恼的，就是身体不能得到安逸，口腹不能得到美味，外表不能得到华丽服饰，眼睛不能看到美好颜色，耳朵不能听到动人的声音；如果得不到这些，就大为忧惧。这样的为形体，真是太愚昧了。

富人劳苦身体，辛勤工作，聚积很多钱财却不能完全享用，这样对于护养自己的形体，岂不是背道而驰。贵人夜以继日，忧虑着名声的好坏，这样对于护养自己的形体，岂不是很疏忽。人的一生和忧愁共存，长寿的人到了神志昏迷的时候，还为了死亡而忧心忡忡，多么苦恼啊！这样对于保全自己的形体，岂不是很疏离。忠烈为了受天下人称善，而不能保全自己性命。我不知道这样的善，是真的善，还是不善呢？如果真的是善的，为何却不能保全自己的性命，如果是不善的，却为何又可以救活别人。所以说："尽忠上谏而不被君主接受，就该退却，不必再争谏。"看那伍子胥为了强要谏诤而遭到刑戮，因而残害了形体，但如果他不争，也就不会成名了。这样说来，到底有没有真的善呢？

现在世俗所热衷且引以为乐的事，我也不知道这样的欢乐是真的快乐，还是不快乐？我看世俗所认为快乐的事，大家都成群结队趋之若鹜，十分执著的好像欲罢不能，且嘴上都高呼快乐。但我不知道这算不算是快乐，也不知道什么是不快乐，是不是真的有快乐存在，还是没有呢？我认为清静无为才是真正的快乐，但世俗却认为这是最痛苦的事。所以说："最极致的快乐就是没有快乐，最极致的声誉就是没有声誉。"

人生在世，什么是确信能够拥有的，财物需用劳力赚取，功名需费神争取，权位需劳心谋取，这些被世人视为至宝的事物，都不是人自然本有的。于是就算获得也不能永久拥有，失去是必然的事，所以也不必去为得而复失痛苦。

我们都希望能快乐地生活，但如果喜和悲是同样程度的情绪，则两者都已超过了自然平静的状态。悲伤结束之后，我们会觉得平静，那快乐终止之后，带来的就是失落与寂寞。在避免任何痛苦的前提下，庄子于是断然拒绝了快乐。

其实快乐是一种象征和自我感觉，关键是如何把握这种象征和自我感觉。我们在追求着快乐，快乐也时刻伴随着我们。只不过很多时候，我们身处幸福的山中，在远近高低的不同角度看到的总是别人的幸福风景，往往没有悉心感受自己拥有的快乐天地。如果人生是一次长途旅行，如果只顾终点何处，将要失去很多沿途的风景，不同的风景相对的是不同的人，不同的人相对的是不同的心。生活就是这种道理。

无乐是最大的快乐

财物需用劳力赚取，功名需费神争取，权位需劳心谋取，这些被世人视为至宝的事物，最后都不能带来快乐。庄子告诉我们清静无为的无乐才是最大的快乐。

富人	贵人	长寿	忠烈
劳苦身体	**忧虑名声**	**忧心死亡**	**失去生命**
富人为积聚钱财而绞尽脑汁，到最后积聚的钱财却不能完全享用。	贵人为了自己得来不易的名声而整日忧虑，不能很好地保持自己的本真。	长寿之人即使到了神志昏迷之时，还为死亡而忧心忡忡。	忠烈之士为了国家的利益，为了让天下人称誉而献出自己的生命。

结果

不快乐　　方法1：无乐　　　→　　**至乐**

　　　　　　　方法2：清静无为

115

夜梦骷髅

不要为人事而累

这则寓言表面上是说人生的拖累，死亡的快乐，实则是对人生困境的精神超越。超越功名利欲、穷达生死等的人世忧患，以求得精神的自由和心灵的安静。

　　庄子到楚国，看到一个空的骷髅头，虽然已经干枯，但还保持着头颅完整的形状，他用马鞭敲了敲，问它说："你呀是生前贪图享受，违背了养生的道理，才成为这个样子吗？还是你的国家败亡，因而遭到刀斧刑罚杀戮，才成为这个样子呢？还是你有不良的行为，怕给父母妻子带来羞辱，因而羞愧自杀，才变成这个样子的呢？或是你遭受挨饿受冻的灾患，才成为这个样子？或者你是年寿已尽只活到这里呢？"

　　这样问完了话，庄子就拿起骷髅，枕在头下睡着了。到了半夜，骷髅出现在庄子的梦中说："你的言谈，好像是个辩论家。但看你所说的内容，全都是些活人的牵累，死了就不会有这些事了。你想要听听死亡的快乐吗？"庄子说："好呀！"骷髅接着说："死了，在上没有君主，在下没有臣子；也没有春夏秋冬四季的变化；从容自在地与天地共长久，即使南面称王的快乐，也不能有过于此了。"庄子不相信，所以就问："如果我令司管生命的神祇再让你拥有人的形体，重造你的骨肉肌肤，把你送回你的父母、妻子、故乡、朋友旧识那里，你愿意再重生吗？"骷髅深深皱着眉头说："我怎能放弃南面称王的快乐，又再回去经受人间的劳苦呢？"

　　在庄子看来，在个体存在的时间之流中，战争、剥削、掠夺、残杀、饥馑、冻馁、亡国、破家、妻离子散、贪生失理、不善之行、斧钺之诛、生的烦恼忧惧等，早已把有血有肉、有激情、有意志的人摧残成丧失了生存自主权而仅留下形体骨骼的"空骷髅"。这是比死亡还要难以忍受的精神痛苦。与其这样痛不欲生地活着，遭受非人的人世间的压迫，还不如忘却了人生在世的一切烦恼，彻底结束生命的艰难旅程，痛快地走向死亡，与天地为友，与自然为伴，安然地享受这种人世间没有的快乐。

　　从表面上看，庄子好像是宣扬死亡的快乐，鼓励人们追求死亡的快乐。实际却并非如此。"空骷髅"视庄子之言为"生人之累"，足见这种人生负累是庄子精神苦闷的根源，是他人生困境的真实写照，而"空骷髅"死后的心理体验，在逻辑上便是对人生困境的一种解脱，一种超越现实负累的精神解脱，一种超越功利的纯精神快感。这样，从人生困境中解脱，从内心苦闷中出来，从精神快乐中满足，便是庄子思想的目的。而落脚点则是对自由人生的孜孜追求，对绝对精神自由的上下求索。

生前与死后　　人活一世多为人事而累，死后或许就没有了负累，只有快乐。庄子通过与骷髅的对话，让我们从人生困境中解脱，从精神快乐中得到满足。

1.贪生失理

1.无君无臣

生前　人生困境

2.战争杀戮

3.饥饿寒冷

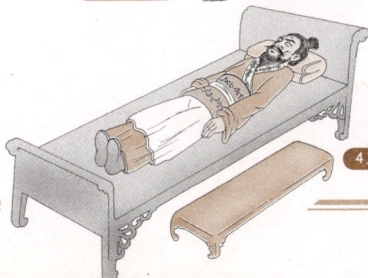

4.年寿已尽

死后　精神解脱

快

乐

2.无四季变化

3.与天地共生

117

呆若木鸡

斗鸡中的王者

目光凝聚、纹丝不动、貌似木头的鸡，才是武林高手，根本不必出招，就令人望风而逃。这种夸张的形容，是用来譬喻一个人精神修养到极致，凡事不挂心，外物不侵扰，只专注于精神，全然忘记自己的存在。

纪渻子替周宣王饲养斗鸡，才养了十天，宣王就问："鸡现在可以拿来斗了吗？"纪渻子说："还不行，现在还趾高气昂，骄傲得很。"十天后宣王又问了一次，纪渻子说："还不行，对于声音和影像还是会有反应。"十天后宣王又问，回答说："不行，还会生气怒视。"十天后又问，答说："差不多可以了。纵使听到别的鸡啼叫，也不为所动，看起来就像只木头做的鸡。它的精神凝聚，使其他的鸡不敢应战，看见它全都转身就逃。"

呆若木鸡不是真呆，只是看着呆，其实可以斗，可以应战，可以吓退群鸡。活蹦乱跳、骄态毕露的鸡，不是最厉害的。目光凝聚、纹丝不动、貌似木头的鸡，才是武林高手，根本不必出招，就令人望风而逃。这种夸张的形容，是用来譬喻一个人精神修养到极致，凡事不挂心，外物不侵扰，只专注于精神，全然忘记自己的存在。

"呆若木鸡"是一种修养的境界。但这种境界不是一蹴而就的，它需要一个修炼的过程。一是去掉虚妄、骄傲及任性。对于一个闭门造车或在"温室"中长大的人，最容易产生的便是虚妄、骄傲和任性。要让这样的人成长，就必须打破与他人隔绝的藩篱，将他们丢入充满悲欢离合、生离死别、挫折与困顿的大千世界。二是去掉惊慌。由于初次独自面对花花世界，基于保护自己的本能，一旦遇上外来的刺激，总会引起当事者的惊慌。有的人在惊慌中退缩而一蹶不振。其他人则成功地接纳了各方的挑战。三是去掉目光锐利、盛气凌人。成功接纳各方挑战的人，就是物竞天择的胜利者，也往往因此养成目光锐利、盛气凌人的态势。由于屡次地战胜他人，因此他们逐渐地目中无人，也开始无法冷静地、全盘地思考。等到他们逐渐被孤立、排挤或尝到失败的结果之后，如果没有因此倒地不起，他们就会开始学习收敛。四是要呆若木鸡。一个学会收敛锐利锋芒与盛气的人，就能了解得与失的因果关系，也能体会"后退原来是向前"的道理。心中坦荡荡，自能参透人生，得以无惧无忧。

由上可以看出，呆若木鸡不但是一种大智大勇，更是一种大彻大悟。就像最圆的东西看起来像有残缺一样，但是使用起来却不会有所毁损。最丰盈的东西看起来好像有所不足，但是使用起来却不会竭尽。最笔直的东西看起来如同弯曲，最灵巧的动作看起来好像笨拙，最优秀的辩才看起来却似不善言辞。快速运动可以战胜寒冷，保持安静可以不再感觉炎热。

无敌的木鸡

目光凝聚、纹丝不动、貌似木头的鸡，去掉了虚妄、骄傲及任性，去掉了惊慌，去掉了目光锐利、盛气凌人。只专注于精神，全然忘记自己的存在，使别的鸡转身就逃，成为斗鸡中的王者。同样，养生也要像斗鸡一样，只有到达呆若木鸡之境，才能心性自由。

呆若木鸡的譬喻

目光凝聚而貌似木头的鸡，不是真呆，而且可以应战，吓退群鸡，这里用来说明一个人精神修养到极致，凡事不挂于心，只专注于精神，全然忘我的境界。

去掉

| 虚妄、骄傲、任性 | 惊慌 | 目光锐利、盛气凌人 |

斗鸡之王 → 养生亦如此，只有去掉虚妄、骄傲、任性、惊慌、目光锐利、盛气凌人，才能参透人生，无惧无忧，心中坦荡而天地宽。

119

养生如牧羊

别做落后的羊

庄子所谓的修养，以精神为根本，但也要求保护身体。不要太深入而潜藏，不要太表露而显张扬，要像柴木一般无心而立于动静之中。

田开之去见周威公。威公说："我听说祝肾学习养生，你和祝肾学习，也曾听到过什么吗？"田开之说："我拿扫帚在门庭打扫，哪里听得到先生的教导！"威公说："田先生不必谦虚，我想听听。"田开之说："听先生说：'善于养生的人，就像牧羊一样，看见落后的就鞭策它。'"

威公说："这是什么意思？"田开之说："鲁国有个名叫单豹的，山居而饮水，不和人争利，到了七十岁还有婴儿的容色，不幸遇到饿虎，饿虎扑食了他。有个叫张毅的，不论富贵人家还是穷门小户，没有不往来的，四十岁却得内热病死了。这个单豹只重修养内在却被猛虎吃了他的形体，而张毅重视外在的事物反而被疾病侵袭内心，他们两人都是没有受到鞭策而落后羊群的羊。"

孔子说："不要太深入而潜藏，不要太表露而显张扬，像柴木一般无心而立于动静之中。三种都能做到，可称至人。要是路有劫贼行人怯畏，十人中有一人被杀害，于是父子兄弟就互相警戒，必定要多结伙伴才敢外出，不是也很聪明么！人所最该畏惧的，是在枕席之上，饮食之间；可是不知道要警戒，这是过错呀！"

庄子所谓的修养，以精神为根本，但也要求保护身体，不自蹈危险。像这则寓言中的单豹，虽然达到修养精神的境界，但不知危险而丧于虎口，是不懂得避祸；而张毅重视享受供养，但却不知保养身体，也是一种不足。那么该如何去做呢？庄子借孔子之口告诉我们，要深藏而不露，不肆张扬，安立于动静之中而不变。庄子还告诉我们，防范外在的危险是必要的，但人最应该防范的是内在的枕席之上和饮食之间。总之，修养精神和保护身体这两个方面都不能偏废，不然就不能达到养生的目的。

现在的人们，为了所谓更好的生活，根本不爱惜自己的身体，结果等到功成名就时，压力渐渐远去，生活渐趋平淡之时，种种病症也就随之而来，到头来只是空慨叹、悔当初。积极的人生追求是好的，但如果以自己的身体为牺牲，那是得不偿失的。所以在你快速地奔向目的地时，不要忘了不时停下来欣赏欣赏沿途的风景。当你实在太累了，就一定要歇一歇。

养生如牧羊

　　善于养生的，就像牧羊一样，看见落后的就鞭策它，就是在养生方面既要重视精神修养，也要保护身体，不自蹈危险。

牧羊的故事

养生箴言

寓言：落后的羊
庄子说：善于养生的人，就像牧羊一样，看见落后的就鞭策它。这里，他将我们的精神和身体喻为羊群，而养生就是为了让两者平衡发展，防范精神和身体的疾病。

精神修养
庄子非常重视精神修养，主张人要恬淡无为，排除杂念和欲望，让精神超然物外，让心灵归于虚空的境界，达到"无待"、"无累"的逍遥之境。

保护身体
庄子也相当重视保护身体，他曾明确提出：当你做好事的时候，不要以追求名誉为目的；当你做坏事的时候，千万不要触及刑律。按照这样的法则行事，就可以保护身体，就可以保全生命，就可以侍奉父母，就可以享尽天年。

时时注意两者平衡

养生如牧羊

别样人生

要为生活而活

庄子的处世哲学，就是要将那些外在目的排除，让人专心为生活而活，无忧无虑，没有得失利害。

或是磨炼意志崇尚品行，或是超脱世俗表现特异，或是高谈阔论怨叹不已，都只是为了表现清高而已。这是那种隐居在深山幽谷的名士、愤世嫉俗的人，亦或是刻苦自励，以至形容枯槁、自命清高只能投水明志的人所偏好的。

喜欢称说仁义忠信、恭俭谦让等德行的，也不过是为了修养自我罢了；这是那种清平时代的文士、讲习设教的人，以及游历各方的好学之人所偏好的。

喜谈建大功、立大名，维护君臣礼节，匡正上下亲疏的，也只是为了讲求治道而已。这是那种在朝为官的士子、尊君强国的功利主义者，以及开疆拓土致力功业的人所偏好的。

隐居山泽，居住在旷野，终日钓鱼，悠闲度日的人，也只是追求无为自在而已。这是那些遨游江河湖海间，逃避世事的人，以及闲居无所事事的人所偏好的。

吹气呼吸，吐污浊而纳清新，练功健身，学老熊直立，仿飞鸟展翅，都只是为了延年益寿而已。这是那种练习调和气息、疏通经脉的人，注重养护身体的人，以及像彭祖般长寿的老者所偏好的。

如果能做到不用磨砺心志也能自显崇高，不用标榜仁义也能修养自身，不用追求功名也能治理天下，不用遨游江海也能悠闲自在，不用练气习功也能自然长寿。任何事都可以遗忘而不挂心，任何物对他而言都不可或缺，恬静淡泊到极点，而所有美好的事情自然汇聚而来。这则是天地的正道，圣人的本性呀！

不论选择哪一种人生，我们通常都为生存以外的目的而活，或追求名利，或致力功业，或钻研知识，少有单纯为了生存而活。庄子的处世哲学，就是要将这些外在目的排除，让人专心为生活而活，无忧无虑，没有得失利害。

长大后，总要进入世俗的世界来确立自己的地位，只是选择的方式方法不同。为官者胸膛里装的是一颗"官心"；经商者装的是一颗"财心"；老百姓为了一日三餐和衣食劳累奔波，在这劳累奔波中许多人做着发财梦。在你争我夺的现实中，我们都丧失了一颗平常心。不平常的人多了，平常心反而显得珍稀了，庄子就是要告诉我们拥有一颗平常的心来生活，只要你没有了"官心"，除去了"财心"等虚妄，放下了身份、地位等虚伪的装饰，心中没有了挂碍也就平常了，只要你平常了，所有美好的事情自然汇聚而来。

拥有平常心

我们根据自己的方式方法经营着各自的人生，在你争我夺的现实中，我们都丧失了一颗平常心。庄子就是要告诉我们拥有一颗平常的心来生活，只要你平常了，所有美好的事情自然汇聚而来。

1. 普通人的想法：为虚浮目标而活

这些人都是在为生存以外的目的而活，生活中的争斗，让他们的心变得浮躁，使生活处处是烦恼。

官员

商人

百姓

要为生活而活

2. 庄子的观点：为生活而活

要将人们追求的外在目的排除，专心为生活而活，无忧无虑而没有得失利害，拥有一颗平常心。

➡ 拥有平常心 ➡ 美好自然汇聚

齐桓公遇鬼

不要自取烦恼

人做任何事情，不可能没有一种心理，但对于成功而言，人只需要有助于成功的心理，不要有那种和自己过不去的心理。这就是常人说的要放松，尽量放松。

齐桓公在大泽中狩猎，由管仲驾车，突然遇见了鬼。桓公拉着管仲的手说："仲父看见了什么吗？"管仲回答说："臣什么也没看见。"桓公回来后，因受惊吓而生出病来，好几天都不上朝。

齐国士人中有一个名叫皇子告敖的说："君王您是自己吓自己，鬼又怎能伤害到您！那遭受惊吓而奋起的气，离散而不能复原，所以才会觉得元气不足。人的血气如果上冲而不下，就会使人容易动怒，如果下行而不上，就会淤积在心中，当然会生病了。"

桓公听完后问道："那么到底有没有鬼呢？"皇子说："有。污泥里有履鬼，厨房的灶里有髻鬼，家里烦乱嘈杂的地方，有雷霆鬼在那里。东北方的墙脚下，有倍阿鲑蠪鬼在那里跳着；西北方的墙脚下，有泆阳鬼在那里。水中有罔象鬼，丘陵有峷鬼，山中有夔鬼，旷野中有彷徨鬼，大泽中有委蛇鬼。"

桓公问："那委蛇长什么样？"皇子说："委蛇这种鬼，大得像车轮，身体长得像车辕，穿紫色的衣服，戴红色的帽子。这种东西，最怕听到轰轰隆隆马车行走的声音，听到了立刻会捧着头，站着不敢动。但是能看见到它的人，日后一定会成为霸主。"桓公开怀地笑着说："这正是我所看见的鬼。"桓公于是端正衣服帽带和皇子坐谈，不知不觉病就好了。

其实事情往往都是自取烦恼，齐桓公是否真的看见鬼则未必，但他信以为真，吓出病来。而看见鬼物的不祥，又使他变本加厉，直到皇子告敖顺着他的心意劝慰，他才安心释怀。可见保全精神，首要在摒除自己虚设的障碍。

这则寓言实际说明的是一个心理作用的问题。人做任何事情，不可能没有一种心理，但对于成功而言，人只需要有助于成功的心理，不要有那种和自己过不去的心理。这就是常人说的要放松，尽量放松。要说其中有什么道理，那就是没有目的，却自然达到了目的。

人生在世，难的不是明白大道理，而是在明白了大道理后却做不好小事情。因为人常常给自己做了一个心灵的笼子，却走不出来。强人之处，产生骄傲的毛病，是自己的一种负担；不如人处，产生自卑心理，更是一种精神负担。这些精神包袱常常使自己处处被动。正常的倒是应该放下包袱，轻装上阵。心病还须心药医，不要自己吓唬自己，自己才是人生路上的坎，迈过这个坎，就天高云淡。

不要自取烦恼

齐桓公是否真的看见鬼则未必，但他信以为真，吓出病来。其实事情往往都是自取烦恼，不要自己吓唬自己，自己才是人生路上的坎，迈过这个坎，就天高云淡。

齐恒公遇鬼图

背上包袱，做起事来就会被动，产生自卑心理而不知所措。

包袱

精神负担

放下

没有负担，就会一身轻松，直面自己，并且超越自己，一切事情都会天高云淡。

做事时心中如果自取烦恼

造成

相关链接

齐桓公

（？～公元前643年），姜姓，名小白。春秋时齐国国君（公元前685～公元前643年）。其兄襄公被杀后，由莒回国即位。在政期间，任用管仲改革，选贤任能，加强武备，发展生产，国力渐趋强盛，并号召诸侯"尊王攘夷"。公元前664年，山戎进攻燕国。燕国向齐国求救，齐桓公亲率大军北征，击败山戎，维护了燕国的安全，阻止了北方"戎狄"的南下。公元前656年，齐桓公率齐、鲁、宋、陈、卫、曹、许等八国军队讨伐楚国，指责楚国不向周天子纳贡。这次声势浩大的讨伐迫使楚国承认错误，阻止了南方"蛮夷"的北上。公元前655年，周王室内讧，齐桓公联合诸侯保住太子郑的地位。不久，又拥立太子郑为王，即周襄王。公元前651年，齐桓公召集诸侯在葵丘会盟，周天子派代表参加，对齐桓公极力表彰。这是齐桓公多次召集诸侯会盟中最盛大的一次，标志着齐桓公的霸业达到顶峰。成为春秋五霸之首。

四六法则

排除人生的扰乱

庄子所提出扰乱人心的四个方面和每个方面的六个部分，如果不在心中激荡，就会心正，心正就安静，安静就会澄明，澄明就会虚空，虚空就无所作为，同时没有什么事做不成。

要想人生没有困扰，就要消解意志的错乱，打开心灵的束缚，去除德性的负累，贯通大道的障碍。尊贵、富有、显赫、威势、名声、利禄六项，是错乱意志的。容貌、举止、面色、情理、气息、意志六项，是束缚心灵的。憎恶、爱欲、欣喜、愤怒、悲哀、欢乐六项，是负累德性的。去职、就任、取得、给予、智巧、才干六项，是阻碍大道的。这四种每六项不在胸中扰乱就能平正，内心平正就能安静，安静就能明澈，明澈就能空明，空明就能顺任自然而没有什么做不成的。这为德所尊崇；生是德的光辉；性是生的本质。性的活动，叫做为；有为而流于人伪，叫做失。知是和外界应接；智是内心谋虑；智慧有所不知，好像斜视一方所见有限。动作自然出于不得已是为德，动作自然不由于我是为合理，骛名则相反而求实则相顺。

庄子的四六法则是指四个方面，每四个方面又有六个部分。四个方面是指：消解意志的错乱，打开心灵的束缚，去除德性的负累和贯通大道的障碍。这是由外及内，再由下往上的修行次序。

首先，使我们意志错乱的是尊贵、富有、显赫、威势、名声和利禄。这正是我们向往的名利权位，拥有这些就觉得高人一等，飘飘然了。但是取得这些要考虑手段的正当，取得成绩后怎样平静，失去它们后人生还剩下什么。

其次，使我们心灵束缚的是容貌、举止、面色、情理、气息和意志，人的志向也许遥不可及，但是心灵则是当下的，并且常在变化之中。我们在与别人相处时，一个容貌端庄、举止文雅的人，很容易赢得我们的依赖；看到别人面色憔悴、说话不合情理，自然印象就恶劣；至于气息的浮动、意念的纷乱，都会影响我们的判断，以致心思受到束缚而焦躁不安。

再次，使我们德性负累的是憎恶、爱欲、欣喜、愤怒、悲哀和欢乐。这就是我们常说的"喜怒哀乐"加上"恶欲"这六种情绪反应。如果在面对世事的时候，我们没有情绪的起伏波动，就很容易处于平静和谐的状态。

最后，使我们难达大道的是去职、就任、取得、给予、智巧和才干。这些涉及得失利害的计较，让人以为短短的一生中，眼前的成败就代表了一切，以致完全无视于万物的起源与归宿，亦即完全忘了还有大道的存在。

四六法则　　　四六法则即扰乱人心的四个方面和每个方面的六个部分，庄子的四六法则就是要让我们去掉人生的负累，达到顺应自然而无所作为的境界，这样就能无所不为。

四种扰乱人生的情况

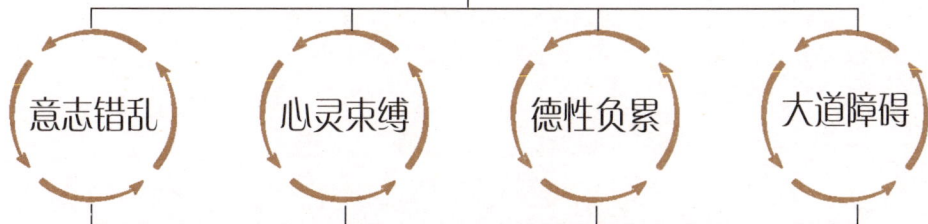

意志错乱	心灵束缚	德性负累	大道障碍

每种情况的六种形式

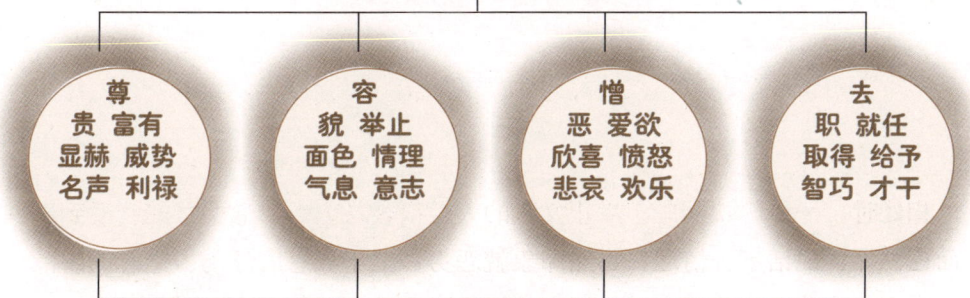

尊 贵 富有 显赫 威势 名声 利禄	容 貌 举止 面色 情理 气息 意志	憎 恶 爱欲 欣喜 愤怒 悲哀 欢乐	去 职 就任 取得 给予 智巧 才干

▼ 去掉

内心就会平正，内心平正就能安静，安静就能明澈，明澈就能空明，空明就能顺任自然，做什么事情都会有所成。

排除人生的扰乱

127

本末倒置

失去的并不重要

人们都想永远的快乐，这就要放弃那些高官厚禄的身外之物，相对人生来说，他们是末，人生的根本是要回归恬静，无所忧虑。

古时候所谓保全生命的，不用辩说来文饰智慧，不用机智来困累天下，不用心智来困扰德性，独立自处而返回自然的本性，还有什么要做的呢！道本来是不需要仁义礼智的小行，德本来是不需要是非分别的小识。小识损伤了德，小行损伤了道。所以说，自己站得正就是了。乐全天性就叫做得志。

古时候所谓得志的人，并不是说他得到了高官厚禄、荣华富贵，而是说再没有任何事可以让他感到更快乐了；而现在所说的得志的人，多指的是得到高官厚禄之类的人罢了。封官加爵，那是身外之物，是外物忽然间暂寄在身上的。既然是寄托之物，得到它不能拒绝，失去它也不能阻止。所以，不为了高官厚位而放纵自己的心志，不因穷困窘迫而妥协于世俗，身处高位与贫穷的快乐，对他而言是同等的，所以他能无所忧虑。现在，本业寄托在身上的外物如果失了，就觉得不快乐，如此看来，在那之前虽然感到快乐，心灵未尝不空虚。所以说，因为物欲而丧失了自我，因为世俗之见而迷失了本性，这就称为本末倒置的人。

这里有一个故事正好说明这一点。一天动物园管理员发现袋鼠从笼子里跑出来了，于是开会讨论，一致认为是笼子的高度过低。所以他们决定将笼子的高度由原来的10米加高到20米。结果第二天他们发现袋鼠还是跑到外面来，所以他们又决定再将高度加高到30米。　没想到隔天居然又看到袋鼠全跑到外面，于是管理员们大为紧张，决定一不做二不休，将笼子的高度加高到100米。一天长颈鹿和几只袋鼠们在闲聊时说："你们看，这些人会不会再继续加高你们的笼子？"袋鼠说："很难说，如果他们再继续忘记关门的话！"事有"本末、轻重、缓急"，关门是本，加高笼子是末，舍本而逐末，当然是不得要领了。

人们都想拥有快乐，更想永远拥有快乐。当获得荣华富贵时，人们大都志得意满，喜不自胜。然而否极泰来，泰极则否来，当一切都已拥有时，也正是失去的开始，于是快乐的巅峰也是忧虑的根源。所以，世俗的观点并不能增益自然本性，反而混淆、迷乱了真正的本性。人们都在为拥有更多的物质而拼命挣扎地活着，在一点小成功后，我们得到的是短暂的快乐。当这一切都没有时，当从官位上退下来时，当在商界赔得一败涂地时，人们总是痛不欲生。其实这些都是身外之物，本就是在得失之间徘徊，又何必为这些身外之物而痛心。说白了，这些对于人生都是不重要的。唯有回归恬静，才能无所忧虑，才能快乐。

本末倒置

人们多认为得到高官厚禄是人生之本，其实那些都是身外之物，是人生之末。不要因物欲而丧失了自我，不要因世俗之见而迷失了本性，身处高位与贫穷的快乐是同等的。

末
树梢。比喻事物的枝节。

庄子的观点一
高官厚禄皆是身外之物，是人生之末。

普通人观点一
贫穷困苦是人生之末。

庄子的观点二
怡静而无所忧虑乃是人生之本。

普通人观点二
高官厚禄乃人生之本。

本
树根。比喻事物的根本。

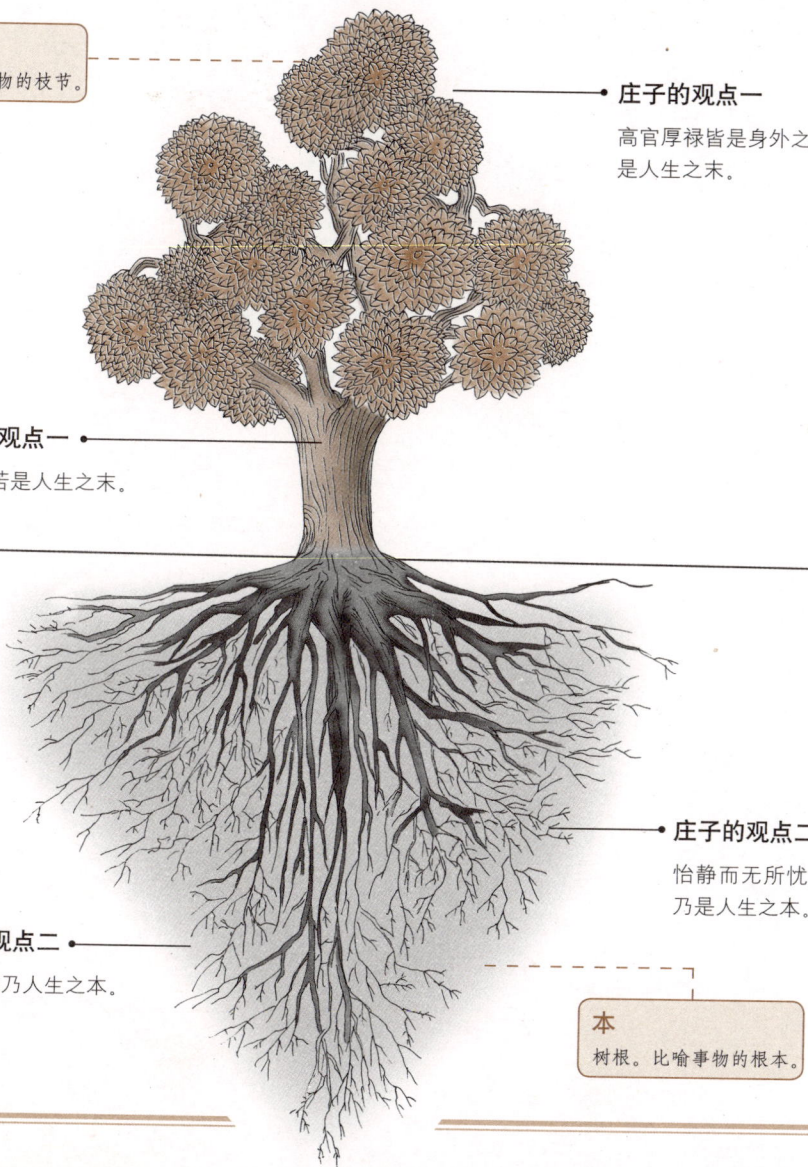

人世间多纷争，人世间多困苦。纷争如"螳螂捕蝉，异鹊在后"般险恶，困苦如"枯鱼之肆"般无奈而无助。面对涉世的艰难，庄子提出"八病四祸"的不可为，"九征之法"的识人术。强调君子之交淡如水，呼唤人们复归自然。

第 **5** 章

人间世

本章图版目录

人间世

看透世间的真谛

庄子看人间，有更多的无奈和无助，在现实中他不断地退却，却不是真的逃避，而是创造出一个宽广自由的天地，悟出了人生的真谛。

　　庄子的"人间世"说的是生活于人世间的处世哲学，以及对种种社会现象的批判。面对不能自主的自然亲情和无所逃避的君臣义理，庄子笔下的人物都备受煎熬，忧心如焚。生命的痛苦与无助，在庄子的寓言中一幕幕上演。其中所传达出的只求自保的消极应世思想，也是当时不得已的选择。

　　在庄子的寓言中，他通过观察"螳螂捕蝉，异鹊在后"的现象，体会到社会利益关系网中的血腥斗争。通过好友惠施对自己的嫉妒和曹商获车后对自己的炫耀，看到权势对人的腐蚀，并极尽讽刺地把权贵比做腐鼠和痔疮，表明自己的志向。通过对大葫芦的价值认定和材与不材的两难，认识到无用的价值以及超越有用和无用的负累。通过借粟河监侯看清社会的本质，人世间原来是一个"人肉"市场。通过去见魏王，庄子"贫非惫也"的辩解，表现出对"昏君乱相"的黑暗现实的控诉，抒发生不逢时的慨叹。子桑鼓琴，若歌若泣，是沉陷贫困潦倒的绝境而对黑暗现实的控诉。通过天人之辩，呼唤复归自然。通过林回弃璧负子来说明真情的可贵，告诉人们君子之交应淡如水。通过宋王赏车来说明君王的残暴就如在龙颔里取珠。并提出八病四祸来告诫人生不可为之事，提出九征之法来识别人才……

　　在人世间中，庄子仿佛从现实世界中不断退缩。从治世理想的幻灭到保全自身的艰难，人不断退让，退到只剩下"心"；从道德的衰败到人性尊严的不存，人不断抛却自我，抛到只剩下"物"，甚至是个但求无所用处的"物"。但是，就从这个最后也是最原始的"心"里，又创造出一个宽广自由的天地；就从这个最卑微、最无用的"物"里，庄子又领悟出生命的真谛。他从绝望的谷底中，幡然彻悟人生的道理，人世间的思想，就像一道灵光，一剂清凉剂，平抚了一颗颗在现实世界里受挫的心灵。

人间世

　　庄子看人间，尽是不平气，洞悉其中真谛。螳螂捕蝉，异鹊在后似的人世之险；借粟被拒后的辛酸讽刺；大葫芦无用的价值；子桑鼓琴对黑暗现实的控诉；弃璧负子的君子之交等等。让人们深知逍遥游的可贵。

不平则鸣

穷困至极的子桑
身负沉重的"耻辱感"，
鼓琴控诉当时之世。

——选自《大宗师》中"子桑鼓琴"

君子之交淡如水

只有建立在自然感情基础
上的人际关系才是经得起
人生考验的君子之交。

——选自《山木》中"弃璧负子"

伴君如伴虎

从君王那里得到奖赏，
就如以龙颔里取珠一样危险。

——选自《列御寇》中"宋王赏东"

人世的险恶

庄子看到的人间是社会利益关系网
中的血腥斗争和自然界"物竞天
择，适者生存"一样残酷无情。

——选自《山木》中"螳螂捕蝉，异鹊在后"

创新意识

只要你有创新意识，
无用的大葫芦做江湖里的
腰舟却有了大用。

——选自《逍遥游》中"大葫芦的妙用"

螳螂捕蝉，异鹊在后

人世的险恶

2

庄子游雕陵时，观察到"螳螂捕蝉，异鹊在后"的现象，体会到社会利益关系网中的血腥斗争和自然界"物竞天择，适者生存"一样残酷无情。

　　庄周到雕陵的栗园里游玩，看见一只怪异的鹊从南面飞来，翅膀有七尺宽，眼睛直径有一寸长，碰到庄周的额角而飞停在栗树林中。庄周说："这是什么鸟呀！翅膀大却不能远飞，眼睛大却目光迟钝？"于是提起衣裳快步走过去，把着弹弓窥伺它的动静。这时看见一只蝉，正得着美叶荫蔽而忘了自身；有只螳螂以树叶作掩护而搏住它，螳螂见有所得而忘自己的形体；异鹊乘机攫取螳螂，只顾贪利而忘记了性命。庄周看了警惕着说："唉！物类互相累害，这是由于两者互相招引贪图所致！"于是扔下弹弓回头就走，管园的人以为他偷栗子，追赶着责骂他。庄周回去后，三天都感到不愉快。学生蔺且问他说："先生为什么最近觉得不愉快呢？"庄周说："我为了守护形体而忘了自己；观照浊水反而对清渊迷惑了。我听先生说：'到一个地方，就要顺从那里的风俗习惯。'现在我到雕陵游玩而忘了自身，异鹊碰到我的额角，飞到栗树林里而忘了真性，管园的人辱责我，所以我感到不愉快。"

　　"螳螂捕蝉，异鹊在后"，是庄子雕陵之游的观感，是借自然界"物竞天择，适者生存"的残酷无情来比喻社会利益关系之网的血腥斗争。就庄子雕陵之游的遭遇来看，螳螂执臂捕蝉，异鹊窥伺在后；异鹊见螳螂而忘其形，执弹者趁机瞄准猎物；执弹者见利而忘其身，守林人逐而斥之。客观世界的事物，相互联系，相互影响，相互制约，它们之间的关系就交织成由诸多环节、纽结构成的网络。在事物之间关系网络的各个结点上，隐藏着难以预料的潜在危机。庄子由此联想到现实社会中人与人之间所结成的巨大而复杂的利益关系网，各种利害关系引起的争斗，残杀追逐，更是变化莫测，令人怵目惊心。

　　在残酷无情的现实中，从庄子教导他的弟子的话来看，他不是面对现实矛盾，研究矛盾从而解决矛盾，而是回避矛盾。他对弟子说，雕陵之游受守林人斥责的不幸遭遇，是自己"守吾形而忘身，观于浊水而迷于清渊"的功得态度所致。故他谆谆诲诫弟子，必须摆脱物与物、人与人、人与物之间的关系之网，即不为外物束缚扰乱，以守其真。也就是保持无心无情的态度，求得心灵的清静和精神的自由。这种超脱世俗，超越自我，归于宇宙自然的思想，显然是一种消极避世的思想。但是，人不能拔着自己的头发强迫自己离开地面，回避生活只能在现实中被动地生活，丝毫不能发挥人的主观能动性。

螳螂捕蝉，异鹊在后

"螳螂捕蝉，异鹊在后"的自然规律，说明了自然界的"物竞天择，适者生存"的规律。人在江湖亦如此，在你处心积虑地谋划时，别人或许也在谋划你。只有保持无心无情的态度，方能求得心灵的清静和精神的自由。

❹ 小孩只顾捕异鹊，而忘记守林人的驱逐。

❸ 异鹊只顾捕螳螂，而忘记有人拿弹弓捕射。

❷ 螳螂只顾捕蝉，而忘记异鹊在后。

❶ 蝉荫于美叶，而忘记螳螂在后。

蝉、螳螂、异鹊、小孩所构成的场景，
正是我们生活的社会的真实状况，我们都只是其中的一环罢了。

▼ 解决方法

保持无心无情的状态，让心灵更清静，让精神更自由。

大葫芦的妙用

无用为大用

3

有用与无用并不在事物自身，事物的用处说到底是人的思维本身的用处，是我们能不能发现的问题。这取决于我们的思维方式，只要思维方式改变了，就可以发现以前没有看到的价值。

惠子对庄子说："魏王送我一个大葫芦的种子，我种植成长而结出果实有五石之大；用来盛水，它的坚固程度却经不起自身所盛水的压力；把它割开来做瓢，则瓢大无处可容。不是不大，我认为它没有用处，就把它打碎了。"

庄子说："你真是不善于使用大的东西啊！有个宋国人善于制造不龟手的药物，他家世世代代都以漂洗丝絮为业。有一个客人听说这种药品，愿意出百金收买他的药方。于是他聚合全家来商量说：'我家世世代代漂洗丝絮，只得到很少的钱，现在一旦卖出这个药方就可以获得百金，就卖了吧！'这个客人得到药方，便去游说吴王。这时越国犯难，吴王就派他将兵，冬天和越人水战，大败越人，于是割地封赏他。同样一个不龟手的药方，有人因此得到封赏，有人却只是用水来漂洗丝絮，这就是使用方法的不同。现在你有五石容量的葫芦，为什么不系着当作腰舟而浮游于江湖之上，反而愁它太大无处可用呢？可见你的心还是茅塞不通啊！"

庄子的意思是说，有用与无用是相对的。在一个地方有用，到另一个地方则可能无用；在可用的地方有用，在不可用的地方就无用。有用还是无用，全在自己是否用。可见，有用与无用并不在事物自身，而在于人们对于事物的运用。你用的地方合适，它就有用；用的不合适，就可能没用。

"用"的特征是，于合适的时间，在合适的地点，以合适的方式，做合适的事情。然而，究竟怎样是"合适"，这就需要每个人在具体的情况下去判断了。我们永远不可能找出一个固定不变的，对一切人、一切时间、一切地点都适用的普遍标准。人的智慧恰巧体现在这里。

事物的用处说到底是人的思维本身的用处，是我们能不能发现的问题。这取决于我们的思维方式，只要思维方式改变了，就可以发现以前没有看到的价值。不过，要对自己的思维进行这种突破或者超越是非常困难的，因为人们往往受到自己能力、短见、成见或习惯的限制，而看不到事物的用处。要破除我们自己现成的偏见、短见，需要创造性的思维，不仅要见人所未见，还要见自己所未见。创造之所以困难，就在于它是一种自我超越，超越别人或许容易，而超越自己则不然。超越自己是超越已经形成的现成思维，而进行这种超越的就是这个思维本身。这正是自我突破的困难之所在。像庄子提到的那位漂洗丝线的人，永远不可能有那位外地人的智慧。他所能够具有的智慧也就是漂洗丝线和制造那个药方，因而不可能会想到这个药方还会有别的用处。所以他得到一百两黄金也是适得其所了。

人总是习惯于以现成的眼光去看待事物，使事物的性质被固定、被僵化了，从而成了一成不变的东西。可事实一再证明，人们当时以为有用的未必有用，或许还有大害；而以为无用的的则未必没有用，甚至还有大用。

所以，无论你地位有多高，也无论你有多少金钱，都不要瞧不起那些地位卑微、穷困潦倒的人。你怎么知道他以后不会发达呢？而处于社会底层、处境悲惨的人，对于那些位高权重、富可敌国的人也不必心怀嫉妒，或许有一天，他们会沦为阶下囚，想苟活而不得，对你的处境羡慕不已呢。

大葫芦的用处

同是一个大葫芦，按照固定思维它就是作为容器，如果不能做容器，那它就没有用处了。可庄子却创造性的把它用作浮于江湖上的腰舟，不但有用，而且是大用。其实，事物的用处说到底是人的思维本身的用处，是我们能不能发现的问题。

庄子与惠子关于大葫芦的用处，分别以不同的思维方式来考虑，结果自然是不同的。

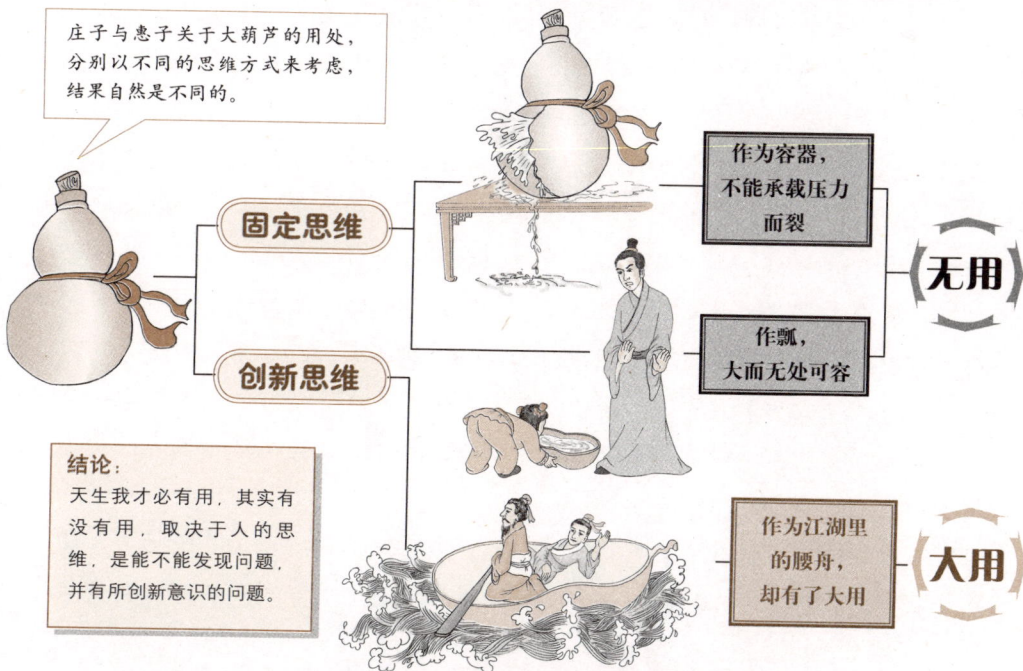

固定思维

创新思维

作为容器，不能承载压力而裂

作瓢，大而无处可容

无用

作为江湖里的腰舟，却有了大用

大用

结论：
天生我才必有用，其实有没有用，取决于人的思维，是能不能发现问题，并有所创新意识的问题。

枯鱼之肆

"人肉"的市场

"枯鱼之肆",喻统治阶级搜刮民财,逼得人没有活路,社会变成任凭剥削者吞噬的"人肉"市场。

庄周家里贫穷,所以向监河侯借米。监河侯说:"好的。等我收到了采地的税金,就借给你三百金,可以吗?"庄周板着脸说:"我昨天来时,中途听见有呼唤我。我回头在车轮辗洼的地方,有条鲫鱼。我问它说:'鲫鱼呀!你在这里做什么呢?'它说:'我是东海的水官,你有斗升的水救活我吗?'我说:'好的。等我游历吴、越之地,引西江的水来迎救你,可以吗?'鲫鱼板着脸说:'我失去了水,我没有容身之处。我只要得到斗升的水就可活命,你还这样说,不如早一点到干鱼市场上找我吧!'"

"枯鱼之肆",喻统治阶级搜刮民财,逼得人没有活路,社会变成任凭剥削者吞噬的"人肉"市场。人民需"斗升之水"即可活命,统治阶级贪婪吝啬,绝不让步,足见社会的黑暗,庄子虽没有用"吃人"两字,但其意灼然可见。

庄子贫穷潦倒,万般无奈之下,硬着头皮向大富豪监河侯借粟。也许,他和监河侯有交往,也许他在监河侯的封地管辖范围内。总之,他还抱有一线希望。万万没有料到,监河侯是贪婪吝啬之辈,给庄子画了一个可望而不可即的又大又圆的烧饼。庄子愤然作色,借寓言故事毫不留情、痛快淋漓地揭露了统治阶级贪婪无耻的丑恶面目。鲫鱼被渔人捕来,离开了大海母亲的怀抱,失去了自由自在的生活。它呼唤人救它一条活命。它的要求很低,只需斗升之水,以活己命。但它同样得到"监河侯"一样的"西江之水"的回应。这正是统治阶级贪得无厌本性的暴露。形象地描绘出战国诸侯混战称雄时期,战争、剥削、掠夺、残杀,给人民造成的巨大灾难。人世间成了任人宰割的人肉市场。这正是酝酿出庄子愤世乃至厌世思想的社会历史根源。

社会的丑恶,现实的黑暗,人与人之间的不平等,面对这眼前的一切,庄子能无怨吗?能不愤世嫉俗吗?庄子的冷眼看世,正是对黑暗现实的揭露,是面对苍茫宇宙的哭泣诉说,面对不公平现实的振臂呐喊。透过庄子那超脱、恣肆、冷漠的外表,深入到他的内心深处,那里积贮的却是浓烈的愤世嫉俗的苦闷之情。排解苦闷之情的方法,庄子首先是宣泄释放,不平则鸣;其次是升华，即超越凡俗，追求个体的绝对精神自由。但不是勇敢地抗争恶势力，争取自己的现实自由，这或许是一种悲哀。

鲫鱼的两种处境

鲫鱼有两种处境，一是生活在水中，一是没有生活在水中；人同样如此，有时我们生活在水中，有时没有生活在水中。

此处指陷入人生的困境

此处指人生活在世间规则中的情境

鲫鱼的需要

失去自由的鲫鱼只需斗升之水就能存活，而引吴越西江之水后再来救它，只能是在鱼市上看到死鱼。

失去水的鲫鱼

斗升之水

西江之水

结论：

人生亦是如此，我们有时会成为失去水的鲫鱼，渴望得到斗升之水，但往往得到的却是"西江之水"的空话。

雪中送炭

遥不可及

活命

死亡

贫非惫也

生不逢时的感叹

庄子"贫非惫也"的辩解，并非自我掩饰，而是对"昏君乱相"的黑暗现实的控诉。庄子认为，他生活贫寒，但精神充实。"贫"是现实造成的。精神的苦闷不是心灵空虚，而是对现实的愤怒。

庄子穿着一件有破洞的粗布衣服，用麻绳绑着鞋子，去见魏王。魏王说："先生，你怎么这样疲困呢？"庄子说："是贫穷啊，并不是疲困！读书人有理想却不能施行，这是疲困啊；衣服破旧和鞋子破烂，这是贫穷，而不是疲困；这就叫做生不逢时啊！你没有看见跳跃的猿猴吗？当它爬在楠、梓、豫、章等大树上的时候，攀缘着树枝，在那里自得其乐，即使善射的羿和蓬蒙也无可奈何它。等到它跳落在柘、棘、枳等多刺的树丛中时，小心谨慎，内心还战栗不已，这并不是筋骨受了束缚而不灵活，乃是处在不利的情势下，不能够施展它的才能呀！现在处于昏君乱相的时代，要想不疲困，怎么可能呢？像比干的被剖心，不是个显明的例证吗？"

庄子"贫非惫也"的辩解，并非自我掩饰，而是对"昏君乱相"的黑暗现实的控诉。庄子认为，他生活贫寒，但精神充实。"贫"是现实造成的。精神的苦闷不是心灵空虚，而是对现实的愤怒。

贫困的生活常常给人的精神以很大的影响。它可能是一种沉重的压力，使人的精神萎靡，颓废下去；它也可能是一种净化、激发剂，使人的精神高洁，超越起来。面对衣食不得饱暖的贫困生活，庄子视名利金钱如粪土，不屈服于世俗恶势力，揭露黑暗丑恶，与统治阶级采取"不合作"的态度，并在逆境中提升自己。

自古圣贤皆贫贱。但贫者贱者，圣贤还是圣贤，穷困的只是环境，贫贱的只是衣貌，而精神、骨气总还是圣，总还是贤。因此，贫贱圣贤，高贵者与之并列，尤觉无尚光荣；无赖帝王和卑贱者与之并列，尤觉耻辱无比。可知君子穷而不倒，而庄子正是贫贱的圣贤。

庄子敢于揭露统治阶级的罪恶，的确难能可贵，但他没有勇气直面现实，通过斗争改变自己贫穷卑贱的恶劣生活处境，而是采取内在而非外在的精神超越的办法，在自由的思想天地去编织自己的美丽梦幻，去追求所谓的自然天性。

不同处境的猿猴

猿猴在楠、梓等树上和棘、枳等等树上状态各异，不是猿猴自身有问题，而是两种处境所造成的；这正如治世和乱世的分别一样，人们也是处于两种状态。

楠、梓等树上　　**棘、枳等树上**

处于人生顺境时　　**处于人生逆境时**

自得其乐　　战栗不已

自由而畅快　　失意而无所成

喻明君贤相时代　　喻昏君乱相时代

太平盛世　　战乱之世

141

惠子相梁

好友相妒

6

庄子视显赫的相位如腐鼠，自喻为鹓鶵，是他看透了权位的本质，将其视为人生负累，要求超越世俗，追求精神自由和人格独立的人生价值观的驱使。

惠施做了梁惠王的宰相，庄子想去看他。有人就向惠施说："庄子来是想代替你做宰相。"于是惠施感到恐慌，乃在国内搜寻庄子，搜了三天三夜。庄子见到惠施说："南方有一种鸟，名叫鹓鶵，你知道吗？鹓鶵从南海出发，飞到北海，不是梧桐树它不休息，不是竹子的果实它不吃，不是甜美的水泉它不饮。有一只猫头鹰找到一只腐烂的老鼠，鹓鶵刚好飞过，猫头鹰仰起头来叫喊一声：'吓！'现在你想用你的梁国来吓我吗？"

权力，人们看做是天下至贵的东西，而庄子却把它看做是腐烂的老鼠。对于这样一只死老鼠，躲避尚且来不及，更何谈去追求。所以惠子怕庄子夺取他的相位，实在是以小人之心度君子之腹。人们之所以崇拜权力，是由于他们只看到了权力所带来的荣耀，而没有看到权力害人的一面。

权力的害处首先是对人性的改变。当一个人处于权力体系中的时候，他就不可能如其本性地生活着，而必须如权力所要求的生活着。他只能作为权力的一个符号而存在着，人成了权力的工具，成了为权力服务的仆人。于是人内在的本性就被桎梏了，失去了生机，变成了一架机器。

权力还容易使人忘乎所以，从而不断地膨胀自我、膨胀欲望。人一旦走上权力的道路，便身不由己地在这条道路上奔走下去，无休无止。因此可以看到，有的人已经处于一人之下万人之上了，还是不能满足，非要对那一个人取而代之不可。

权力更把人置于生死之地。权力的争夺只有两种选择：要么生，要么死。每每可以看到，权力使人忘却亲情，使人毫不犹豫地向亲人挥出刀剑。权力似乎具有某种终极性，因为它事关生死，有了权就可以决定他人的生死，无权则一切皆无。

正是由于庄子看到了权力的这种性质，他才宁愿清贫，而不愿意去担任高官，才把别人视为宝贝的相位看做腐烂的老鼠。他当然知道权力可以带来荣耀和财富，但他更知道权力所潜藏着的致命危险。如果没有了生命，荣耀和财富又有什么用呢？

秦末那个揭竿而起的陈胜，在起义前，他躬耕于垄亩之间的时候，曾经与那些穷苦的同伴们相约："苟富贵，无相忘。"但是，当他的起义刚有些成功，当了王的时候，就早已把这句话忘到了脑后。当年的一个穷哥们儿知道他发迹了，就来投奔。这个哥们儿穿着寒酸，土里土气，而且不懂规矩，仍然像当年那样直呼他的名字，还对大王的部下讲起他起事之前的旧事。这实在有损大王的形象。陈胜十分恼火，一怒斩之。这就是权位对人性的伤害，当他"高贵"起来的时候，连过去不高贵的出身也不愿意承认了。

我们在生活中也常发现这种现象，虽然没有那么严重，但性质却相同。原来好端端的同学、同事，因为地位高升了，其言谈举止就变得让人不舒服起来，摆起了官架子，打起了官腔。不知不觉中，那个官位给他罩上了一副假面具，人性被这假面具遮蔽了。

鹓鶵和猫头鹰

庄子视权力如腐鼠，而把惠施的行为比作猫头鹰，自己比作鹓鶵，道出权位的本质。

猫头鹰
怕鹓鶵夺去腐鼠而恐吓鹓鶵
此处喻惠施

鹓鶵
不是梧桐不栖，
不是竹子果实不吃，
不是甜美的水泉不饮。
此处庄子自喻

腐鼠
此处指梁国的相位

庄子和惠子对权位的争辩	
庄子	对于名利权位不屑一顾，认为它们皆是浮华之物。
惠子	把名利权位看成是最宝贵的，并且以小人之心度君子之腹，对危害到自己权利的，必除之而后快。

143

曹商舐痔

权势如痔疮

7

庄子视权势如痔疮，视结交权势而得宠的卑劣行为如"舐痔"，恰似一幕喜剧，把人生没有价值的东西暴露给人看，让人在饱含泪水的笑声中反思生活的真谛。

　　宋国有个叫曹商的，替宋王出使秦国。当他去时，获得车辆数乘，秦王喜欢他，增加车辆百乘。回到宋国，见了庄子说："住在穷里陋巷，窘困地织鞋度日，面黄肌瘦的样子，这是我所不及的；一旦见到万乘君主而随从车马百辆之多的，这是我的长处。"庄子说："秦王有病召请医生，能够使毒疮溃散的可获得一乘车，舐痔疮的可获得五辆车，所医治的愈卑下，可得车辆越多。你难道是医治痔疮吗？为什么得到这么多车辆呢？你去吧！"

　　世界上有两种人，其命运遭遇迥然有别。一种人，巴结权贵，尽其谄媚阿谀之能事，以侥幸取宠，不惜出卖自己的灵魂，自认为春风得意，视傲骨清高者为无能之徒，尽其冷嘲热讽之能事。这类人横行霸道，却大受统治阶级欢迎，是谓帮凶；另一种人，蔑视权贵，视名利如粪土，宁肯终身贫困潦倒，也不愿意屈节折腰，珍惜自己的良心和自由，但终生失意不得志，是谓叛逆。两种人或富贵显达或贫贱穷困，暴露了社会的不公平。庄子借曹商侥幸得宠，嘲讽自己穷困度日的寓言故事，向这不公平的黑暗社会发出了愤怒的控诉。

　　正如鲁迅所说，世界上有想做奴隶而不得的人，有坐稳了奴隶的人。想做奴隶而不得的人，因为还没有成为奴隶，所以对自己的同类还比较谦虚；但是那些坐稳了奴隶位子的人就不同了，他由于得到了主子的奖赏，由于成了标准的奴隶，而感到光荣有加，于是就瞧不起他原来的同类了。这个曹商虽然并没有成为标准的奴隶，还没有坐稳奴隶的位子，而只是从主人的餐桌下捡到了一些残渣，但已经得意得不行，以致有些飘飘然了，因而就嘲笑起与他"同类"的庄子来了。然而庄子看来，曹商所得不仅不值一提，反而是对他人格的侮辱。当然，对于这种甘愿做奴隶的人来说，他不仅不认为这是对他的侮辱，相反，是他的荣耀，是他求之不得的。

　　在我们的社会中，这样的人不在少数。如那些曾经受人欺压的人，一旦坐稳了奴隶的位子，就反过来对他原来的同胞趾高气扬起来。有了一官半职的，就觉得自己是个人物了，因而必须表现得高于普通人。于是，原来的同事不管曾经多么熟悉，在公开场合中他便装作根本不认识，板着面孔，一副公事公办的样子。他故意地躲避着熟人，生怕人家来求他办什么事情。别人在那个位子上的时候，他曾经愤愤不平；如今他在这个位子上的时候，却比别人有过之而无不及。

权势的取得

庄子通过"曹商舐痔"的故事，揭示出权势的取得和品行的好坏是成反比的，不由得让人们反思生活的真谛。

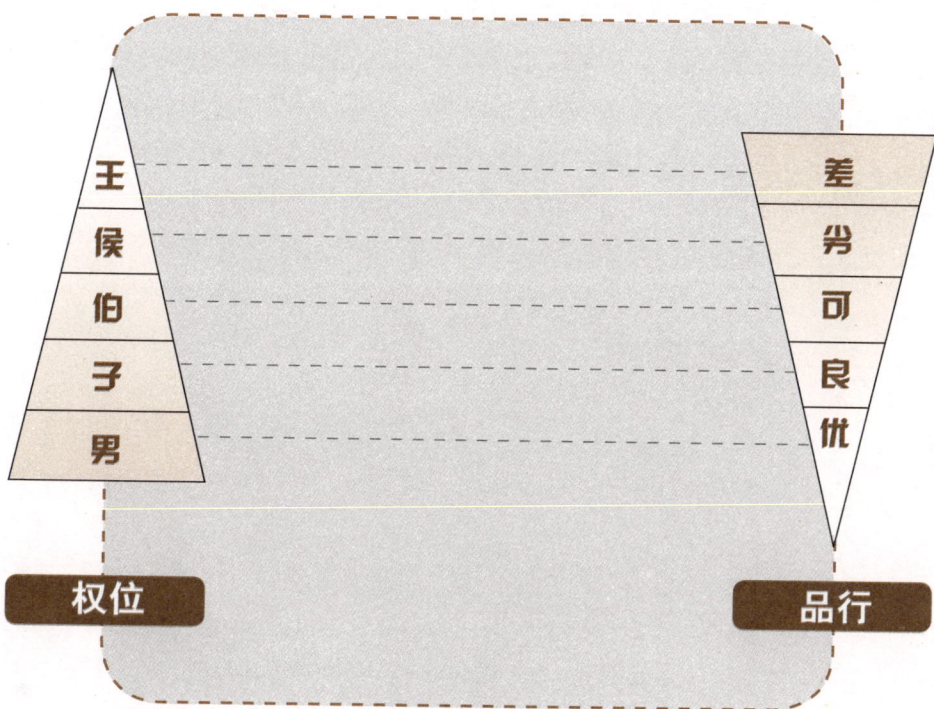

王侯伯子男

权位

差劣可良优

品行

生活有时就如图中所示，权利不是你的行为优良就一定能获得你所要的，往往是越卑劣的行为，得到的权势反而越高。

天人之辩

复归自然的呼声

庄子借河神和北海神的对话，阐明了自己的天人观，即反对任何违背自然的人事活动，主张人与天合。

河神说："什么叫做天？什么叫做人？"北海神说："牛马生来有四只脚，这叫做天然；用辔头络在马头上，用缰绳穿过牛鼻，这叫做人为。所以说：不要用人事去毁灭天然，不要用造作去毁灭性命，不要因贪得去求声名。谨守这些道理而不违失，这就叫做回复天真的本性。"

庄子借河神和北海神的对话，阐明了自己的天人观，即反对任何违背自然的人事活动，主张人与天合。庄子的天人观继承并发展了老子的自然道论思想。老子指出："人法地，地法天，天法道，道法自然。"庄子主张"法天贵真"、"不拘于俗"。"天"一般指大自然，也指万事万物的自然而然的状态或人的自然天性。是外在于人的并不以人的意志为转移的本然存在状态，是一种外在的必然性。它不但是宇宙万物的本质，也是人存在的价值依据所在。

庄子认为，仁义礼智、道德规范和个体的贪欲巧智，摧残扼杀了人的自然天性，导致了人性的失落。所以，庄子竭力反对一切人为的外在文明规范的束缚，把自然看成仁义道德的对立面，要求恢复人性之自然。个体也应冲破名缰利锁的约束，顺应自然，过一种超脱了功名利欲羁绊的、与自然天道亲和融洽的充实生活，使人的自然天性自由无拘地发展。一切自然而然的原始天然状态都是美好的，一切破坏这种完美无缺的天然状态的人为之举都是刽子手的行为。

在河神和北海神的对话中，更突出了天与人的对立。其中，庄子是以"牛马四足"喻宇宙万物自然而然的状态或天然状态，"落马络，穿牛鼻"喻用人为的文明规范对万事万物天然状态的摧残、压抑和破坏。因此，天与人的对立，即是自然与人为的对立，淳朴之德与仁义礼智的对立，自然性情与仁义道德的对立。所谓"无以人灭天，无以故灭命，无以德殉名"，就是反对以一切人为的规范破坏天然，以事功行为违反如昼夜四时运转不息的必然之本命和以功名之举牺牲人的淳朴无私的天德。这是一种反异化思想，是归复自然的呼声。庄子把它叫做"复其初"、"反其真"、"复其性"，即恢复"人性的自然"。庄子的天人观，是一种取消人的能动性的消极思想，但其反异化、张扬个性的精神具有强烈的解放思想、启蒙心智的积极作用。

欧洲文化史上的启蒙运动，同样是以强烈的社会批判意识而张扬个性的。法国启蒙运动的著名思想家卢梭"回到自然"的人文主义思潮，尼采的超越凡人的超人哲学，还有当代自然人文主义思潮，都具有反对异化、重视人的内在价值的倾向，这与庄子的天人观具有相同的思想。我们现在提倡的人与自然的和谐，就是在一定程度上纠正我们的异化，使我们能够持续地发展下去。

天然和人为

庄子以牛马有四足为天然，用辔头络在马头上，用缰绳穿过牛鼻为人为作喻，批判仁义礼智的束缚，张扬个性，强调人与天合。反思我们现在人与自然的关系，庄子绝对追求天然的观点是太过理想了，但人为与自然之间尽量寻求平衡，才更有利于人类长久的发展。

庄子认为人应该过一种超脱了功名利欲，与自然天道亲和融洽的生活，使人的自然天性自由无拘地发展。

天然

人为

淳朴之德

仁义礼智

现实的社会中，如果一切都要天然的，则是太过于理想了，但应该在人为与自然之间尽量寻求平衡，才更有利于人类的长久发展。

9

君子之交淡如水

庄子在此深刻地指出了凡是建立在利害关系基础上的人际情感都是靠不住的，只有建立在自然天性基础上的人际情感才是经得起人生考验的。

孔子问子桑雽说："我两次被鲁国驱逐出境，在宋国遭受到伐树的屈辱，在卫国被禁止居留，在商、周没有出路，在陈、蔡两国交界的地方被围困。我遇到这些患难，亲戚旧交更疏远了，学生朋友更离散了，为什么会这样？"

子桑雽说："你没有听说假国人逃亡的故事吗？林回舍弃了价值千金的玉璧，背着婴儿逃走。有人说：'为了钱财吗？婴儿的价值少得很；为了累赘吗？婴儿的累赘多得很；舍弃了千金的玉璧，背着婴儿逃走，为什么呢？'林回说：'我和玉璧是利的结合，我和婴儿是天性的关联。'以利而结合的，受到窘迫祸患的时候，就互相遗弃了；以天性相关的，遇着窘迫祸患的时候，就互相收留了。互相收留的和互相遗弃的，相差得太远了。再说，君子的交情淡薄得像水一样，小人的交情甘美得像甜酒一样；君子淡薄却亲切，小人甜蜜却易断绝。所以凡是没有缘故结合的，也就没有缘故而离散了。"

孔子说："我诚心接受你的指导！"于是漫着步子安闲地回去，终止学业，抛开圣书，学生无须行揖拜的礼节，但是他们对他的敬爱却更为增进。

人与人相交，难得的是真。真诚相见和真心相待中的"真"是平淡的，懂得这个道理再容易不过，而在别人的热闹起哄之中，失却真、忘掉真、迷于假、恋于假，却更容易；因为热烈比之平淡更打动人。

林回"弃千金之璧，负赤子而趋"，既是一种道德行为，也是一种价值选择。因为它反映了林回和赤子之间的人际交往关系，以及这种人际交往的价值依据。在价值连城的"千金之璧"和一无所有的"赤子"之间，林回视利为累，视"赤子"为金，毅然作出弃璧负子的选择。这里，"千金之璧"是功利名禄的物质利益的代名词，"赤子"虽然一无所有，一贫如洗，针对他人没有任何可以利用的交往价值；但"赤子"却有一颗纯朴无私、自然天真的心灵，它象征着宇宙万物自然亲和的本然状态，是人的真情、至德的体现，它与任何世俗利益无缘，心如明镜，拭去了一切尘垢，清淡如水。可见，林回的价值选择，弃利崇真。视名利如粪土，视真情如珍宝，这是一种比儒家舍利取义的价值选择更崇高的道德境界。

林回之所以弃璧负子，是"赤子"那天真无邪的心是任何金钱都买不回的"无价之宝"。林回把各自奔命的俗人指责自己的道德意识称之为"以利合"，自己的行为是"以天属"，这是两种截然不同的价值观。"以利合者"，迫于困境，有求于人，有利则交情亲密，无利则断交绝情，人生得意则有交情，人生患难时则绝交，这是典型的势利小人。"以天属者"不以利益为交往的准绳，对人的关怀，完全出乎亲和融洽的自然天性。林回最后得出了千古绝伦的结论："君子之交淡若水，小人之交甘若醴。"世界上没有无缘无故的爱，也没有无缘无故的恨。以利相结合者，终因利相弃；以天属者，终以天收。庄子在此深刻地指出了凡是建立在利害关系基础上的人际情感都是靠不住的，只有建立在自然天性基础上的人际情感才是经得起人生考验的。

- -

玉璧和赤子

要玉璧是以利合，要赤子是以天属。以利合者，无利后必绝交；以天属者，出乎天性必能持久。所以，君子之交淡若水，小人之交甘若醴。

人际交往

←玉璧图

用玉璧来交往，只是一种物质的关系，物有则有，物无则无。

赤子图→

赤子之情是无价的，因为这种情感是真诚的。

以利合

以利益关系交往

以天属

以自然天性交往

←小人之交甘若醴

小人之间的交往只是酒桌上的亲密无间，大难来临时则各自躲避。

君子之交淡若水→

君子之间的交往不是靠物质做媒介，而是用真心对真心。

材与不材

有用和无用都是靠不住的

10

庄子主张，只有超越有用与无用的区分与判断，顺应自然，与时俱化，随时应变，才能够摆脱这种拖累。

● **材与不材**

庄子在山中行走，看见一棵很大的树，枝叶长得很茂盛，伐木的人停在树旁而不去砍取它。问他是什么缘故，他说："这棵树因为不中用所以能享尽自然的寿命吧！"

庄子从山上出来，就宿在朋友家。朋友很高兴，叫童仆杀只鹅款待客人。童仆问："一只鹅会叫，另一只鹅不会叫，请问杀哪一只？"主人说："杀那只不会叫的。"

第二天，学生问庄子说："昨天山上的树木，因为'不材'所以能享尽自然的寿命；现在主人的鹅，因为'不材'而被杀。请问先生要怎样处世呢？"

庄子笑着说："我将处于'材'和'不材'之间。不过'材'和'不材'之间，虽然似乎是妥当的位置，但其实不然，这样还是不能免于累患。若是顺其自然而处世，就不是这样了。既没有美誉也没有毁辱，时现时隐如龙见蛇蛰，顺着时序而变化，不偏滞于任何一个固定点；时进时退，以顺任自然为原则，游心于万物的根源；主宰外物而不被外物所役使，这样怎会受到累患呢！这是神农和黄帝的处世态度。若是万物的私情，人类的习惯，就不是这样了。有聚合就有分离，有成功就有毁损；锐利就会遭到挫折，崇高就会受到倾覆；有为就会受亏损，贤能就会被谋算，不肖就会受欺辱，怎么可以偏执一方呢！可叹啊！弟子记住，凡事只有顺其自然啊！"

庄子曾经特别强调无用的用处，但是从另一个角度来看，执著于无用的分别还是不能避免被伤害。就像这则寓言所讲，有时是由于有用而受到伤害，有时又因为无用而受伤害。由此看来，有用和无用是没有定准的，有时无用是有用的，有时有用是无用的。

面对有用与无用，人们也常常感到无奈。你执著于无用，与世无争，想过一种安静的生活，但往往不能达到目的；你躲避恶人，可恶人会找上门来；你觉得很好的事情结果却很坏，而当你绝望的时候可能正面临巨大的希望。

庄子主张，只有超越有用与无用的区分与判断，顺应自然，"与时俱化"，随时应变，才能够摆脱这种拖累。所谓"与时俱化"就是要顺应自然，不执著于有用与无用的区分，也不追求这种区分，根本不在意荣誉还是诋毁，为龙也可以，为蛇也可以，该进取就进取，该退却就退却。这样，人就不会受到外物的控制，相反可以控制外物，不会受到名利的牵累。

材与不材的两难

大树若材则被伐，不材则全生；鹅若材则全生，不材则被杀。那是材好还是不材好呢？庄子认为应超越有用与无用的区分与判断，顺应自然。

直而高大的大树，人们认为其有用，所以被砍伐；盘根错节的弯树，人们认为是无用的，所以能够自由地生长。

大而会叫的鹅，因为有用所以全生，小而不会叫的鹅，因为无用而被杀生待客。

无用比有用好

有用比无用好

庄子观点

超越有用和无用

顺应自然

执中而行

从自然的角度看，一切都是超越是非、有用和无用这些价值判断之外的，事物本身只是存在着、产生着并消逝着，无所谓好与坏，无所谓有用与无用。作为一种自然现象来看，人的生生死死，都只是一种大自然自身的变化，无所谓好与坏。之所以有好坏之分，就如地上的路，本没有路，走的人多了，就有了路；同样的，认为好的人多了，无所谓好的东西也就好了。

作为一个人，恐怕不可能超越对于自然事物的判断，因为他有意识，总要进行判断，有了判断就有了是非，有了价值倾向。那种完全自然的不动心，不仅一般人难以做到，就是庄子本人也没完全做到。他那样愤世嫉俗，批判着普通人的见识，但仍然判断了是非。尽管他的境界比普通人不知高多少，但仍然难以摆脱是非的判断。由此可以看出摆脱是非是多么艰难。

随顺自然，与时俱化，就更难做到了。从理论上来讲，这当然是最佳状态，但实际做起来却十分困难。人应该做应该做的事，不该做不该做的事，可问题在于我们难以知道什么是这个"应该"。这里的关键是要进行判断，一旦进行判断就免不了判断者自身所具有的局限，这个判断里一定包含着他的视野上的局限，从而使他的判断难以"与时俱化"，难以知道这个合适的"时"。

不要把庄子所说的这种境界当作一个实在的境界，它只是一个理想的境界，是不可能在现实上达到的，或者说，它不是一个点，而是一个无穷的过程。我们需要在这个过程中去细心体会。庄子的本意是要人们不要走极端，而是要居中。

普通人总是执著于一端，他的判断总指向有利于自我的方向，但这个所谓的"有利"却未必是有利的，很可能是有害的。其原因在于人们只看到了事情的一个方面，即所谓当时对"我"有利的方面，但当时有利的，等时过境迁以后却不一定仍然有利。如有了聚合就一定会有分离，成功意味着毁坏，锐利的东西必定遭受挫折，尊贵必会导致非议，有为必致亏损，贤能必会遭到谋算，不肖则受到欺负。

以上这些道理是不难体会的。聚合已经蕴涵着分离，世界上没有不散的宴席。成功和有为意味着你已经付出了许多，必定导致自身的某种亏损。同时，你的成功和有为也会损害过去的种种关系和情谊。所以，得到也常常意味着某种损失。世界上的事情永远不会一边倒。这就是常说的"两极相通"。"两极相通"不能理解为越穷也就越富，如果是这样的话，就没有人去追求财富了。它的意思是，现在虽然很穷，但不一定永远穷下去；同样，现在富也不意味着永远富。穷富是可以相互转变的。

　　这些道理提醒我们，不要走极端，时时要牢记中庸之道。如果走极端，必定会导致暴力，而这种暴力会反过来伤害自己。这些道理还提醒我们要时时约束自己，春风得意的时候不必盛气凌人，欺负那些不如自己的人，谁知道你将来不会变成那些你现在瞧不起的人呢？遭受厄运的时候也不必灰心失望，谁也不能断定你将来不会时来运转，平步青云。

执中而行

　　庄子所说的顺应自然，只是一个理想的境界，它不是一个点，而是一个无穷的过程。我们需要在这个过程中去细心体会。庄子的本意是要人们不要走极端，而是要居中。

相关链接

《中庸》

　　孔子之孙子思所作，三十三篇。是中国儒家的经典之一。原属《礼记》的一篇，宋代把它和《礼记》中的《大学》独立出来，同《论语》、《孟子》共称《四书》。中庸之道就是对人处事采取不偏不倚、调和折衷的态度。其主题思想是教育人们自觉地进行自我修养、自我监督、自我教育、自我完善，把自己培养成为具有理想人格，达到至善、至仁、至诚、至道、至德、至圣、合外内之道的理想人物，共创"致中和天地位焉万物育焉"的"太平和合"境界。理论基础是天人合一。具体内容主要包括五达道、三达德、九经等。主要原则有三条：一是慎独自修，二是忠恕宽容，三是至诚尽性。

子桑鼓琴

不平则鸣

11

子桑鼓琴，若歌若泣，是沉陷贫困潦倒的绝境而对黑暗现实的控诉，是文化士人阶层深重的"耻辱感"造成了个体精神上的苦闷，往往不能自已，故若歌若泣是真情的披露，是心灵的呼声。

子舆和子桑做朋友。淫雨霏霏一连下了十天，子舆说："子桑恐怕要饿病了吧！"于是就带着饭送给他吃。到了子桑的门前，就听到里面又像歌唱又像哭泣，听见弹着琴唱着："父亲啊！母亲啊！天啊！人啊！"歌声微弱而诗句急促。子舆进门去，问道："你唱诗歌，为什么这种调子？"子桑说："我正想着使我到这般窘困地步的原因而不得解。父母难道要我贫困吗？天是没有偏私地覆盖着，地是没有偏私地承载着，天地哪里单单会使我贫困呢？追究使我贫困的道理而得不出来，然而我到这般绝境，这是由于命吧！"

子桑鼓琴，若歌若泣，是沉陷贫困潦倒的绝境而对黑暗现实的控诉。不公平的社会制度，个体身处"卑贱之位，困苦之地"的切身感受，是文化士人阶层深重的"耻辱感"，"耻辱感"造成了个体精神上的苦闷，苦闷的宣泄、激情的释放，往往不能自已，故若歌若泣是真情的披露，是心灵的呼声。庄子于此借子桑鼓琴的寓言，抒发自己"不平则鸣"的愤世嫉俗之情，把人生没有价值的暴露给人看，把人生有价值的毁灭给人看，使人们深刻反省那不公平的丑恶现实和不合世俗的正直人的不幸遭遇。

庄子愤世嫉俗，离经背道，蔑视权贵，旷达不羁，嬉笑怒骂，皆成文章。社会的黑暗、现实的丑恶、生活的困境、人生的孤寂深重地压抑着庄子那酷爱自由的灵魂。在人生陷入难以自拔的绝境时，他怎能不呼天抢地，控诉那悲惨世界的罪恶和灾难呢？怎能不抒发自己那感伤愤激、不能自已的生活真情呢？所以，从庄子心灵的深处透视，源于对自身卑贱贫苦的生活处境的"耻辱感"的生命体验，那发自本心的愤世嫉俗之情，是他人生活动的深刻的动因，是他进行文化创造活动的强大精神动力。司马迁《史记》中的屈原就是怨而作《离骚》，不仅如此，《周易》、《春秋》、《左传》、《国语》、《吕氏春秋》等传世之作，都是古圣贤发愤世之情后而作，寄托自己不能实现的人生理想。

贫困的慨叹

子桑鼓琴而悲其贫困，进而深思其原因，父母和天地都不是其原因，只有归之于命，就是不公平的社会制度；怀着对丑恶现实和个人苦闷的浮躁体悟，庄子借子桑发出了对黑暗现实的控诉之语。使人深刻反省。

不公平的社会制度

命

庄子借子桑鼓琴，抒发了自己"不顺利"的愤世嫉俗之情，把文化士人精神上的苦闷得以发泄，使人们反省这不公平的丑恶现实。

←陋室子桑鼓琴
生活的重压和贫穷，让子桑对自己的困境进行深刻的反思。

←父母
父母从小教育自己希望自己成龙。

↑天地
天地不言养育万物，众人生活得都很好。

不是贫困的原因

宋王赏车

龙颔里取珠

12

通过这个寓言故事，庄子揭露了宋国国君统治的残暴，统治阶级的残暴造成臣下伴君如伴虎的心理压力。为君所宠所重，并不是吉祥的征兆，如同虎口夺食，龙颔取珠，日后必遭其祸。

有人拜见宋王，赏赐车子十辆，他用这十辆车子向庄子夸耀。庄子说："河边有家贫穷人靠编织芦苇过生活，他的儿子潜入深渊里，得到千金的珠子。他的父亲对儿子说：'拿石头来碰碎它！这千金的珠子，一定是在九重深渊骊龙颔下，你能得到这珠子，一定是龙正在睡觉。等到龙醒来，你就要被残食无遗了！'现在宋国的深，不止于九重的深渊，宋王的凶猛，不止于骊龙；你能够得车子，一定是正逢他睡觉的时候。等到宋王醒来，你就要粉身碎骨了！"

庄子所处的战国时代，残酷的战争，血腥的屠杀，赤裸裸的剥削与掠夺，罪恶和灾难把人间变成了阴森可怕的"地狱"，人民处在水深火热之中，是"失乐园"中最不幸的受难者。长期生活在社会底层的贫寒庄子，对统治阶级的丑恶罪行有着清醒的认识，对人民的不幸遭遇有着深切的体验。

通过这个寓言故事，庄子揭露了宋国国君统治的残暴，统治阶级的残暴造成臣下伴君如伴虎的心理压力。为君所宠所重，并不是吉祥的征兆。如同虎口夺食，龙颔取珠，日后必遭其祸。同时，统治阶级对人民的剥削压迫也是深重的，宋国人民身处水深火热的苦难生活境地，比九重之渊还要深重；宋国暴君的统治，比骊龙还要凶猛残酷。

俗话说，无功不受禄，别人不会毫无目的地赠予，现在付出的越多，以后要回报的也越多。看那些由君王手中加官进爵，享过荣华富贵的，又有几个能全身而退，安享天年。说到底，富贵不过是一场云烟罢了。

春秋时的文种，献奇谋助越王勾践复越灭吴，称霸诸侯，可最后却落得被赐死的下场。这正是："高鸟尽，良弓藏；狡兔死，走狗烹；敌国破，谋臣亡。"历史往往重复着同样的事情，西汉三杰之一的韩信，助刘邦在楚汉之争中战胜项羽，可也难逃一死的结局。

庄子敢于揭露诸侯王者的罪恶，但却不想以实际行动去改变这种现实，奉劝人民不要龙颔夺珠，虎口夺食，以遭祸害，而想让人们离开这个肮脏的世界，投入宇宙自然的怀抱。这无疑是对现实的回避，是一种消极颓废的思想。

伴君如伴虎

　　从宋王那里得到车子，就正如从龙颔里取珠。在你得到的时候往往伴随着风险，而且你要付出更多来补偿你的所得，甚至是生命。

↑龙颔取珠

从龙颔里取珠，一定是龙在睡觉，如果龙醒后，那它就会为找回珠子而伤及你的生命。

↑宋王赏车

从当权者那里得到奖赏时，肯定伴随着一定的风险。

得到
＋
风险

无功不受禄，当你得到时，
肯定会付出更多来补偿，有时甚至是生命。

邯郸学步与丑女效颦

不要盲目崇拜

这两则寓言告诉我们：成规法则因时间、地点、场合的不同，而应适时而变。墨守成规成法，因循保守，只能封闭自我的心灵，缺乏开拓创新的精神，不可能形成真正属于自己的精神财富。

一位寿陵少年到赵国邯郸去学走路，结果不但没有学会赵国人的走法，而且把自己原来的步法也忘了，结果只好爬着回去。

西施心病，在村里皱着眉头，邻里的丑女看到觉得很美，回去也在村里捧着心皱着眉。村里的富人看见，紧闭着门不出来，穷人看见了，带了妻子走开。她只知道皱眉头的美，却不知道皱眉头为什么美。

以上就是"邯郸学步"和"丑女效颦"的寓言，申说的是同一思想，即成规法则因时间、地点、场合的不同，而应适时而变。墨守成规成法，因循保守，只能封闭自我的心灵，缺乏开拓创新的精神，不可能形成真正属于自己的精神财富。庄子在此是在批判儒、墨显学和名辩者流的自我中心封闭心态，否定传统礼法规范对人的束缚，唤醒人们解放思想，破除成法，立意创新，开拓进取。

"邯郸学步"者注重摹仿，忽视创新。他趋时附俗，由于盲目因袭，不考虑自己的特点，所以，不但没有学会赵国人的走步绝技，而且连同自己以往的传统步法也丢得一干二净。丑女效仿西施皱眉，自以为美，反见其丑。原因正在于只知道西施皱眉美却不知道为什么美。她的理解是形式上的皱眉捧腹是美，所以，不管是谁，只要皱眉捧腹就是美的表现。这种不分时间、地点、场合而一味墨守成规，只能是淹没了人的个性特点。庄子还讲了个故事，就是现在让猿猴穿上周公的礼服，它一定会咬破撕裂，脱光而后快。所以观古今的变化，就像猿猴不同于周公一样。孔子儒家不顾时间、地点、条件的不同，顽固地执行周朝礼法那一套，实无异于丑女效颦。

儒家对传统的温和态度确有保守的一面，禁锢了人们的思想。后世玄学和明清乃至近现代启蒙运动对儒家思想的猛烈抨击，足以证明儒家思想禁锢人的思想的一面。同时说明庄子反对墨守成规，否定拘泥传统，张扬个性的自由发展确有独到之处。

现在的社会，是一个需要创新的社会。创新是社会发展的动力，在一个好的创意出来后，总有许多丑女效颦的后来者如潮水一样，把许多好的创意做得不伦不类，让人哭笑不得，除了给人以笑料外，没有为社会前进作一点贡献。所以，我们不要保守，更不要跟风，要坐得下来想创意，这样才能为自己，也为社会找到好的出路。

创新才是硬道理

邯郸学步和丑女效颦的寓言故事告诉我们，成规法则因时间、地点、场合的不同而应适时变化。一味的照搬模仿的结果则只会贻笑大方。只有解放自己的思想，开拓创新才能有所成就。

←邯郸学步

邯郸学步者只是趋时附俗，盲目因袭，根不不考虑自己的特点。

思想保守

邯郸学步者和丑女只是一味的模仿其崇拜者而没有明白其中的精髓。

←丑女效颦

丑女只是看到了形式上的捧腹皱眉是美，却不知道此种美所适应的场合、地点和人。

要有好的作品，必须是在别人的基础上，结合自己的创新意识。

我们应该做的

解放思想

只有在解放思想的基础上，充分发挥自己的创新意识，理解事物之间的灵魂，才能有所成。

八病四祸

人生之大忌

14

了解人的八病四祸，并努力不让自己染上这种病害，染上了迅速改正，才是一个真正聪明的人，受人拥戴的人，才是一个真正的强者。

孔子对渔父说："我少年就学习，到了今天，已经六十九岁了，还没有听到大道的理论，怎么敢不虚心请教呢！"

渔父说："大凡物类相同，就聚在一起，声调相同就互相应和，这是自然的道理。我愿意以我所知道的，来讨论你所做的事业。你所做的事业，是人事的问题。天子、诸侯、大夫、庶人，这四种人如果各尽本分，天下就大治了；这四种人如果离开本位，天下就大乱了。官吏要尽忠职守，百姓要勤奋做事，不要互相侵扰。所以，田园荒芜，屋舍破漏，百姓衣食不足，赋税没有缴纳，妻妾不和，长幼没有秩序，这是庶人的忧虑；能力不能胜任，官事不去办理，行为不清白，部属荒怠职务，功业名声都不足称道，爵禄不能永久保持，这是大夫的忧患；朝廷不有忠臣，国家混乱不堪，百工技艺不精巧，进贡物品不完美，春秋盟会不按规定，不顺和天子的心意，这是诸侯的忧患；阴阳不调和，寒暑不合时，以致伤害农作物，诸侯强暴作乱，擅自互相攻伐，以致残害百姓，礼乐没有法度，国家财政匮乏，人伦不修，百姓淫乱，这是天子的忧患。现在你既然在上无君侯执政的权势，在下又没有大臣事务的官职，却擅自修饰礼乐的制度，排定人伦关系，从而教化百姓，这不是太多事了吗？"

"而且人有八种毛病，事情有四种祸患，不可以不明察。不是应该做的事而去做，叫做'揔'；人不听从而窃窃进言，叫做'佞'；观察别人心意而进言，叫做'谄'；不辨是非来说话，叫做'谀'；喜欢背地里说人坏话，叫做'谗'；离间故交挑拨亲友，叫做'贼'；称誉伪诈败坏他人，叫做'慝'；不辨别好坏，两面讨好，暗中盗取他所要的东西，叫做'险'。这八种毛病，在外会扰乱别人，在内会伤害自己，君子不和他做朋友，圣明国君也不用他为臣子。"

"所谓的四种祸患是：喜欢治理国家大事，改变过去制度，以求功名，叫做'叨'；依仗聪明，专权行事，排挤别人，任由自己，叫做'贪'；有过不改，听到劝说却变本加厉，叫做'很'；别人和他意见相同就予以肯定，假使意见不同，虽然是好的也认为不好，叫做'矜'。这就是四种祸患。能够除去八种毛病，不做四种祸患的事，然后才可以谈到教育。"

了解别人不容易，了解自己更困难；了解了自己，然后战胜自己，更是难上加难。然而，又不能不反观自己。庄子为我们提出的"八病四祸"，为我们了解别人和自己提供了一个标准。

了解人的八病四祸，并努力不让自己染上这种病害，染上了迅速改正，才是一个真正聪明的人，受人拥戴的人，才是一个真正的强者。如果明知自己有这八病四祸，却尽力掩盖它，那不过就像害怕自己的影子，讨厌自己的脚印一样，总想遮掩，总想逃避。可逃避得越快，影子越是寸步不离，留在地上的脚印也就越多。如果还认为自己跑得太慢了，更加快速逃避，到头来，心疲力竭，终是一个懦夫。

八病四祸

庄子的"八病四祸"之说，为我们指出了人生之不可为的事，也是我们了解自己和别人的一个标准。

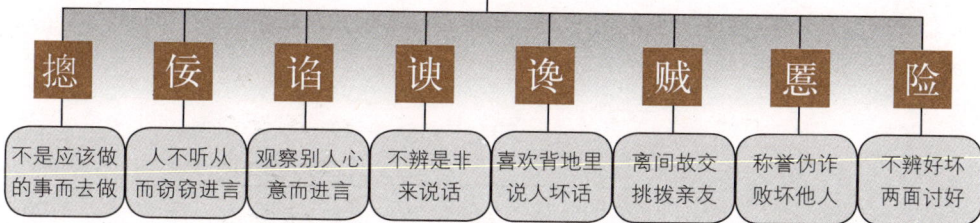

八病

摠	佞	谄	谀	谗	贼	慝	险
不是应该做的事而去做	人不听从而窃窃进言	观察别人心意而进言	不辨是非来说话	喜欢背地里说人坏话	离间故交挑拨亲友	称誉伪诈败坏他人	不辨好坏两面讨好

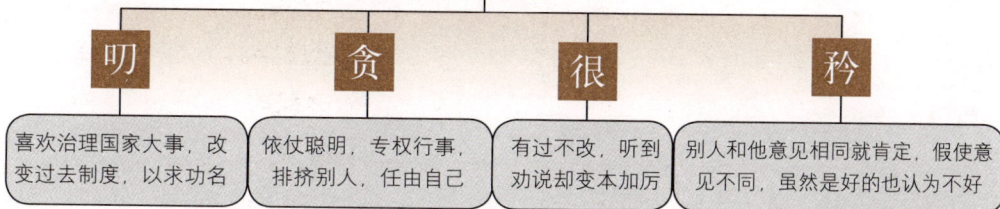

四祸

叨	贪	很	矜
喜欢治理国家大事，改变过去制度，以求功名	依仗聪明，专权行事，排挤别人，任由自己	有过不改，听到劝说却变本加厉	别人和他意见相同就肯定，假使意见不同，虽然是好的也认为不好

九征之法

教你如何识人

15

九征之法，充分地体现了实践是检验贤与不肖、君子与小人的唯一标准的务实精神。领导在考查人才时，既不能"以貌取人"，也不能"以言取人"，只有"以行取人"。

人心比山川还要险恶，比预测天象还要困难；自然界尚有春夏秋冬和早晚变化的一定周期，可是人外表淳厚而情感却深深潜藏。有的人貌似老实却内心骄溢，有的人貌似长者却心术不正，有的人外表拘谨内心急躁却通达事理，有的人外表坚韧却懈怠涣散，有的人表面舒缓而内心却很强悍。所以人们趋赴仁义犹如口干舌燥思饮泉水，而他们抛弃仁义也像是逃离炽热避开烈焰。

所以，君子要让他到远处任职来观察他是否忠诚；让他就近办事而观察他是否恭敬；让他处理纷乱事务观察他是否有能力；向他突然提问观察他是否有心智；交给他期限紧迫的任务观察他是否守信用；把财物托付给他观察他是否清廉；把危难告诉给他观察他是否持守节操；让他醉酒来观察他的仪态；用男女杂处的办法观察他对待女色的态度。上述九种表现一一得到证验，不好的人也就自然挑拣出来。

选拔人才是一道永远的难题，上自国家政府，用对了人就能富强致治，用错了人就会贫弱丧败。下至个人交友，近朱者赤，近墨者黑。庄子对于如何选人给了我们以下九种方法。

一是"远使之而观其忠"。即派他到远离领导、无人监督的地方去工作，可以判断他是否忠诚于领导。君子慎独，在无人监督的情况下，仍然正确行事，从不胡来，即是忠诚的表现。如放纵自己，将法律、规章和道德置于脑后，即是一种不忠的行为。

二是"近使之而观其敬"。即安排他在领导身边工作，整天与领导形影不离。一旦与领导混熟，就会无所顾忌，失去敬心，开始对上司和同事轻慢无礼。所以，近使之可以考查他是否对人有尊敬之心。

三是"烦使之而观其能"。在危急时刻，派他去处理棘手难办之事，可以考查他是否具有真才实学和应变能力。

四是"卒然问焉而观其知"。即突然向他提出问题，考查他的知识是否渊博，反应是否机智。"知"与"不知"，在有准备的情况下，是难以考查的。

五是"急与之期而观其信"。即在需要付出较大代价的紧急情况下，与之相约，在规定时间内到指定地点会合，是考查他是否恪守信用、是否值得信赖的有效办法。

六是"委之以财而观其仁"。当不与钱财接近时，辨别他是否清廉是相当困难的。口头表态是难以分辨的，只有在他掌握财权之后，考查他是贪官还是清官，则是最容易的。

七是"告之以危而观其节"。即在他面对生命之危险，派他去赴汤蹈火，才能考验他是否具有临危不惧、视死如归的大丈夫气节。

八是"醉之以酒而观其则"。俗话说"酒后吐真言"。只有醉酒之后，方可考查他的仪表，考查他能否善于克制自己的欲望，能否按照原则、礼义办事。

九是"杂之以处而观其色"。只有让他男女杂居，与异性充分接触，才能考查他是否好色。

天有天道，人有人道，总是有轨迹可寻的，选人亦然。就是根据他在工作中的实际表现，听其言而观其行，透过现象看本质，逐步把握人心的真面目，找到德才兼备的人才。

九征之法

庄子的九征之法为我们提供了一个选拔人才的标准，同时也为我们自身的修养提供了一个范本。

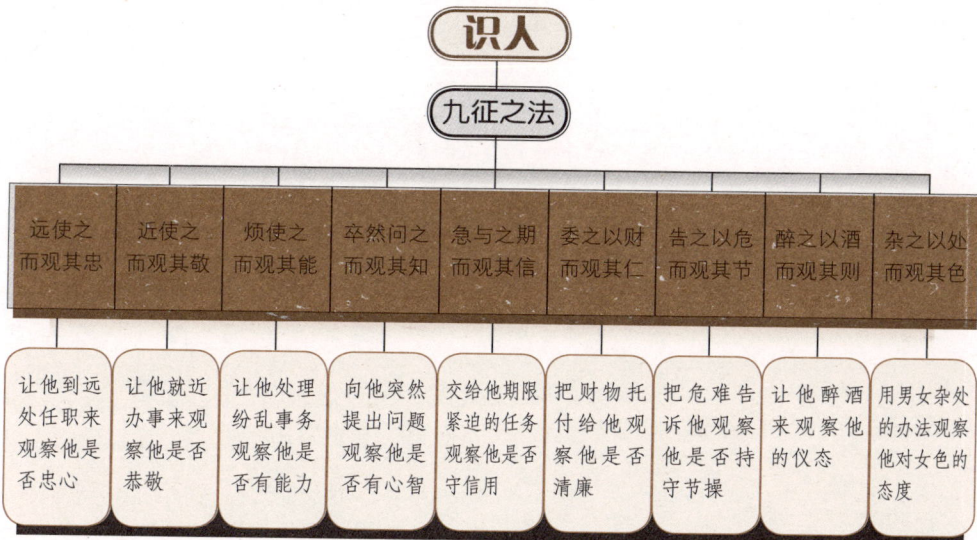

识人

九征之法

远使之而观其忠	近使之而观其敬	烦使之而观其能	卒然问之而观其知	急与之期而观其信	委之以财而观其仁	告之以危而观其节	醉之以酒而观其则	杂之以处而观其色
让他到远处任职来观察他是否忠心	让他就近办事来观察他是否恭敬	让他处理纷乱事务观察他是否有能力	向他突然提出问题观察他是否有心智	交给他期限紧迫的任务观察他是否守信用	把财物托付给他观察他是否清廉	把危难告诉他观察他是否持守节操	让他醉酒来观察他的仪态	用男女杂处的办法观察他对女色的态度

163

庄子认为处处皆有道，他用真人和
至人之境来说明大道之境。要想得道就要经过七个
步骤：外天下、外物、外生、朝彻、见独、无古今、不死
不生。大道是无法言传的，真正的大道是要靠个
人去体悟的。

第**6**章

论大道

本章图版目录

论大道
无处不在的道

1

庄子的道论意在说明道和天地万物本身所具有的自发性、必然性以及自然而然的基本属性，并将道的基本属性和天地万物的自然性、自发性引向社会人生。

庄子的"道"是超越感官的，是不依赖于人的意识而客观存在的。庄子的"道"支配着一切事物的产生和发展，它决定着事物产生和发展的必然趋势，具有客观必然性。庄子的"道"不是独立于事物之外去推动事物的发展，而是存在于一切事物之中，是一切事物本身所固有的。人们不能根据自己的意志来创造道，也不能改变和消灭道。道并不因某种具体事物的始终而始终，它并不随着某种具体事物的消失而消失。庄子的"道"支配万物，并非根据自己的意志，违反事物的意愿而加以强制性的主宰，而是万物一任其自然而然。由于道对于万物无所偏私，无所干涉，从而使万物各依其自身的特性必然而自然地发展或呈现出某种特征和面貌。

为了说明"道"，庄子用生花妙笔写下了许多寓言。庄子的"无情说"和渔父的"真情说"都是在告诉人们情感要发自内心，而不要在人欲横流中伪装自己。梓庆为镰，众人惊为鬼斧神工；津人操舟如神；吕梁丈夫能在瀑布下游水，他们之所以能达到如此之境，是因为他们不为外物所牵累，无功无名，心境开阔，精神自由。女偊闻道告诉人们闻道之法，云将求道告诉人们顺其自然，无所作为，让万物自然化育。庄子描述了真人之境和至人之境，告诉人们大道是什么样的。庄子还为人们写了不言之教的王骀，虽身残却可以深刻地感染别人。庄子一句"道在屎尿中"告诉人们大道无处不在。最后，庄子通过轮扁斫轮告诉人们大道是不可言说的，必须靠个人去体悟。

总之，庄子的道论不在于从自然科学的角度研究宇宙的起源及其演化的发展历史，也不是从哲学研究的角度出发进行关于人类认识问题的探讨，只是意在说明道和天地万物本身所具有的自发性、必然性以及自然而然的基本属性，并将道的基本属性和天地万物的自然性、自发性引向社会人生。

论大道

　　庄子的思想是在老子"道"基础之上的阐述，他用"无情说"和渔父的"真情说"道真情的可贵。他用梓庆为鐻、津人操舟等来说明技进乎道的方法。他用女偊闻道来说明修道的步骤。他告诉人们道无处不在，必须靠个人去体悟。

不言之教

孔子要拜一只脚的王骀为师，
因为他的不言之教就如静水
照人一样，不给人以压力
却能深刻地感染别人。
　　　　　——选自《德充符》中"不言之教"

闻道之法

闻道之法就是要外天下、
外物、外生后朝彻，
达到见独、无古今、
不死不生的境界。
　　　——选自《大宗师》中"女偊闻道"

亲身悟道

大道不是写在书本上的秘笈，
而是要靠每个人亲身去体悟。
　　　　　——选自《天道》中"轮扁斫轮"

万物皆有道

庄子之道无处不在，
道之境界是至美至乐的。

技进于道

津人操舟若神，
贵在不为外物牵累，
精神自由而百炼成钢。
　　　　　——选自《达生》中"津人操舟"

人故无情

道是无情却有情

2

庄子的"人故无情"是对人欲横流的卑劣情欲和权势欲的否定，也是对符合人和自然本性的"真情"的向往。

惠施对庄子说："人本来就是无情的吗？"庄子说："是的。"惠施说："人如果没有情，那怎么能说是人呢？"庄子说："大道授予人外貌，上天赋予人形体，怎么不能说是人？"惠施说："既然称之为人，又怎么会是无情的呢？"庄子说："你所说的情，不是我所认为的情。我所谓的'无情'，说的是人不因为喜好或厌恶的情绪，而从内在伤害了自己的身体，常常顺应自然而不求刻意养身。"惠施说："不注重养身，怎么能保护好身体？"庄子说："现在你把心神用来追逐外在的名利，耗费你的精神，坐在树下就高谈阔论，心力交瘁，只能靠着树干休息。上天给你形体，你却不懂得爱惜，只顾自鸣得意地高唱'坚白之论'来耗损它。"

庄子的"人故无情"是针对惠施的为满足世俗功名欲求所激发的情感而言的。惠施认为，人生在世，如果不追求功名，不对世俗生活充满欲望和激情，人的生命的价值就不可能实现，摒弃世俗的人，就不是活生生的人，这种生活也不是人的生活。庄子则深刻体察到了人欲横流的现实把人变成了仅仅为生存而挣扎活命的"会说话的工具"，剥夺了人的一切自由，摧残了人的自由天性。所以，庄子不但否定了造成人性失落的现存文明规范，也否定了酿成人的生命悲剧的人类物欲。主张人不要以人为的做法强迫生命的非自然运动，而应遵循生命的自然规律，过一种无心无情与自然亲和交融的自由无拘的生活。

其实，庄子的"人故无情"并没有彻底否认人的生命之情。他否定的是"以好恶内伤其身"的人为之情，又肯定了"不以好恶内伤其身"的自然之情。前者是否定了人的生命价值的"性分之外"的感情；后者是肯定人的生命价值的"性分之内"的感情，是与自然天道合一的人之性情，是"真"的体现。所以，世俗人认为的"无情"，在庄子看来，恰恰是"真情"，是生命本质的真切体现。

多情必无奈，多情必无聊，多情必无益，所以，多情不如无情好。无情故无伤，无情故无悔，无情故无一切失落，每天都是新的一天。庄子告诉我们做人的最高境界是"有人之形，无人之情"。即应做无情人，用以应对无情人生。

科学技术的高度发展，大大增加了社会的物质财富，但同时也造成了道德沦丧、个性泯灭的异化现象，物质的丰富和精神的匮乏，使人们怀疑甚至要推翻传统科学人文主义者的价值体系。生活在现今世界上，实在无法避免与外物和他人的交往。在这过程中，情绪往往成为最有影响力的部分。有时不顺心，会忧虑良久；有时幸运降临，又会兴奋不已，情绪高下起伏，成为耗损心神的无形杀手，与其这样，何不以平常心来看待？

多情和无情

多情会因人为之情而内伤其身，而无情则因是自然之情不会内伤其身。多情必无奈，多情必无聊，多情必无益，所以，多情不如无情好。无情故无伤，无情故无悔，无情故无一切失落，每天都是新的一天。

人为之情 → 以好恶而内伤其身
- 无奈
- 无聊
- 无益

惠子观点：
人生应往积极追求功名，对世俗生活充满欲望和激情，实现人生的价值。

多情图

自然之情 → 不以好恶而内伤其身
- 无伤
- 无悔
- 无失落

庄子观点：
不要以人为的做法强迫生命的非自然运动，而应遵循生命的自然规律，过一种无心无情与自然交融的自由无拘的生活。

无情图

女偶闻道

物我浑然融为一体

庄子在此讲了闻道之法，即忘掉物我的存在，进入虚静的状态，由此达到物我浑然一体的境界，进而体悟到大道，进入无古今、不死不生的境界。

南伯子葵问女偶说："你的年龄很大了，而面色如孩童，为什么呢？"女偶说"我闻道了。"南伯子葵说："道可以学得到吗？"女偶说"不！不可以！你不是学道的人。卜梁倚有圣人的才智而没有圣人的根器，我有圣人的根器而没有圣人的才智，我想教他，或许他可以成为圣人了吧！不是这样的，以圣人之道告诉具有圣人才智的人，也容易领悟的。我告诉他而持守着，持守三天而后能遗忘世故；已经遗忘世故了，我再持守，七天以后就能不被物役；心灵已经不被物役了，我又持守着，九天以后就能无虑于生死，已经把生死置之度外，心境就能清明洞彻；心境清明洞彻，而后能体悟绝对的道；体悟绝对的道，而后能不受时间的限制；不受时间的限制，而后才能没有生死的观念。大道流行能使万物生息死灭，而它自身是不死不生的。道之为物，无不一面有所送，无不一面有所迎；无不一面有所毁，无不一面有所成，这就叫做'撄宁'。'撄宁'的意思，就是在万物生死成毁的纷纭烦乱中保持宁静的心境。"

道是庄子哲学的最高范畴，它既是世界的本源，也是人类实现价值目标的依据。从认识论的角度看，道也是主客体交融为一的精神境界。所谓"闻道"，就是认识"道"的过程。

庄子"闻道"的关键是"忘"的人生态度和修养方法，并提出了七个步骤。第一步是"外天下"。"外"就是超越，"外天下"就是要把天下的名利权位都设法超越。第二步是"外物"。"物"就是物质、有形可见的一切。"外物"就是要超越有形可见的一切。第三步是"外生"。就是超越生命，不受生命和欲望的限制。其中"外天下"和"外物"即忘掉感知对象的存在；"外生"即忘掉自我的存在，亦即"忘物"、"丧我"。只有忘掉外物和自我的存在，才能排除任何杂念的干扰，使心灵由烦乱动荡归于虚静的状态。

虚静的状态经过长时间的酝酿发育，便会发生静极而动的逆向运动。即闻道者的心灵由灰暗转向光明，像一面光洁明亮的镜子，这面镜子拭去了世俗的尘垢，照亮了闻道者的心灵世界。这时就到达了第四步，叫做"朝彻"。意

思是像朝阳东升，明澈于闻道者的心灵。第五步是"见独"。"独"是庄子对
"道"的独特称谓，代表独一无二。"见独"就是认识了道，与道融为一体。

　　伴随着这种独特的精神体验，即主体与宇宙自然融为一体后，就到了第六
步"无古今"。古今代表时间上的古代和现代，这时你已经超越了时间的限制，
抵达永恒的境界了。第七步是"不死不生"。就是超越了生死，到达了神人的境
界。此时感到与宇宙生命永存，物我为一、物我两忘而逍遥于天地之间。

闻道七步　　庄子借女偊之口告诉我们闻道的七个步骤是：外天下、外物、外
生、朝彻、见独、无古今、不死不生。

道 → 步骤

1 **外天下**：超越天下名利权位

2 **外物**：超越有形可见世界

3 **外生**：超越生命，欲望限制

4 **朝彻**：心灵由黑暗转向光明

5 **见独**：与万物融为一体

6 **无古今**：超越时间限制

7 **不死不生**：超越生死

悟道
物我交融为一

梓庆为镶

技术是如何炼成的

4

梓庆为镶，既是体道的修养过程，也是艺术创造活动。从"忘"而致虚静，由以物观物到艺术再现，因其成镶在胸，故人有惊犹鬼神之叹。申说"人天合一"的创造境界的奥妙。

有位名叫庆的木工削木做镶，镶做成了，看见的人惊为鬼斧神工。鲁侯见了问道："你用什么技术做成的呢？"庆回答说："我是个工人，哪里有什么技术！不过，我要做镶的时候，不敢耗费精神，必定斋戒来安静心灵。斋戒三天，不敢怀着庆赏爵禄的心念；斋戒五天，不敢怀着毁誉巧拙的心意；斋戒七天，不再想念我有四肢形体。在这个时候，忘记了朝廷，技巧专一而外扰消失；然后进入山林，观察树木的质性；看到形态极合的，一个形成的镶钟宛然呈现在眼前，然后加以施工；不是这样就不做。这样以我的自然来合树木的自然，镶所以被疑为神工，就是这样吧！"

梓庆动工前的斋戒其实就是斋心，一层层地将人的欲望斋除，一步步地接近于自然的本性，直到凝聚精神为止。这样心性才能和自然相冥合，选择出相应的木材。而在技术精良，质材合适的情况下，就能做出鬼斧神工的作品。

这则寓言是庄子艺术创作论的典型实例。首先是虚静的创作心态的培养。梓庆的斋戒即是由忘而致虚的修养过程。长期的超脱功名，超越自我的修养，使修养者主体心志专一，凝神聚意，进入了虚静的心理状态，这种心态是梓庆观察体味自然物的基本态度，唯其虚，便能虚而待物，以物观物。其次是观察认识自然物本质特征的艺术实践活动，即是深入大自然，细致观察花草鸟兽的形体状态和内在神情的艰苦的体验生活。在不知不觉的刹那间，终于揣摩体悟到了艺术创造对象的形态和神态，如同生机勃勃的自然物一样。倏然呈现于个体的明澈如镜的心灵世界，这便注入了人的情感意识的艺术创造的意象。最后是表达、再现艺术创造物的过程，即是指把心灵世界中呈现出来的活脱脱的艺术形象转化为物的过程。

清人郑板桥在画竹的经验之谈中说："江馆清秋，晨起看竹，烟光、日影、露气，皆浮动于疏枝密叶之间。胸中勃勃，遂有画意。其实胸中之竹，并不是眼中之竹也。因而磨墨展纸，落笔倏作变相，手中之竹又不是胸中之竹也。"

郑板桥系统论述了客观自然物、主观感受和艺术表达再现三者之间的关系。

"胸中勃勃"说明艺术创作冲动来源于对自然对象的浓厚兴趣和好奇心。"胸中之竹"是对"眼前之竹"的观察认识和主观感受，而"手中之竹"是对"眼前之竹"的观察认识和主观感受，而"手中之竹"又是对这种主观认识的客观表达，三者缺一不可。但是，他明确指出了三者之间的细微差别，这是人的主观能动性在艺术创造活动中的表现，是艺术创作，即艺术来源于生活，但高于生活。

梓庆为鐻的玄机

梓庆制作鐻之所以惊为鬼神之作，是因为他经过了由"忘"致虚静、以物观物和艺术再现三个过程，一层层将人的欲望戒除，一步步接近自然的本性。

鐻
一说为乐器，似夹钟。即装置在架台上的钟鼓。一说悬挂乐器的木架子，上常雕刻鸟兽装饰图案。

制器的三个过程

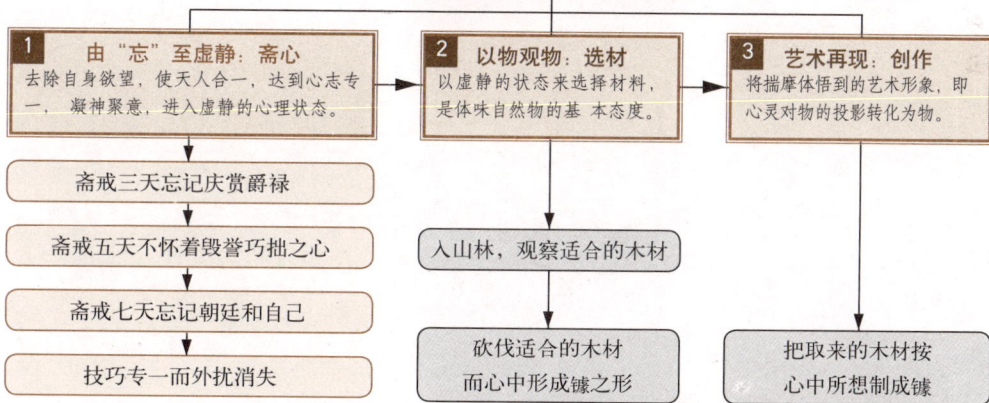

1　由"忘"至虚静：斋心
去除自身欲望，使天人合一，达到心志专一，凝神聚意，进入虚静的心理状态。

2　以物观物：选材
以虚静的状态来选择材料，是体味自然物的基本态度。

3　艺术再现：创作
将揣摩体悟到的艺术形象，即心灵对物的投影转化为物。

- 斋戒三天忘记庆赏爵禄
- 斋戒五天不怀着毁誉巧拙之心
- 斋戒七天忘记朝廷和自己
- 技巧专一而外扰消失

- 入山林，观察适合的木材
- 砍伐适合的木材而心中形成鐻之形

- 把取来的木材按心中所想制成鐻

悟道的三层体验

1 心与自然相合
心态趋于自然

→

2 我之自然与树木相合
可选择到最佳材料

→

3 树之自然与艺术形象相合
制作出鬼斧神工之作

173

津人操舟

无我之境

津人之所以能操舟若神，贵在不为外物所牵累，无功无名，心境开阔，精神自由，故其操舟能达到出神入化的境地。

颜渊向老师孔子请教说："有一次，我渡过一个叫觞深的深渊，那里摆渡的人驾起船来如有神助。我问他们：'这驾船的技术可以学习吗？'他们回答说：'可以。会游泳的人经过几次练习也就会了，如果是可以潜水的人，就算之前没有看过船，也能即刻上手。'我问他为什么，但他就不再告诉我了。请问这是什么道理呢？"

孔子说："会游泳的人几次就能学会，那是因为他可以忘记水的可怕。至于那会潜水的人就算没有见过船也能驾驭，那是因为对他来说，深渊就像是陆地上的小山罢了，看待翻船也不过是车子在坡地上打滑倒退几步而已。所以，就算翻船退车这种事有万般危险在眼前，他也不会放在心上，这样，到哪里都能保持从容不迫了！那用便宜的瓦器当赌注的人，赌起来心里没有负担，技术就特别巧妙，但是用铜带钩当赌注的人，赌起来就胆战心惊。如果是用黄金下注的人，那赌输的恐惧会使他神志昏乱。其实赌博的技巧只有一种，但因为有所顾忌，被所看重的外物干扰了，所以结果不同。凡是过分重视外物的人，内心必定因受到牵绊而显得笨拙。"

津人操舟若神的深刻寓意是：贵在能忘掉外物，在人生的大风大浪磨炼中，不断熟悉水性，掌握水性，使之为人操舟服务。它有三层意思：

一是"操舟若神"并非神圣不凡，而是长期磨炼，在劳动实践中反复学习提高，经过无数次失败的惨痛教训得来的成功经验。直接的经验知识是熟练劳动技能形成的客观物质基础。脱离了这个实践基础，"技"与"能"便成为空中楼阁。

二是熟练的劳动技能的培育过程，就是不断发现和掌握水性即流水运动变化的内在规律的过程。如急流恶浪、狂风巨澜的危险情境中，怎能掌握避免翻船的高超技术，便是典型的问题之一。津人能达到不管翻船覆舟，还是逆水行舟也罢，都能心中洞然无物，镇定自若，达到若神助其人的超凡入神的境界，说明他熟悉了水性，所以，建立在正确认识客观必然性基础上的操舟之法，便是对自由的现实获得，是一种难能可贵的劳动自由。

三是"进乎技，闻于道"的劳动技能修炼，是以"忘物"的人生态度为前提的。津人正是即于物而外物、心不为外物所动的无功利性的人生态度。凡是内心为外物所牵累的人，精神不自由，心灵不活脱，在方法上就显得很笨拙。只有无牵无挂，无烦无累，才能凝聚精神，认识掌握水的规律，为自己操舟服务，才能百炼成钢。

津人操舟若神　　　津人操舟若神贵在能忘掉外物，在人生的大风大浪磨炼中，不断熟悉水性，掌握水性，使之为人操舟服务。

津人操舟图

津人操舟若神的寓意
只有不被外物所牵累，在人生的大风大浪中磨炼，才能有所成就。

修炼步骤

第一步：在劳动实践中反复学习，长期磨炼，并经过无数次失败汲取经验教训。

第二步：掌握事物的内在规律，培养熟练的劳动技能。

第三步：以心不为外物所动的无功利态度为前提，精神自由而无所牵挂，使技术臻尽于道。

丈夫蹈水

长于水而安于水

6

吕梁丈夫高超游水技能的秘诀就在于忘掉"成心"、"私见"，顺从自然，认识并掌握了自然的规律，所以才能无所不往，无所不得。

孔子在吕梁观赏山水，高悬瀑布二十多丈，激流溅沫四十里，鼋鼍鱼鳖都无法上游。看见一个男子在游水，以为是遭遇困苦而寻死的，叫弟子顺流赶去拯救他。那人没水好几百步才浮出来，披发吟歌而游到岸下。

孔子跟过去问道："我以为你是鬼，仔细看看乃是人。请问，游水有特别的方法吗？"那人说："我没有特别的方法。我起初是故常，长大是习性，有所成是顺于自然。和漩涡一起没入，和涌流一起浮出，顺着水势而不由自己。这是我的游水。"孔子说："什么叫做起初本于故常，长大由于习性，有所成是顺乎自然？"那人说："我生于高地而安于高地，是故常；成长于水边而安于水，是习性；我不知道所以然而然，是顺于自然。"

吕梁丈夫在悬水三十仞的急流恶浪中，竟然心中洞若无物，宛如嬉戏，足见其游水技艺的高超，达到了惊犹鬼神的境界。那他游水的秘诀是什么呢？最关键的是他"从水之道而不为私"，"从水之道"即遵循水流动变化的规律，"不为私"即不存私心杂念，无功名利欲之心，忘却了身外存在的事物，只有流水。忘杂念而存一念，精神集中专一，便自然把全部身心投入到熟悉掌握水之道的技能修养中。吕梁丈夫所谓"生于陵而安于陵"、"生于水而安于水"，便是这种聚精会神认识水性的"忘"的人生态度的修炼过程。正因为他是在认识掌握客观规律的前提下培养磨炼自己的游水技能的，所以便能得到一种由衷的精神快感。所以，吕梁丈夫披发行歌，是不由自主，具有不知所以，不先其具，不问其礼的特点。

这个寓言是"进乎技，闻于道"的典型实例，是在自然天道规律指导下掌握技能的实践修养，也是通过具体生活的劳动技艺实践活动来修道闻道的过程。但是，由于它具有超功利而合规律性合目的性的统一的审美体验的特点，故多为后世文艺创作所推崇。其中，"从水之道而不为私"、"生于陵而安于陵"、"生于水而安于水"，都是文艺创作者素养的经验之谈。"不知吾所以然而然"，是文艺创作过程中合规律性与合目的性相统一的艺术规律的典型概括。"披发行歌而游"是艺术创作中审美体验的表达方式。庄子本无心于艺术创作，但其闻道方法和修养方法正是以移情、通感、超功利等为特征的艺术创作之道。

吕梁丈夫蹈水

吕梁丈夫之所以能在险处潜水，是因为他反复练习，遵循水流变化，无功无名，专心致志，才能掌握娴熟的游泳技能，达到惊鬼神的境界。

长于水而安于水

潜水赛过鱼鳖，游水难道有什么秘诀吗？

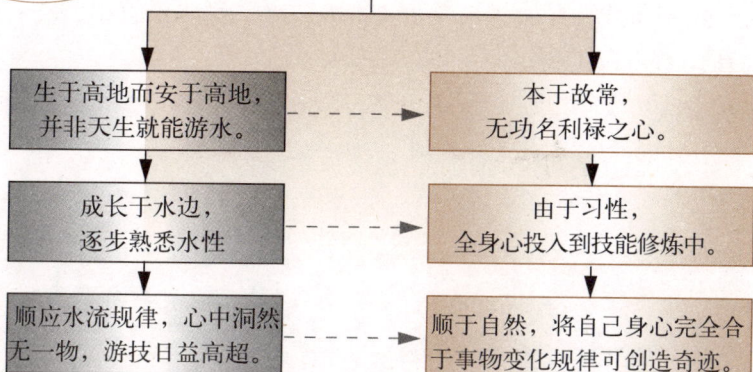

我只不过顺应水的规律，专心去游罢了。

生于高地而安于高地，并非天生就能游水。	→	本于故常，无功名利禄之心。
成长于水边，逐步熟悉水性	→	由于习性，全身心投入到技能修炼中。
顺应水流规律，心中洞然无一物，游技日益高超。	→	顺于自然，将自己身心完全合于事物变化规律可创造奇迹。

177

渔父论"真情"

法天贵真

7

庄子在此提出了"法天贵真"之情，是从自然天道的角度对至情的表述。"真"是宇宙万物的本源，也是人类价值选择的依据。故只有真才能为善为美。

孔子悲伤地说："请问什么是本真？"渔父说："本真乃是精诚的极致。不精不诚，就不能感动人。所以勉强哭泣的人虽然悲痛却不哀伤，勉强发怒的人虽然严厉却没有威势，勉强表示亲爱的人虽然笑脸却不感到和悦。真正的悲痛没有声音而哀伤，真正的愤怒没有发作而威严，真正的亲爱没有笑容而和悦。真性存于内心，使神色表现在外，这就是本真的可贵。将它用在人理上，侍奉双亲则孝慈，侍奉君主则忠贞，饮酒便欢乐，处丧便悲哀。忠贞以功名为主，饮酒以欢乐为主，处丧以悲哀为主，侍亲以适意为主。功绩与成就在于效果圆满，而不必拘泥于具体事迹；侍亲求安适，不问用什么方法；饮酒求欢乐，不挑选酒菜杯具；处丧为尽哀，不讲究礼仪。礼仪是世俗所为的，真性是禀受于自然，自然是不可以改变的。所以圣人效法自然珍贵本真，不拘于世俗。愚昧的人相反。不能够效法自然而忧虑人事，就不知道珍贵本真，庸庸碌碌随世俗变迁，所以不知足。可惜呀！你沉溺于人世的伪诈太早而听闻大道太晚了。"

"真"是人性的本质特征和价值内涵，人的情感及其表现，也应以"真"为本质意义。"真"受于天，具有自然不可易的特点，只有精诚所至方能求其真，不精不诚的情感是虚假之情，是对人的自然天性的扼杀，是仁义礼乐等儒家的道德观念和世俗的名利。情感的最高表现形式是"真"，是"精诚之至"的真情，是人的生命本质的自然流露。所以，"真"是至情的内在本质和唯一特性。

与世俗之情不同，"真情"的表达，注重的不是礼仪和形式，而是它的内在意义和精神。抒发真情自然而然，不加以任何的"装饰"，没有任何的虚假。若强制地用人为的形式限制情感表达的方法途径，只能压抑人的自然率真之情，代之以虚伪的适应环境的被动之情来迷惑对方，这样，普遍的"习惯性伪善"就成为人际交往的道德规范，这只能把正常人压抑成"非人"。使人际交往变得复杂而忙于应对。

后世文学艺术的创作中，李贽的"童心说"，袁枚的"性灵说"和汤显祖"情有者理必无，理有者情必无"等，都把情与理对立起来，主张"率性任真"。这些多多少少都受到庄子"法天贵真"的思想的影响。

法天贵真的真情

与世俗之情不同，"真情"的表达，注重的不是礼仪和形式，而是它的内在意义和精神。抒发真情自然而然，不加以任何的"装饰"，没有任何的虚假。

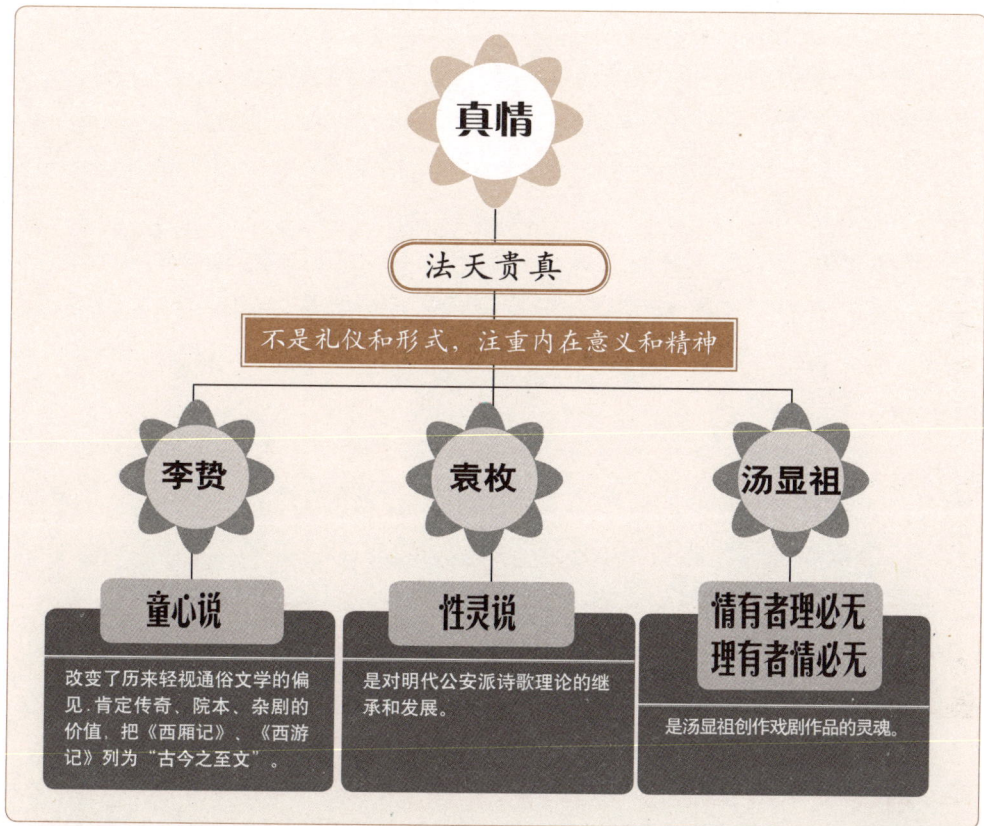

真情

法天贵真

不是礼仪和形式，注重内在意义和精神

李贽	袁枚	汤显祖
童心说	**性灵说**	**情有者理必无 理有者情必无**
改变了历来轻视通俗文学的偏见,肯定传奇、院本、杂剧的价值,把《西厢记》、《西游记》列为"古今之至文"。	是对明代公安派诗歌理论的继承和发展。	是汤显祖创作戏剧作品的灵魂。

相关链接

童心说
　　明代李贽提出，就是"真心"。即文学家必须是一个说真话，做真事，"绝假纯真"的人，方能写出有真情实感的"天下之至文"。

性灵说
　　明代袁枚提出，意即自由抒写，不拘格套，要求真实反映性情，主张个性解放。同时反道学、反传统、反复古,反对雷同因袭，强调诗歌的独创性，体现个性。

情有者理必无，理有者情必无
　　明代汤显祖提出，他崇尚真性情，反对假道学，把情与理放在对立地位上而尊情抑理；同时崇尚"自然灵气"，反对模拟因循。

真人

道之大者

8

真人，性情纯真，合于自然运行的人。真人可以说是庄子心中理想的人格，无忧无虑，无喜无悲，忘生忘死，冥合于大道。

有真人才能有真知。那什么叫真人呢？古时候的真人，不拒绝微少，不自恃成功，不谋虑事情；若是这样，过了时机而不失悔，顺利得当而不自得。像这样子，登高不发抖，下水不觉湿，入火不觉热。只有知识能到达与道相合的境界才能这样。

古时候的真人，睡觉时不做梦，醒来时不忧愁，饮食不求精美，呼吸来得深沉。真人的呼吸是从脚跟运气，而普通人的呼吸是用咽喉吐纳。议论上输于别人时，言语吞吞吐吐好像喉头受到阻碍一般。凡是嗜欲深的人，他的天然的根器就浅了。

古时候的真人，不知道悦生，不知道恶死；出生不欣喜，入死不拒绝，无拘无束地去，无拘无束地来而已。不忘记他自己的来源，也不追求他自己的归宿；事情来了欣然接受，忘掉死生任其复返自然，这就是不用心志去损害道，不用人的作为去辅助天然。这就是真人了。

这样子，他心里忘怀了一切，他的容貌静寂安闲，他的额头宽大恢弘；冷肃得像秋天一样，温暖得像春天一样，一喜一怒如四时运行一样的自然，对于任何事物都适宜而无法测知他的底蕴。

所以圣人使用武力，把敌国灭亡了，却能够不失掉敌国的人心；把利益和恩泽给予万物，不是为了爱人，所以乐于追求通晓万物的不是圣人。有所偏爱，就不是仁德；选择时机去行动，就不是贤人；不把利与害看成相通的，就不是君子；做事为了博取名声而失掉自己的本性的，不是有知识的人；白白地丧失了身躯与真性不符的，便不是役使世人的人。像狐不偕、务光、伯夷、叔齐、箕子、胥馀、纪他、申徒狄，都是被人驱使，为了别人的安适，而不能使自己得到安适的人。

古时候的真人，其行状随物所宜而不偏倚，好像不足却无所承受；介然不群并非坚执，心志开阔而不浮华；舒畅自适好像很欢喜，一举一动好像不得已；内心充实而面色可亲，德行宽厚而令人归依；精神辽阔犹如世界的广大；

高速超迈而不拘礼法；沉默不语好像封闭了感觉，不用心机好像忘了要说的话。

　　他以刑法作主体，以礼教作羽翼，把知识当做对待时机的手段，把道德看做是对自然的遵循。以刑法作主体，顺应着自然，虽然杀人也是宽大的；以礼教作羽翼，顺应世事，就能在社会上畅行无阻；把知识当作对待时机的手段，近于不得已而应付事务；把道德看做是对自然的遵循，就是说谁也能够达到这样的道德标准，就像只要有脚就可以登上那座山丘一样，而人们却以为他是勤奋于行走的人。

　　天和人是合一的，不管人喜好与否，都是合一的。不管人认为合一与否，它们也都是合一的。认为天和人是合一的就和自然同类，认为天和人不是合一的就和人同类。把天和人看做不是相互对立的，这就叫做真人。

| 古之真人 | 庄子心中的真人无忧无虑，无喜无悲，忘生忘死，冥合于大道。 |

真人

行状随物不偏倚
介然不群不坚执
心志开阔不浮华
舒畅自适很欢喜
德行宽厚令人归依
精神辽阔世界广大
高速超迈不拘礼法
沉默不语好像封闭
不用心机忘了说话

不拒绝微少
不自恃成功
不谋虑事情

睡觉时不做梦
醒来时不忧愁
饮食不求精美
呼吸来得深沉

不知道悦生
不知道恶死
不忘记自己的来源
不追求自己的归宿

| 与道相合 | 天然根器 | 任其自然 | 天人合一 |

孔子拜师

不言之教

王骀的不言之教是从精神与行动散发出的影响力，它不同于言说、条规式的教育，它不强制别人遵循，不会给人以压力，却可以深刻地感染别人。

鲁国有一个因叛刑而被砍断一只脚的人，名叫王骀，跟随他学习的人，和孔子的门徒一样多。在知道这种情形后，孔子的弟子常季问孔子说："王骀是个被砍去脚的罪人，跟随他学习的人，却和老师的学生平分了鲁国。不过，他教学既不是站着讲授，也不是坐着发表议论，但他的弟子去时脑袋空空，回来时却都觉得充充实实。难道真的有所谓的不用言语就能教诲别人？不诉诸方法，也能以心感化他人的教育吗？他到底是个怎样的人呢？"

听了学生不解的疑问后，孔子反而说："这位先生呀，他是圣人！我也应该去拜他为师，只是还没有去，更何况那些不如我的人呢！别说是一个鲁国了，我将带领天下的人去做他的弟子。"

常季心中更加纳闷了，问道："他不过是个受过刑罚的独脚人，却胜过老师您，这实在太不合常情了。如果真是如此，他修养身心的方法，到底有什么独特之处呢？"

孔子当然明白常季为何如此质疑，就回答说："死生对一般人来说，是件大事，但却不能影响他。就算天崩地裂，他也不会跟着一起陷落。他能够不依赖任何东西，所以不受外物变迁所影响，顺应事物自然的变化，而能坚守最根本的大道。"

"这是什么意思？"常季问道。孔子再加以说明："宇宙万物，若从它们相异的一面来看，人身上的肝胆就像楚国和越国一样，是完全不同的两个国家；但如果从它们相同的一面来看，万物其实都不过同是一种物罢了！如果能了解这一点，就不会在意耳目感官享受，而能让心徜徉在道德最高的和谐境界。对于万物，只看到它们共同处而不见其缺陷，所以就算少了一只脚，对他而言，也不过像一块泥土掉在地上一样简单、自然。"

常季还是有些不解地问："他不过是个注重个人修养的人。用他的智慧去体悟本心，再将这个本心推而为自然的本心。如此而已，大家为什么都认为他是最高明的呢？"

孔子针对此点阐释道："人是不会用流动的水来映照自己的，只有静止的水才能看清影像，所以，也只有静止的东西才能使一切静止下来。植物都生长于土地上，但是只有松柏能不偏离本性，所以能在冬夏常青；人都接受天赋的性命，但是只有尧舜能不偏离本性，所以成为万民的领袖。幸而他们能纯正本心，所以才能端正众人的本心。想要做到保全纯正的本心，必须无所畏惧，就像单枪匹马的勇士在千军万马中冲锋陷阵一样。为求名声而自我显要的人，尚且需要有这样的勇气，更何况想主宰天地，含纳万物，以身体为躯壳，视感官为幻象，只在意心灵境界而心中从未有过死亡观念的人！他呢，有一天将精神升天，大家都想跟随他，但他哪里会把我们这些人当成一回事呢？"

　　王骀的不言之教是从精神与行动散发出的影响力，它不同于言说、条规式的教育，它不强制别人遵循，不会给人以压力，却可以深刻地感染别人。然而唯有自信十足、确实将学问落实于生活中，并且通达事理的人，才能真的做到不言之教。

不言之教

孔子之所以要拜因判刑而被砍断一只脚的王骀为师，是因为王骀能感悟大道的不言之教，不会给人以压力，却可以深刻地感染别人。

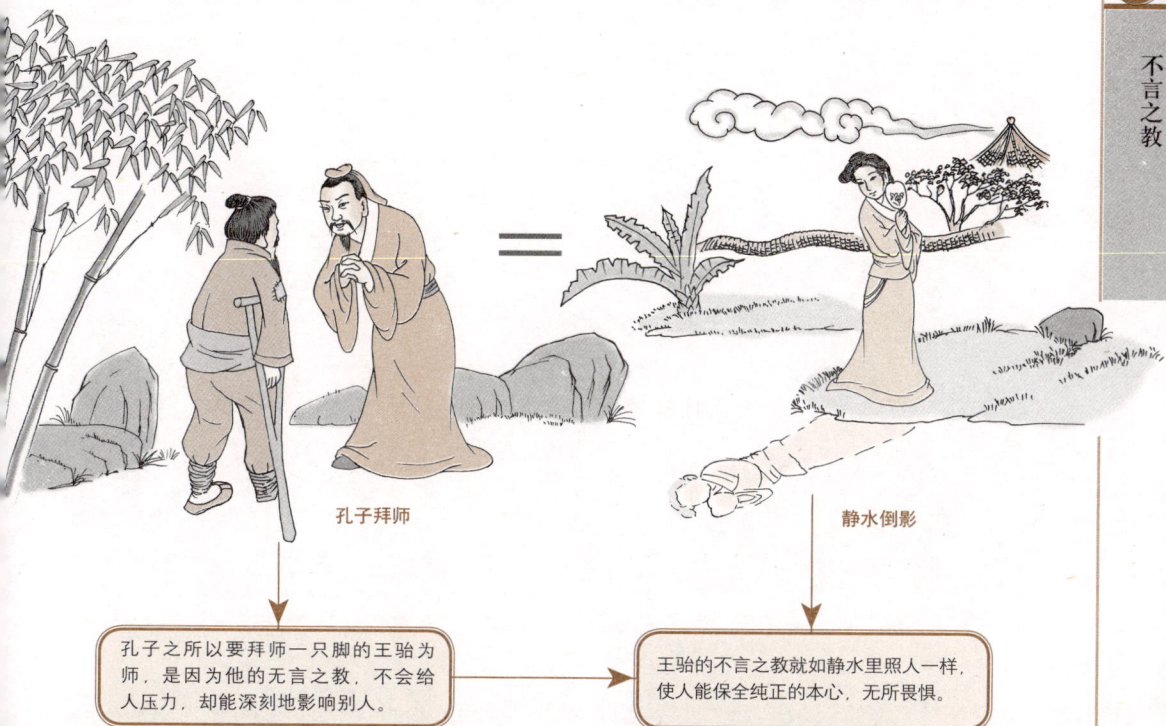

孔子拜师

静水倒影

孔子之所以要拜师一只脚的王骀为师，是因为他的无言之教，不会给人压力，却能深刻地影响别人。

王骀的不言之教就如静水里照人一样，使人能保全纯正的本心，无所畏惧。

轮扁斫轮

大道靠个人修养而悟

大道中最精粹的东西，必须靠个人修养去体会，不能以言论索求，任何流于知识形式的东西都已经远离了道。

桓公在殿堂之上读书，轮扁在堂下做车轮，突然放下工具走上来，问桓公说："请问陛下您看的书都说些什么？"桓公回答说："是圣人说的话。"轮扁又问："那圣人还活着吗？"桓公说："已经死了。"轮扁接着说："那么陛下您所读的都是古人抛弃不要的糟粕罢了！"

桓公厉声道："寡人读书，一个做轮子的下人胆敢在此议论！说出理由来放过你，如果说不出来就处死。"轮扁不疾不徐地说："我不过是以我所从事的工作来看这件事。削斫车轮，慢了就松滑不能固定，太快又滞涩卡不进去，只有不快不慢，手的动作和心中所想的相应合，这种感觉言语无法表达，但确实有种精妙的技巧在其中。我无法通过说来告诉我儿子，我儿子也无法从我这里得到，所以到现在七十岁了我还得自己做轮子。古时候的人和他无法传授的东西都已经死了，这样说来，陛下所读的，不就是古人的糟粕吗？"

世界上有两本书，一本是现实的无字书，一本是订好的有字书。人小的时候多读有字书，但随着年龄的增加，就要会读无字书，能独立地去生活、去创造。事实上人多读有字书，也是为了更会读现实的无字书。有字书是写书人写成的，是过去的无字书。而现实的无字书，总是同人的现在生活联系在一起，无穷无尽。过去的总是过去，现实生活才生动活泼。过去只有与现实相结合、相参照，才有意义。这也就是有字的书本于人的意义。若把写过去的书当成现实的有字书，那就成书呆子了。有字书的作用是有限的，而无字书却联系着人的生活、工作，因此才作用无穷。

轮扁斫轮不是从书本上得到的间接理论知识，而是从现实的劳动实践活动中得来的直接经验。它有赖于个体的身心存在，具有直觉体悟、不可言传的性质。世人最珍爱圣人之言、圣人之书，但不曾意识到语言本身的问题，即语言最重要的是表达意义，但意义有所指向，意义所指向的东西，却不是语言可以传达出来的。轮扁批评桓公读书，正说明了语言的限制与难处。

天地万物的大道，是可以论说的，但论说出来的道，却不同于客观实际存在着的道。大道中最精粹的东西，必须靠个人修养去体会，不能以言论索求，任何流于知识形式的东西都已经远离了道。因为道是因人而异，是每个人自然本性的呈现，无人可取代，无人可为师，这其间的奥妙只有自己能知道。

大道靠个人而悟

轮扁斫轮不是从书本上得到的间接理论知识，而是从现实的劳动实践活动中得来的直接经验。大道中最精粹的东西，必须靠个人修养去体会，不能以言论索求，任何流于知识形式的东西都已经远离了道。

间接体验：是指从书本或别人那里得来的知识。

直接体验：是指亲身参加变革现实的实践而获得的知识。

轮扁斫轮

大道

索求

方法1：
用言论和书本，只是流于形式，不能体悟真正的大道。

方法2：
靠个人亲身去体悟，才能真正体悟大道的真谛。

大道靠个人修养而悟

道在屎尿中

大道无所不在

11

"道在屎尿"，庄子这个令人难以接受的譬喻，将大道视同为最卑下、最肮脏的东西。其实，庄子用这种极端的说法，目的是要指出大道的无所不在。

东郭子问庄子："所谓道，在哪里呢？"庄子说："无所不在。"东郭子说："请说出一个地方来，我才信服。"庄子说："在蚂蚁里。"东郭子说："怎么在这么卑下的地方？"庄子说："在杂草里。"东郭子说："怎么更为卑下了？"庄子说："在破瓦里。""怎么愈来愈卑下了？"东郭子愈来愈纳闷。"在屎尿里。"庄子最后说道。

东郭子不再回答。庄子接着说："先生，你的问题实在没有问到重点。有个名叫获的市场监察官问屠夫，如何用脚踩来判断猪的肥瘦，就是愈往靠近猪蹄的地方踩，愈容易得知。只要你不再坚持成见，那大道是不可能脱离任一事物而存在的。最高明的大道是这样，最伟大的言论也是这样。就像周、偏、咸三个字，名称不同，但实质是一样的，它们指的都是同一种意义。"

庄子又说："试着一同来遨游于无何有的处所，混同一体而论，道是没有穷尽的吧，试着一同来顺任自然无为吧！恬淡而安静吧！漠然而清虚吧！调和而悠闲吧！我的心志寥阔，无所往而不知道要到哪里去，去了又来却不知道要停在哪里，我已经来来往往却不知道哪里是终结；飞翔于寥阔的空间，大智的人与道相契而不知道它的究极。支配物的和物没有界限，而物有界限，乃是所谓物的界限；没有界限的界限，乃是界限中的没有界限。说到盈虚衰杀，道使物有盈虚而自身却没有盈虚，道使物有衰杀而自身却没有衰杀，道使物有始终而自身却没有始终，道使物有聚散而自身却没有聚散。"

"道在屎尿"，庄子这个令人难以接受的譬喻，将大道视同为最卑下、最肮脏的东西。其实，庄子用这种极端的说法，目的是要指出大道的无所不在，并对于士人往往追求所谓的尊贵事物，而遗弃自认为卑贱的事物的世俗价值观，借此寓言也从侧面进行了批判。

世界上任何事物里都有道，世间没有一物能脱离道。反过来说，道也不能脱离万物，道也离不开万物，离开万物就不称其为道了。我们每个人无时无刻不在跟"道"打交道，很多时候我们是身在"道"中不知"道"。比如你早上起床去河边散步，看见有人用毛笔写大字，有人打太极拳，这就有道了，写字有"书道"，练剑有"剑道"，这本身就是"道"。比如我们一张口说话，"你吃饭了吗？"这里面就有"道"，这叫"餐饮之道"。茶楼里面也有"道"，叫"茶道"。真正的"茶道"是非常复杂的，一个"茶道"要有一百多个工序。佛家语："一沙一世界"其实也是这个道理，不管是大的还是小的，其中都有道的存在，也就是道无所不在。

大道无处不在

庄子所说的"道在屎尿中"，是告诉我们大道无处不在。这就正如佛教中的"一沙一世界"一样，不管是大的还是小的，其中都有道的存在。

大道
无处不在

庄子的"道在屎尿中"的观点，让人费解，其实这就如佛教中的"一沙一世界"一样，佛教是说处处有佛，而庄子是说万物皆有道。

剑道

书道

壹本

茶道

第六根手指
邪门歪道不可取

12

庄子借第六根手指说明仁义其实是件不合于自然且多余的事。合于人情本性的，都是个人可以自觉自愿而完成；超出自然本性的，多是因外物诱惑而使人不自觉受其驱使。

脚指头连在一起或是手上长出第六根手指，应该也是出于天性吧？但却是超出自然所赋予的。多余的肉瘤，应该也是身体的一部分吧？但却超出了本性。想尽办法以"仁义"之名而行于世的人，也将仁义比为人体的五脏，认为是自然本有的，但这却不是道德的真相。所以脚趾相连，是多长了没有用的赘肉；手上长出第六根指头，是多生出了没有用的手指。在本来的五脏之外，又多生出来的东西，正是那假借仁义之名，用尽聪明的事。

所以滥用视觉感官的人，就会混乱青、黄、赤、白、黑五正色，就会在花样文采上大做文章，你看那青黄交错华丽炫目的彩绣不就是吗？而像那能够看见秋毫之末的离朱正是其中之一。

纵情于听觉感官的人，就会淆乱宫、商、角、徵、羽五声，就会在六律上想尽办法变化，你听那为享受而制作的管乐、弦乐、黄钟、大吕等曲调不就是吗？而精于音律的师旷正是其中之一。

标榜仁义而无实情的人，就会闭塞本性以求名声，那些喧嚷着要天下人去奉行他们自己根本做不到的仁义法式的人不就是吗？而以行仁义闻名的曾参和以义举著称的史鳝正是其中之一。

多言诡辩的人，就像堆叠砖瓦一样从事一些毫无意义的空谈，或像连接绳索般牵连成一大套理论。穿凿文句雕琢辞藻，醉心在"坚白异同"等论辩中，那些劳心费神只为用这些无用的言论以博得一时名声的人不就是吗？像杨朱、墨翟这些善于论辩的人正是其中之一。所以，这些都是旁门左道，不是天下人所应遵循的正途。

人为了充实生活，除了基本的生存条件外，还会追求额外的享受，像饮食的精美、衣饰的华丽等。但过度要求的结果，使得人类成为外物的附庸，欲望的奴隶。可见多余的东西虽然可以增加生活情趣，但也可能造成无谓的负累。

静默与朴质，是庄子思想所推崇的人格，而过度宣扬与增饰的事物，是他所排斥的。因为越是在外观上穷尽所能吸引人注意，越有可能偏离了原本的主题，不但鼓吹的人会被热情冲昏了头脑，就连跟随的人也会迷乱而不知所从。

去掉第六指

第六指虽然也是天生的，但它却是不合于自然的。因此过度宣扬与增饰的事物，越有可能偏离了原本的主题，使人迷乱而不知所从。

第六指
指超出自然的赋予，对人来说就是过多的欲望。

超出自然的赋予

衍化

人们为了生活的丰富，除基本生存条件外，还追求太多的额外享受，使人成为外物的附庸，就是人们都超出了人本身所应拥有的。

庄子的观点

保持静默与质朴，因为过度宣扬与增饰的事物最后会使人迷乱，冲昏了头脑。

云将求道

万物不违本源

云将求到的道是：顺其自然，无所作为，让万物自然化育。解放心神，无所追求，无知得就像没有魂魄一样。芸芸万物，因而各自返回它们的自然状态，各自回复自然而不知所以然。

　　管理云的主将叫云将，他到东方去游历，经过太阳休息的神木时遇到自然元气鸿蒙。鸿蒙正拍着大腿高兴地四处游玩。云将看见了，忽然停下，恭敬地站着说："老丈是什么人？为什么在这里？"鸿蒙仍兴奋不已地对云将说："遨游呀！"云将说："我想请教你。""啊！"鸿蒙抬头看了看云将。云将问道："天象气息不调和，大地气息也郁结不化，四时都不明朗。现在我希望能集结六气的精华来养育万物，要怎么做呢？"鸿蒙高兴地拍着腿跳着说："我不知道呀！我不知道呀！"

　　云将得不到答案。过了三年，再次到东方游历，经过宋国的原野时又遇到鸿蒙。云将非常高兴，快速地跑上前去说："您忘记我了吗？您忘记我了吗？"接着云将对鸿蒙深拜叩头，希望鸿蒙能指点他。鸿蒙回答说："四处游荡，不知道要做什么？随心所欲，不知道想去哪里？遨游于纷乱的世事中，借此观察事物的真相，除此之外，我又知道些什么？"

　　云将听了之后说："我也自认为是随心所欲，但人民都追随着我，我不得已才管理人民，但人民都起而效法我。希望听听你的意见。"鸿蒙说："扰乱自然的常道，违背万物的本性，自然的化育就无法成功。那时野兽惊惧而离群，禽鸟害怕而夜啼，殃及草木，甚至昆虫也无法幸免。哎！这就是管理百姓的过失呀！"

　　云将说："这样的话，我该怎么做才好？"鸿蒙催促着说"唉！真是毒害呀！快快回去吧！"云将仍是不放弃地追问道："我难得遇到您，请给我指点指点吧！"鸿蒙只好说道："哎，要修养身心。你只要顺其自然，无所作为，万物自然化育。忘掉你的形体，抛弃你的感官，泯没自我，与物相忘，就与自然大气合一了。解放心神，无所追求，无知得就像没有魂魄一样。芸芸万物，因而各自返回它们的自然状态，各自回复自然而不知所以然。浑沌不用机巧，才能终身不离根本，一旦你用了知识，则又离开了根本。不要追问它的名称，不要探究它的实情，只要修养自身，万物自然自生自化。"云将说："天赐我以本质，又昭示我静默不言的道理。我亲身求道，至今才终于得道。"再次对鸿蒙叩头礼拜，云将请辞而去。

　　庄子的逍遥，是凡事随心所欲，但这种随心所欲，不是在物质享受上不加节制的取用，在生活娱乐上不加限制的消耗精力。他说的是精神随心所欲，而形体必须节制欲望，保持淳朴无华的生活，甚至连思想也该绝弃不用。

万物不违本源

鸿蒙语云将之道，就是精神随心所欲，形体节制欲望，保持淳朴无华的生活，各自返回它们的自然状态而不知所以然。

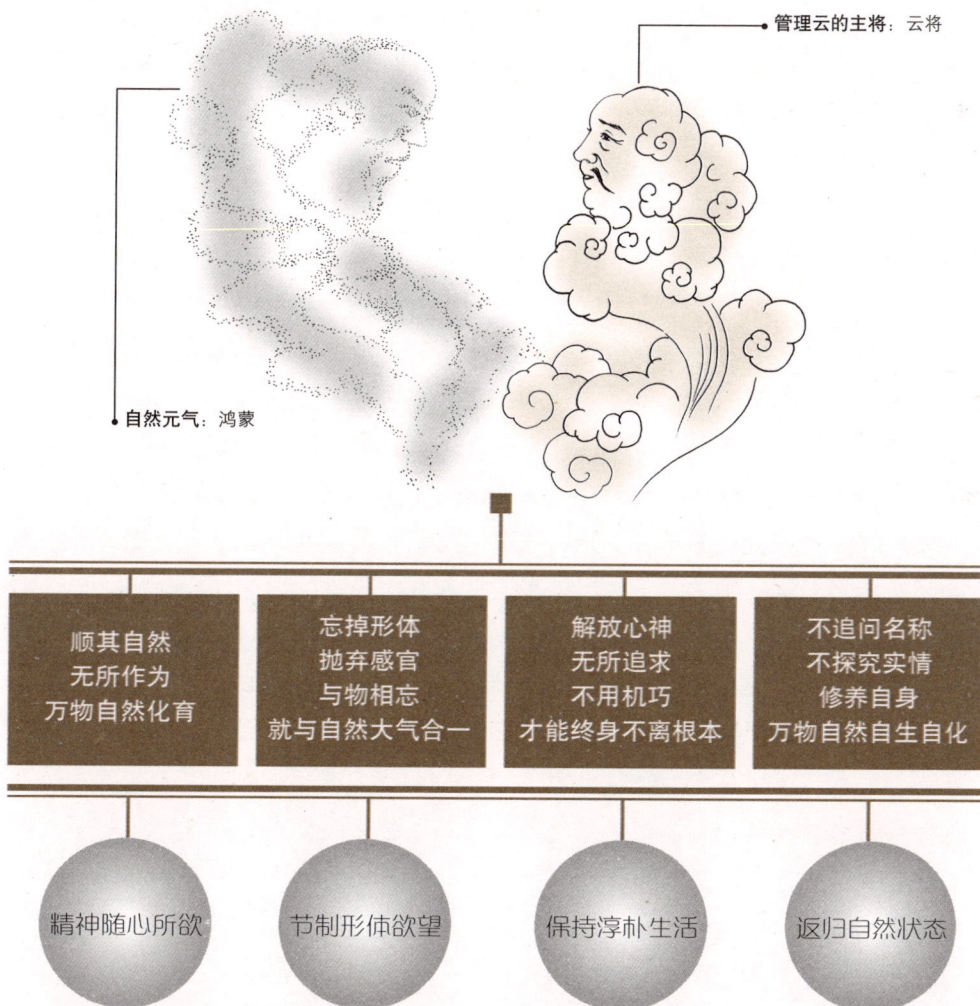

管理云的主将：云将

自然元气：鸿蒙

顺其自然 无所作为 万物自然化育	忘掉形体 抛弃感官 与物相忘 就与自然大气合一	解放心神 无所追求 不用机巧 才能终身不离根本	不追问名称 不探究实情 修养自身 万物自然自生自化
精神随心所欲	节制形体欲望	保持淳朴生活	返归自然状态

丑人的魅力

心灵美才是真的美

人不可貌相，海水不可斗量。如果仅凭一个人的外表来衡量，那我们将会失去很多，也会招来很多麻烦。寓言中的丑人哀骀它之所以受人爱戴，是因为他是才智完美而德性无迹可见的人。

卫国有一个面貌丑陋的人，名叫哀骀它。男人与他相处，思慕他而舍不得离开。妇女见了他，回家请求父母说："如果要我做别人的妻子，我宁可做哀骀它的侍妾。"有这种想法的女人，就不止十几个。从没听说过他提倡什么，只是常应和别人的意见。他没有任何权位可以拯救别人的危难，也没有任何爵禄名望可以让别人靠他吃饭。说到他的长相，丑陋到让天下人惊骇；谈到他的思想，只应和而不提倡，知道的事情不超过自己。说也奇怪，男男女女都喜欢聚集在他那里，想必有什么和平常人不一样的地方。

鲁哀公听说有这号奇人，便召他来看看，果然丑得吓人。但两人相处还不到一个月，鲁哀公就认为他有过人之处；还不到一年，就很信任他。当时国家正缺个宰相，鲁哀公就把国事委托给他。当时，哀骀它却静静地无意承应，淡淡地好像想拒绝。鲁哀公觉得很惭愧，但最后还是把国家托付给他。过了不久，他离开了鲁哀公。

鲁哀公把这个人向孔子描述了一遍，说："我感觉像丢了什么东西一样，整个国家都没有人可以和我共享欢乐。他到底是个什么样的人？"孔子并没有直接回答他的问题，而是说："有一次，我出使楚国，路上见到一群小猪正在死去的母猪身上吃奶，不一会儿，小猪慌慌张张地丢下母猪全跑开了。因为它们发现母猪已经失去知觉，不像原来活着的样子。它们爱它们的母亲，但不是爱它的形体，而是爱那主宰形体的精神。战死沙场的人，尸首不存所以下葬不用棺木；被砍去脚的人，对于鞋子不会觉得爱惜，因为这两者都失去了最主要的东西。选来当天子嫔妃的人，不能剪指甲，不能穿耳洞。娶过妻的人不能进入内宫，也不能再在君王身边侍奉。为求形体的完整，尚且要做到这样，更何况是要成为德性完美的人呢！现在哀骀它不用说话就足以让人依赖，不需要功业就能使人亲近，甚至把国家托付给他，还担心他会不肯接受。所以，他必然是才智完美而德性无迹可见的人。"

外在的美丑不能掩盖心灵的美丑，因为形体的美丑是人为标准所附加的，而心灵的美丑却必须透过自然心性去感受。标准有时会使人迷惑，但心灵的感受不会说谎。忘记外在，追求心灵才是最根本的修养之道。

丑人的魅力

丑人之所以受人欢迎，是因为他是一个才智完美而德性无迹可见的人。所以庄子告诉我们不要以貌取人，关键要看他的心灵。

女人与之相处，宁可做其妾，也不愿为他人妇。

男人与之相处，思慕他而舍不得离开。

长相丑陋到让天下人惊骇，从没听说过他提倡什么，只是应和别人的意见，却受到众人的喜欢。

原因

因为丑人虽丑，但具有庄子所追求的完美人格和才智。

结论

一个人的美丑，只是人为标准的附加，并不能掩盖心灵的美丑，标准有时会使人迷惑，而心灵的感受则不会说谎。因此，最根本的修养之道，是追求心灵的完美，而不是外在的华丽。

孔子见老聃

至人的境界

15

至人的境界是至美至乐的，是令人想往的。因为至人不因外在的变化而悲天悯人，而是舍弃得失祸福，顺从自然。

孔子去见老聃，老聃刚洗完头，正披着头发等着干，凝神定立好像木偶人。孔子就退出等待他。过了一会儿见面后说："我是眼花了呢，还是真的？刚才先生形体直立不动有如枯木，好像超然物外而独立自存。"

老聃说："我游心于万物的本始。"孔子说："怎么说呢？"老聃说："心困而不能知晓，口合而不能言说，试为你说个概略。至阴寒冷，至阳炎热；寒冷出于天，炎热出于地；两者相交通融合而各物化成，或为万物的规律，却不见形象。死生盛衰，时隐时现，日迁月移，无时不在作用，却不见它的功绩。生有所由始，死有所归趋，始终循环无端而不知道它的穷尽。如果不是这样，又有谁是它的根本呢！"

孔子说："请问游心于此的情境。"老聃说："达到这种境界，是至美至乐，体味至美至乐，称为至人。"

孔子说："希望听听用什么方法。"老聃说："吃草的兽类不怕变换草泽，水生的虫类不怕变换池沼，只做小的变换而没有失去根本的需要；喜怒哀乐的情绪不会侵入心中。天下的万物都有共通性。了解它们的共通性而同等看待，那么四肢百骸便视如尘垢，而死生终始犹如昼夜的变化，并不致受到扰乱，何况是得失祸福的分际呢！舍弃得失祸福如同舍弃泥土一样，知道自身比得失祸福更可贵，可贵在于我自身却不因变换而丧失。千变万化而未曾有穷尽，这有什么值得困扰内心！修道的人了解这点。"

孔子说："先生德合天地，还用至言来教我修心，古时的君子，谁能超过呢！"老聃说："不是的。像水的涌流，无为而自然。至人的德，不需要修饰而万物自然受影响，就像天自然的高，地自然的厚，日月自然的光明，哪里需要修饰呢！"孔子出去，告诉颜回说："我对于大道的了解，岂不像瓮中小飞虫么！要不是先生启发我的蒙蔽，我真不知道天地的全貌。"

在这里庄子借老聃之口，说明至人的境界。至人的至美至乐之境，是人们想往的，那么如何成为至人呢？就是要看到万物的共通性，不因外在的千变万化而丧失掉自身。就正如水的流动，无为而自然。这就是庄子所谓的坐忘吧！忘掉世间的一切，而只与天地相往来。

至人的境界

至人的境界是至美至乐的，像水的涌流，无为而自然；至人的德，不需要修饰而万物自然受其影响，就像天自然的高，地自然的厚，日月自然的光明。

至人之德就像天自然的高，地自然的厚，日月自然的光明。

至人之德像水的涌流，无为而自然。

至人境界：
游心于万物的本始，明白万物的规律是始终循环而没有穷尽的。

达到方法：不因外在的变换而丧失，知道自身比得失祸福更重要。

相关链接

孔子问礼于老子

　　《礼记·曾子问》曾四次记载孔子向老子求学问礼，第一次有年代可考，是在孔子17岁时，即鲁昭公七年（公元前535年），地点在鲁国的巷党。第二次是在春秋鲁昭公二十四年（公元前518年），地点在周都洛邑（今洛阳）。《史记》有记载。第三次是孔子53岁时，即周敬王二十二年（公元前498年），地点在一个叫沛的地方。第四次在鹿邑，具体时间不详。

大道不言

目的会取代自然本性

大道是不能用言语来说的，只要顺着本性去做就行了。因为以言语为前导，就有了特定的目的，目的有时就取代了自然。

知到北方去游历，到了玄水边上，攀登名为隐弅的山丘时，刚好遇到无为谓。知对无为谓说："我有些问题想请教你：要如何思想，如何考虑，才能了解道？要如何居处，如何行动，才能安身于道？要依循什么，用什么方法，才能得到道？"知问了三次，但无为谓都没有回应，他并不是不想回答，而是不知道要怎么回答。

知没有得到答案，于是回到白水的南边，攀登上狐阕山，看见了狂屈。知将之前问无为谓的话拿来问狂屈。狂屈说："唉！我是知道的呀！就要告诉你，但是心里正想表达却忘了原来要说的话。"

知又没有得到答案，于是返回到黄帝的宫殿，见到了黄帝，并向他请教。黄帝说："没有思想不用考虑就能了解道，不求居处无所作为始能安身于道，不依从什么也不用方法才能得到道。"

知请教黄帝说："我和你能知道这个道理，但无为谓和狂屈却不知道，到底知道和不知道哪个才是对的？"黄帝说："那无为谓是真的得道了，而狂屈只是看起来像是理解了道，至于我与你，终究还是无法接近道的。因为真的知晓道的人是不用言说的，而能用语言表达道的人，其实并不真的接近了道。所以圣人要实行不用语言的教化。大道不能获得，德行不能达到。仁可以做到，义可以变通，礼可以相互虚伪。所以说：'失去了道之后，才有德的出现，失去了德之后，才有仁的出现；失去了仁之后，才有义的出现；失去了义之后，才有礼的出现。礼是道的余絮，祸乱的源头。'所以说：'求道的人一天一天地消损自己的欲念，消损又消损，一直到无为的境地，能够无为就没有什么事情做不成了。'现在已经把道看成了可以索求的事物，而想要重新回归道的本源，不是很困难吗？大概只有真正体道的至人，才能轻易做到吧！"

如何接近于道？越不想它，就越接近它。一旦存在于思考的层次里，道反而就远离了。通常我们会说，没想清楚怎知道要做什么？但道是不需想的，只要顺着本性去做。因为以思考为前导，就有了特定的目的，目的有时就取代了自然。

在日常的生活中，我们常常为自己规定好目标，为了实现目标，我们采取任何方法，有时就会伤害我们自身，就偏离了事情本来的道，到最后失败自不必说，即使是成功了，那代价也是惨重的。所以，依循大道就是要出自自然的本性，不能为了目的而做出偏离大道的事情，那样我们就求不到大道，也会让事情越来越糟。

- -

如何通达大道

庄子认为儒家所讲的仁义礼德等观念是人的造作，应该去除，以达到无为的道之境界。真正的大道，既不能言说，也不能索求，否则，就不能回归道的本真。

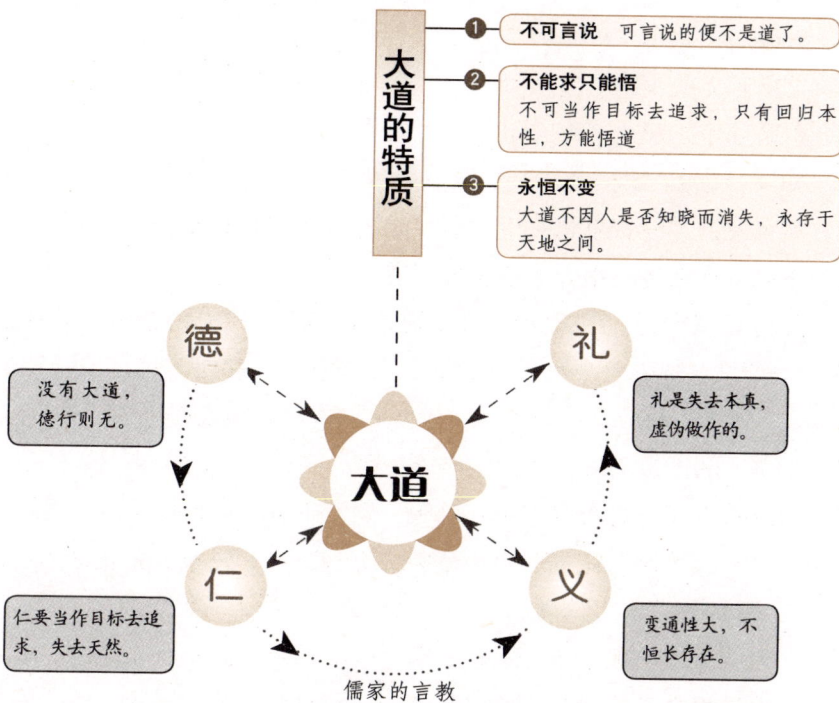

大道的特质

① 不可言说　可言说的便不是道了。

② 不能求只能悟
不可当作目标去追求，只有回归本性，方能悟道

③ 永恒不变
大道不因人是否知晓而消失，永存于天地之间。

德

礼
礼是失去本真，虚伪做作的。

大道

没有大道，德行则无。

仁
仁要当作目标去追求，失去天然。

义
变通性大，不恒长存在。

儒家的言教

目的会取代自然本性

结论一

大道不能用言语教化。没有大道，则不能达到德行；仁需要去刻意追求；义难以恒长存在；礼则非常虚伪，是道的末支，是祸乱的源头。

结论二

追求大道的过程非常简单明确，一天天逐步消损自己的欲念，直到无为的境地，重新回归道的本源，这样就是悟道。

庄子的政治观是无为而无不为。黄帝丢了玄珠，只有无为才能找回来；任公子钓到大鱼的绝窍就是无心而钓。人为的结果是像"浑沌之死"一样，聪明反被聪明误。庄子还认为圣人就如大盗，圣人不死，大盗就不会停止。

第 **7** 章

政治观

本章图版目录

政治观
无为而无不为

庄子的政治观和老子一样，强调无为而治，并达到无为而无不为的境界。他反对人为伤害天然，主张唯有能做自己心的帝王，无受制于人，无受制于物者，才能做天下的帝王。

　　生在战乱频仍、混乱动荡的时代，追求无为之治向来是老庄学派最终的政治理想。庄子认为，在位者对外应该如造物主般，化育万物而不居其功，任贤使能而已。当然最重要的还是在于自我有修养，治国不是依照自己的主观意愿去驱使人民，必须做到顺其自然而无偏私。推到极致，庄子思想中其实并无贤君的存在，只有神人、真人居其思想的最高位。任何以治天下为目的，想夸耀其功者，在庄子看起来都是私心、名利在作祟。只有寓言中的绝弃天下的许由等，才是真正的"帝王"。

　　庄子在寓言中为我们详尽地说明了他的无为而无不为的观点。通过黄帝索玄珠，说明有为是对自然之道的破坏，只有无为方能找到玄珠（天下）。通过任公子的钓鱼法阐述了只有心无所用、听之任之才能钓到大鱼（天下）。通过浑沌之死来说明人为的方法摧残人的自然天性，必然导致人的自由的丧失。牧童指给黄帝的治国经就是去除掉束缚人的自由天性的东西。

　　庄子中最新奇的观点就是圣人如大盗和圣人不死，大难不止。他认为儒家的仁义礼治之学是诸侯王盗国盗民的工具，人世间的罪恶灾难都是由孔子之类的圣人造成的。所以圣人不死，大难就不会停止。因为圣人倡导仁义来矫正恶行，大盗却连仁义也一起偷去。一旦有行为符合了仁义之名，就大可顶着圣贤的光环了。所以他要人们绝圣弃智，效法专注于自我修养的至人。庄子还描述了高士绝不会为名利权贵而去损害自己的生命。许由等拒绝禅让给的天下，是因为他们看到的不是荣华富贵，而是辛苦劳累的痛苦。

　　或许可以这样理解庄子的政治观，即唯有能做自己心的帝王，无受制于人，无受制于物者，才能做天下的帝王。因为他们的智识与作为高于一般人，故虽不真的治理天下，但永远是天下人应该追随师法的对象。

政治观

　　庄子的政治观是无为而无不为。黄帝遗失玄珠只有无为才能找到，圣人就如大盗，高士不要天下之位，有为而致浑沌之死，牧童指给黄帝要治理天下就要去掉束缚人天性的东西。这一切，都告诉我们只有无为治理天下，才是真正的帝王之道。

―――― 有为的害处 ――――

人类的聪明才智
正如倏忽凿浑沌一样，
是聪明反被聪明误。
――选自《应帝王》中"浑沌之死"

―――― 圣人如大盗 ――――

庄子认为圣人就如大盗，
世间的一切罪恶灾难，
都由圣人造成。
――选自《盗跖》中"圣人如大盗"

―――― 不要天下 ――――

上古高士面对禅让的
天子之位时，拒绝接受，
他们看到的是
天子之位的辛苦。
――选自《让王》中"尧舜禅让"

无为而不为

庄子的政治观是
治理天下要无为而无不为。

―――― 无为方能成大道 ――――

黄帝遗失玄珠实是有为而失大
道，而只有无为才能找到。
――选自《天地》中"黄帝遗失玄珠"

黄帝索玄珠

无为才能找到

黄帝索珠这则寓言故事，说明有为是对朴素无心的宇宙自然之道的破坏，是对自然无为的本然存在的摧残。君王应以无为称天下，无为而无不为，使天下百姓亲和为一。

　　黄帝到赤水的北面游历，爬上昆仑山往南看，回去时遗失了他的玄珠。他派最有智慧的"知"去寻找，没找到；改派眼力最好的"离朱"去寻找，也没找到；再派辩论最精辟的"吃诟"去寻找，还是找不到；最后，他只好派无心做事的"象罔"去寻找，竟然找到了。黄帝惊讶地说："真是奇妙！难道只有无心的'象罔'才能够找到吗？"

　　黄帝游赤水，"登昆仑之丘而南望"，象征黄帝南面而坐，君临天下，欲有大作为而治理天下。这恰恰违背自然之道朴素无为的本性，必然弄得天下纷扰，狼烟四起，大伪迭出，民不聊生。所以，他遗失了天下最珍贵的东西——道。他让象征着人类智慧、聪明的人去找，都没有寻回，让象征朴素无心的"象罔"去找，却意外地找到了。由此可以看出，人类的智慧聪明和谋略，恰恰是天下失道，人类失性的根源，治理天下贵在自然无为。

　　庄子认为，天地不言而自然壮美，四时不议而自有明法，万物不说而自然存在。自然无为是宇宙万物的存在形式；自然万物各司其职，皆是无为生成，拔苗助长，必然导致万物死亡。所以，就应顺从自然，无为不作。而黄帝却背其"道"而行之，南面而坐，君临天下，以自己的谋略治理天下，怎能不失道呢？故庄子说："至人无为，大圣不作。"

　　"无为"论是庄子社会批判和社会理想论的主要理论依据。庄子主张自然无为，固然批判了文明社会的灾难和罪恶，具有民主倾向的合理成分，但他同时也否定了文明带来的历史进步，就有点偏激了。"无为而无不为"应该以"有为"为目的，以"无为"为手段。现在的管理部门对社会经济和人才就应因势利导，不要因人为的因素而阻碍其发展，要多给人一些自主权。只有这种"放权"的"无为"之策，才能使人发挥出更大的聪明才智，为社会的快速发展作出保证。

无为而无不为

庄子借黄帝失玄珠喻其有为失道，进而通过象征无为的象罔找到玄珠，表明治理天下应无为而无不为。

玄珠
此处指治天下之道

黄帝索玄珠

各种寻找宝珠的途径，暗指寻治天下之道。

- **最有智慧的"知"**
  即用聪明才智治理国家
- **眼力最好的"离朱"**
  即用明察秋毫的方式治国
- **辩论最精辟的"吃诟"**
  即以空谈清辨治国
- **无心做事的"象罔"**
  即无为而治国

- 无为才能达到天下大治。
- 有为不能找到正确的治国之方。

> 只有用"无为"的手段才能使天下大治。

相关链接

黄帝

中华民族的始祖。根据记载，号轩辕氏、有熊氏，姬姓，一说姓公孙，是有熊国君少典之子。他是姬姓部落首领，传说中远古时代华夏民族的共主，五帝的第一个。黄帝也被道教尊为道家之祖，在道教中有特殊的地位。他在炎帝之后，统一了中国各部落。建都在新郑、涿鹿两种说法。他推算历法；教导百姓播种五谷；兴文字；作干支，制乐器，创医学。今日在陕西省的桥山、河南灵宝均有黄帝陵，相传黄帝年老时铸鼎乘龙升天，臣子放箭阻拦，龙被射伤，飞过桥国时降下休息，黄帝被桥国人拉下一只靴子，埋葬于此。

神话中的昆仑山

槐江山向西南四百里的地方是昆仑山，是黄帝在下界的都邑。昆仑山由神陆吾主管，他还管理着天上九域。陆吾人面虎身，虎爪，九条尾巴。山中的土蝼，喜欢吃人。土蝼生有四只角，安静时像只大山羊。山中还生长着一种叫做钦原的大鸟，形状像马蜂，大小类似鸳鸯，钦原如果螫了其他鸟兽，这些鸟兽就会死掉，如果螫了树木，这些树木也会枯死，人遇上它凶多吉少。还有一种鹑鸟，它管理黄帝的各种器具和服饰。山上有一种名叫沙棠的树，形状同棠梨树相似，黄色花朵，红色果实，果实的味道像李子，但没有核。沙棠可以用来防御水灾，如果人们吃了它的果实就不会淹死。山中的蔓草形状像葵，味道像葱味，吃了它可以解除疲劳。河水发源于此，向南流去，然后再向东流入无达。赤水也发源于此，向东南流去入汜天之水。洋水也发源于昆仑山，向西南流入于丑涂之水。黑水也从昆仑山中流出，向西南流入大杅。

任公子钓鱼

无心方能钓大鱼

3

人生要得自由，须得心无所用，意无所逮，听之任之，方能虚静。唯有心灵虚静自由，才能无为而无不为。

任公子做了一个粗墨绳大钓钩，用五十头犍牛做饵物，蹲在会稽山上，投竿于东海，天天在那里钓，整年都没有钓到鱼。忽而大鱼来吞饵，牵动大钩沉下水去，翻腾而奋鳍，白波涌起如山，海水震荡，声如鬼神，震惊千里。任公子钓到这条鱼，剖开来腊干，从浙江以东，苍梧以北，没有不饱吃这条鱼。后世小才传说之徒，都惊走相告。要是举着小竿绳，到小水沟里，守候鲵鲋小鱼，那要想钓到大鱼就很难了。粉饰浅识小语以求高名，那和明达大智的距离就很远了。所以没有听闻过任氏的风格的，他之不能经理世事，相去也是很远的了。

任公子钓鱼的特点，可以归纳为忘物、无己，无为而无不为也。也就是以无所用心的冷静无为态度处理世务，经过长期的努力探索，必定大有作为。这则寓言通过三方面说明这个道理。

一是"任氏之风"形成的过程。一开始，他怀着强烈的功名心和急躁情绪并没有实现他的目的，一年过去了，还是没有钓到大鱼。他的失败是有为的结果，是功名利欲等身外之物的束缚的缘故。只有当他无所用心，忘掉外物和自身的时候，却钓来了大鱼。正因为任氏能忘掉外物和己身，才会无为而无不为，得到意想不到的成果。所以，他钓到鱼后，并不是自己享受，而是造福当地之民。任氏垂钓的三部曲，为我们塑造了一个无为而无不为的理想政治人生。

二是由那些利欲熏心、浅薄见识的势利小人趋灌而守，异想天开，妄想钓来大鱼的可笑之举，从反面说明物欲是束缚人心志、蒙蔽人智慧的大害，只有去欲去智，忘物丧我，才能无为而无不为，成为具有"任氏之风"的高明的治世者，也才能领悟到道的真谛。

三是从鱼遭人解剖晾晒而饱食的悲惨遭遇，说明了利欲是身心自由的大患。忘却欲望方能精神自由，自适快乐。所以，鱼具有一种象征意义。同神龟的死一样，是贪于利欲功名的可悲结果，与庄子梦中的蝴蝶，庄子在濠梁上看到的游鱼的命运恰好相反。

总之，一任自然，无所用心，则能保持个体人格独立和精神自由，精神的相对自由，也能赋予人的创造活动以强大的活力。使个体能体验到由衷的精神快乐。

任氏钓鱼法

任公子钓鱼的特点，可以归纳为忘物、无己，无为而无不为也。也就是以无所用心的冷静无为态度处理世务，经过长期的努力探索，必定大有作为。

怀着强烈的功名心和急躁心理的人，因功名利禄等身外之物束缚其身心，所以因其有为而不能有所成。

忘掉外物和自身的人，因其心无挂碍，已经达到无己境界，所以因其无为而得到意想不到的成果。

只有以无所用心的冷静无为态度处理世事，经过长期努力的探索，才能有大的作为。

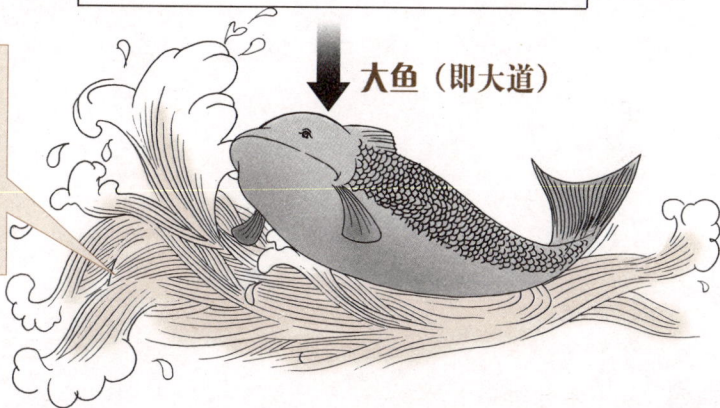

大鱼（即大道）

相关链接

姜太公钓鱼

商纣暴虐，周文王决心推翻暴政。太公姜子牙受师傅之命，下界帮助文王。但姜子牙觉得自己半百之龄，又和文王没有交情，很难获得文王赏识。于是在文王回都途中，在渭水河边，用没有鱼饵的直钩钓鱼。文王见了，觉得这是奇人，于是主动跟他交谈，发现这是个大有用之才，于是招入帐下。后来姜子牙帮助文王和他的儿子武王推翻商纣统治，建立了周朝。

指点迷津

牧童的治国经

黄帝迷涂，寓黄帝有为天下，违背天道，实害天下，故遗失了自然之道。牧童指点迷津，引申为去除有为，顺从自然，则无为而无不为。

黄帝要到具茨山上见大隗，方明驾车，昌寓陪乘，张若、谘朋前导，昆阍、滑稽殿后；来到襄城的原野，七圣都迷失，无从问路。正好遇着牧马的童子，就向他问路说："你知道具茨山吗？"牧童说："是的。"又问："你知道大隗的所在吗？"回答说："是的。"黄帝说："奇怪呀，小童，你不仅知道具茨山，还知道大隗的所在，请问怎样治理天下。"牧童说："治理天下，也只不过像这样就是了，又何必生事呢！我小时候自己游于六合之内，我恰好有目眩症，有位长者教我说：'你乘着日车而游于襄城的原野。'现在我的病稍痊愈，我又游于六合以外的境界。治理天下也是这样，我又何必生事呢！"黄帝说："治理天下，并不是你的事。虽然这样，请问怎样治理天下。"牧童不语。黄帝又问。牧童说："治理天下，又和牧马有什么不同，也就是除去害马罢了！"黄帝叩头再三拜谢，称他为天师而辞退。

黄帝迷途的引申意是黄帝失道。即陷入有为的泥潭中不能自拔，欲寻找治理天下的真正大法。宋代文学家苏东坡诗云：横看成岭侧成峰，远近高低各不同。不识庐山真面目，只缘身在此山中。此时的黄帝正是身在庐山中，要从迷雾中走出来，需要指路人。所谓当局者迷，旁观者清。小小的牧童不但知道人生细微具体的小路，而且为黄帝道明了治理天下的大路。这条路就像乘着光阴之车观看大自然一样，无心无情，无欲无智。不但人世间是这样，就是宇宙自然也是无为而动。黄帝以有为君临天下，自然不懂牧童自然无为的玄奥之语。牧童见黄帝不懂抽象的玄理，便以牧马的生活实例说明天道自然无为的深刻道理。即"去其害马者而已矣"，就是打破束缚马的天性的一切人为做法，因任马的自然天性，就是自然无为。黄帝突然明白了治理天下，要在不以人为之举摧残天下人的自然天性，一任自然，无为而无不为。

牧童的治国经

牧童用牧马的生活实例一语道破治天下的关键，即"去其害马也"。就是不要以人为而破坏自然，无为而治。

寻道 → 明道 → **去其害马者**

黄帝用有为而治天下，却深陷其中而不能自拔，天下依然不能大治，所以感到十分迷茫。 → 黄帝在大隗山寻求治天下之道，没有找到神人大隗，却得到牧马童子的指点。 → 去其害马者，就是要去掉束缚马生长的东西，同样，治天下也要去掉束缚老百姓的法规，无为而发展。

具茨山

又名大隗山，现在叫始祖山。位于河南新郑市区西南15公里处，因是黄帝活动的重要地区，被蒙上了一层神秘的色彩，使其充满了无限的吸引力。具茨山主峰风后岭海拔1160米，远远望去，好似一尊轩辕黄帝像：伟岸挺拔，眉眼毕现，蔚为壮观，让人油然产生一种敬意。

具茨山是中华文明始祖轩辕黄帝出生、建都、发迹之地；是黄帝文化遗址、古迹的集中点；是几千年来炎黄子孙登山朝圣、寻根拜祖的民族圣地。具茨山处于中州之中、中原之中、中国之中，著称"中天一柱"，阁称中天轩辕阁，是中字的发源地，中华民族的发祥地之一。

具茨山建有黄帝拜华盖童子祠、轩辕阁、风后祠、黄帝迎日推策台、黄帝女儿梳妆台、三宫、嫘祖庙、黄帝大宗祠、黄帝屯兵洞、黄帝避暑宫、幽胜宫、黑龙潭、白龙潭、日月潭等古迹。几千年来，具茨山上的祠、阁就兴起了阴历三月三朝顶拜祖的圣节，至今仍吸引着海内外炎黄子孙登山朝圣、寻根拜祖。

浑沌之死

聪明反被聪明误

"浑沌"喻天然状态或人的自然天性，"凿七窍"喻人为，引申为以人为的方法摧残人的自然天性，必然导致人的自由的丧失。

南海的帝王名叫倏，北海的帝王名叫忽，中央的帝王名叫浑沌。倏和忽常常到浑沌的境地里相会，浑沌待他们很好。倏和忽想报答浑沌的好意，于是商量说："人都有七窍，用来看、听、饮食、呼吸，唯独他没有，我们试着替他凿开。"于是他们一天凿一窍，到了第七天，七窍凿通了，可浑沌却死了。

浑沌之死，也是大道之死。人总是将自己的意念推及到他物身上，以自己的好恶，为别人的好恶，却不知个人的知识有限，实在难以周全。强制作为的结果，恰恰造成相反的效果。有为，往往假借善的名义来执行，这正是它可怕的地方。

浑沌之死的悲惨遭遇，是人类为了满足自己的贪欲，以人为的奸诈与巧智破坏大自然的原始和谐状态和人类自身的原始天性的必然恶果，是文明社会中深重的异化现象的突出表现，它造成了人和自然关系的对立激化，也造成了人类的文明进化和精神堕落的同时并存，导致人的自然天性的沦落和丧失。

"浑沌"一词，在这里有深刻的象征意义，它指宇宙万物没有生成前的原始状态。由于万物还没有分化离析浑然一体，没有差别，也无所谓争斗矛盾。人和大自然与人和自身之间是一种协调统一而非对立分裂的状态。"倏"、"忽"二词，其寓意为人类的智慧。倏、忽的人为，表现在为纯朴自然的浑沌凿七窍的行动上，他们的本意是想让浑沌具有七窍，像人一样能观察外界，享受人间的幸福和快乐，以此来报答浑沌的美德，但其结果却导致了纯朴自然的浑沌的死亡，这的确是人类自身无法预料的悲剧。可见，要保持人和自然、人和自身和谐统一的关系，就必须反对"以人灭天"，主张"与天为徒"、"天与人不相胜"。庄子否定人为和有为，在某些方面是对人的主观能动性的取消，但在这背后，他又强调人和大自然、人和自身的和谐融洽的关系，却又具有反对异化、张扬个性的积极意义。

西方几百年的资本主义文明史，一方面确证了人类的科技智慧的伟大作用，但另一方面所造成的自然状态的破坏，人类生态的失衡和人的精神世界的崩溃，无不是过分有为、人为而结出的文明恶果。当代西方的自然人文主义学派都不约而同地从古老东方的老庄思想之中汲取人文养料，以匡正传统的科学主义信仰所造成的人性分裂现象，重新塑造人和自然、社会及自身相统一的文化价值体系，这就深刻地表现出庄子自然主义思想的现代价值。

倏忽与浑沌

倏和忽为浑沌凿七窍，这本是为了回报的善念，却得到浑沌之死的恶果。这正是人类为了满足自己的贪欲，以人为的奸诈与巧智破坏大自然的原始和谐状态和人类自身的原始天性的必然恶果。

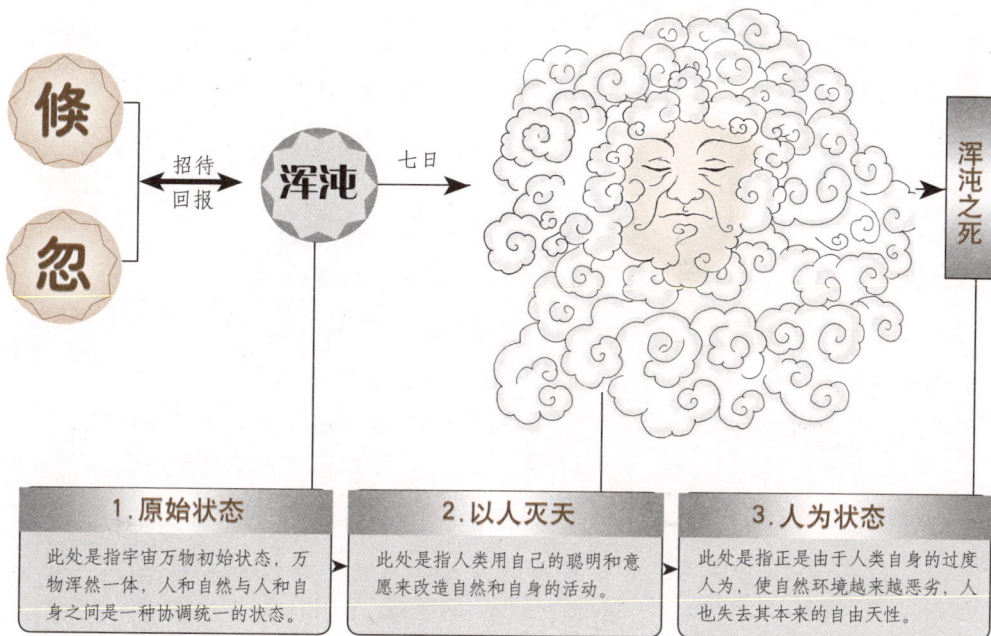

倏 忽　→ 招待 回报 →　浑沌　→ 七日 →　浑沌之死

1.原始状态
此处是指宇宙万物初始状态，万物浑然一体，人和自然与人和自身之间是一种协调统一的状态。

2.以人灭天
此处是指人类用自己的聪明和意愿来改造自然和自身的活动。

3.人为状态
此处是指正是由于人类自身的过度人为，使自然环境越来越恶劣，人也失去其本来的自由天性。

相关链接

浑沌理论

浑沌也称混沌，指确定性系统产生的一种对初始条件具有敏感依赖性的回复性非周期运动。浑沌与分形和孤子是非线性科学中最重要的三个概念。浑沌理论隶属于非线性科学，只有非线性系统才能产生浑沌运动。

现代科学所讲的浑沌，其基本含义可以概括为：聚散有法，周行而不殆，回复而不闭。意思是说浑沌轨道的运动完全受规律支配，但相空间中轨道运动不会中止，在有限空间中永远运动着，不相交也不闭合。浑沌运动表面上是无序的，产生了类随机性，也称内在随机性。浑沌模型一定程度上更新了传统科学中的周期模型，用浑沌的观点去看原来被视为周期运动的对象，往往有新的理解。20世纪80年代中期浑沌理论已开始被用于社会问题研究，如经济学、社会学和哲学研究。

盗丘

圣人就如大盗

6

庄子认为，儒家的仁义礼治之学，是为诸侯王者盗国盗民的工具，人世间的罪恶灾难都是由孔子之类的圣人造成的，所以他斥孔子为"盗丘"。

孔子去泰山劝说大盗"跖"，而盗跖却斥责他说："我听说古代禽兽多而百姓少，于是百姓都居住在树巢上来逃避野兽。白天拣橡栗子吃，晚上睡树巢上，所以称他们为有巢氏的人民。古代百姓不知道穿衣服，夏天多积存木材，冬天燃烧御寒，所以称他们为知道生存的百姓。神农的时代，百姓安静地睡卧，舒服安适地起来。百姓只知道有母亲，不知有父亲，和麋鹿共处，自己耕种自己吃，自己织布自己穿，没有相害的心思，这是道德极盛的世代。但是到了黄帝，不能继承这种美德，和蚩尤在涿鹿的旷野上打仗，流血百里。尧舜称帝时代，设置群臣百官。商汤流放他的国君，武王杀死了纣王。从此以后，强大欺凌弱小，众多侵略少数。汤武以来，都是祸乱的徒众呀！"

"现在你修习文王、武王的大道，掌握天下的言论，以为后世的教材。穿着儒家宽大的衣服和浅狭的带子，用矫饰虚伪的言论行为迷惑天下的君主，而想求得富贵，最大的盗贼就是你了。为什么天下不称你叫盗丘，而称我为盗跖呢？"

自汉武帝"罢黜百家，独尊儒术"以来，儒学被统治阶级定为支配性的意识形态，孔子随之被称为"圣人"。而庄子却把孔子称为"盗丘"，把他和大盗相提并论，此种思想真是旷古未有。

庄子认为，世人所推崇的莫过于黄帝，但黄帝尚不能德行兼备，与蚩尤战于涿鹿的郊野，尧不慈爱，舜不孝顺，商汤流放他的君主，武王攻伐殷纣王。这些人皆因利害迷失了本性，违反了情性，他们的行为是非常可耻的。其实，圣人的所谓仁义道德是诸侯王者统治阶级窃国盗民的理论工具。仁义道德是杀人不见血的，圣人是教唆犯，是大盗学理论家，诸侯王者是肇事者罪犯，是大盗学的实践家。

孔子儒家以仁义道德说教，游说诸侯，是他本人功名利欲之心甚重，而且也鼓励弟子立功名于天下。他们是想封侯富贵，挤进窃国盗民的统治阶级的行列。由大盗学理论家摇身变成行动家，这种卑劣的动机，本身就是盗贼的作为。所以，庄子借盗跖之口，骂孔子为"盗丘"。

庄子指斥圣人孔子为"盗丘"，实际是把周朝以来的礼治规范进行了彻底否定，正像西方哲学家尼采大喊"上帝死了"一样，是对传统价值系统的否定，是对一切价值进行重估。这种怀疑传统、批判权威的精神无疑具有强大的思想启蒙意义。

孔子是盗丘

庄子借盗跖之口大骂孔子所谓的儒学，更称呼孔子为盗丘，认为儒家的仁义礼治之学，是诸侯王者盗国盗民的工具，人世间的罪恶灾难都是由所谓圣人造成的。有如此旷世奇论的庄子是如何得出这个惊世结论呢？

孔丘为代表的圣人 ＝ **盗国者** ❓

1.圣人是盗国者的帮凶

把握这三个关键

❶ 圣人 ➡ 驯马师，统治者的得力助手，大盗学理论家。

❷ 仁义道德 ➡ 诸侯王者统治阶级窃国盗民的理论工具。

❸ 诸侯王者 ➡ 大盗学的实践家。

先看寓言故事

给箱子、柜子上锁，是为了提防盗贼，但是大盗跖却连箱柜都搬走，还怕你锁不牢呢。

同理 ➡

庄子要讲的重点

"圣人"用仁义道德来驯化人民，给人们的精神上锁，反而方便了一代又一代的窃国大盗。

2.圣人就是大盗

圣人用矫饰虚伪的言论行为（仁义道德）游说君主，使之迷失本性，违反自然性情。圣人以追求功名利禄为动机，设法挤进统治阶级。这时，他们则由大盗理论家变为行动者，成为名副其实的盗贼。

儒道思想的根本分歧点

以庄子为代表的道家	PK	以孔子为代表的儒家
无名，不追求名誉等虚名	对立 ↔	以仁义道德说教，重视名分
无己，崇尚心性合于自然	对立 ↔	迷失本真，违反自然性情
无功，不贪求功名	对立 ↔	积极入世，追求功名利欲之心重

圣人不死，大盗不止

都是圣人惹的祸

圣人倡导仁义来矫正恶行，大盗却连仁义也一起偷去。一旦有行为符合了仁义之名，就大可顶着圣贤的光环了。

圣人不灭绝，大盗也会不断出现。纵使借圣人来治理天下，其实正是让大盗有利可图。圣人制造斗斛来测量东西的容量，大盗却连斗斛也一起偷去；圣人制造权衡来称量物品的重量，大盗却连权衡也一起偷去；圣人发明符印作为信物，大盗却连符印也一起偷去；圣人倡导仁义来矫正恶行，大盗却连仁义也一起偷去。

怎么知道是这样呢？你看那偷窃腰带金钩的人会遭到诛杀，但偷窃国家的人却成为诸侯，诸侯之家哪一个不是讲究仁义的，这难道不是偷窃了仁义和圣人的智慧吗？因此那些追随大盗，拥立诸侯，窃取仁义、斗斛、权衡、符印而得到好处的人，纵然有高官厚禄的封赏，也不能鼓励他们向善，有斩首断腰的严峻刑罚，也无法禁止他们作恶。这样大大有利于盗跖一类的人，且不能停止他们盗窃的做法，正是圣人的过失造成的呀！

改朝换代，多少子弑父、臣篡君的血淋淋画面，在中国历史舞台上演着。哪一个举旗讨伐时，不是师出有名，高喊着道义的口号。然而动乱却总是百姓遭殃，圣人的仁义使他们颠沛流离、骨肉分离。到底仁义是为谁而设的，淳朴互助的农业社会不标举仁义，平凡规律的生活不强调合宜的行为。只有没有仁义的人，才要处处以仁义标准来检视行为，一旦有行为符合了仁义之名，就大可顶着圣贤的光环了。

从前的齐国，人口众多，邻近的乡邑相连相望，稠密到鸡狗的叫吠声都可互相听见。而国家领地，可以下网捕鱼的水域面积，和可以用锄犁耕作的田地范围，合起来就有两千里那么大。全国各地，凡是已建立的宗庙社稷，用来治理大小区域的行政机构，哪有不是效法圣人的。

然而，田成子一旦杀害了齐国的国君而窃取了他的国家，被窃取的只有齐国这个国家而已吗？他是连圣人所制定的礼制法度也一同窃取了。所以，田成子虽然被视为窃国的盗贼，但却过得像尧舜一样安宁，小国不敢说他的不是，大国也不敢讨伐他，他与他的后代子孙在齐国专权了十二世。这不就是虽然盗窃了齐国，然而圣人的礼制法度反而做了他盗贼的护身符。所以，庄子认为，只有圣人都死了，大盗才会停止。

圣人与大盗

庄子认为"圣人不死，大盗不止"，如果圣人来治理天下，大盗也会盗去其提倡的仁义而成为圣人，所以只有圣人都死了，大盗才会停止。

圣人

大盗

圣人创仁义

圣人总结前人的治世之道，总结出一套礼法制度，也就是仁义。

大盗成诸侯

那些"大盗"用武力夺取了统治权后，就用圣人的礼制法度做护身符，堂而皇之地称王称侯。

此时，所谓圣人与大盗合而为一，造成不公平的社会制度。

庄子的设想

只有没有了那些制定仁义礼制的圣人，盗取统治权位的大盗们才会灭绝，就是要无为而治，天下才会太平。

相关链接

田氏代齐

齐桓公十四年，陈国公族内乱，公子完为避祸奔逃至齐国。齐桓公欲封公子完为卿，公子完不受，只接受工正之职。陈公子完，妫姓，至齐国后以田为氏，为齐国田氏之祖。公元前545年，田完四世孙田桓子与鲍氏、栾氏、高氏合力消灭当国的庆氏。之后田氏、鲍氏灭栾、高二氏。齐景公时，公室腐败，田桓子之子田乞（田僖子）用大斗借出、小斗回收，增加了户口与实力。公元前489年，齐景公死，齐国公族国、高二氏立公子荼，田乞逐国、高二氏，另立公子阳生，自立为相。从此田氏掌握齐国国政。公元前481年，田乞之子田恒（田常子）杀齐简公与诸多公族，另立齐平公，进一步把持政权，又以"修公行赏"争取民心。公元前391年，田成子四世孙田和废齐康公。公元前386年，田和放逐齐康公于海上，自立为国君，同年被周安王册命为齐侯。公元前379年，齐康公死，姜姓齐国绝祀。田氏仍以"齐"作为国号，史称"田齐"。

伯乐善治马

治天下者之过

伯乐是为天下提供了方便，但他却伤害了马。人类其实也一样，统治者和圣人积极有为或许是善良的，但结果却是恶的。

马，可以用蹄踏霜雪，可以用毛抵御风寒，饿了吃草，渴了喝水，高兴了还可以扬蹄跳跃，这些都是马真正的本性。因此，纵使为它建造了高台大殿，对它而言，也是没有意义的。

直到伯乐出现说："我擅长管理马。"于是，用热铁去烧它，剪它的毛，削它的蹄，烙上记号，再用马勒来束住它，用木栅栏关住它，马因此而死的，十匹里就有两三匹。接着，再让马挨饿忍饥、驱策奔驰、训练修饰，马活着，前面有强勒口衔的忧患，后面有皮鞭竹棒的威胁。这时马因此而死的，已经超过半数了。

又如陶工说："我擅长捏陶土。圆的器皿可以合于规，方的器皿可以合于矩。"又如木匠说："我擅长做木器，弯的可以合于钩，直的可以合于墨绳。"难道泥土与木头的本性，一定要合乎圆规方矩，弯钩墨绳吗？

然而，却世世代代都声称："伯乐擅长管马，而陶工、木匠擅长捏土和做木器。"其实，善于治理天下的人也犯了相同的过错。

人类的功业表现在两个方面，一是对自然的改造，二是对人的改造。从人类进入文明时代以来就开始了这两项活动，它们也成了人类文明的标志。人们常常为之沾沾自喜。但在庄子看来，人类的这些行为恰恰是对真正的文明的破坏。它所破坏的还不是枝节的东西，而是事物的根本。

马本来自由自在地生活在原野上，无所拘束，根本不懂得什么规矩。经过一些训练后，马的确成了有才能的马，成了有用的马，但也成为人的玩物和工具。木头原本是有生命的，依其本性而生长，随着境域而伸展，不可能长成符合什么标准的木材。经过木匠的整治，有用倒是有用了，但其生命也就终结了。那些治理天下的人也犯了同样的错误。

老百姓也与马一样，有着自然的本性，其本来的状态不过是织布而衣、耕种而食。这时他们没有什么偏爱，无忧无虑、自由自在地生活着。人们哪里知道什么君子与小人的区分，这时的百姓由于没有知识，所以没有失去本性，由于没有欲望，因而保持着原始的淳朴。而此时圣人出现了，用礼乐来匡正天下人的行为，倡导仁义以安慰人心。于是人们的疑惑也就产生了，不知道哪是对的，哪是错的。天下的分化也就出现了，每个人有每个人的欲望、知识，人人都开始为自己。人们开始费尽心机地发挥自己的才智，追求自己的利益，以至于不可遏止。

　　总之，人类的各种灾难都是统治者和圣人积极有为的结果，他们的本意或许是善良的，但结果却是恶的。庄子的这些观点不一定符合历史的事实，但却包含着深刻的道理。从历史发展的过程看，历史之所以演进到这一步，恐怕不是几个统治者或圣人所能够左右的。打破原始的宁静和淳朴的，是人类智慧本身的发展和社会机体的运行。就是说，这一过程缘自人性本身，出自社会内部，是一个必然的过程，而不是某些人从外部施加影响造成的。这就意味着，道德的破坏在先，而统治者和圣人的各种人为的措施在后，是出于不得已才这样做的。既然道德已经丧失，就只能退其次而推行仁义；既然仁义已经丧失，也只能退而次之推行刑罚；而当刑罚不奏效的时候，就只有暴政了。

伯乐驯马班

　　马本来自由自在地生活在原野上，经过伯乐的培养成了有才能的马，但也成为人的玩物和工具。同样，人类的各种灾难都是统治者和圣人积极有为的结果，他们的本意或许是善良的，但结果却是恶的。

伯乐之马

自由之马

驯马之术
❶ 剪毛、削蹄、作记号
❷ 马勒来缚，木栅栏圈养
❸ 挨饿忍饥、驱策奔驰、训练修饰

马的用途
❶ 拉车　　❷ 战马　　❸ 赛马

人的自然状态 → 统治者和圣贤的驯化 → **人的社会状态**

驯君之术
顺其本性施教

伴君之道的困难，在于如何在坚持原则与和顺妥协中寻求平衡。庄子告诉我们要顺其本性，达到矫正与引导的功效。

颜阖被请去做卫灵公太子的师傅，为了此事，他去请教卫国大夫蘧伯玉，问道："这里有一个人，他天性残暴，顺着他做无道的事而毫无原则，则会危害我的国家；如果坚持自己的原则，则会危害到我自身。这个人的聪明只够知道别人的过错，却不知道自己也有过错。像这样，我该怎么办？"

"你问得好！小心谨慎啊！首先要端正你自身的形象！"蘧伯玉回答道，"表面上不如去亲近他，内心不如与他妥协。虽然如此，但这两种方法都有不妥当的地方；亲近迁就他，但不能太过分；和顺妥协他，但不能太明显。如果表现太过迁就，连你自己都会被同化，因而导致毁灭堕落；如果妥协得太过明显，他会以为你是为了名声，而视你为妖孽。如果他像婴儿那样任性，你就随他像婴儿一样任性；如果他的行为毫无规范，你也随他为所欲为；如果他荒唐得不受限制，你也随他放荡不羁。假如你能做到这样的地步，就无可挑剔了。"

以螳臂挡车为例，蘧伯玉说："你没有看过那螳螂吗？奋力举起双臂来抵挡车轮，却不知道自己的力量是无法抵挡的。螳螂的前臂可以说是它身上最强的部分了，所以你要小心谨慎，如果你夸耀自己的才能而冒犯了他，下场就跟想挡车子的螳螂差不多了。"

蘧伯玉再举养老虎之道来说明："你没看养老虎的人吗？不敢拿活的动物喂养它，怕扑杀生物时激怒起它的本性；不敢拿整只动物喂养它，怕撕裂动物时会引起它残杀天性。使它饥饱时，不让它有引起怒气的机会。老虎与人虽不同类，但却会向喂养自己的人献媚，这是因为养虎人懂得顺着老虎的习性，所以老虎伤人，多半是人们违背了老虎的本性。"

接着，再提爱马人的下场："再说那爱马的人，特意用别致的竹筐来接马粪，用珍贵的水器去盛马尿。偶尔有蚊虫叮咬爱马，那人就出其不意地帮马扑打。结果，马惊吓得咬断口勒、毁坏笼头、撕碎肚带。爱马人的本意是好的，但溺爱过度却反而造成损失，由此看来，行事不谨慎行吗？"

伴君之道的困难，在于如何在坚持原则与和顺妥协中寻求平衡。庄子告诉我们要顺其本性，达到矫正与引导的功效，就是要在无为中无不为。庄子深知比干等臣子的下场，所以他要人们在保持自身的情况下，能够做到伴君自如，不要螳臂挡车，悔之晚矣。

伴君之术

伴君之道的困难，在于如何在坚持原则与和顺妥协中寻求平衡。庄子告诉我们要顺其本性，达到矫正与引导的功效。就是要在无为中无不为。

螳臂挡车

不要自不量力

养虎之道

不要违背其本性

通过上面三则寓言，说明伴君之道就是要无为而无不为，在原则和妥协中寻求平衡，顺君本性，达到矫正和引导的功效。

爱马之人

不要溺爱

尧舜禅让

没人愿接这累活

10

寓言中的尧和舜四处寻找贤者，想要禅让王位，但这些人都不愿接受，因为他们看见的不是荣华富贵，而是辛苦劳累的痛苦。

尧让天下给许由，许由不肯接受。又让给子州支父，子州支父说："让我做天子，也还可以。但是我正患有重病，将要去医治，没有时间去治理天下。"天下的政事是最重要的了，而不肯以治理天下的事妨碍生命，何况其他的事呢？只有能以无为治理天下的，才可以把治理天下的事托付给他。

舜让天下给子州支伯。子州支伯说："我正患有重病，将要去医治，没有时间去治理天下。"天子的权位是最大的名气，而不肯以天子的名位来换生命，这是有道的人所以和凡夫俗子不同的原因。

舜把天下让给善卷，善卷说："我生活在宇宙中，冬天穿皮毛的衣服，夏天穿细麻的衣服，春天耕种，身体可以劳动，秋天收成，身体可以休息饱食。太阳出来了去工作，太阳下山了就休息，自由自在地逍遥在天地之中，心意舒畅自得。我要治理天下做什么，悲哀呀！你不了解我啊！"善卷不肯接受，于是到深山里去隐居，没有人知道他的去处。

舜再把天下让给他的朋友石户的农夫。石户的农夫说："用力工作呀！国君的为人，真是勤劳的人啊！"他认为舜的道德还没有修养到最高境界，于是这个农夫和妻子背着东西、顶着家具，带着子女隐居海边，终身没有回来。

南面称王，坐拥天下，谁人不羡慕。但或许是别人都没有这个机会，所以个中的甘苦也无从得知。寓言中的尧和舜四处寻找贤者，想要禅让王位，但这些人都不愿接受，因为他们看见的不是荣华富贵，而是辛苦劳累的痛苦。

这就是道家的隐士观，纵使拥有天下也不如逍遥自在好。这与儒家强调的积极入世而有为于天下正好相反，因为相对于天下和生命来说，生命是最重要的，用生命来换天子的名位，这是有道的人所不为的。

当今的社会，真正不要到手权位的人几乎是没有的，因为人们看到的是有权就有钱，有权就可以有更多的好处。可是没有想到责任，越大的权力，责任也就越大，压力也就越大，如果只是想到其荣华富贵，那结果就会危害到生命，因为得到总是要付出的。相比当初，还不如不要这个权力。

不要天下

拥有天下固然可以有荣华富贵，但同时也有更大的责任和压力，寓言中的贤者之所以不要天下，正是出于爱护自身的角度，所以宁可隐居也不要天下。

天子之位

 众人

↓ 看到

荣华富贵

趋之若鹜

 高士

↓ 看到

责任和压力

避世隐居

结论： 禅让制可以说是比较民主的政治模式，但在高士看来，相对于自身的自在逍遥，天子之位的辛苦劳累实在是不可取。

相关链接

禅让制

　　是中国上古时期推举部落首领的一种方式，即部落各个人表决，以多数决定。相传尧为部落联盟领袖时，四岳推举舜为继承人，尧对舜进行三年考核，使其帮助办事。尧死后，舜继位，用同样推举方式，经过治水考验，以禹为继承人。禹继位后，又举皋陶为继承人，皋陶早死，又以伯益为继承人。这是部落联盟推选领袖的制度，史称"禅让"。据说首领要躲在树林中，然后由族人拥戴他出来。但另一种说法是，禅让制只是到禹就终止了，他建立第一个朝代——夏朝。

屠夫不受封

明白自己的位置

11

屠夫之所以不受封，是因为他知道，是你的跑不了，不是你的不可强求，强求必有烦恼缠身。若人人都觊觎不属于自己的东西，那必然形成乱源，只有安分守己才能安定人心。

　　楚昭王丧失了国土，屠羊说也跟着昭王在外逃亡。后来昭王返回楚国，要奖赏当时跟随他逃亡的人，赏赐到屠羊说时，屠羊说说："当年大王丧失了国土，我也失去了杀羊的工作，现在大王返国，我也可以继续杀羊。那我的爵禄已经恢复了，又有什么可以奖赏的呢？"

　　楚昭王传话说："强制他接受！"屠羊说的回复却是："大王失去楚国，不是我的过失，所以我不该接受诛罚；大王返回楚国，也不是我的功劳，所以我也不敢接受奖赏。"

　　昭王说："那么叫他来见我。"屠羊说又说："按照楚国的法律，必定要有重赏大功的人才行觐见，现在我的才智不足以保护国家，勇敢也不足以消灭敌人。吴国军队入侵郢都，我畏惧危难而躲避敌人，并不是有意追随大王。现在大王要废毁法约来召见我，这并不是我所希望传闻天下的事情。"

　　昭王对楚国将军司马子綦说："屠羊说虽居处卑贱而陈述的义理却很高深，你替我请他担任三公的职位。"屠羊说知道后说："三公的职位，我知道比杀羊的铺子高贵；万钟的俸禄，我知道比屠羊的报酬丰厚；但是，我怎么可以贪图爵位俸禄，而使我的国君得到滥赐的恶名呢！我不敢接受，希望重返我杀羊的铺子。"屠羊说终究还是拒不接受封赏。

　　屠夫和三公之位，你会选哪一个呢？若以尊卑论，屠夫的工作当然卑贱得多；但若以安身立业来说，屠夫的工作又比三公来得保险多了。若人人都觊觎不属于自己的东西，那必然形成乱源，只有安分守己才能安定人心。

　　谁不想功成名就，又有多少人在做着一觉醒来便有享不尽的荣华富贵的美梦。然而突如其来的幸运，叫人莫名其妙的欣喜，必然包含着突如其来的横祸，同样叫人莫名其妙的忧伤。无论因力气还是才德，辛苦得来才叫人心里踏实，日子才过得平安。

　　认真地做事，自然地做人。不要奢望，不要苛求。人的世界多姿多彩，不是每一个地方都能接受你，这个特定的地方需要你自己去找，一切都在机缘中。人生要的就是这个机缘，是你的跑不了，不是你的不可强求，强求必有烦恼缠身；求得不可过多，过多则贪，贪得必会惹祸上身。一句话，平平淡淡才是真。

无功不受禄

　　人人都想不劳而获，可是寓言中的屠夫却清楚地意识到无功不受禄，贪得必会惹祸上身。认真做事，自然做人，平平淡淡才是真。

屠夫
无功不受禄的代表，十分清楚自己的位置。

功名利禄的取得方法

　　功名利禄的取得，一是因为有功，这自然是应该的，辛苦的付出必然得到一定的报酬；还有一种是偶然得之，也许是机缘巧合，但这其中必然包藏着祸端。

功名利禄的正确认识

　　对于功名利禄，要用实际行动来取得，如果不清楚自己的劳动，只是等着飞来好运，则只会是空欢喜一场。所以，应该认真做事，自然做人，平平淡淡地生活。

相关链接

楚昭王复国

　　春秋晚期，吴王阖闾、伍子胥、孙武等吴国精英率吴、唐、蔡三国联军，向楚国大举入侵，直逼楚国郢都城下。楚昭王被迫仓皇出逃，走云中（今松滋、石首一带）、奔郧城（今云梦城）、投随国（今随州）。一路上凶险接踵而至，生命危如累卵。幸亏不甘国破家亡的楚国臣民，仍把昭王视为国家的象征，把复国强楚的希望寄托在昭王身上。因此，每当昭王遭凶遇险，大臣们都奋不顾身，以死相救，使之逢凶化吉，转危为安。后与秦国结为军事同盟，并肩战斗，击败了吴军，实现了还郢复国，重振雄风的愿望。

政治观

明白自己的位置

221

孔子寻仁义

依循大道而行

12

生当乱世，孔子用仁义思想来教化天下人屡屡碰壁，徒然扰乱人性。所以庄子借老聃之口说出真正的仁义，不过是放任自然的德性，依循大道而行罢了。

孔子西行，想将他著述的典籍藏在周王室的书库中。子路为他设想说："我听说周王室掌管图书的人中，有位名叫老聃的管理者，退职归隐在家，先生您想要藏放书籍，或许可以试试请他帮忙。"

孔子说："好。"就去拜见老聃，但老聃不答应，于是孔子引述六经来解说。老聃中断他的话说："太冗长了，请说重点。"孔子说："重点就是仁义。"老聃问："那么请教您，仁义是人与生俱来的本性吗？"孔子回答说："是的。君子如果不行仁，就不能成功业，如果不行义，就不能存于世。仁义，确实是人的本性，除了仁义还有什么？"

老聃问："那再请教，什么叫仁义？"孔子答："端正心思，合顺欢乐，兼爱无私，这就是仁义的实情。"老聃说："哎，注意呀，你后面说的这些话，说兼爱，不是太过迂腐了吗？讲无私，那才是自私。先生您是希望天下人不要失去教化吧？那天地本来就是有一定的常道，日月自有光明，星辰自有行列，禽兽原来是群集的，树木原本就存在生长。您要做的，不过是放任自然的德性，依循大道而行，这就已经足够了。又何必急切地奋力去标举仁义，好像敲锣打鼓寻找迷失的孩子一样？哎，您这是在扰乱人性呀！"

老聃批评孔子的兼爱无私不合人性，其实兼爱无私应该是墨家的主张。但老聃说孔子的学说太过冗长，则指出了当时各家流派共同的弊病，即言说胜于实践。言论上冠冕堂皇，实行起来却滞碍难行，于是再完整的理论，都不过是空话。

面对当时的乱世，君臣不相应的现状，孔子的主张是用仁义回复到周初的样子。为了说服当时的各路诸侯，宣扬自己的思想，孔子曾周游列国，但收效甚微。老聃说他好像敲锣打鼓寻找迷失的孩子一样，真是恰如其分。老聃的主张是不要去四处教化别人，其实天地有常道，你只要放任自然的德性，依循大道而行就足够了。

孔子的仁义思想，是想依圣人之道，以礼来约束人们。而老聃的思想是让人们依循自然，是发挥人们的自由天性。在乱世中，孔子的思想难免有些徒劳，但老子的思想却让人活得潇洒一些。总之，庄子借老聃和孔子来讨论仁义，是告诉人们要遵循大道而行。

依循大道才是仁义

孔子的仁义思想，是想依圣人之道，以礼来约束人们。而庄子的思想是让人们依循自然，发挥自由天性。

儒家

这里是指老子道家和孔子儒家关于治世思想的主旨

仁义

儒家的仁义：
效依圣人的治世之道，用礼法制度来约束自己和别人。

道家

道家的仁义：
不去四处教化别人，按照自然天地之大道而行。

孔子之仁和墨子之仁

孔子认为，仁是行礼的内在基础，礼是行仁的外在目的。墨子认为，仁是交利的思想基础，交利是仁的必然结果。孔子的仁是别爱，墨子的仁是兼爱。

孔子复周礼的进程并不顺利，其中最大的困难并不在于周礼当时已经散落在民间，而在于人们知道礼却不依礼而行。孔子经过长时间的思索，终于明白行礼还需要有内在基础，有了内在基础，人们才会自觉地按照礼的要求行事，这个内在基础就是仁。所以孔子的仁与礼是分不开的。

墨子的仁是与利联系在一起的，这个利不是个人的小利，而是利天下的大利。墨子的兼爱是针对儒家的别爱提出来的，如果爱天下人就像爱亲人、爱自己，那么就不会有这些争斗，就能"兴天下之利"，这就是墨子所说的"兼相爱，交相利"。

绝圣弃智

天下不是拿来管的

13

庄子认为，提倡仁义和法度只能让天下更乱，唯有绝圣弃智才是出路。只有专注于自我修养的至人，才是天下人应该效法的对象。

崔瞿问老聃说："如果不治理天下，怎么能使人向善呢？"老聃说："你要小心谨慎不要干扰人自然的本性。人心是遭到拒绝就向下沉沦，得到鼓励就向上奋进。常常遇到进退维谷、上下不得的情况而自我煎熬，唯有柔美的心志才能以柔克刚。当人心因追求名利而饱受折磨时，有时心急如焚，焦急得像烈火一样，有时如履薄冰，忧惧得像寒冰一样，顷刻之间心情的变化，好像瞬间就到达另一个世界。人心在安静的时候，可以像深渊那么寂静，但一旦惊动了它，心念突起，又跃动得如高挂在天空般。那强傲而不可禁制的，大概就是人心了吧！"

老聃说完，再提出历史人物为例，说明仁义扰乱人心所造成的祸害。最早是黄帝治理天下的时代，开始用仁义来干扰人的本性。于是，继他而起的尧舜纷纷效法，以至于劳心伤神，四处奔走，弄得大腿无肉，小腿无毛，只为了让天下人都能温饱，内心忧愁只为了奉行仁义，苦费心志只为了制定法律制度。但还是有无法信服的人，像尧的时代，就曾经因谨兜作乱，将他放逐到崇山，又将三苗赶到三峗，将共工流放到幽州，这都是因为仁义根本不能改变人心。等到三王的时代，天下更是大受惊扰，人民生活上害怕暴君夏桀、大盗跖等人的恶行，精神思想上又困扰于曾参、史鰌之流以善行仁义闻名于世的人，再加上儒家和墨家相继崛起。于是，人心开始喜怒是非，互相猜疑，愚者与智者相互欺骗，用善恶之名相互批评，虚诞与信实相互讥讽，至此天下已经衰落不振了。道德纷乱不清，则性命之理也跟着散乱；天下标榜智识，则百姓的认知都混淆不清了。因此，接着是斧钺刀锯这种制裁的出现，有吊死黥面这种酷刑的产生，有椎凿肉刑的设立。天下纷纷大乱，都是因为用仁义扰乱了人心的过错呀！所以，真正贤能的人宁可隐居在高山深岩之中，而权位庞大的一国之君却忧虑恐惧地坐在庙堂之上。

当今，被判死刑人的残体堆积如山，带着手铐脚镣的人相互抢掠，遭受刑杀的人满眼皆是，而儒墨这时才开始在枷锁之间大呼应该救世。哎！真是太过分了！他们也太不觉惭愧和羞耻了！依我看来，说不定圣人的知识就是刑罚械具，仁义就是枷锁镣铐，如此一来，又怎么知道曾参、史鰌不是夏桀、盗跖行恶的向导呢？所以说，断绝圣贤、抛弃智慧，天下自然就太平了。

　　庄子认为儒家尊崇的圣君尧舜也还是干扰人民自然本性，同时也是引起天下纷乱的根源。我们多是看到仁义、法律等这些所谓善良的礼制法度带来的伦理与秩序，因而极力鼓吹它们有效的一面。然而，它却有双重负面效应，一是圣人标榜的仁义终成为窃国者的护身符；二是法治的管理，其实是以设立刑罚来禁锢人们，但结果只会使人们为了名利自蹈险境，最后刑罚多如牛毛，而受刑而死的人越来越多。所以，庄子最终结论是绝圣弃智。

天下不是管出来的

　　庄子认为儒家尊崇的圣君尧舜也还是干扰人民自然本性，同时也是引起天下纷乱的根源。仁义就是枷锁镣铐，断绝圣贤、抛弃智慧，天下自然就太平了。

天下图

用仁义礼智来管理天下

产生

庄子观点

　　天下不是管出来的，应该顺其自然，在无为中而无不为，方法就是绝圣和弃智。只有这样才能天下太平。

❶ **伦理与秩序**（窃国者的护身符）
❷ **法治和刑罚**（人们为了名利而不择手段）

结果

造成天下越来越乱

蜗角之争
战争毫无意义

14

在战国时代，诸侯征伐，民不聊生，寓言中的魏惠王，因个人私怨，不惜两国交战，其荒诞与自大，正是戴晋人所讥讽的蜗角之争。

魏惠王和齐威王缔结盟约。齐威王背约，魏惠王发怒，将派人去行刺。将军公孙衍听见了，认为这是可耻的事，就说："您是拥有万乘兵车的国君，现在却用匹夫的手段去报仇，我愿意率领二十万士兵，为国君去攻伐他，俘虏他们的百姓，牵走他们的牛马，让他们的国君内心忧愁，背上生疮，然后消灭他的国家；齐国大将田忌也逃亡，然后鞭打他的后背，折断他的脊骨。"

季子听了，认为公孙衍的做法可耻，说："建筑十仞高的城墙，现在已完成十仞了，再把它毁坏，这是筑城之人所痛心的事。如今没有战争已七年了，这是王业的基础。公孙衍实在是好乱的人，不可听从他的主张。"

华子听了之后，认为他们两人的做法都很可耻，于是说："巧于劝说讨伐齐国的人，是好乱之人；巧于劝说不攻齐国的人，也是好乱之人；评论是不是讨伐齐国为好乱之人的人，他本身就是拨弄祸乱的人。"魏惠王说："那要怎样呢？"华子说："你只顺着自然的道理去做就是了。"

惠子听见了，引见戴晋人。戴晋人向魏惠王说："有名叫蜗牛的小动物，您知道吗？"魏惠王说："知道。"戴晋人说："建立国家在蜗牛左角上的叫触氏，建立国家在蜗牛右角上的叫蛮氏，时常为了争夺土地而打仗，死伤几万人，胜方追逐败方的逃兵十五天才撤兵回来。"魏惠王说："奇怪呀！这是不实在的事情吧？"戴晋人说："我来为您解答这个疑问。您推测天地四方有穷尽吗？"魏惠王说："没有穷尽。"戴晋人说："知道把心神放在无穷的宇宙中纵横驰骋后，再返回头来看待四通八达的国土，不会感到若有若无吗？""是的。"魏惠王回答。戴晋人又问："在通达的国家有个魏国，在魏国中有个大梁城，大梁城中有大王，大王和蛮氏比起来，有什么分别吗？"魏惠王说："没有分别。"

戴晋人辞别离开，魏惠王心中不畅，怅然若有所失。客人走后，惠子觐见，魏惠王说："刚才的来客，是一个大德的人，圣人也不能和他相比。"惠子说："譬如那吹箫的，声音还很大；吹箭头环孔的，声音就很细小了。尧舜是人人所称誉的对象，要是在戴晋人面前称赞尧舜，也好像是细小的声音罢了。"

　　反战，是老庄思想中潜在的主题。在战国时代，诸侯征伐，民不聊生，乃是人民最痛苦的事。诸侯为了莫须有的名义，彼此讨伐，寓言中的魏惠王，因个人私怨，不惜两国交战，其荒诞与自大，正是戴晋人所讥讽的蜗角之争。一个国家，无异于蜗牛头上的一角，地球大概无异于一只蜗牛吧！国家之间何必争战不已。我们为了名利而参与激烈的竞争时，是否也该停下脚步、敞开胸怀，不要太过计较得失呢？

蜗角之争

如果把地球比作一只蜗牛，那一个国家无异于蜗牛头上的一角。如果两个国家交战，那就无异于蜗牛的两只角在争斗，是没有任何意义的。

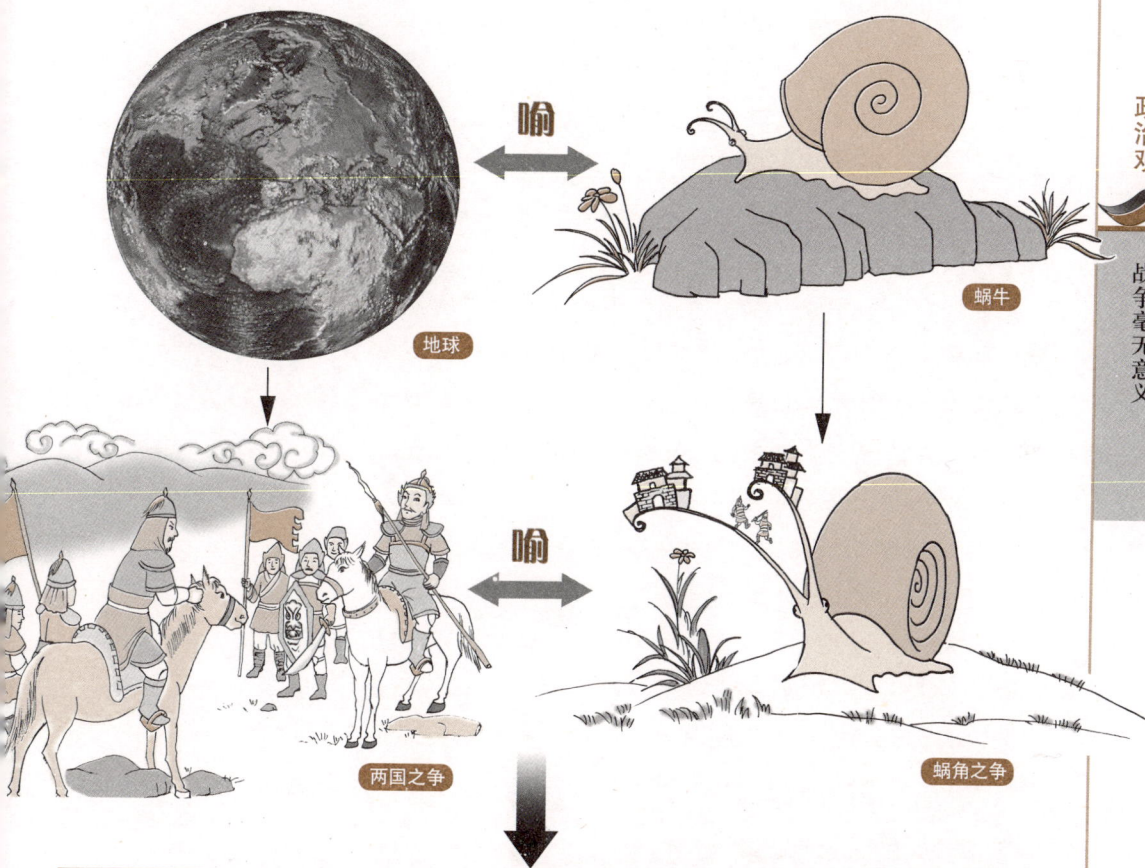

喻

地球

蜗牛

喻

两国之争

蜗角之争

　　庄子的无为之境中，宇宙是无穷的，有国界的国家处于无穷之宇宙，本就微不足道，若有若无。那么，国家之间自相残杀的战争又有必要吗？

庄子的三把剑

无形剑胜于有形剑

15

庄子的三把剑告诉我们，居其位必须行其事，不要辜负了别人的期望，而降低了原来的地位。

赵文王说："希望能听听这三把剑。"庄子于是说道："有一把叫天子之剑，有一把叫诸侯之剑，还有一把叫平民之剑。"

赵文王说："这天子之剑是怎样呢？"庄子答道："天子之剑，以燕谿石城为剑端，以齐国泰山为剑刃，以晋国、卫国为剑背，以周朝、宋国为剑环，韩国、魏国为剑柄。用四夷包着，用四时裹住。渤海围绕其外，恒山环带其旁。用五行来制衡，用刑德来论断。用阴阳来开合，以春夏来助持，以秋冬来运行。这把剑，向前无人可以抵挡，向上无人可以躲避，向下无人能够逃脱，挥舞起来没有人敢靠近。上可以斩断浮云，下可以绝断地脉。这把剑一出鞘，能够匡正诸侯，使天下归顺。这就是天子之剑。"

赵文王茫然失神地说："那诸侯之剑又是怎么样呢？"庄子说："诸侯之剑，以智慧勇气为剑端，以清静廉明为剑刃，以任用贤能良士为剑背，以忠顺圣明之士为剑环，以豪杰之士为剑柄。这把剑，向前也是无人能抵挡，向上也是无人能躲避，向下也是无人能逃脱，挥舞起来也没人敢靠近；在上则可以效仿天理来制约日月星辰；在下则可以效仿地规来制约春秋冬夏，居中则调和民意以安定四方。这把剑一出鞘，像雷霆震动，四海之内，没有不归服并听从君上命令的。这就是诸侯之剑。"

赵文王又问道："平民之剑是怎么样呢？"庄子说："至于那平民之剑，就是披散头发，鬓毛杂乱，低垂帽檐，系紧帽带，剪短衣摆，怒目而说不出话来。在前面互击，向上斩断头颈，向下切开肝肺。这把平民之剑，跟斗鸡没有什么不同，一旦一命呜呼，对于国家大事一点用处都没有。现在大王拥有天子的尊位，却喜爱平民之剑，臣真替大王感到不值。"

赵文王听完，便拉着庄子上殿。掌管御膳的官员送上食物来，赵文王还是坐立不安，无法安心进食，绕着圈走了三次。庄子见状，于是说道："大王请安静下来，平定心气，关于剑的事，我已经上奏完毕了。"于是赵文王三个月不出宫门，而剑士都自绝而亡了。

有形之剑只能逞凶斗狠，以性命相搏，斩杀一二对手。但无形之剑可以所向无敌，以德信服于人，地位尊贵而无损性命，但屈服于其下者千千万万。居其位必须行其事，不要辜负了别人的期望，而降低了原来的地位。

庄子的三把剑

庄子的三把剑指天子、诸侯和平民，三者应各安其位各行其事，不能相互逾越，失去相应职能，造成混乱局面。

① **天子之剑：**
匡正诸侯，使天下归顺。

② **诸侯之剑：**
安抚四海之内的人们，
使之听从君上的命令。

③ **平民之剑：**
形同斗鸡，对国家大事
一点用处没有。

政治观

无形剑胜于有形剑

相关链接

古代名剑

剑名	辕夏禹剑	湛泸剑	赤霄剑	泰阿剑	七星龙渊剑	干将莫邪剑	鱼肠剑	纯钧剑	承影剑
剑主	黄帝	欧冶子	刘邦	楚王	伍子胥	干将、莫邪	专诸	勾践	孔周
剑气	圣道	仁道	帝道	威道	诚信高洁	挚情	勇绝	尊贵	优雅

附录 《庄子》原文

内·篇

逍遥游第一

北冥有鱼，其名为鲲。鲲之大，不知其几千里也。化而为鸟，其名为鹏。鹏之背，不知其几千里也；怒而飞，其翼若垂天之云。是鸟也，海运则将徙于南冥。南冥者，天池也。

《齐谐》者，志怪者也。《谐》之言曰："鹏之徙于南冥也，水击三千里，搏扶摇而上者九万里。去以六月息者也。"野马也，尘埃也，生物之以息相吹也。天之苍苍，其正色邪？其远而无所至极邪？其视下也，亦若是则已矣。

且夫水之积也不厚，则其负大舟也无力。覆杯水于坳堂之上，则芥为之舟；置杯焉则胶，水浅而舟大也。风之积也不厚，则其负大翼也无力。故九万里，则风斯在下矣，而后乃今培风；背负青天而莫之夭阏者，而后乃今将图南。

蜩与学鸠笑之曰："我决起而飞，抢榆枋，时则不至而控于地而已矣，奚以之九万里而南为？"适莽苍者，三餐而反，腹犹果然；适百里者，宿舂粮；适千里者，三月聚粮。之二虫又何知！

小知不及大知，小年不及大年。奚以知其然也？朝菌不知晦朔，蟪蛄不知春秋，此小年也。楚之南有冥灵者，以五百岁为春，五百岁为秋；上古有大椿者，以八千岁为春，八千岁为秋，此大年也。而彭祖乃今以久特闻，众人匹之，不亦悲乎！

汤之问棘也是已：汤问棘曰："上下四方有极乎？"棘曰："无极之外，复无极也。穷发之北有冥海者，天池也。有鱼焉，其广数千里，未有知其修者，其名为鲲。有鸟焉，其名为鹏，背若泰山，翼若垂天之云，搏扶摇羊角而上者九万里，绝云气，负青天，然后图南，且适南冥也。斥鴳笑之曰：'彼且奚适也？我腾跃而上，不过数仞而下，翱翔蓬蒿之间，此亦飞之至也。而彼且奚适也？'"此小大之辩也。

故夫知效一官，行比一乡，德合一君而征一国者，其自视也亦若此矣。而宋荣子犹然笑之，且举世而誉之而不加劝，举世而非之而不加沮，定乎内外之分，辩乎荣辱之境，斯已矣。彼其于世未数数然也。虽然，犹有未树也。夫列子御风而行，泠然善也，旬有五日而后反。彼于致福者，未数数然也。此虽免乎行，犹有所待者也。

若夫乘天地之正，而御六气之辩，以游无穷者，彼且恶乎待哉！故曰，至人无己，神人无功，圣人无名。

尧让天下于许由，曰："日月出矣，而爝火不息，其于光也，不亦难乎！时雨降矣，而犹浸灌，其于泽也，不亦劳乎！夫子立，而天下治，而我犹尸之，吾自视缺然。请致天下。"

许由曰："子治天下，天下既已治也。而我犹代子，吾将为名乎？名者实之宾也，吾将为宾乎？鹪鹩巢于深林，不过一枝；偃鼠饮河，不过满腹。归休乎君，予无所用天下为！庖人虽不治庖，尸祝不越樽俎而代之矣。"

肩吾问于连叔曰："吾闻言于接舆，大而无当，往而不返。吾惊怖其言，犹河汉而无极也；大有径庭，不近人情焉。"

连叔曰："其言谓何哉？""曰：'藐姑射之山，有神人居焉。肌肤若冰雪，绰约若处子；不食五谷，吸风饮露；乘云气，御飞龙，而游乎四海之外；其神凝，使物不疵疠而年谷熟。'吾以是狂而不信也。"

连叔曰："然！瞽者无以与乎文章之观，聋者无以与乎钟鼓之声。岂唯形骸有聋盲哉？夫知亦有之。是其言也，犹时女也。之人也，之德也，将旁礴万物以为一，世蕲乎乱，孰弊弊焉以天下为事！之人也，物莫之伤，大浸稽天而不溺，大旱金石流、土山焦而不热。是其尘垢秕糠，将犹陶铸尧、舜者也，孰肯分分然以物为事。"

宋人资章甫而适诸越，越人断发文身，无所用之。尧治天下之民，平海内之政，往见四子藐姑射之山，汾水之阳，窅然丧其天下焉。

惠子谓庄子曰："魏王贻我大瓠之种，我树之成而实五石。以盛水浆，其坚不能自举也；剖之以为瓢，则瓠落无所容。非不呺然大也，吾为其无用而掊之。"

庄子曰："夫子固拙于用大矣。宋人有善为不龟手之药者，世世以洴澼絖为事。客闻之，请买其方以百金。聚族而谋之曰：'我世世为洴澼絖，不过数金；今一朝而鬻技百金，请与之。'客得之，以说吴王。越有难，吴王使之将，冬与越人水战，大败越人，裂地而封之。能不龟手，一也；或以封，或不免于洴澼絖，则所用之异也。今子有五石之瓠，何不虑以为大樽而浮乎江湖，而忧其瓠落无所容？则夫子犹有蓬之心也夫！"

惠子谓庄子曰："吾有大树，人谓之樗。其大本拥肿而不中绳墨，其小枝卷曲而不中规矩，立之涂，匠者不顾。今子之言，大而无用，众所同去也。"

庄子曰："子独不见狸狌乎？卑身而伏，以候敖者；东西跳梁，不辟高下；中于机辟，死于罔罟。今夫斄牛，其大若垂天之云。此能为大矣，而不能执鼠。今子有大树，患其无用，何不树之于无何有之乡，广莫之野，彷徨乎无为其侧，逍遥乎寝卧其下。不夭斤斧，物无害者，无所可用，安所困苦哉！”

齐物论第二

南郭子綦隐机而坐，仰天而嘘，答焉似丧其耦。颜成子游立侍乎前，曰："何居乎？形固可使如槁木，而心固可使如死灰乎？今之隐机者，非昔之隐机者也。"

子綦曰："偃，不亦善乎，而问之也！今者吾丧我，汝知之乎？汝闻人籁而未闻地籁；汝闻地籁而未闻天籁夫！"

子游曰："敢问其方。"子綦曰："夫大块噫气，其名为风。是唯无作，作则万窍怒呺。而独不闻之翏翏乎？山陵之畏佳，大木百围之窍穴，似鼻，似口，似耳，似枅，似圈，似臼，似洼者，似污者；激者，謞者，叱者，吸者，叫者，譹者，宎者，咬者，前者唱于而随者唱喁。泠风则小和，飘风则大和，厉风济则众窍为虚。而独不见之调调之刁刁乎？"

子游曰："地籁则众窍是已，人籁则比竹是已。敢问天籁。"子綦曰："夫天籁者，吹万不同，而使其自己也，咸其自取，怒者其谁邪！"

大知闲闲，小知间间；大言炎炎，小言詹詹。其寐也魂交，其觉也形开。与接为搆，日以心斗。缦者，窖者，密者。小恐惴惴，大恐缦缦。其发若机栝，其司是非之谓也；其留如诅盟，其守胜之谓也；其杀若秋冬，以言其日消也；其溺之所为之，不可使复之也；其厌也如缄，以言其老洫也；近死之心，莫使复阳也。喜怒哀乐，虑叹变热，姚佚启态；乐出虚，蒸成菌。日夜相代乎前，而莫知其所萌。已乎，已乎！旦暮得此，其所由以生乎！

非彼无我，非我无所取。是亦近矣，而不知其所为使。若有真宰，而特不得其眹；可行已信；而不见其形。有情而无形。

百骸、九窍、六藏，赅而存焉，吾谁与为亲？汝皆说之乎？其有私焉？如是皆有为臣妾乎？其臣妾不足以相治乎？其递相为君臣乎？其有真君存焉？如求得其情与不得，无益损乎其真。

一受其成形，不亡以待尽。与物相刃相靡，其行进如驰，而莫之能止，不亦悲乎！终身役役而不见其成功，苶然疲役而不知其所归，可不哀邪！人谓之不死，奚益！其形化，其心与之然，可不谓大哀乎？人之生也，固若是芒乎？其我独芒，而人亦有不芒者乎？

夫随其成心而师之，谁独且无师乎？奚必知代而心自取者有之？愚者与有焉。

未成乎心而有是非，是今日适越而昔至也。是以无有为有。无有为有，虽有神禹，且不能知，吾独且奈何哉！

夫言非吹也，言者有言，其所言者特未定也。果有言邪？其未尝有言邪？其以为异于鷇音，亦有辩乎，其无辩乎？

道恶乎隐而有真伪？言恶乎隐而有是非？道恶乎往而不存？言恶乎存而不可？道隐于小成，言隐于荣华。故有儒、墨之是非，以是其所非而非其所是。欲是其所非而非其所是，则莫若以明。

物无非彼，物无非是。自彼则不见，自是则知之。故曰彼出于是，是亦因彼。彼是方生之说也，虽然，方生方死，方死方生；方可方不可，方不可方可。因是因非，因非因是。是以圣人不由，而照之于天，亦因是也。

是亦彼也，彼亦是也。彼亦一是非，此亦一是非。果且有彼是乎哉？果且无彼是乎哉？彼是莫得其偶，谓之道枢。枢始得其环中，以应无穷。是亦一无穷，非亦一无穷也。故曰莫若以明。

以指喻指之非指，不若以非指喻指之非指也；以马喻马之非马，不若以非马喻马之非马也。天地一指也，万物一马也。

道行之而成，物谓之而然。有自也而可，有自也而不可。有自也而然，有自也而不然。恶乎然？然于然。恶乎不然？不然于不然。恶乎可？可于可。恶乎不可？不可于不可。物固有所然，物固有所可。无物不然，无物不可。故为是举莛与楹，厉与西施，恢恑憰怪，道通为一。其分也，成也；其成也，毁也。凡物无成与毁，复通为一。

唯达者知通为一，为是不用而寓诸庸。庸也者，用也；用也者，通也；通也者，得也。适得而几矣。因是已，已而不知其然，谓之道。

劳神明为一，而不知其同也，谓之朝三。何谓朝三？狙公赋芧曰："朝三而暮四。"众狙皆怒。曰："然则朝四而暮三。"众狙皆悦。名实未亏而喜怒为用，亦因是也。是以圣人和之以是非而休乎天钧，是之谓两行。

古之人，其知有所至矣。恶乎至？有以为未始有物者，至矣，尽矣，不可以加矣。其次，以为有物矣，而未始有封也。其次，以为有封焉，而未始有是非也。是非之彰也，道之所以亏也。道之所以亏，爱之所以成。果且有成与亏乎哉？果且无成与亏乎哉？有成与亏，故昭氏之鼓琴也；无成与亏，故昭氏之不鼓琴也。昭文之鼓琴也，师旷之枝策也，惠子之据梧也，三子之知，几乎皆其盛者也，故载之末年。唯其好之也，以异于彼；其好之也，欲以明之。彼非所明而明之，故以坚白之昧终。而其子又以文之纶终，终身无成。若是而可谓成乎？虽我无成，亦可谓成矣。若是而不可谓成乎？物与我无成也。是故滑疑之耀，圣人之所图也。为是不用而寓诸庸，此之谓以明。

今且有言于此，不知其与是类乎？其与是不类乎？类与不类，相与为类，则与彼无以异矣。

　　虽然，请尝言之。有始也者，有未始有始也者，有未始有夫未始有始也者。有有也者，有无也者，有未始有无也者，有未始有夫未始有无也者。俄而有无矣，而未知有无之果孰有孰无也。今我则已有谓矣，而未知吾所谓之其果有谓乎，其果无谓乎？

　　夫天下莫大于秋豪之末，而泰山为小；莫寿于殇子，而彭祖为夭。天地与我并生，而万物与我为一。既已为一矣，且得有言乎？既已谓之一矣，且得无言乎？一与言为二，二与一为三。自此以往，巧历不能得，而况其凡乎！故自无适有以至于三，而况自有适有乎！无适焉，因是已。

　　夫道未始有封，言未始有常，为是而有畛也，请言其畛：有左，有右，有伦，有义，有分，有辩，有竞，有争，此之谓八德。六合之外，圣人存而不论；六合之内，圣人论而不议。春秋经世先王之志，圣人议而不辩。故分也者，有不分也；辩也者，有不辩也。曰：何也？圣人怀之，众人辩之以相示也。故曰辩也者，有不见也。

　　夫大道不称，大辩不言，大仁不仁，大廉不嗛，大勇不忮。道昭而不道，言辩而不及，仁常而不周，廉清而不信，勇忮而不成。五者无弃而几向方矣。

　　故知止其所不知，至矣。孰知不言之辩，不道之道？若有能知，此之谓天府。注焉而不满，酌焉而不竭，而不知其所由来，此之谓葆光。

　　故昔者尧问于舜曰："我欲伐宗、脍、胥敖，南面而不释然。其故何也？"舜曰："夫三子者，犹存乎蓬艾之间。若不释然，何哉？昔者十日并出，万物皆照，而况德之进乎日者乎！"

　　啮缺问乎王倪曰："子知物之所同是乎？"曰："吾恶乎知之！""子知子之所不知邪？"曰："吾恶乎知之！""然则物无知邪？"曰："吾恶乎知之！虽然尝试言之。庸讵知吾所谓知之非不知邪？庸讵知吾所谓不知之非知邪？且吾尝试问乎汝：民湿寝则腰疾偏死，鳅然乎哉？木处则惴栗恂惧，猿猴然乎哉？三者孰知正处？民食刍豢，麋鹿食荐，蝍蛆甘带，鸱鸦嗜鼠，四者孰知正味？猿猵狙以为雌，麋与鹿交，鳅与鱼游。毛嫱、西施，人之所美也；鱼见之深入，鸟见之高飞，麋鹿见之决骤。四者孰知天下之正色哉？自我观之，仁义之端，是非之涂，樊然淆乱，吾恶能知其辩！"啮缺曰："子不知利害，则至人固不知利害乎？"王倪曰："至人神矣！大泽焚而不能热，河汉冱而不能寒，疾雷破山而不能伤，飘风振海而不能惊。若然者，乘云气，骑日月，而游乎四海之外。死生无变于己，而况利害之端乎！"

　　瞿鹊子问乎长梧子曰："吾闻诸夫子：'圣人不从事于务，不就利，不违害，不喜求，不缘道；无谓有谓，有谓无谓，而游乎尘垢之外。'夫子以为孟浪之言，而我以为妙道之行也。吾子以为奚若？"

　　长梧子曰："是皇帝之所听荧也，而丘也何足以知之！且汝亦大早计，见卵而求时夜，见弹而求鸮炙。

　　予尝为女妄言之，女以妄听之奚？旁日月，挟宇宙，为其吻合，置其滑涽，以隶相尊。众人役役，圣人愚芚，参万岁而一成纯。万物尽然，而以是相蕴。

予恶乎知说生之非惑邪！予恶乎知恶死之非弱丧而不知归者邪！丽之姬，艾封人之子也，晋国之始得之也，涕泣沾襟；及其至于王所，与王同筐床，食刍豢，而后悔其泣也。予恶乎知夫死者不悔其始之蕲生乎！

梦饮酒者，旦而哭泣；梦哭泣者，旦而田猎。方其梦也，不知其梦也。梦之中又占其梦焉，觉而后知其梦也。且有大觉而后知此其大梦也。而愚者自以为觉，窃窃然知之。君乎，牧乎，固哉！丘也与女，皆梦也；予谓女梦，亦梦也。是其言也，其名为吊诡。万世之后而一遇大圣，知其解者，是旦暮遇之也。

既使我与若辩矣，若胜我，我不若胜，若果是也，我果非也邪？我胜若，若不吾胜，我果是也，而果非也邪？其或是也，其或非也邪？其俱是也，其俱非也邪？我与若不能相知也，则人固受其黮暗，吾谁使正之？使同乎若者正之？既与若同矣，恶能正之！使同乎我者正之？既同乎我矣，恶能正之！使异乎我与若者正之？既异乎我与若矣，恶能正之！使同乎我与若者正之？既同乎我与若矣，恶能正之！然则我与若与人俱不能相知也，而待彼也邪？

化声之相待，若其不相待，和之以天倪，因之以曼衍，所以穷年也。何谓和之以天倪？曰：是不是，然不然。是若果是也，则是之异乎不是也，亦无辩；然若果然也，则然之异乎不然也亦无辩。忘年忘义，振于无竟，故寓诸无竟。”

罔两问景曰：“曩子行，今子止；曩子坐，今子起；何其无特操与？”景曰：“吾有待而然者邪？吾所待又有待而然者邪？吾待蛇蚹蜩翼邪？恶识所以然！恶识所以不然！”

昔者庄周梦为胡蝶，栩栩然胡蝶也，自喻适志与！不知周也。俄然觉，则蘧蘧然周也。不知周之梦为胡蝶与，胡蝶之梦为周与？周与胡蝶，则必有分矣。此之谓“物化”。

养生主第三

吾生也有涯，而知也无涯。以有涯随无涯，殆已；已而为知者，殆而已矣。为善无近名，为恶无近刑。缘督以为经，可以保身，可以全生，可以养亲，可以尽年。

庖丁为文惠君解牛，手之所触，肩之所倚，足之所履，膝之所踦，砉然响然，奏刀騞然，莫不中音；合于《桑林》之舞，乃中《经首》之会。

文惠君曰：“嘻，善哉！技盖至此乎？”庖丁释刀对曰：“臣之所好者道也，进乎技矣。始臣之解牛之时，所见无非全牛者。三年之后，未尝见全牛也。方今之时，臣以神遇而不以目视，官知止而神欲行。依乎天理，批大郤，导大窾，因其固然。枝经肯綮之未尝微碍，而况大軱乎！良庖岁更刀，割也；族庖月更刀，折也。今臣之刀十九年矣，所解数千牛矣，而刀刃若新发于硎。彼节者有闲，而刀刃者无厚；以无厚入有闲，恢恢乎其于游刃必有余地矣。是以十九年而刀刃若新发于硎。虽然，每至于族，吾见其难为，怵然为戒，视为止，行为迟，动刀甚微，謋然已解，牛不知其死也，如土委地。提刀而立，为之而四顾，为之踌躇满志，善刀而藏之。"文惠君曰："善哉！吾闻庖丁之言，得养生焉。"

公文轩见右师而惊曰："是何人也？恶乎介也？天与，其人与？"曰："天也，非人也。天之生是使独也，人之貌有与也。以是知其天也，非人也。"

泽雉十步一啄，百步一饮，不蕲畜乎樊中。神虽王，不善也。

老聃死，秦失吊之，三号而出。弟子曰："非夫子之友邪？"曰："然。""然则吊焉若此，可乎？"曰："然。始也吾以为至人也，而今非也。向吾入而吊焉，有老者哭之，如哭其子；少者哭之，如哭其母。彼其所以会之，必有不蕲言而言，不蕲哭而哭者。是遁天倍情，忘其所受，古者谓之遁天之刑。适来，夫子时也；适去，夫子顺也。安时而处顺，哀乐不能入也，古者谓是帝之悬解。"指穷于为薪，火传也，不知其尽也。

人间世第四

颜回见仲尼，请行。曰："奚之？"曰："将之卫。"曰："奚为焉？"曰："回闻卫君，其年壮，其行独，轻用其国，而不见其过；轻用民死，死者以量乎泽，若蕉，民其无如矣，回尝闻之夫子曰：'治国去之，乱国就之，医门多疾。'愿以所闻，思其所行，则庶几其国有瘳乎！"

仲尼曰："嘻！若殆往而刑耳！夫道不欲杂，杂则多，多则扰，扰则忧，忧而不救。古之至人，先存诸己而后存诸人。所存于己者未定，何暇至于暴人之所行！

且若亦知夫德之所荡而知之所为出乎哉？德荡乎名，知出乎争。名也者，相札也；知也者，争之器也。二者凶器，非所以尽行也。

且德厚信矼，未达人气；名闻不争，未达人心。而强以仁义绳墨之言衒暴人之前者，是以人恶育其美也，命之曰菑人。菑人者，人必反菑之，若殆为人菑夫！且苟为悦贤而恶不肖，恶用而求有以异？若唯无诏，王公必将乘人而斗其捷。而目将荧之，而色将平之，口将营之，容将形之，心且成之。是以火救火，以水救水，名之曰益多。顺始无穷，若殆以不信厚言，必死于暴人之前矣！

且昔者桀杀关龙逢，纣杀王子比干，是皆修其身以下伛拊人之民，以下拂其上者也，故其君因其修以挤之。是好名者也。昔者尧攻丛、枝、胥敖，禹攻有扈，国为虚厉，身为刑戮，其用兵不止，其求实无已。是皆求名实者也。而独不闻之乎？名实者，圣人之所不能胜也，而况若乎！虽然，若必有以也，尝以语我来！"

颜回曰："端而虚，勉而一，则可乎？"曰："恶！恶可！夫以阳为充孔扬，采色不定，常人之所不违，因案人之所感，以求容与其心。名之曰日渐之德不成，而况大德乎！将执而不化，外合而内不訾，其庸讵可乎！"

"然则我内直而外曲，成而上比；内直者，与天为徒，与天为徒者，知天子之与己皆天之所子，而独以己言蕲乎而人善之，蕲乎而人不善之邪？若然者，人谓之童子，是之谓与天为徒。外曲者，与人为徒也。擎跽曲拳，人臣之礼也，人皆为之，吾敢不为邪！为人之所为者，人亦无疵焉，是之谓与人为徒。成而上比者，与古为徒。其言虽教，谪之实也，古之有也，非吾有也。若然者，虽直而不病，是之谓与古为徒。若是则可乎？"

仲尼曰："恶！恶可！大多政法而不谍，虽固亦无罪。虽然，止是耳矣，夫胡可以及化！犹师心者也。"

颜回曰："吾无以进矣，敢问其方。"仲尼曰："斋，吾将语若！有心而为之，其易邪？易之者，皥天不宜。"

颜回曰："回之家贫，唯不饮酒、不茹荤者数月矣。如此，则可以为斋乎？"曰："是祭祀之斋，非心斋也。"

回曰："敢问心斋。"仲尼曰："若一志，无听之以耳而听之以心，无听之以心而听之以气！耳止于听，心止于符。气也者，虚而待物者也。唯道集虚。虚者，心斋也。"

颜回曰："回之未始得使，实有回也；得使之也，未始有回也；可谓虚乎？"夫子曰："尽矣。吾语若！若能入游其樊而无感其名，入则鸣，不入则止。无门无毒，一宅而寓于不得已，则几矣。绝迹易，无行地难。为人使易以伪，为天使难以伪。闻以有翼飞者矣，未闻以无翼飞者也；闻以有知知者矣，未闻以无知知者也。瞻彼阕者，虚室生白，吉祥止止。夫且不止，是之谓坐驰。夫徇耳目内通而外于心知，鬼神将来舍，而况人乎！是万物之化也，禹、舜之所纽也，伏羲、几蘧之所行终，而况散焉者乎！"

叶公子高将使于齐，问于仲尼曰："王使诸梁也甚重，齐之待使者，盖将甚敬而不急。匹夫犹未可动，而况诸侯乎！吾甚栗之。子常语诸梁也曰：'凡事若小若大，寡不道以欢成。事若不成，则必有人道之患；事若成，则必有阴阳之患。若成若不成而后无患者，唯有德者能之。'吾食也执粗而不臧，爨无欲清之人。今吾朝受命而夕饮冰，我其内热与！吾未至乎事之情，而既有阴阳之患矣；事若不成，必有人道之患。是两也，为人臣者不足以任之，子其有以语我来！"

仲尼曰："天下有大戒二：其一，命也；其一，义也。子之爱亲，命也，不可解于心；臣之事君，义也，无适而非君也，无所逃于天地之间。是之谓大戒，是以夫事其亲者，不择地而安之，孝之至也；夫事其君者，不择事而安之，忠之盛也；自事其心者，哀乐不易施乎前，知其不可奈何而安之若命，德之至也。为人臣子者，固有所不得已。行事之情而忘其身，何暇至于悦生而恶死！夫子其行可矣。

丘请复以所闻：凡交近则必相靡以信，交远则必忠之以言，言必或传之。夫传两喜两怒之言，天下之难者也。夫两喜必多溢美之言，两怒必多溢恶之言。凡溢之类妄，妄则其信之也莫，莫则传言者殃。故法言曰：'传其常情，无传其溢言，则几乎全。'

且以巧斗力者，始乎阳，常卒乎阴，泰至则多奇巧；以礼饮酒者，始乎治，常卒乎乱，泰至则多奇乐。凡事亦然。始乎谅，常卒乎鄙；其作始也简，其将毕也必巨。

言者，风波也；行者，实丧也。夫风波易以动，实丧易以危。故忿设无由，巧言偏辞。兽死不择音，气息茀然，于是并生厉心。克核太至，则必有不肖之心应之，而不知其然也。苟为不知其然也，孰知其所终！故法言曰：'无迁令，无劝成，过度益也。'迁令劝成殆事，美成在久，恶成不及改，可不慎与！

且夫乘物以游心，托不得已以养中，至矣。何作为报也！莫若为致命，此其难者。"

颜阖将傅卫灵公太子，而问于蘧伯玉曰："有人于此，其德天杀。与之为无方，则危吾国；与之为有方，则危吾身。其知适足以知人之过，而不知其所以过。若然者，吾奈之何？"

蘧伯玉曰："善哉问乎！戒之，慎之，正汝身也哉！形莫若就，心莫若和。虽然，之二者有患。就不欲入，和不欲出。形就而入，且为颠为灭，为崩为蹶。心和而出，且为声为名，为妖为孽。彼且为婴儿，亦与之为婴儿；彼且为无町畦，亦与之为无町畦；彼且为无崖，亦与之为无崖。达之，入于无疵。

汝不知夫螳螂乎？怒其臂以当车辙，不知其不胜任也，是其才之美者也。戒之，慎之！积伐而美者以犯之，几矣。

汝不知夫养虎者乎？不敢以生物与之，为其杀之之怒也；不敢以全物与之，为其决之之怒也；时其饥饱，达其怒心。虎之与人异类而媚养己者，顺也；故其杀之者，逆也。

夫爱马者，以筐盛矢，以蜃盛溺。适有蚊虻仆缘，而拊之不时，则缺衔毁首碎胸。意有所至而爱有所亡，可不慎邪！"

匠石之齐，至于曲辕，见栎社树。其大蔽数千牛，絜之百围，其高临山，十仞而后有枝，其可以为舟者旁十数。观者如市，匠伯不顾，遂行不辍。弟子厌观之，走及匠石，曰："自吾执斧斤以随夫子，未尝见材如此其美也。先生不肯视，行不辍，何邪？"

曰："已矣，勿言之矣！散木也。以为舟则沉，以为棺椁则速腐，以为器则速毁，以为门户则液構，以为柱则蠹。是不材之木也，无所可用，故能若是之寿。"

匠石归，栎社见梦曰："女将恶乎比予哉？若将比予于文木邪？夫柤梨橘柚，果蓏之属，实熟则剥，剥则辱；大枝折，小枝泄。此以其能苦其生者也，故不终其天年而中道夭，自掊击于世俗者也。物莫不若是。且予求无所可用久矣，几死，乃今得之，为予大用。使予也而有用，且得有此大也邪？且也若与予也皆物也，奈何哉其相物也？而几死之散人，又恶知散木！"

匠石觉而诊其梦。弟子曰："趣取无用，则为社何邪？"曰："密！若无言！彼亦直寄焉，以为不知己者诟厉也。不为社者，且几有翦乎！且也彼其所保与众异，而以义喻之，不亦远乎！"

南伯子綦游乎商之丘，见大木焉，有异，结驷千乘，将隐芘其所藾。子綦曰："此何木也哉？此必有异材夫？"仰而视其细枝，则拳曲而不可以为栋梁；俯而视其大根，则轴解而不可以为棺椁；咶其叶，则口烂而为伤；嗅之，则使人狂酲，三日而不已。子綦曰："此果不材之木也，以至于此其大也。嗟乎神人：以此不材！

宋有荆氏者，宜楸柏桑。其拱把而上者，求狙猴之杙者斩之；三围四围，求高名之丽者斩之；七围八围，贵人富商之家求樿傍者斩之。故未终其天年，而中道之夭于斧斤，此材之患也。故解之以牛之白颡者与豚之亢鼻者，与人有痔病者不可以适河。此皆巫祝以知之矣，所以为不祥也。此乃神人之所以为大祥也。"

支离疏者，颐隐于脐，肩高于顶，会撮指天，五管在上，两髀为胁。挫针治繲，足以餬口；鼓荚播精，足以食十人。上徵武士，则支离攘臂而游于其间；上有大役，则支离以有常疾不受功；上与病者粟，则受三钟与十束薪。夫支离其形者，犹足以养其身，终其天年，又况支离其德者乎！

孔子适楚，楚狂接舆游其门曰："凤兮凤兮，何如德之衰也！来世不可待，往世不可追也。天下有道，圣人成焉；天下无道，圣人生焉。方今之时，仅免刑焉。福轻乎羽，莫之知载；祸重乎地，莫之知避。已乎已乎，临人以德！殆乎殆乎，画地而趋！迷阳迷阳，无伤吾行！郤曲郤曲，无伤吾足！"

山木自寇也，膏火自煎也。桂可食，故伐之；漆可用，故割之。人皆知有用之用，而莫知无用之用也。

德充符第五

鲁有兀者王骀，从之游者，与仲尼相若。常季问于仲尼曰："王骀，兀者也，从之游者，与夫子中分鲁。立不教，坐不议。虚而往，实而归。固有不言之教，无形而心成者邪？是何人也？"仲尼曰："夫子，圣人也，丘也直后而未往耳。丘将以为师，而况不若丘者乎！奚假鲁国！丘将引天下而与从之。"

常季曰："彼兀者也，而王先生，其与庸亦远矣。若然者，其用心也独若之何？"仲尼曰："死生亦大矣，而不得与之变，虽天地覆坠，亦将不与之遗。审乎无假而不与物迁，命物之化而守其宗也。"

常季曰："何谓也？"仲尼曰："自其异者视之，肝胆楚、越也；自其同者视之，万物皆一也。夫若然者，且不知耳目之所宜而游心乎德之和；物视其所一而不见其所丧，视丧其足犹遗土也。"

常季曰："彼为己，以其知得其心，以其心得其常心。物何为最之哉？"仲尼曰："人莫鉴于流水，而鉴于止水。唯止能止众止。受命于地，唯松柏独也正；在冬夏青青；受命于天，唯尧、舜独也正，在万物之首。幸能正生，以正众生。夫保始之征，不惧之实，勇士一人，雄入于九军。将求名而能自要者，而犹若是，而况官天地、府万物，直寓六骸，象耳目，一知之所知，而心未尝死者乎！彼且择日而登假，人则从是也。彼且何肯以物为事乎！"

申徒嘉，兀者也，而与郑子产同师于伯昏无人。子产谓申徒嘉曰："我先出则子止，子先出则我止。"其明日，又与合堂同席而坐。子产谓申徒嘉曰："我先出则子止，子先出则我止。今我将出，子可以止乎，其未邪？且子见执政而不违，子齐执政乎？"

申徒嘉曰："先生之门，固有执政焉如此哉？子而悦子之执政而后人者也？闻之曰：'鉴明则尘垢不止，止则不明也。久与贤人处则无过。'今子之所取大者，先生也，而犹出言若是，不亦过乎！"

子产曰："子既若是矣，犹与尧争善，计子之德，不足以自反邪？"申徒嘉曰："自状其过，以不当亡者众，不状其过，以不当存者寡，知不可奈何，而安之若命，唯有德者能之。游于羿之彀中。中央者，中地也；然而不中者，命也。人以其全足笑吾不全足者众矣，我怫然而怒；而适先生之所，则废然而反。不知先生之洗我以善邪？吾之自寐邪？吾与夫子游十九年矣，而未尝知吾兀者也。今子与我游于形骸之内，而子索我于形骸之外，不亦过乎！"子产蹴然改容更貌曰："子无乃称！"

鲁有兀者叔山无趾，踵见仲尼，仲尼曰："子不谨，前既犯患若是矣。虽今来，何及矣！"无趾曰："吾唯不知务而轻用吾身，吾是以亡足。今吾来也，犹有尊足者存焉，吾是以务全之也。夫天无不覆，地无不载，吾以夫子为天地，安知夫子之犹若是也！"孔子曰："丘则陋矣。夫子胡不入乎，请讲以所闻！"无趾出。孔子曰："弟子勉之！夫无趾，兀者也，犹务学以复补前行之恶，而况全德之人乎！"

无趾语老聃曰："孔丘之于至人，其未邪？彼何宾宾以学子为？彼且蕲以諔诡幻怪之名闻，不知至人之以是为己桎梏邪？"老聃曰："胡不直使彼以死生为一条，以可不可为一贯者，解其桎梏，其可乎？"无趾曰："天刑之，安可解！"

鲁哀公问于仲尼曰:"卫有恶人焉,曰哀骀它。丈夫与之处者,思而不能去也。妇人见之,请于父母曰:'与为人妻,宁为夫子妾'者,十数而未止也。未尝有闻其唱者也,常和人而已矣。无君人之位以济乎人之死,无聚禄以望人之腹。又以恶骇天下,和而不唱,知不出乎四域,且而雌雄合乎前。是必有异乎人者也。寡人召而观之,果以恶骇天下。与寡人处,不至以月数,而寡人有意乎其为人也;不至乎期年,而寡人信之。国无宰,而寡人传国焉。闷然而后应,泛然而若辞。寡人丑乎,卒授之国。无几何也,去寡人而行,寡人恤焉若有亡也,若无与乐是国也。是何人者也?"

仲尼曰:"丘也尝使于楚矣,适见独子食于其死母者,少焉眴若皆弃之而走。不见己焉尔,不得类焉尔。所爱其母者,非爱其形也,爱使其形者也。战而死者,其人之葬也不以翣资;刖者之屦,无为爱之;皆无其本矣。为天子之诸御,不爪翦,不穿耳;取妻者止于外,不得复使。形全犹足以为尔,而况全德之人乎!今哀骀它未言而信,无功而亲,使人授己国,唯恐其不受也,是必才全而德不形者也。"

哀公曰:"何谓才全?"仲尼曰:"死生存亡,穷达贫富,贤与不肖毁誉,饥渴寒暑,是事之变,命之行也;日夜相代乎前,而知不能规乎其始者也。故不足以滑和,不可入于灵府。使之和豫通而不失于兑;使日夜无郤而与物为春,是接而生时于心者也。是之谓才全。"

"何谓德不形?"曰:"平者,水停之盛也。其可以为法也,内保之而外不荡也。德者,成和之修也。德不形者,物不能离也。"

哀公异日以告闵子曰:"始也吾以南面而君天下,执民之纪而忧其死,吾自以为至通矣。今吾闻至人之言,恐吾无其实,轻用吾身而亡其国。吾与孔丘,非君臣也,德友而已矣。"

闉跂支离无脤说卫灵公,灵公说之;而视全人,其脰肩肩。瓮㼜大瘿说齐桓公,桓公说之;而视全人,其脰肩肩。故德有所长,而形有所忘。人不忘其所忘,而忘其所不忘,此谓诚忘。

故圣人有所游,而知为孽,约为胶,德为接,工为商。圣人不谋,恶用知?不斲,恶用胶?无丧,恶用德?不货,恶用商?四者,天鬻也;天鬻者,天食也。既受食于天,又恶用人!有人之形,无人之情。有人之形,故群于人,无人之情,故是非不得于身。眇乎小哉,所以属于人也!謷乎大哉,独成其天!

惠子谓庄子曰:"人故无情乎?"庄子曰:"然。"惠子曰:"人而无情,何以谓之人?"庄子曰:"道与之貌,天与之形,恶得不谓之人?"惠子曰:"既谓之人,恶得无情?"庄子曰:"是非吾所谓情也。吾所谓无情者,言人之不以好恶内伤其身,常因自然而不益生也。"惠子曰:"不益生,何以有其身?"庄子曰:"道与之貌,天与之形,无以好恶内伤其身。今子外乎子之神,劳乎子之精,倚树而吟,据梧而瞑。天选子之形,子以坚白鸣!"

大宗师第六

知天之所为，知人之所为者，至矣。知天之所为者，天而生也；知人之所为者，以其知之所知，以养其知之所不知，终其天年而不中道夭者，是知之盛也。

虽然，有患。夫知有所待而后当，其所待者特未定也。庸诅知吾所谓天之非人乎？所谓人之非天乎？

且有真人而后有真知。何谓真人？古之真人，不逆寡，不雄成，不谟士。若然者，过而弗悔，当而不自得也；若然者，登高不栗，入水不濡，入火不热。是知之能登假于道者也若此。

古之真人，其寝不梦，其觉无忧，其食不甘，其息深深。真人之息以踵，众人之息以喉。屈服者，其嗌言若哇。其耆欲深者，其天机浅。

古之真人，不知说生，不知恶死；其出不欣，其入不距；翛然而往，翛然而来而已矣。不忘其所始，不求其所终；受而喜之，忘而复之，是之谓不以心损道，不以人助天。是之谓真人。

若然者，其心志，其容寂，其颡頯；凄然似秋，煖然似春，喜怒通四时，与物有宜而莫知其极。

故圣人之用兵也，亡国而不失人心；利泽施乎万世，不为爱人，故乐通物，非圣人也；有亲，非仁也；天时，非贤也；利害不通，非君子也；行名失己，非士也；亡身不真，非役人也。若狐不偕、务光、伯夷、叔齐、箕子、胥余、纪他、申徒狄，是役人之役，适人之适，而不自适其适者也。

古之真人，其状义而不朋，若不足而不承；与乎其觚而不坚也，张乎其虚而不华也；邴乎其似喜也！崔乎其不得已也！滀乎进我色也，与乎止我德也；厉乎其似世也！謷乎其未可制也；连乎其似好闭也，悗乎忘其言也。以刑为体，以礼为翼，以知为时，以德为循。以刑为体者，绰乎其杀也；以礼为翼者，所以行于世也；以知为时者，不得已于事也；以德为循者，言其与有足者至于丘也，而人真以为勤行者也。故其好之也一，其弗好之也一。其一也一，其不一也一。其一与天为徒，其不一与人为徒。天与人不相胜也，是之谓真人。

死生，命也，其有夜旦之常，天也。人之有所不得与，皆物之情也。彼特以天为父，而身犹爱之，而况其卓乎！人特以有君为愈乎己，而身犹死之，而况其真乎！

泉涸，鱼相与处于陆，相呴以湿，相濡以沫，不如相忘于江湖，与其誉尧而非桀也，不如两忘而化其道。夫大块载我以形，劳我以生，佚我以老，息我以死。故善吾生者，乃所以善吾死也。

夫藏舟于壑，藏山于泽，谓之固矣！然而夜半有力者负之而走，昧者不知也。藏小大有宜，犹有所遁。若夫藏天下于天下而不得所遁，是恒物之大情也。特犯人之形而犹喜之。若人之形者，万化而未始有极也，其为乐可胜计邪！故圣人将游于物之所不得遁而皆存。善夭善老，善始善终，人犹效之，又况万物之所系，而一化之所待乎！

夫道，有情有信，无为无形；可传而不可受，可得而不可见；自本自根，未有天地，自古以固存；神鬼神帝，生天生地；在太极之上而不为高，在六极之下而不为深，先天地生而不为久，长于上古而不为老。豨韦氏得之，以挈天地；伏戏氏得之，以袭气母；维斗得之，终古不忒；日月得之，终古不息；勘坏得之，以袭昆仑；冯夷得之，以游大川；肩吾得之，以处大山；黄帝得之，以登云天；颛顼得之，以处玄宫；禺强得之，立乎北极；西王母得之，坐乎少广，莫知其始，莫知其终；彭祖得之，上及有虞，下及及五伯；傅说得之，以相武丁，奄有天下，乘东维，骑箕尾，而比于列星。

南伯子葵问乎女偊曰："子之年长矣，而色若孺子，何也？"曰："吾闻道矣。"南伯子葵曰："道可得学邪？"曰："恶！恶可！子非其人也。夫卜梁倚有圣人之才而无圣人之道，我有圣人之道而无圣人之才，吾欲以教之，庶几其果为圣人乎！不然，以圣人之道告圣人之才，亦易矣。吾犹告而守之，三日而后能外天下；已外天下矣，吾又守之，七日而后能外物；已外物矣，吾又守之，九日而后能外生；已外生矣，而后能朝彻；朝彻，而后能见独；见独，而后能无古今；无古今，而后能入于不死不生。杀生者不死，生生者不生。其为物，无不将也，无不迎也；无不毁也，无不成也。其名为撄宁。撄宁也者，撄而后成者也。"

南伯子葵曰："子独恶乎闻之？"曰："闻诸副墨之子，副墨之子闻诸洛诵之孙，洛诵之孙闻之瞻明，瞻明闻之聂许，聂许闻之需役，需役闻之于讴，于讴闻之玄冥，玄冥闻之参寥，参寥闻之疑始。"

子祀、子舆、子犁、子来四人相与语曰："孰能以无为首，以生为脊，以死为尻，孰知死生存亡之一体者，吾与之友矣。"四人相视而笑，莫逆于心，遂相与为友。

俄而子舆有病，子祀往问之。曰："伟哉夫造物者，将以予为此拘拘也！曲偻发背，上有五管，颐隐于齐，肩高于顶，句赘指天。"阴阳之气有沴，其心闲而无事，跰𨇂而鉴于井，曰："嗟乎！夫造物者又将以予为此拘拘也！"

子祀曰："女恶之乎？"曰："亡，予何恶！浸假而化予之左臂以为鸡，予因以求时夜；浸假而化予之右臂以为弹，予因以求鸮炙；浸假而化予之尻以为轮，以神为马，予因以乘之，岂更驾哉！且夫得者，时也，失者，顺也；安时而处顺，哀乐不能入也。此古之所谓县解也。而不能自解者，物有结之。且夫物不胜天久矣，吾又何恶焉！"

俄而子来有病，喘喘然将死，其妻子环而泣之。子犁往问之，曰："叱！避！

无怛化！"倚其户与之语曰："伟哉造化！又将奚以汝为，将奚以汝适？以汝为鼠肝乎？以汝为虫臂乎？"

子来曰："父母于子，东西南北，唯命之从。阴阳于人，不翅于父母；彼近吾死而我不听，我则悍矣，彼何罪焉！夫大块载我以形，劳我以生，佚我以老，息我以死。故善吾生者，乃所以善吾死也。今之大冶铸金，金踊跃曰：'我且必为镆铘'，大冶必以为不祥之金。今一犯人之形，而曰：'人耳人耳'，夫造化者必以为不祥之人。特犯人之形而犹喜之。若人之形者，万化而未始有极也，其为乐可胜计邪？今一以天地为大炉，以造化为大冶，恶乎往而不可哉！"成然寐，蘧然觉。

子桑户、孟子反、子琴张三人相与语曰："孰能相与于无相与，相为于无相为？孰能登天游雾，挠挑无极；相忘以生，无所穷终？"三人相视而笑，莫逆于心，遂相与为友。

莫然有间而子桑户死，未葬。孔子闻之，使子贡往侍事焉。或编曲，或鼓琴，相和而歌曰："嗟来桑户乎！嗟来桑户乎！而已反其真，而我犹为人猗！"子贡趋而进曰："敢问临尸而歌，礼乎？"二人相视而笑曰："是恶知礼意！"子贡反，以告孔子，曰："彼何人者邪？修行无有，而外其形骸，临尸而歌，颜色不变，无以命之，彼何人者邪？"孔子曰："彼，游方之外者也，而丘，游方之内者也。外内不相及，而丘使女往吊之，丘则陋矣。彼方且与造物者为人，而游乎天地之一气。彼以生为附赘县疣，以死为决疣溃痈，夫若然者，又恶知死生先后之所在！假于异物，托于同体，忘其肝胆，遗其耳目；反覆终始，不知端倪；芒然仿徨乎尘垢之外，逍遥乎无为之业。彼又恶能愦愦然为世俗之礼，以观众人之耳目哉！"

子贡曰："然则夫子何方之依？"孔子曰："丘，天之戮民也。虽然，吾与汝共之。"子贡曰："敢问其方。"孔子曰："鱼相造乎水，人相造乎道。相造乎水者，穿池而养给；相造乎道者，无事而生定。故曰，鱼相忘乎江湖，人相忘乎道术。"子贡曰："敢问畸人。"曰："畸人者，畸于人而侔于天。故曰，天之小人，人之君子；天之君子，人之小人也。"

颜回问仲尼曰："孟孙才，其母死，哭泣无涕，中心不戚，居丧不哀。无是三者，以善处丧盖鲁国。固有无其实而得其名者乎？回壹怪之。"仲尼曰："夫孟孙氏尽之矣，进于知矣，唯简之而不得，夫已有所简矣。孟孙氏不知所以生，不知所以死；不知孰先，不知孰后；若化为物，以待其所不知之化已乎！且方将化，恶知不化哉？方将不化，恶知已化哉？吾特与汝，其梦未始觉者邪！且彼有骇形而无损心，有旦宅而无耗精。孟孙氏特觉，人哭亦哭，是自其所以乃。且也相与吾之耳矣，庸讵知吾所谓吾之非吾乎？且汝梦为鸟而厉乎天，梦为鱼而没于渊。不识今之言者，其觉者乎，其梦者乎？造适不及笑，献笑不及排，安排而去化，乃入于寥天一。"

意而子见许由，许由曰："尧何以资汝？"意而子曰："尧谓我：'汝必躬服仁义而明言是非。'"许由曰:"而奚来为轵?夫尧既已黥汝以仁义,而劓汝以是非矣,汝将何以游夫遥荡恣睢转徙之涂乎?"

意而子曰:"虽然,吾愿游于其藩。"许由曰:"不然。夫瞽者无以与乎眉目颜色之好,盲者无以与乎青黄黼黻之观。"意而子曰:"夫无庄之失其美,据梁之失其力,黄帝之亡其知,皆在炉捶之间耳。庸讵知夫造物者之不息我黥而补我劓,使我乘成以随先生邪?"许由曰:"噫!未可知也。我为汝言其大略。吾师乎!吾师乎!䪡万物而不为义,泽及万世而不为仁,长于上古而不为老,覆载天地刻雕众形而不为巧。此所游已。

颜回曰:"回益矣。"仲尼曰:"何谓也?"曰:"回忘礼乐矣。"曰:"可矣,犹未也。"他日,复见,曰:"回益矣。"曰:"何谓也?"曰:"回忘仁义矣!"曰:"可矣,犹未也。"他日,复见,曰:"回益矣!"曰:"何谓也?"曰:"回坐忘矣。"仲尼蹴然曰:"何谓坐忘?"颜回曰:"堕肢体,黜聪明,离形去知,同于大通,此谓坐忘。"仲尼曰:"同则无好也,化则无常也。而果其贤乎!丘也请从而后也。"

子舆与子桑友,而霖雨十日。子舆曰:"子桑殆病矣!"裹饭而往食之。至子桑之门,则若歌若哭,鼓琴曰:"父邪!母邪!天乎!人乎!"有不任其声而趋举其诗焉。子舆入,曰:"子之歌诗,何故若是?"曰:"吾思夫使我至此极者而弗得也。父母岂欲吾贫哉?天无私覆,地无私载,天地岂私贫我哉?求其为之者而不得也。然而至此极者,命也夫!"

应帝王第七

啮缺问于王倪,四问而四不知。啮缺因跃而大喜,行以告蒲衣子。蒲衣子曰:"而乃今知之乎?有虞氏不及泰氏。有虞氏,其犹藏仁以要人;亦得人矣,而未始出于非人。泰氏,其卧徐徐,其觉于于;一以己为马,一以己为牛;其知情信,其德甚真,而未始入于非人。"

肩吾见狂接舆,狂接舆曰:"日中始何以语女?"肩吾曰:"告我君人者以己出经式义度,人孰敢不听而化诸!"狂接舆曰:"是欺德也。其于治天下也,犹涉海凿河,而使蚊负山也。夫圣人之治也,治外乎?正而后行,确乎能其事者而已矣。且鸟高飞以避矰弋之害,鼷鼠深穴乎神丘之下,以避熏凿之患,而曾二虫之无知!"

天根游于殷阳,至蓼水之上,适遭无名人而问焉,曰:"请问为天下。"无名人曰:"去!汝鄙人也,何问之不豫也!予方将与造物者为人,厌,则又乘夫莽眇之鸟,以出六极之外,而游无何有之乡,以处圹埌之野。汝又何帛以治天下感予之心为？"又复问。无名人曰："汝游心于淡，合气于漠，顺物自然而无容私焉，而天下治矣。"

阳子居见老聃，曰："有人于此，向疾强梁，物彻疏明，学道不倦。如是者，可比明王乎？"老聃曰："是于圣人也，胥易技系，劳形怵心者也。且也虎豹之文来田，猿狙之便执斄之狗来藉。如是者，可比明王乎？"阳子居蹴然曰："敢问明王之治。"老聃曰："明王之治：功盖天下而似不自己，化贷万物而民弗恃；有莫举名，使物自喜；立乎不测，而游于无有者也。"

郑有神巫曰季咸，知人之死生存亡，祸福寿夭，期以岁月旬日，若神。郑人见之，皆弃而走。列子见之而心醉，归，以告壶子，曰："始吾以夫子之道为至矣，则又有至焉者矣。"壶子曰："吾与汝既其文，未既其实，而固得道与？众雌而无雄，而又奚卵焉！而以道与世亢，必信，夫故使人得而相汝。尝试与来，以予示之。"

明日，列子与之见壶子。出而谓列子曰："嘻！子之先生死矣！弗活矣！不以旬数矣！吾见怪焉，见湿灰焉。"列子入，泣涕沾襟以告壶子。壶子曰："乡吾示之以地文，萌乎不震不止。是殆见吾杜德机也。尝又与来。"明日，又与之见壶子。出而谓列子曰："幸矣，子之先生遇我也！有瘳矣，全然有生矣！吾见其杜权矣。"列子入，以告壶子。壶子曰："乡吾示之以天壤，名实不入，而机发于踵。是殆见吾善者机也。尝又与来。"明日，又与之见壶子。出而谓列子曰："子之先生不齐，吾无得而相焉。试齐，且复相之。"列子入，以告壶子。壶子曰："乡吾示之以太冲莫胜。是殆见吾衡气机也。鲵桓之审为渊，止水之审为渊，流水之审为渊。渊有九名，此处三焉。尝又与来。"明日，又与之见壶子。立未定，自失而走。壶子曰："追之！"列子追之不及。反，以报壶子曰："已灭矣，已失矣，吾弗及已。"壶子曰："乡吾示之以未始出吾宗。吾与之虚而委蛇，不知其谁何，因以为弟靡，因以为波流，故逃也。"然后列子自以为未始学而归，三年不出。为其妻爨，食豕如食人。于事无与亲，雕琢复朴，块然独以其形立。纷而封哉，一以是终。

无为名尸，无为谋府；无为事任，无为知主。体尽无穷，而游无朕；尽其所受乎天，而无见得，亦虚而已。至人之用心若镜，不将不迎，应而不藏，故能胜物而不伤。

南海之帝为儵，北海之帝为忽，中央之帝为浑沌。儵与忽时相与遇于浑沌之地，浑沌待之甚善。儵与忽谋报浑沌之德，曰："人皆有七窍以视听食息，此独无有，尝试凿之。"日凿一窍，七日而浑沌死。

外 篇

骈拇第八

骈拇枝指，出乎性哉！而侈于德。附赘县疣，出乎形哉！而侈于性。多方乎仁义而用之者，列于五藏哉！而非道德之正也。是故骈于足者，连无用之肉也；枝于手者，树无用之指也；骈枝于五藏之情者，淫僻于仁义之行，而多方于聪明之用也。

是故骈于明者，乱五色，淫文章，青黄黼黻之煌煌非乎？而离朱是已。多于聪者，乱五声，淫六律，金石丝竹黄钟大吕之声非乎？而师旷是已。枝于仁者，擢德塞性以收名声，使天下簧鼓以奉不及之法非乎？而曾、史是已。骈于辩者，累瓦结绳窜句棰辞，游心于坚白同异之间，而敝跬誉无用之言非乎？而杨、墨是已。故此皆多骈旁枝之道，非天下之至正也。

彼至正者，不失其性命之情。故合者不为骈，而枝者不为跂；长者不为有余，短者不为不足。是故凫胫虽短，续之则忧；鹤胫虽长，断之则悲。故性长非所断，性短非所续，无所去忧也。意仁义其非人情乎！彼仁人何其多忧也？

且夫骈于拇者，决之则泣；枝于手者，龁之则啼。二者，或有余于数，或不足于数，其于忧一也。今世之仁人，蒿目而忧世之患；不仁之人，决性命之情而饕贵富。故曰仁义其非人情乎！自三代以下者，天下何其嚣嚣也？

且夫待钩绳规矩而正者，是削其性者也；待绳索胶漆而固者，是侵其德者也；屈折礼乐，呴俞仁义，以慰天下之心者，此失其常然也。天下有常然。常然者，曲者不以钩，直者不以绳，圆者不以规，方者不以矩，附离不以胶漆，约束不以绳索。故天下诱然皆生而不知其所以生，同焉皆得而不知其所以得。故古今不二，不可亏也。则仁义又奚连连如胶漆绳索而游乎道德之间为哉，使天下惑也！

夫小惑易方，大惑易性。何以知其然邪？有虞氏招仁义以挠天下也，天下莫不奔命于仁义，是非以仁义易其性与？故尝试论之，自三代以下者，天下莫不以物易其性矣。小人则以身殉利，士则以身殉名，大夫则以身殉家，圣人则以身殉天下。故此数子者，事业不同，名声异号，其于伤性以身为殉，一也。臧与穀二人相与牧羊而俱亡其羊。问臧奚事，则挟筴读书；问穀奚事，则博塞以游。二人者，事业不同，其于亡羊均也。伯夷死名于首阳之下，盗跖死利于东陵之上，二人者，所死不同，其于残生伤性均也。奚必伯夷之是而盗跖之非乎！天下尽殉也，彼其所殉仁义也，则俗谓之君子；其所殉货财也，则俗谓之小人。其殉一也，则有君子焉，有小人焉；若其残生损性，则盗跖亦伯夷已，又恶取君子小人于其间哉！

且夫属其性乎仁义者，虽通如曾、史，非吾所谓臧也；属其性于五味，虽通如俞儿，非吾所谓甘也；属其性乎五声，虽通如师旷，非吾所谓聪也；属其性乎五色，虽通如离朱，非吾所谓明也。吾所谓臧者，非仁义之谓也，臧于其德而已矣；吾所谓臧者，非所谓仁义之谓也，任其性命之情而已矣；吾所谓聪者，非谓其闻彼也，自闻而已矣；吾所谓明者，非谓其见彼也，自见而已矣。夫不自见而见彼，不自得而得彼者，是得人之得而不自得其得者也，适人之适而不自适其适者也。夫适人之适而不自适其适，虽盗跖与伯夷，是同为淫僻也。余愧乎道德，是以上不敢为仁义之操，而下不敢为淫僻之行也。

马蹄第九

马，蹄可以践霜雪，毛可以御风寒，龁草饮水，翘足而陆，此马之真性也。虽有义台路寝，无所用之。及至伯乐，曰："我善治马。"烧之，剔之，刻之，雒之。连之以羁絷，编之以皂栈，马之死者十二三矣；饥之，渴之，驰之，骤之，整之，齐之，前有橛饰之患，而后有鞭筴之威，而马之死者已过半矣！陶者曰："我善治埴，圆者中规，方者中矩。"匠人曰："我善治木，曲者中钩，直者应绳。"夫埴木之性，岂欲中规矩钩绳哉？然且世世称之曰："伯乐善治马，而陶匠善治埴木"，此亦治天下者之过也。

吾意善治天下者不然。彼民有常性，织而衣，耕而食，是谓同德；一而不党，命曰天放。故至德之世，其行填填，其视颠颠。当是时也，山无蹊隧，泽无舟梁；万物群生，连属其乡；禽兽成群，草木遂长。是故禽兽可系羁而游，鸟鹊之巢可攀援而窥。

夫至德之世，同与禽兽居，族与万物并，恶乎知君子小人哉！同乎无知，其德不离；同乎无欲，是谓素朴；素朴而民性得矣。及至圣人，蹩躠为仁，踶跂为义，而天下始疑矣；澶漫为乐，摘僻为礼，而天下始分矣。故纯朴不残，孰为牺樽！白玉不毁，孰为珪璋！道德不废，安取仁义！性情不离，安用礼乐！五色不乱，孰为文采！五声不乱，孰应六律！夫残朴以为器，工匠之罪也；毁道德以为仁义，圣人之过也。

夫马，陆居则食草饮水，喜则交颈相靡，怒则分背相踶。马知已此矣！夫加之以衡扼，齐之以月题，而马知介倪、闉扼、鸷曼、诡衔、窃辔。故马之知而态至盗者，伯乐之罪也。

夫赫胥氏之时，民居不知所为，行不知所之，含哺而熙，鼓腹而游，民能以此矣。及至圣人，屈折礼乐以匡天下之形，县跂仁义以慰天下之心，而民乃始踶跂好知，争归于利，不可止也。此亦圣人之过也。

胠箧第十

将为胠箧探囊发匮之盗而为守备，则必摄缄縢固扃鐍，此世俗之所谓知也。然而巨盗至，则负匮揭箧担囊而趋，唯恐缄縢扃鐍之不固也。然则乡之所谓知者，不乃为大盗积者也？

故尝试论之，世俗之所谓知者，有不为大盗积者乎？所谓圣者，有不为大盗守者乎？何以知其然邪？昔者齐国邻邑相望，鸡狗之音相闻，罔罟之所布，耒耨之所刺，方二千余里。阖四竟之内，所以立宗庙社稷，治邑屋州闾乡曲者，曷尝不法圣人哉！然而田成子一旦杀齐君而盗其国。所盗者岂独其国邪？并与其圣知之法而盗之。故田成子有乎盗贼之名，而身处尧、舜之安，小国不敢非，大国不敢诛，专有齐国。则是不乃窃齐国，并与其圣知之法以守其盗贼之身乎？

尝试论之，世俗之所谓至知者，有不为大盗积者乎？所谓至圣者，有不为大盗守者乎？何以知其然邪？昔者龙逢斩，比干剖，苌弘胣，子胥靡，故四子之贤而身不免乎戮。故跖之徒问于跖曰："盗亦有道乎？"跖曰："何适而无有道邪！夫妄意室中之藏，圣也；入先，勇也；出后，义也；知可否，知也；分均，仁也。五者不备而能成大盗者，天下未之有也。"由是观之，善人不得圣人之道不立，跖不得圣人之道不行；天下之善人少而不善人多，则圣人之利天下也少而害天下也多。故曰，唇竭则齿寒，鲁酒薄而邯郸围，圣人生而大盗起。掊击圣人，纵舍盗贼，而天下始治矣。

夫谷虚而川竭，丘夷而渊实。圣人已死，则大盗不起，天下平而无故矣。圣人不死，大盗不止。虽重圣人而治天下，则是重利盗跖也。为之斗斛以量之，则并与斗斛而窃之；为之权衡以称之，则并与权衡而窃之；为之符玺以信之，则并与符玺而窃之；为之仁义以矫之，则并与仁义而窃之。何以知其然邪？彼窃钩者诛，窃国者为诸侯，诸侯之门而仁义存焉，则是非窃仁义圣知邪？故逐于大盗，揭诸侯，窃仁义并斗斛权衡符玺之利者，虽有轩冕之赏弗能劝，斧钺之威弗能禁。此重利盗跖而使不可禁者，是乃圣人之过也。

故曰："鱼不可脱于渊，国之利器不可以示人。"彼圣人者，天下之利器也，非所以明天下也。故绝圣弃知，大盗乃止；擿玉毁珠，小盗不起；焚符破玺，而民朴鄙；掊斗折衡，而民不争；殚残天下之圣法，而民始可与论议。擢乱六律，铄绝竽瑟，塞师旷之耳，而天下始人含其聪矣；灭文章，散五采，胶离朱之目，而天下始人含其明矣；毁绝钩绳而弃规矩，攦工倕之指，而天下始人含其巧矣。削曾、史之行，钳杨、墨之口，攘弃仁义，而天下之德始玄同矣。彼人含其明，则天下不铄矣；人含其聪，则天下不累矣；人含其知，则天下不惑矣；人含其德，则天下不僻矣。彼曾、史、杨、墨、师旷、工倕、离朱，皆外立其德而以爚乱天下者也，法之所无用也。

子独不知至德之世乎？昔者容成氏、大庭氏、伯皇氏、中央氏、栗陆氏、骊畜氏、轩辕氏、赫胥氏、尊卢氏、祝融氏、伏牺氏、神农氏，当是时也，民结绳而用之，甘其食，美其服，乐其俗，安其居，邻国相望，鸡狗之音相闻，民至老死而不相往来。若此之时，则至治已。今遂至使民延颈举踵曰"某所有贤者"，赢粮而趣之，则内弃其亲而外去其主之事，足迹接乎诸侯之境，车轨结乎千里之外。则是上好知之过也。

上诚好知而无道，则天下大乱矣。何以知其然邪？夫弓弩毕弋机辟之知多，则鸟乱于上矣；钩饵罔罟罾笱之知多，则鱼乱于水矣；削格罗落罝罘之知多，则兽乱于泽矣；知诈渐毒颉滑坚白解垢同异之变多，则俗惑于辩矣。故天下每每大乱，罪在于好知。故天下皆知求其所不知而莫知求其所已知者，皆知非其所不善而莫知非其所已善者，是以大乱。故上悖日月之明，下烁山川之精，中堕四时之施；惴耎之虫，肖翘之物，莫不失其性。甚矣夫好知之乱天下也！自三代以下者是已，舍夫种种之民而悦夫役役之佞，释夫恬淡无为而悦夫啍啍之意，啍啍已乱天下矣！

在宥第十一

闻在宥天下，不闻治天下也。在之也者，恐天下之淫其性也；宥之也者，恐天下之迁其德也。天下不淫其性，不迁其德，有治天下者哉！昔尧之治天下也，使天下欣欣焉人乐其性，是不恬也；桀之治天下也，使天下瘁瘁焉人苦其性，是不愉也。夫不恬不愉，非德也。非德也而可长久者，天下无之。

人大喜邪，毗于阳；大怒邪，毗于阴。阴阳并毗，四时不至，寒暑之和不成，其反伤人之形乎！使人喜怒失位，居处无常，思虑不自得，中道不成章，于是乎天下始乔诘卓鸷，而后有盗跖、曾、史之行。故举天下以赏其善者不足，举天下以罚其恶者不给，故天下之大，不足以赏罚。自三代以下者，匈匈焉终以赏罚为事，彼何暇安其性命之情哉！

而且说明邪，是淫于色也；说聪邪，是淫于声也；说仁邪，是乱于德也；说义邪，是悖于理也；说礼邪，是相于技也；说乐邪，是相于淫也；说圣邪，是相于艺也；说知邪，是相于疵也。天下将安其性命之情，之八者，存可也，亡可也；天下将不安其性命之情，之八者，乃始脔卷狁囊而乱天下也。而天下乃始尊之惜之，甚矣天下之惑也！岂直过也而去之邪！乃斋戒以言之，跪坐以进之，鼓歌以儛之，吾若是何哉！

故君子不得已而临莅天下，莫若无为。无为也而后安其性命之情。故曰："贵以身为天下，则可以托天下；爱以身为天下，则可以寄天下。"故君子苟能无解其五藏，无擢其聪明；尸居而龙见，渊默而雷声，神动而天随，从容无为而万物炊累焉。吾又何暇治天下哉！

崔瞿问于老聃曰："不治天下，安藏人心？"老聃曰："女慎无撄人心。人心排下而进上，上下因杀，淖约柔乎刚强。廉刿雕琢，其热焦火，其寒凝冰。其疾俯仰之间而再抚四海之外，其居也渊而静，其动也悬而天。偾骄而不可系者，其唯人心乎！昔者黄帝始以仁义撄人之心，尧、舜于是乎股无胈，胫无毛，以养天下之形，愁其五藏以为仁义，矜其血气以规法度。然犹有不胜也，尧于是放讙兜于崇山，投三苗于三峗，流共工于幽都，此不胜天下也。夫施及三王而天下大骇矣。下有桀、跖，上有曾、史，而儒、墨毕起。于是乎喜怒相疑，愚知相欺，善否相非，诞信相讥，而天下衰矣；大德不同，而性命烂漫矣；天下好知，而百姓求竭矣。于是乎钑锯制焉，绳墨杀焉，椎凿决焉。天下脊脊大乱，罪在撄人心。故贤者伏处大山堪岩之下，而万乘之君忧栗乎庙堂之上。今世殊死者相枕也，桁杨者相推也，形戮者相望也，而儒、墨乃始离跂攘臂乎桎梏之间。噫，甚矣哉！其无愧而不知耻也甚矣！吾未知圣知之不为桁杨椄槢也，仁义之不为桎梏凿枘也，焉知曾、史之不为桀、跖嚆矢也！故曰：'绝圣弃知，而天下大治。'"

黄帝立为天子十九年，令行天下，闻广成子在于空同之山，故往见之，曰："我闻吾子达于至道，敢问至道之精。吾欲取天地之精，以佐五谷，以养民人，吾又欲官阴阳，以遂群生，为之奈何？"广成子曰："而所欲问者，物之质也；而所欲官者，物之残也。自而治天下，云气不待族而雨，草木不待黄而落，日月之光益以荒矣。而佞人之心翦翦者，又奚足以语至道哉！"

黄帝退，捐天下，筑特室，席白茅，闲居三月，复往邀之。广成子南首而卧，黄帝顺下风膝行而进，再拜稽首而问曰："闻吾子达于至道，敢问，治身奈何而可以长久？"广成子蹶然而起，曰："善哉问乎！来！吾语汝至道。至道之精，窈窈冥冥；至道之极，昏昏默默。无视无听，抱神以静，形将自正。必静必清，无劳汝形，无摇汝精，乃可以长生。目无所见，耳无所闻，心无所知，汝神将守形，形乃长生。慎汝内，闭汝外，多知为败。我为汝遂于大明之上矣，至彼至阳之原也；为汝入于窈冥之门矣，至彼至阴之原也。天地有官，阴阳有藏，慎守汝身，物将自壮。我守其一以处其和，故我修身千二百岁矣，吾形未常衰。"黄帝再拜稽首曰："广成子之谓天矣！"广成子曰："来！余语汝：彼其物无穷，而人皆以为有终；彼其物无测，而人皆以为有极。得吾道者，上为皇而下为王；失吾道者，上见光而下为土。今夫百昌皆生于土而反于土，故余将去汝，入无穷之门，以游无极之野。吾与日月参光，吾与天地为常。当我，缗乎！远我，昏乎！人其尽死，而我独存乎！"

云将东游，过扶摇之枝而适遭鸿蒙。鸿蒙方将拊脾雀跃而游。云将见之，倘然止，贽然立，曰："叟何人邪？叟何为此？"鸿蒙拊脾雀跃不辍，对云将曰："游！"云将曰："朕愿有问也。"鸿蒙仰而视云将曰："吁！"云将曰："天气不和，地气郁结，六气不调，四时不节。今我愿合六气之精以育群生，为之奈何？"鸿蒙拊脾雀跃掉头曰："吾弗知！吾弗知！"

云将不得问。又三年，东游，过有宋之野而适遭鸿蒙。云将大喜，行趋而进曰："天忘朕邪？天忘朕邪？"再拜稽首，愿闻于鸿蒙。鸿蒙曰："浮游不知所求；猖狂不知所往；游者鞅掌，以观无妄。朕又何知！"云将曰："朕也自以为猖狂，而民随予所往；朕也不得已于民，今则民之放也！愿闻一言。"鸿蒙曰："乱天之经，逆物之情，玄天弗成；解兽之群，而鸟皆夜鸣；灾及草木，祸及止虫。噫，治人之过也！"云将曰："然则吾奈何？"鸿蒙曰："噫，毒哉！仙仙乎归矣。"云将曰："吾遇天难，愿闻一言。"鸿蒙曰："噫！心养。汝徒处无为，而物自化。堕尔形体，黜尔聪明，伦与物忘；大同乎涬溟，解心释神，莫然无魂。万物云云，各复其根，各复其根而不知；浑浑沌沌，终身不离；若彼知之，乃是离之。无问其名，无窥其情，物固其生。"云将曰："天降朕以德，示朕以默；躬身求之，乃今也得。"再拜稽首，起辞而行。

世俗之人，皆喜人之同乎己而恶人之异于己也。同于己而欲之，异于己而不欲者，以出乎众为心也。夫以出乎众为心者，曷常出乎众哉！因众以宁所闻，不如众技众矣。而欲为人之国者，此揽乎三王之利而不见其患者也。此以人之国侥幸也，几何侥幸而不丧人之国乎！其存人之国也，无万分之一；而丧人之国也，一不成而万有余丧矣！悲夫，有土者之不知也！夫有土者，有大物也。有大物者，不可以物；物而不物，故能物物。明乎物物者之非物也，岂独治天下百姓而已哉！出入六合，游乎九州，独往独来，是谓独有。独有之人，是谓至贵。

大人之教，若形之于影，声之于响。有问而应之，尽其所怀，为天下配。处乎无响，行乎无方。挈汝适复之挠挠，以游无端，出入无旁，与日无始；颂论形躯，合乎大同，大同而无己。无己，恶乎得有有！睹有者，昔之君子；睹无者，天地之友。

贱而不可不任者，物也；卑而不可不因者，民也；匿而不可不为者，事也；粗而不可不陈者，法也；远而不可不居者，义也；亲而不可不广者，仁也；节而不可不积者，礼也；中而不可不高者，德也；一而不可不易者，道也；神而不可不为者，天也。故圣人观于天而不助，成于德而不累，出于道而不谋，会于仁而不恃，薄于义而不积，应于礼而不讳，接于事而不辞，齐于法而不乱，恃于民而不轻，因于物而不去。物者莫足为也，而不可不为。不明于天者，不纯于德；不通于道者，无自而可；不明于道者，悲夫！何谓道？有天道，有人道。无为而尊者，天道也；有为而累者，人道也。主者，天道也；臣者，人道也。天道之与人道也，相去远矣，不可不察也。

天地第十二

天地虽大，其化均也；万物虽多，其治一也；人卒虽众，其主君也。君原于德而成于天。故曰，玄古之君天下，无为也，天德而已矣。以道观言而天下之名正；以道观分而君臣之义明；以道观能而天下之官治；以道泛观而万物之应备。故通于天者，道也；顺于地者，德也；行于万物者，义也；上治人者，事也；能有所艺者，技也。技兼于事，事兼于义，义兼于德，德兼于道，道兼于天，故曰：古之畜天下者，无欲而天下足，无为而万物化，渊静而百姓定。《记》曰："通于一而万事毕，无心得而鬼神服。"

夫子曰："夫道，覆载万物者也，洋洋乎大哉！君子不可以不刳心焉。无为为之之谓天，无为言之之谓德，爱人利物之谓仁，不同同之之谓大，行不崖异之谓宽，有万不同之谓富。故执德之谓纪，德成之谓立，循于道之谓备，不以物挫志之谓完。君子明于此十者，则韬乎其事心之大也，沛乎其为万物逝也。若然者，藏金于山，沈珠于渊，不利货财，不近贵富；不乐寿，不哀夭；不荣通，不丑穷；不拘一世之利以为己私分，不以王天下为己处显。显则明，万物一府，死生同状。"

夫子曰："夫道，渊乎其居也，漻乎其清也。金石不得，无以鸣。故金石有声，不考不鸣。万物孰能定之！夫王德之人，素逝而耻通于事，立之本原而知通于神。故其德广，其心之出，有物采之。故形非道不生，生非德不明。存形穷生，立德明道，非王德者邪！荡荡乎！忽然出，勃然动，而万物从之乎！此谓王德之人。视乎冥冥，听乎无声。冥冥之中，独见晓焉；无声之中，独闻和焉。故深之又深而能物焉，神之又神而能精焉；故其与万物接也，至无而供其求，时骋而要其宿，大小、长短、修远。"

黄帝游乎赤水之北，登乎昆仑之丘而南望，还归遗其玄珠。使知索之而不得，使离朱索之而不得，使吃诟索之而不得也。乃使象罔，象罔得之。黄帝曰："异哉！象罔乃可以得之乎？"

尧之师曰许由，许由之师曰啮缺，啮缺之师曰王倪，王倪之师曰被衣。尧问于许由曰："啮缺可以配天乎？吾藉王倪以要之。"许由曰："殆哉圾乎天下！啮缺之为人也，聪明睿知，给数以敏，其性过人，而又乃以人受天。彼审乎禁过，而不知过之所由生。与之配天乎？彼且乘人而无天，方且本身而异形，方且尊知而火驰，方且为绪使，方且为物绞，方且四顾而物应，方且应众宜，方且与物化而未始有恒。夫何足以配天乎？虽然，有族，有祖，可以为众父，而不可以为众父父。治，乱之率也，北面之祸也，南面之贼也。"

尧观乎华，华封人曰："嘻，圣人！请祝圣人，使圣人寿。"尧曰："辞。""使圣人富。"尧曰："辞。""使圣人多男子。"尧曰："辞。"封人曰："寿、富、多男子，人之所欲也，女独不欲，何邪？"尧曰："多男子则多惧，富则多事，寿则多辱。是三者，非所以养德也，故辞。"封人曰："始也我以女为圣人邪，今然君子也。天生万民，必授之职，多男子而授之职，则何惧之有？富而使人分之，则何事之有！夫圣人，鹑居而鷇食，鸟行而无彰，天下有道，则与物皆昌；天下无道，则修德就闲；千岁厌世，去而上仙；乘彼白云，至于帝乡；三患莫至，身常无殃，则何辱之有！"封人去之。尧随之，曰："请问？"封人曰："退已！"

尧治天下，伯成子高立为诸侯。尧授舜，舜授禹，伯成子高辞为诸侯而耕。禹往见之，则耕在野。禹趋就下风，立而问焉，曰："昔尧治天下，吾子立为诸侯。尧授舜，舜授予，而吾子辞为诸侯而耕，敢问，其故何也？"子高曰："昔尧治天下，不赏而民劝，不罚而民畏。今子赏罚而民且不仁，德自此衰，刑自此立，后世之乱自此始矣夫子阖行邪？无落吾事！"悒悒乎耕而不顾。

泰初有无，无有无名；一之所起，有一而未形。物得以生，谓之德；未形者有分，且然无间，谓之命；留动而生物，物成生理，谓之形；形体保神，各有仪则，谓之性。性修反德，德至同于初。同乃虚，虚乃大。合喙鸣，喙鸣合，与天地为合。其合缗缗，若愚若昏，是谓玄德，同乎大顺。

夫子问于老聃曰："有人治道若相放，可不可，然不然。辩者有言曰：'离坚白若县宇。'若是则可谓圣人乎？"老聃曰："是胥易技系，劳形怵心者也。执狸之狗来田，猿狙之便来藉。丘，予告若，而所不能闻与而所不能言，凡有首有趾无心无耳者众，有形者与无形无状而皆存者尽无。其动止也，其死生也，其废起也，此又非其所以也。有治在人，忘乎物，忘乎天，其名为忘己，忘己之人，是之谓入于天。"

蒋闾葂见季彻曰："鲁君谓葂也曰：'请受教。'辞不获命，既已告矣，未知中否，请尝荐之。吾谓鲁君曰：'必服恭俭，拔出公忠之属而无阿私，民孰敢不辑！'"季彻局局然笑曰："若夫子之言，于帝王之德，犹螳螂之怒臂以当车轶，则必不胜任矣。且若是，则其自为处危，其观台多物，将往投迹者众。"蒋闾葂觑然惊曰："葂也汒若于夫子之所言矣。虽然，愿先生之言其风也。"季彻曰："大圣之治天下也，摇荡民心，使之成教易俗，举灭其贼心而皆进其独志，若性之自为，而民不知其所由然。若然者，岂兄尧、舜之教民，溟涬然弟之哉？欲同乎德而心居矣！"

子贡南游于楚，反于晋，过汉阴，见一丈人方将为圃畦，凿隧而入井，抱瓮而出灌，搰搰然用力甚多而见功寡。子贡曰："有械于此，一日浸百畦，用力甚寡而见功多，夫子不欲乎？"为圃者仰而视之曰："奈何？"曰："凿木为机，后重前轻，挈水若抽，数如泆汤，其名为槔。"为圃者忿然作色而笑曰："吾闻之吾师，有机械者必有机事，有机事者必有机心。机心存于胸中，则纯白不备；纯白不备，则神生不定；神生不定者，道之所不载也。吾非不知，羞而不为也。"子贡瞒然惭，俯而不对。有间，为圃者曰："子奚为者邪？"曰："孔丘之徒也。"为圃者曰："子非夫博学以拟圣，於于以盖众，独弦哀歌以卖名声于天下者乎？汝方将忘汝神气，堕汝形骸，而庶几乎！汝身之不能治，而何暇治天下乎？子往矣，无乏吾事！"

子贡卑陬失色，顶顶然不自得，行三十里而后愈。其弟子曰："向之人何为者邪？夫子何故见之变容失色，终日不自反邪？"曰："始吾以夫子为天下一人耳，不知复有夫人也。吾闻之夫子，事求可，功求成。用力少，见功多者，圣人之道。今徒不然。执道者德全，德全者形全，形全者神全。神全者，圣人之道也。托生与民并行而不知其所之，汒乎淳备哉！功利机巧必忘夫人之心。若夫人者，非其志不之，非其心不为。虽以天下誉之，得其所谓，謷然不顾；以天下非之，失其所谓，傥然不受。天下之非誉，无益损焉，是谓全德之人哉！我之谓风波之民。"反于鲁，以告孔子，孔子曰："彼假修浑沌氏之术者也，识其一，不识其二；治其内，而不治其外。夫明白太素，无为复朴，体性抱神，以游世俗之间者，汝将固惊邪？且浑沌氏之术，予与汝何足以识之哉！"

谆芒将东之大壑，适遇苑风于东海之滨。苑风曰："子将奚之？"曰："将之大壑。"曰："奚为焉？"曰："夫大壑之为物也，注焉而不满，酌焉而不竭，吾将游焉！"苑风曰："夫子无意于横目之民乎？愿闻圣治。"谆芒曰："圣治乎？官施而不失其宜，拔举而不失其能，毕见情事而行其所为，行言自为而天下化，手挠顾指，四方之民莫不俱至，此之谓圣治。""愿闻德人。"曰："德人者，居无思，行无虑，不藏是非美恶。四海之内共利之之谓悦，共给之之谓安；怊乎若婴儿之失其母也，傥乎若行而失其道也。财用有余而不知其所自来，饮食取足而不知其所从，此谓德人之容。""愿闻神人。"曰："上神乘光，与形灭亡，此谓照旷。致命尽情，天地乐而万事销亡，万物复情，此之谓混冥。"

门无鬼与赤张满稽观于武王之师。赤张满稽曰："不及有虞氏乎！故离此患也。"门无鬼曰："天下均治而有虞氏治之邪？其乱而后治之与？"赤张满稽曰："天下均治之为愿，而何计以有虞氏为！有虞氏之药疡也，秃而施髢，病而求医。孝子操药以修慈父，其色燋然，圣人羞之。至德之世，不尚贤，不使能；上如标枝，民如野鹿，端正而不知以为义，相爱而不知以为仁，实而不知以为忠，当而不知以为信，蠢动而相使，不以为赐。是故行而无迹，事而无传。"

孝子不谀其亲，忠臣不谄其君，臣子之盛也。亲之所言而然，所行而善，则世俗谓之不肖子；君之所言而然，所行而善，则世俗谓之不肖臣。而未知此其必然邪？世俗之所谓然而然之，所谓善而善之，则不谓之道谀之人也。然则俗故严于亲而尊于君邪？谓己道人，则勃然作色，谓己谀人，则怫然作色。而终身道人也，终身谀人也，合譬饰辞聚众也，是终始本末不相罪坐。垂衣裳，设采色，动容貌，以媚一世，而不自谓道谀；与夫人之为徒，通是非，而不自谓众人也，愚之至也。知其愚者，非大愚也；知其惑者，非不惑也。大惑者，终身不解；大愚者，终身不灵。三人行而一人惑，所适者犹可致也，惑者少也；二人惑则劳而不至，惑者胜也。而今也以天下惑，予虽有祈向，不可得也。不亦悲乎！大声不入于里耳，《折杨》、《皇荂》，则嗑然而笑。是故高言不止于众人之心，至言不出，俗言胜也。以二垂踵惑，而所适不得矣。而今也以天下惑，予虽有祈向，其庸可得邪！知其不可得也而强之，又一惑也，故莫若释之而不推。不推，谁其比忧？厉之人夜半生其子，遽取火而视之，汲汲然唯恐其似己也。

百年之木，破为牺樽，青黄而文之，其断在沟中。比牺樽于沟中之断，则美恶有间矣，其于失性一也。桀、跖与曾、史，行义有间矣，然其失性均也。且夫失性有五：一曰五色乱目，使目不明；二曰五声乱耳，使耳不聪；三曰五臭薰鼻，困惾中颡；四曰五味浊口，使口厉爽；五曰趣舍滑心，使性飞扬。此五者，皆生之害也。而杨、墨乃始离跂自以为得，非吾所谓得也。夫得者困，可以为得乎？则鸠鸮之在于笼也，亦可以为得矣。且夫趣舍声色以柴其内，皮弁鹬冠缙笏绅修以约其外，内支盈于柴栅，外重缴缴，睆睆然在缴缴之中而自以为得，则是罪人交臂历指而虎豹在于囊槛，亦可以为得矣。

天道第十三

　　天道运而无所积，故万物成；帝道运而无所积，故天下归；圣道运而无所积，故海内服。明于天，通于圣，六通四辟于帝王之德者，其自为也，昧然无不静者矣。圣人之静也，非曰静也善，故静也；万物无足以挠心者，故静也。水静则明烛须眉，平中准，大匠取法焉。水静犹明，而况精神！圣人之心静乎！天地之鉴也，万物之镜也。夫虚静恬淡寂漠无为者，天地之本，而道德之至，故帝王圣人休焉。休则虚，虚则实，实者备矣。虚则静，静则动，动则得矣。静则无为，无为也则任事者责矣。无为则俞俞，俞俞者忧患不能处，年寿长矣。夫虚静恬淡寂漠无为者，万物之本也。明此以南乡，尧之为君也；明此以北面，舜之为臣也。以此处上，帝王天子之德也；以此处下，玄圣素王之道也。以此退居而闲游，则江海山林之士服；以此进为而抚世，则功大名显而天下一也。静而圣，动而王，无为也而尊，朴素而天下莫能与之争美。

　　夫明白于天地之德者，此之谓大本大宗，与天和者也；所以均调天下，与人和者也。与人和者，谓之人乐；与天和者，谓之天乐。庄子曰："吾师乎！吾师乎！鳌万物而不为义，泽及万世而不为仁，长于上古而不为寿，覆载天地刻雕众形而不为巧，此之为天乐。故曰：'知天乐者，其生也天行，其死也物化。静而与阴同德，动而与阳同波。'故知天乐者，无天怨，无人非，无物累，无鬼责。故曰：'其动也天，其静也地，一心定而天地正；其魄不祟，其魂不疲，一心定而万物服。'言以虚静推于天地，通于万物，此之谓天乐。天乐者，圣人之心，以畜天下也。"

　　夫帝王之德，以天地为宗，以道德为主，以无为为常。无为也，则用天下而有余；有为也，则为天下用而不足。故古之人贵夫无为也。上无为也，下亦无为也，是下与上同德，下与上同德则不臣；下有为也，上亦有为也，是上与下同道，上与下同道则不主。上必无为而用天下，下必有为为天下用，此不易之道也。

　　故古之王天下者，知虽落天地，不自虑也；辩虽雕万物，不自说也；能虽穷海内，不自为也。天不产而万物化，地不长而万物育，帝王无为而天下功。故曰，莫神于天，莫富于地，莫大于帝王。故曰，帝王之德配天地。此乘天地，驰万物，而用人群之道也。

　　本在于上，末在于下；要在于主，详在于臣。三军五兵之运，德之末也；赏罚利害，五刑之辟，教之末也；礼法度数，刑名比详，治之末也；钟鼓之音，羽旄之容，乐之末也；哭泣衰绖，隆杀之服，哀之末也。此五末者，须精神之运，心术之动，然后从之者也。末学者，古人有之，而非所以先也。君先而臣从，父先而子从，兄先而弟从，长先而少从，男先而女从，夫先而妇从。夫尊卑先后，天地之行也，故圣人取象焉。天尊地卑，神明之位也；春夏先，秋冬后，四时之序也。万物化作，萌区有状；盛衰之杀，变化之流也。夫天地至神，而有尊卑先后之序，而况人道乎！宗庙尚亲，朝廷尚尊，乡党尚齿，行事尚贤，大道之序也。语道而非其序者，非其道也；语道而非其道者，安取道哉！

是故古之明大道者，先明天而道德次之，道德已明而仁义次之，仁义已明而分守次之，分守已明而形名次之，形名已明而因任次之，因任已明而原省次之，原省已明而是非次之，是非已明而赏罚次之。赏罚已明而愚知处宜，贵贱履位；仁贤不肖袭情，必分其能，必由其名。以此事上，以此畜下，以此治物，以此修身，知谋不用，必归其天，此之谓大平，治之至也。故书曰："有形有名。"形名者，古人有之，而非所以先也。古之语大道者，五变而形名可举，九变而赏罚可言也。骤而语形名，不知其本也；骤而语赏罚，不知其始也。倒道而言，迕道而说者，人之所治也，安能治人！骤而语形名赏罚，此有知治之具，非知治之道；可用于天下，不足以用天下；此之谓辩士，一曲之人也。礼法数度，形名比详，古人有之，此下之所以事上，非上之所以畜下也。

昔者舜问于尧曰："天王之用心何如？"尧曰："吾不敖无告，不废穷民，苦死者，嘉孺子而哀妇人，此吾所以用心已。"舜曰："美则美矣，而未大也。"尧曰："然则何如？"舜曰："天德而土宁，日月照而四时行，若昼夜之有经，云行而雨施矣。"尧曰："胶胶扰扰乎！子，天之合也；我，人之合也。"夫天地者，古之所大也，而黄帝、尧、舜之所共美也。故古之王天下者，奚为哉？天地而已矣。

孔子西藏书于周室，子路谋曰："由闻周之徵藏史有老聃者，免而归居，夫子欲藏书，则试往因焉。"孔子曰："善。"往见老聃，而老聃不许，于是繙《六经》以说。老聃中其说，曰："大谩，愿闻其要。"孔子曰："要在仁义。"老聃曰："请问，仁义，人之性邪？"孔子曰："然，君子不仁则不成，不义则不生。仁义，真人之性也，又将奚为矣？"老聃曰："请问：何谓仁义？"孔子曰："中心物恺，兼爱无私，此仁义之情也。"老聃曰："意，几乎后言！夫兼爱，不亦迂乎！无私焉，乃私也。夫子若欲使天下无失其牧乎？则天地固有常矣，日月固有明矣，星辰固有列矣，禽兽固有群矣，树木固有立矣。夫子亦放德而行，遁道而趋，已至矣；又何偈偈乎揭仁义，若击鼓而求亡子焉？噫，夫子乱人之性也！"

士成绮见老子而问曰："吾闻夫子圣人也，吾固不辞远道而来愿见，百舍重趼而不敢息。今吾观子，非圣人也。鼠壤有余蔬，而弃妹之者，不仁也，生熟不尽于前，而积敛无崖。"老子漠然不应。士成绮明日复见，曰："昔者，吾有刺于子，今吾心正郤矣，何故也？"老子曰："夫巧知神圣之人，吾自以为脱焉。昔者子呼我牛也而谓之牛，呼我马也而谓之马。苟有其实，人与之名而弗受，再受其殃。吾服也恒服，吾非以服有服。"士成绮雁行避影，履行遂进而问："修身若何？"。老子曰："而容崖然，而目冲然，而颡颒然，而口阚然，而状义然，似系马而止也。动而持，发也机，察而审，知巧而睹于泰，凡以为不信。边竟有人焉，其名为窃。"

夫子曰："夫道，于大不终，于小不遗，故万物备，广广乎其无不容也，渊渊乎其不可测也。形德仁义，神之末也，非至人孰能定之！夫至人有世，不亦大乎！而不足以为之累。天下奋棅而不与之偕，审乎无假而不与利迁，极物之真，能守其本，故外天地，遗万物，而神未尝有所困也。通乎道，合乎德，退仁义，宾礼乐，至人之心有所定矣。"

世之所贵道者书也，书不过语，语有贵也。语之所贵者意也，意有所随。意之所随者，不可以言传也，而世因贵言传书。世虽贵之，我犹不足贵也，为其贵非其贵也。故视而可见者，形与色也；听而可闻者，名与声也。悲夫，世人以形色名声为足以得彼之情！夫形色名声果不足以得彼之情，则知者不言，言者不知，而世岂识之哉！

桓公读书于堂上，轮扁斫轮于堂下，释椎凿而上，问桓公曰："敢问，公之所读者何言邪？"公曰："圣人之言也。"曰："圣人在乎？"公曰："已死矣。"曰："然则君之所读者，古人之糟粕已夫！"桓公曰："寡人读书，轮人安得议乎！有说则可，无说则死。"轮扁曰："臣也以臣之事观之。斫轮，徐则甘而不固，疾则苦而不入。不徐不疾，得之于手而应于心，口不能言，有数存焉乎其间。臣不能以喻臣之子，臣之子亦不能受之于臣，是以行年七十而老斫轮。古之人与其不可传也死矣，然则君之所读者，古人之糟粕已夫！"

天运第十四

"天其运乎？地其处乎？日月其争于所乎？孰主张是？孰维纲是？孰居无事而推行是？意者其有机缄而不得已邪？意者其运转而不能自止邪？云者为雨乎？雨者为云乎？孰隆施是？孰居无事淫乐而劝是？风起北方，一西一东，有上仿徨，孰嘘吸是？孰居无事而披拂是？敢问何故？"巫咸袑曰："来！吾语女。天有六极五常，帝王顺之则治，逆之则凶。九洛之事，治成德备，监照下土，天下戴之，此谓上皇。"

商大宰荡问仁于庄子。庄子曰："虎狼，仁也。"曰："何谓也？"庄子曰："父子相亲，何为不仁？"曰："请问至仁。"庄子曰："至仁无亲。"大宰曰："荡闻之，无亲则不爱，不爱则不孝。谓至仁不孝，可乎？"庄子曰："不然。夫至仁尚矣，孝固不足以言之。此非过孝之言也，不及孝之言也。夫南行者至于郢，北面而不见冥山，是何也？则去之远也。故曰：以敬孝易，以爱孝难；以爱孝易，以忘亲难；忘亲易，使亲忘我难；使亲忘我易，兼忘天下难；兼忘天下易，使天下兼忘我难。夫德遗尧、舜而不为也，利泽施于万世，天下莫知也，岂直太息而言仁孝乎哉！夫孝悌仁义，忠信贞廉，此皆自勉以役其德者也，不足多也。故曰，至贵，国爵并焉；至富，国财并焉；至显，名誉并焉。是以道不渝。”

北门成问于黄帝曰："帝张《咸池》之乐于洞庭之野，吾始闻之惧，复闻之怠，卒闻之而惑，荡荡默默，乃不自得。"帝曰："汝殆其然哉！吾奏之以人，徵之以天，行之以礼义，建之以太清。夫至乐者，先应之以人事，顺之以天理，行之以五德，应之以自然。然后调理四时，太和万物。四时迭起，万物循生；一盛一衰，文武伦经；一清一浊，阴阳调和，流光其声；蛰虫始作，吾惊之以雷霆；其卒无尾，其始无首；一死一生，一偾一起；所常无穷，而一不可待。汝故惧也。吾又奏之以阴阳之和，烛之以日月之明；其声能短能长，能柔能刚，变化齐一，不主故常；在谷满谷，在阬满阬；涂郤守神，以物为量。其声挥绰，其名高明。是故鬼神守其幽，日月星辰行其纪。吾止之于有穷，流之于无止。子欲虑之而不能知也，望之而不能见也，逐之而不能及也；傥然立于四虚之道，倚于槁梧而吟。心穷乎所欲知，目穷乎所欲见，力屈乎所欲逐，吾既不及已夫！形充空虚，乃至委蛇。汝委蛇，故怠。吾又奏之以无怠之声，调之以自然之命，故若混逐丛生，林乐而无形；布挥而不曳，幽昏而无声。动于无方居于窈冥；或谓之死，或谓之生；或谓之实，或谓之荣；行流散徙，不主常声。世疑之，稽于圣人。圣也者，达于情而遂于命也。天机不张而五官皆备，无言而心说，此之谓天乐。故有焱氏为之颂曰：'听之不闻其声，视之不见其形，充满天地，苞裹六极。'汝欲听之而无接焉，而故惑也。乐也者，始于惧，惧故祟；吾又次之以怠，怠故遁；卒之于惑，惑故愚；愚故道，道可载而与之俱也。"

孔子西游于卫，颜渊问师金曰："以夫子之行为奚如？"师金曰："惜乎，而夫子其穷哉！"颜渊曰："何也？"师金曰："夫刍狗之未陈也，盛以箧衍，巾以文绣，尸祝齐戒以将之。及其已陈也，行者践其首脊，苏者取而爨之而已。将复取而盛以箧衍，巾以文绣，游居寝卧其下，彼不得梦，必且数眯焉。今而夫子，亦取先王已陈刍狗，聚弟子游居寝卧其下。故伐树于宋，削迹于卫，穷于商、周，是非其梦邪？围于陈、蔡之间，七日不火食，死生相与邻，是非其眯邪？夫水行莫如用舟，而陆行莫如用车。以舟之可行于水也而求推之于陆，则没世不行寻常。古今非水陆与？周、鲁非舟车与？今蕲行周于鲁，是犹推舟于陆也，劳而无功，身必有殃。彼未知夫无方之传，应物而不穷者也。且子独不见夫桔槔者乎？引之则俯，舍之则仰。彼，人之所引，非引人也，故俯仰而不得罪于人。故夫三皇五帝之礼义法度，不矜于同而矜于治。故譬三皇五帝之礼义法度，其犹柤梨橘柚邪！其味相反而皆可于口。故礼义法度者，应时而变者也。今取猿狙而衣以周公之服，彼必龁啮挽裂，尽去而后慊。观古今之异，犹猿狙之异乎周公也。故西施病心而矉其里，其里之丑人见之而美之，归亦捧心而矉其里。其里之富人见之，坚闭门而不出；贫人见之，挈妻子而去走。彼知矉美，而不知矉之所以美。惜乎，而夫子其穷哉！"

孔子行年五十有一而不闻道，乃南之沛见老聃。老聃曰："子来乎？吾闻子，北方之贤者也！子亦得道乎？"孔子曰："未得也。"老子曰："子恶乎求之哉？"曰："吾求之于度数，五年而未得也。"老子曰："子又恶乎求之哉？"曰："吾求之于阴阳，十有二年而未得。"老子曰："然。使道而可献，则人莫不献之于其君；使道而可进，则人莫不进之于其亲；使道而可以告人，则人莫不告其兄弟；使道而可以与人，则人莫不与其子孙。然而不可者，无它也，中无主而不止，外无正而不行。由中出者，不受于外，圣人不出；由外入者，无主于中，圣人不隐。名，公器也，不可多取。仁义，先王之蘧庐也，止可以一宿而不可久处，觏而多责。古之至人，假道于仁，托宿于义，以游逍遥之墟，食于苟简之田，立于不贷之圃。逍遥，无为也；苟简，易养也；不贷，无出也。古者谓是采真之游。以富为是者，不能让禄；以显为是者，不能让名；亲权者，不能与人柄。操之则栗，舍之则悲，而一无所鉴，以窥其所不休者，是天之戮民也。怨、恩、取、与、谏、教、生杀八者，正之器也，唯循大变无所湮者为能用之。故曰，正者，正也。其心以为不然者，天门弗开矣。"

孔子见老聃而语仁义。老聃曰："夫播糠眯目，则天地四方易位矣；蚊虻噆肤，则通昔不寐矣。夫仁义憯然乃愤吾心，乱莫大焉。吾子使天下无失其朴，吾子亦放风而动，总德而立矣，又奚杰杰然揭仁义，若负建鼓而求亡子者邪？夫鹄不日浴而白，乌不日黔而黑。黑白之朴，不足以为辩；名誉之观，不足以为广。泉涸，鱼相与处于陆，相呴以湿，相濡以沫，不若相忘于江湖！"

孔子见老聃归，三日不谈，弟子问曰："夫子见老聃，亦将何规哉？"孔子曰："吾乃今于是乎见龙！龙，合而成体，散而成章，乘云气而养乎阴阳。予口张而不能嗋。予又何规老聃哉！"子贡曰："然则人固有尸居而龙见，渊默而雷声，发动如天地者乎？赐亦可得而观乎？"遂以孔子声见老聃。老聃方将倨堂而应，微曰："予年运而往矣，子将何以戒我乎？"子贡曰："夫三皇五帝之治天下不同，其系声名一也。而先生独以为非圣人，如何哉？"老聃曰："小子少进！子何以谓不同？"对曰："尧授舜，舜授禹，禹用力而汤用兵，文王顺纣而不敢逆，武王逆纣而不肯顺，故曰不同。"老聃曰："小子少进，余语汝三皇五帝之治天下。黄帝之治天下，使民心一，民有其亲死不哭而民不非也。尧之治天下，使民心亲，民有为其亲杀其杀而民不非也。舜之治天下，使民心竞，孕妇十月而生子，子生五月而能言，不至乎孩而始谁，则人始有夭矣。禹之治天下，使民心变，人有心而兵有顺，杀盗非杀人，自为种而天下耳，是以天下大骇，儒墨皆起。其作始有伦，而今乎妇，女何言哉！余语汝，三皇五帝之治天下，名曰治之，而乱莫甚焉。三皇之知，上悖日月之明，下睽山川之精，中堕四时之施，其知憯于蛎虿之尾，鲜规之兽，莫得安其性命之情者，而犹自以为圣人，不亦可耻乎，其无耻也？"子贡蹴蹴然立不安。

孔子谓老聃曰："丘治《诗》、《书》、《礼》、《乐》、《易》、《春秋》六经，自以为久矣，孰知其故矣；以奸者七十二君，论先王之道而明周、召之迹，一君无所钩用。甚矣！夫人之难说也！道之难明邪？"老子曰："幸矣，子之不遇治世之君也！夫《六经》，先王之陈迹也，岂其所以迹哉！今子之所言，犹迹也。夫迹，履之所出，而迹岂履哉！夫白鶂之相视，眸子不运而风化；虫，雄鸣于上风，雌应于下风而风化；类自为雌雄，故风化。性不可易，命不可变，时不可止，道不可壅。苟得于道，无自而不可；失焉者，无自而可。"孔子不出三月，复见曰："丘得之矣。乌鹊孺，鱼傅沫，细要者化，有弟而兄啼。久矣，夫丘不与化为人！不与化为人，安能化人！"老子曰："可。丘得之矣！"

刻意第十五

刻意尚行，离世异俗，高论怨诽，为亢而已矣；此山谷之士，非世之人，枯槁赴渊者之所好也。语仁义忠信，恭俭推让，为修而已矣；此平世之士，教诲之人，游居学者之所好也。语大功，立大名，礼君臣，正上下，为治而已矣；此朝廷之士，尊主强国之人，致功并兼者之所好也。就薮泽，处闲旷，钓鱼闲处，无为而已矣；此江海之士，避世之人，闲暇者之所好也。吹呴呼吸，吐故纳新，熊经鸟申，为寿而已矣；此导引之士，养形之人，彭祖寿考者之所好也。若夫不刻意而高，无仁义而修，无功名而治，无江海而闲，不导引而寿，无不忘也，无不有也，澹然无极而众美从之。此天地之道，圣人之德也。

故曰，夫恬淡寂漠虚无无为，此天地之本而道德之质也。故圣人休焉，休则平易矣，平易则恬淡矣。平易恬淡，则忧患不能入，邪气不能袭，故其德全而神不亏。故曰，圣人之生也天行，其死也物化；静而与阴同德，动而与阳同波；不为福先，不为祸始；感而后应，迫而后动，不得已而后起。去知与故，遁天之理。故曰无天灾，无物累，无人非，无鬼责。不思虑，不豫谋。光矣而不耀，信矣而不期。其寝不梦，其觉无忧。其生若浮，其死若休。其神纯粹，其魂不罢。

虚无恬淡，乃合天德。故曰，悲乐者，德之邪；喜怒者，道之过；好恶者，心之失。故心不忧乐，德之至也；一而不变，静之至也；无所于忤，虚之至也；不与物交，惔之至也；无所于逆，粹之至也。

故曰，形劳而不休则弊，精用而不已则劳，劳则竭。水之性，不杂则清，莫动则平；郁闭而不流，亦不能清；天德之象也。故曰，纯粹而不杂，静一而不变，惔而无为，动而天行，此养神之道也。夫有干越之剑者，柙而藏之，不敢轻用也，宝之至也。精神四达并流，无所不极，上际于天，下蟠于地，化育万物，不可为象，其名为同帝。纯素之道，唯神是守；守而勿失，与神为一；一之精通，合于天伦。野语有之曰："众人重利，廉士重名，贤士尚志，圣人贵精。"故素也者，谓其无所与杂也；纯也者，谓其不亏其神也。能体纯素，谓之真人。

缮性第十六

缮性于俗学，以求复其初；滑欲于俗思，以求致其明；谓之蔽蒙之民。古之治道者，以恬养知；知生而无以知为也，谓之以知养恬。知与恬交相养，而和理出其性。夫德，和也；道，理也。德无不容，仁也；道无不理，义也；义明而物亲，忠也；中纯实而反乎情，乐也；信行容体而顺乎文，礼也。礼乐遍行，则天下乱矣。彼正而蒙己德，德则不冒，冒则物必失其性也。

古之人，在混芒之中，与一世而得澹漠焉。当是时也，阴阳和静，鬼神不扰，四时得节，万物不伤，群生不夭，人虽有知，无所用之，此之谓至一。当是时也，莫之为而常自然。逮德下衰，及燧人、伏羲始为天下，是故顺而不一。德又下衰，及神农、黄帝始为天下，是故安而不顺。德又下衰，及唐、虞始为天下，兴治化之流，枭淳散朴，离道以善，险德以行，然后去性而从于心。心与心识知，而不足以定天下，然后附之以文，益之以博。文灭质，博溺心，然后民始惑乱，无以反其性情而复其初。由是观之，世丧道矣，道丧世矣，世与道交相丧也，道之人何由兴乎世，世亦何由兴乎道哉！道无以兴乎世，世无以兴乎道，虽圣人不在山林之中，其德隐矣。隐，故不自隐。古之所谓隐士者，非伏身而弗见也，非闭其言而不出也，非藏其知而不发也，时命大谬也。当时命而大行乎天下，则反一无迹；不当时命而大穷乎天下，则深根宁极而待；此存身之道也。

古之存身者，不以辩饰知，不以知穷天下，不以知穷德，危然处其所而反其性己，又何为哉！道固不小行，德固不小识。小识伤德，小行伤道。故曰，正己而已矣。乐全之谓得志。古之所谓得志者，非轩冕之谓也，谓其无以益其乐而已矣。今之所谓得志者，轩冕之谓也。轩冕在身，非性命也，物之倘来，寄者也。寄之，其来不可圉，其去不可止。故不为轩冕肆志，不为穷约趋俗，其乐彼与此同，故无忧而已矣。今寄去则不乐，由是观之，虽乐，未尝不荒也。故曰，丧己于物，失性于俗者，谓之倒置之民。

秋水第十七

秋水时至，百川灌河，泾流之大，两涘渚崖之间，不辩牛马。于是焉河伯欣然自喜，以天下之美为尽在己。顺流而东行，至于北海，东面而视，不见水端，于是焉河伯始旋其面目，望洋向若而叹曰："野语有之曰：'闻道百，以为莫己若者。'我之谓也。且夫我尝闻少仲尼之闻而轻伯夷之义者，始吾弗信；今我睹子之难穷也，吾非至于子之门则殆矣，吾长见笑于大方之家。"北海若曰："井蛙不可以语于海者，拘于虚也；夏虫不可以语于冰者，笃于时也；曲士不可以语于道者，束于教也。今尔出于崖涘，观于大海，乃知尔丑，尔将可与语大理矣。天下之水，莫大于海，万川归之，不知何时止而不盈；尾闾泄之，不知何时已而不虚；春秋不变，水旱不知。此其过江河之流，不可为量数。而吾未尝以此自多者，自以比形于天地，而受气于阴阳，吾在于天地之间，犹小石小木之在大山也，方存乎见少，又奚以自多！计四海之在天地之间也，不似礨空之在大泽乎？计中国之在海内，不似稊米之在太仓乎？号物之数谓之万，人处一焉；人卒九州，谷食之所生，舟车之所通，人处一焉；此其比万物也，不似豪末之在于马体乎？五帝之所运，三王之所争，仁人之所忧，任士之所劳，尽此矣！伯夷辞之以为名，仲尼语之以为博，此其自多也，不似尔向之自多于水乎？"

河伯曰："然则吾大天地而小毫末，可乎？"北海若曰："否，夫物，量无穷，时无止，分无常，终始无故。是故大知观于远近，故小而不寡，大而不多，知量无穷；证曏今故，故遥而不闷，掇而不跂，知时无止；察乎盈虚，故得而不喜，失而不忧，知分之无常也；明乎坦涂，故生而不说，死而不祸，知终始之不可故也。计人之所知，不若其所不知；其生之时，不若未生之时；以其至小求穷其至大之域，是故迷乱而不能自得也。由此观之，又何以知毫末之足以定至细之倪！又何以知天地之足以穷至大之域！"

河伯曰："世之议者皆曰：'至精无形，至大不可围。'是信情乎？"北海若曰：“夫自细视大者不尽，自大视细者不明。故异便，此势之有也。夫精，小之微也；垺，大之殷也；夫精粗者，期于有形者也；无形者，数之所不能分也；不可围者，数之所不能穷也。可以言论者，物之粗也；可以意致者，物之精也；言之所不能论、意之所不能致者，不期精粗焉。是故大人之行，不出乎害人，不多仁恩，动不为利，不贱门隶；货财弗争，不多辞让；事焉不借人，不多食乎力，不贱贪污；行殊乎俗，不多辟异；为在从众，不贱佞谄；世之爵禄不足以为劝，戮耻不足以为辱；知是非之不可为分，细大之不可为倪。闻曰：‘道人不闻，至德不得，大人无己。’约分之至也。”

河伯曰：“若物之外，若物之内，恶至而倪贵贱？恶至而倪小大？”北海若曰：“以道观之，物无贵贱；以物观之，自贵而相贱；以俗观之，贵贱不在己。以差观之，因其所大而大之，则万物莫不大；因其所小而小之，则万物莫不小；知天地之为稊米也，知毫末之为丘山也，则差数睹矣。以功观之，因其所有而有之，则万物莫不有；因其所无而无之，则万物莫不无；知东西之相反而不可以相无，则功分定矣。以趣观之，因其所然而然之，则万物莫不然；因其所非而非之，则万物莫不非；知尧、桀之自然而相非，则趣操睹矣。昔者尧、舜让而帝，之、哙让而绝；汤、武争而王，白公争而灭。由此观之，争让之礼，尧、桀之行，贵贱有时，未可以为常也。梁丽可以冲城，而不可以窒穴，言殊器也；骐骥骅骝，一日而驰千里，捕鼠不如狸狌，言殊技也；鸱鸺夜撮蚤，察毫末，昼出瞋目而不见丘山，言殊性也。故曰，盖师是而无非，师治而无乱乎？是未明天地之理，万物之情者也。是犹师天而无地，师阴而无阳，其不可行明矣！然且语而不舍，非愚则诬也！帝王殊禅，三代殊继。差其时，逆其俗者，谓之篡夫；当其时，顺其俗者，谓之义之徒。默默乎河伯！女恶知贵贱之门，小大之家！”

河伯曰：“然则我何为乎，何不为乎？吾辞受趣舍，吾终奈何？”北海若曰：“以道观之，何贵何贱，是谓反衍；无拘而志，与道大蹇。何少何多，是谓谢施；无一而行，与道参差。严严乎若国之有君，其无私德；繇繇乎若祭之有社，其无私福；泛泛乎其若四方之无穷，其无所畛域。兼怀万物，其孰承翼？是谓无方。万物一齐，孰短孰长？道无终始，物有死生，不恃其成；一虚一盈，不位乎其形。年不可举，时不可止；消息盈虚，终则有始。是所以语大义之方，论万物之理也。物之生也，若骤若驰，无动而不变，无时而不移。何为乎，何不为乎？夫固将自化。”

河伯曰：“然则何贵于道邪？”北海若曰：“知道者必达于理，达于理者必明于权，明于权者不以物害己。至德者，火弗能热，水弗能溺，寒暑弗能害，禽兽弗能贼。非谓其薄之也，言察乎安危，宁于祸福，谨于去就，莫之能害也。故曰，天在内，人在外，德在乎天。知乎人之行，本乎天，位乎得，蹢躅而屈伸，反要而语极。”河伯曰：“何谓天？何谓人？”北海若曰：“牛马四足，是谓天；落马首，穿牛鼻，是谓人。故曰，无以人灭天，无以故灭命，无以得殉名。谨守而勿失，是谓反其真。”

《庄子》原文/外篇

　　夔怜蚿，蚿怜蛇，蛇怜风，风怜目，目怜心。夔谓蚿曰："吾以一足趻踔而行，予无如矣。今子之使万足，独奈何？"蚿曰："不然。子不见夫唾者乎？喷则大者如珠，小者如雾，杂而下者不可胜数也。今予动吾天机，而不知其所以然。"蚿谓蛇曰："吾以众足行，而不及子之无足，何也？"蛇曰："夫天机之所动，何可易邪？吾安用足哉！"蛇谓风曰："予动吾脊胁而行，则有似也。今子蓬蓬然起于北海，蓬蓬然入于南海，而似无有，何也？"风曰："然。予蓬蓬然起于北海而入于南海也，然而指我则胜我，鰌我亦胜我。虽然，夫折大木，蜚大屋者，唯我能也，故以众小不胜为大胜也。为大胜者，唯圣人能之。"

　　孔子游于匡，卫人围之数匝，而弦歌不辍。子路入见，曰："何夫子之娱也？"孔子曰："来！吾语女。我讳穷久矣，而不免，命也；求通久矣，而不得，时也。当尧、舜之时而天下无穷人，非知得也；当桀、纣之时而天下无通人，非知失也；时势适然。夫水行不避蛟龙者，渔父之勇也；陆行不避兕虎者，猎夫之勇也；白刃交于前，视死若生者，烈士之勇也；知穷之有命，知通之有时，临大难而不惧者，圣人之勇也。由处矣，吾命有所制矣！"无几何，将甲者进，辞曰："以为阳虎也，故围之；今非也，请辞而退。"

　　公孙龙问于魏牟曰："龙少学先王之道，长而明仁义之行；合同异，离坚白；然不然，可不可；困百家之知，穷众口之辩；吾自以为至达已。今吾闻庄子之言，汒焉异之。不知论之不及与，知之弗若与？今吾无所开吾喙，敢问其方。"公子牟隐机大息，仰天而笑曰："子独不闻夫埳井之蛙乎？谓东海之鳖曰：'吾乐与！出跳梁乎井干之上，入休乎缺甃之崖；赴水则接腋持颐，蹶泥则没足灭跗；还视虷蟹与科斗，莫吾能若也。且夫擅一壑之水，而跨跱埳井之乐，此亦至矣，夫子奚不时来入观乎？'东海之鳖左足未入，而右膝已絷矣。于是逡巡而却，告之海曰：'夫千里之远，不足以举其大；千仞之高，不足以极其深。禹之时，十年九潦，而水弗为加益；汤之时，八年七旱，而崖不为加损。夫不为顷久推移，不以多少进退者，此亦东海之大乐也。'于是埳井之蛙闻之，适适然惊，规规然自失也。且夫知不知是非之竟，而犹欲观于庄子之言，是犹使蚊虻负山，商蚷驰河也，必不胜任矣，且夫知不知论极妙之言，而自适一时之利者，是非埳井之蛙与？且彼方跐黄泉而登大皇，无南无北，奭然四解，沦于不测；无东无西，始于玄冥，反于大通。子乃规规然而求之以察，索之以辩，是直用管窥天，用锥指地也，不亦小乎？子往矣！且子独不闻夫寿陵余子之学行于邯郸与？未得国能，又失其故行矣，直匍匐而归耳。今子不去，将忘子之故，失子之业。"公孙龙口呿而不合，舌举而不下，乃逸而走。

　　庄子钓于濮水，楚王使大夫二人往先焉，曰："愿以境内累矣！"庄子持竿不顾，曰："吾闻楚有神龟，死已三千岁矣，王以巾笥而藏之庙堂之上。此龟者，宁其死为留骨而贵乎？宁其生而曳尾于涂中乎？"二大夫曰："宁生而曳尾涂中。"庄子曰："往矣！吾将曳尾于涂中。"

惠子相梁，庄子往见之。或谓惠子曰："庄子来，欲代子相。"于是惠子恐，搜于国中三日三夜。庄子往见之，曰："南方有鸟，其名为鹓鶵，子知之乎？夫鹓鶵，发于南海而飞于北海，非梧桐不止，非练实不食，非醴泉不饮。于是鸱得腐鼠，鹓鶵过之，仰而视之曰：'吓！'今子欲以子之梁国而吓我邪？"

庄子与惠子游于濠梁之上。庄子曰："儵鱼出游从容，是鱼之乐也。"惠子曰："子非鱼，安知鱼之乐？"庄子曰："子非我，安知我不知鱼之乐？"惠子曰："我非子，固不知子矣；子固非鱼也，子之不知鱼之乐，全矣。"庄子曰："请循其本。子曰'汝安知鱼乐'云者，既已知吾知之而问我，我知之濠上也。"

至乐第十八

天下有至乐无有哉？有可以活身者无有哉？今奚为奚据？奚避奚处？奚就奚去？奚乐奚恶？夫天下之所尊者，富贵寿善也；所乐者，身安厚味美服好色音声也；所下者，贫贱夭恶也；所苦者，身不得安逸，口不得厚味，形不得美服，目不得好色，耳不得音声；若不得者，则大忧以惧，其为形也，亦愚哉！夫富者，苦身疾作，多积财而不得尽用，其为形也亦外矣！夫贵者，夜以继日，思虑善否，其为形也亦疏矣！人之生也，与忧俱生，寿者惛惛，久忧不死，何之苦也！其为形也亦远矣！烈士为天下见善矣，未足以活身。吾未知善之诚善邪？诚不善邪？若以为善矣，不足活身；以为不善矣，足以活人。故曰："忠谏不听，蹲循勿争。"故夫子胥争之，以残其形；不争，名亦不成。诚有善无有哉？今俗之所为与其所乐，吾又未知乐之果乐邪？果不乐邪？吾观夫俗之所乐，举群趣者，誙誙然如将不得已，而皆曰乐者，吾未知之乐也，亦未知之不乐也。果有乐无有哉？吾以无为诚乐矣，又俗之所大苦也。故曰："至乐无乐，至誉无誉。"天下是非果未可定也。虽然，无为可以定是非。至乐活身，唯无为几存。请尝试言之。天无为以之清，地无为以之宁，故两无为相合，万物皆化生。芒乎芴乎，而无从出乎！芴乎芒乎，而无有象乎！万物职职，皆从无为殖。故曰天地无为也而无不为也，人也孰能得无为哉！

庄子妻死，惠子吊之，庄子则方箕踞鼓盆而歌。惠子曰："与人居，长子、老、身死，不哭，亦足矣，又鼓盆而歌，不亦甚乎！"庄子曰："不然。是其始死也，我独何能无概然！察其始而本无生，非徒无生也而本无形，非徒无形也而本无气。杂乎芒芴之间，变而有气，气变而有形，形变而有生，今又变而之死，是相与为春秋冬夏四时行也。人且偃然寝于巨室，而我嗷嗷然随而哭之，自以为不通乎命，故止也。"

支离叔与滑介叔观于冥伯之丘，昆仑之虚，黄帝之所休。俄而柳生其左肘，其意蹶蹶然恶之。支离叔曰："子恶之乎？"滑介叔曰："亡，予何恶！生者，假借也；

假之而生生者,尘垢也。死生为昼夜。且吾与子观化而化及我,我又何恶焉!"

庄子之楚,见空髑髅,髐然有形,撽以马捶,因而问之,曰:"夫子贪生失理,而为此乎?将子有亡国之事,斧钺之诛,而为此乎?将子有不善之行,愧遗父母妻子之丑,而为此乎?将子有冻馁之患,而为此乎?将子之春秋故及此乎?"于是语卒,援髑髅,枕而卧。夜半,髑髅见梦曰:"子之谈者似辩士,视子所言,皆生人之累也,死则无此矣。子欲闻死之说乎?"庄子曰:"然。"髑髅曰:"死,无君于上,无臣于下;亦无四时之事,从然以天地为春秋,虽南面王乐,不能过也。"庄子不信,曰:"吾使司命复生子形,为子骨肉肌肤,反子父母、妻子、闾里、知识,子欲之乎?"髑髅深矉蹙頞曰:"吾安能弃南面王乐而复为人间之劳乎!"

颜渊东之齐,孔子有忧色,子贡下席而问曰:"小子敢问,回东之齐,夫子有忧色,何邪?"孔子曰:"善哉汝问!昔者管子有言,丘甚善之,曰'褚小者不可以怀大,绠短者不可以汲深。'夫若是者,以为命有所成而形有所适也,夫不可损益。吾恐回与齐侯言尧、舜、黄帝之道,而重以燧人、神农之言。彼将内求于己而不得,不得则惑,人惑则死。且女独不闻邪?昔者海鸟止于鲁郊,鲁侯御而觞之于庙,奏《九韶》以为乐,具太牢以为膳。鸟乃眩视忧悲,不敢食一脔,不敢饮一杯,三日而死。此以己养养鸟也,非以鸟养养鸟也。夫以鸟养养鸟者,宜栖之深林,游之坛陆,浮之江湖,食之鳅鲦,随行列而止,逶迤而处。彼唯人言之恶闻,奚以夫谈谈为乎!《咸池》《九韶》之乐,张之洞庭之野,鸟闻之而飞,兽闻之而走,鱼闻之而下入,人卒闻之,相与还而观之。鱼处水而生,人处水而死,彼必相与异,其好恶故异也。故先圣不一其能,不同其事。名止于实,义设于适,是之谓条达而福持。"

列子行食于道从,见百岁髑髅,攓蓬而指之曰:"唯予与汝知而未尝死,未尝生也。若果养乎?予果欢乎?"

种有几,得水则为𰬝,得水土之际则为蛙蠙之衣,生于陵屯则为陵舄,陵舄得郁栖则为乌足。乌足之根为蛴螬,其叶为胡蝶。胡蝶胥也化而为虫,生于灶下,其状若脱,其名为鸲掇。鸲掇千日化而为鸟,其名为乾余骨。乾余骨之沫为斯弥,斯弥为食醯。颐辂生乎食醯;黄軦生乎九猷;瞀芮生乎腐蠸。羊奚比乎不筍,久竹生青宁;青宁生程,程生马,马生人,人又反入于机。万物皆出于机,皆入于机。

达生第十九

达生之情者,不务生之所无以为;达命之情者,不务命之所无奈何。养形必先之以物,物有余而形不养者有之矣;有生必先无离形,形不离而生亡者有之矣。生之来不能却,其去不能止。悲夫!世之人以为养形足以存生;而养形果不足以存生，则世奚足为哉！虽不足为而不可不为者，其为不免矣。未欲免为形者，莫如弃世。弃世则无累，无累则正平，正平则与彼更生，更生则几矣！事奚足弃而生奚足遗？弃事则形不劳，遗生则精不亏。夫形全精复，与天为一。天地者，万物之父母也，合则成体，散则成始。形精不亏，是谓能移；精而又精，反以相天。

子列子问关尹曰："至人潜行不窒，蹈火不热，行乎万物之上而不栗。请问何以至于此？"关尹曰："是纯气之守也，非知巧果敢之列。居，予语汝。凡有貌象声色者，皆物也，物与物何以相远？夫奚足以至乎先？是形色而已。则物之造乎不形，而止乎无所化。夫得是而穷之者，物焉得而止焉！彼将处乎不淫之度，而藏乎无端之纪，游乎万物之所终始。壹其性，养其气，合其德，以通乎物之所造。夫若是者，其天守全，其神无郤，物奚自入焉！夫醉者之坠车，虽疾不死。骨节与人同而犯害与人异，其神全也。乘亦不知也，坠亦不知也，死生惊惧不入乎其胸中，是故遌物而不慑。彼得全于酒而犹若是，而况得全于天乎？圣人藏于天，故莫之能伤也。复雠者，不折镆干；虽有忮心者，不怨飘瓦，是以天下平均。故无攻战之乱，无杀戮之刑者，由此道也。不开人之天，而开天之天。开天者德生，开人者贼生。不厌其天，不忽于人，民几乎以其真！"

仲尼适楚，出于林中，见痀偻者承蜩，犹掇之也。仲尼曰："子巧乎！有道邪？"曰："我有道也。五六月累丸二而不坠，则失者锱铢；累三而不坠，则失者十一；累五而不坠，犹掇之也。吾处身也，若厥株拘；吾执臂也，若槁木之枝；虽天地之大，万物之多，而唯蜩翼之知。吾不反不侧，不以万物易蜩之翼，何为而不得！"孔子顾谓弟子曰："用志不分，乃凝于神，其痀偻丈人之谓乎！"

颜渊问仲尼曰："吾尝济乎觞深之渊，津人操舟若神。吾问焉，曰：'操舟可学邪？'曰：'可。善游者数能。若乃夫没人，则未尝见舟而便操之也。'吾问焉而不吾告，敢问何谓也？"仲尼曰："善游者数能，忘水也。若乃夫没人之未尝见舟而便操之也，彼视渊若陵，视舟之覆犹其车却也。覆却万方陈乎前而不得入其舍，恶往而不暇！以瓦注者巧，以钩注者惮，以黄金注者殙。其巧一也，而有所矜，则重外也。凡外重者内拙。"

田开之见周威公，威公曰："吾闻祝肾学生，吾子与祝肾游，亦何闻焉？"田开之曰："开之操拔篲以侍门庭，亦何闻于夫子！"威公曰："田子无让，寡人愿闻之。"开之曰："闻之夫子曰：'善养生者，若牧羊然，视其后者而鞭之。'"威公曰："何谓也？"田开之曰："鲁有单豹者，岩居而水饮，不与民共利，行年七十而犹有婴儿之色；不幸遇饿虎，饿虎杀而食之。有张毅者，高门县薄，无不趋也，行年四十而有内热之病以死。豹养其内而虎食其外，毅养其外而病攻其内，此二子者，皆不鞭其后者也。"仲尼曰："无入而藏，无出而阳，柴立其中央。三者若得，其名必极。夫畏涂者，十杀一人，则父子兄弟相戒也，必盛卒徒而后敢出焉，不亦知乎！人之所取畏者，衽席之上，饮食之间；而不知为之戒者，过也！"

祝宗人玄端以临牢笑，说彘曰："汝奚恶死！吾将三月豢汝，十日戒，三日齐，藉白茅，加汝肩尻乎雕俎之上，则汝为之乎？"为彘谋曰，不如食以糠糟而错之牢笑之中。"自为谋，则苟生有轩冕之尊，死得于豚楯之上、聚偻之中则为之。为彘谋则去之，自为谋则取之，所异彘者何也？

桓公田于泽，管仲御，见鬼焉。公抚管仲之手曰："仲父何见？"对曰："臣无所见。"公反，诶诒为病，数日不出。齐士有皇子告敖者曰："公则自伤，鬼恶能伤公！夫忿滀之气，散而不反，则为不足；上而不下，则使人善怒；下而不上，则使人善忘；不上不下，中身当心，则为病。"桓公曰："然则有鬼乎？"曰："有。沈有履。灶有髻。户内之烦壤，雷霆处之；东北方之下者，倍阿鲑蠪跃之；西北方之下者，则泆阳处之。水有罔象，丘有峷，山有夔，野有彷徨，泽有委蛇。"公曰："请问委蛇之状何如？"皇子曰："委蛇，其大如毂，其长如辕，紫衣而朱冠。其为物也，恶闻雷车之声，则捧其首而立。见之者殆乎霸。"桓公辴然而笑曰："此寡人之所见者也。"于是正衣冠与之坐，不终日而不知病之去也。

纪渻子为王养斗鸡。十日而问："鸡可斗已乎？"曰："未也，方虚骄而恃气。"十日又问，曰："未也，犹应向景。"十日又问，曰："未也，犹疾视而盛气。"十日又问，曰："几矣，鸡虽有鸣者，已无变矣，望之似木鸡矣，其德全矣，异鸡无敢应，见者反走矣。"

孔子观于吕梁，县水三十仞，流沫四十里，鼋鼍鱼鳖之所不能游也。见一丈夫游之，以为有苦而欲死也，使弟子并流而拯之。数百步而出，被发行歌而游于塘下。孔子从而问焉，曰："吾以子为鬼，察子则人也。请问，蹈水有道乎？"曰："亡，吾无道。吾始乎故，长乎性，成乎命。与齐俱入，与汩偕出，从水之道而不为私焉。此吾所以蹈之也。"孔子曰："何谓始乎故，长乎性，成乎命？"曰："吾生于陵而安于陵，故也；长于水而安于水，性也；不知吾所以然而然，命也。"

梓庆削木为鐻，鐻成，见者惊犹鬼神。鲁侯见而问焉，曰："子何术以为焉？"对曰："臣工人，何术之有！虽然，有一焉，臣将为鐻，未尝敢以耗气也，必齐以静心。齐三日，而不敢怀庆赏爵禄；齐五日，不敢怀非誉巧拙；齐七日，辄然忘吾有四枝形体也。当是时也，无公朝，其巧专而外滑消；然后入山林，观天性；形躯至矣，然后成见鐻，然后加手焉；不然则已。则以天合天，器之所以疑神者，其由是与！"

东野稷以御见庄公，进退中绳，左右旋中规。庄公以为文弗过也，使之钩百而反。颜阖遇之，入见曰："稷之马将败。"公密而不应。少焉，果败而反。公曰："子何以知之？"曰："其马力竭矣。而犹求焉，故曰败。"

工倕旋而盖规矩，指与物化而不以心稽，故其灵台一而不桎。忘足，履之适也；忘要，带之适也；忘是非，心之适也；不内变，不外从，事会之适也。始乎适而未尝不适者，忘适之适也。

有孙休者，踵门而诧子扁庆子曰："休居乡不见谓不脩，临难不见谓不勇；然而田原不遇岁，事君不遇世，宾于乡里，逐于州部，则胡罪乎天哉？休恶遇此命也？"扁子曰："子独不闻夫至人之自行邪？忘其肝胆，遗其耳目，芒然彷徨乎尘垢之外，逍遥乎无事之业，是谓为而不恃，长而不宰。今汝饰知以惊愚，脩身以明污，昭昭乎若揭日月而行也。汝得全而形躯，具而九窍，无中道夭于聋盲跛蹇而比于人数，亦幸矣，又何暇乎天之怨哉！子往矣！"孙子出，扁子入。坐有间，仰天而叹。弟子问曰："先生何为叹乎？"扁子曰："向者休来，吾告之以至人之德，吾恐其惊而遂至于惑也。"弟子曰："不然。孙子之所言是邪，先生之所言非邪，非固不能惑是；孙子所言非邪，先生所言是邪，彼固惑而来矣，又奚罪焉！"扁子曰："不然。昔者有鸟止于鲁郊，鲁君说之，为具太牢以飨之，奏《九韶》以乐之。鸟乃始忧悲眩视，不敢饮食。此之谓以己养养鸟也。若夫以鸟养养鸟者，宜栖之深林，浮之江湖，食之以鳅鲦，委蛇而处，则安平陆而已矣。今休，款启寡闻之民也，吾告以至人之德，譬之若载鼷以车马，乐鹖以钟鼓也，彼又恶能无惊乎哉！"

山木第二十

庄子行于山中，见大木，枝叶盛茂，伐木者止其旁而不取也。问其故，曰："无所可用。"庄子曰："此木以不材得终其天年夫！"夫子出于山，舍于故人之家。故人喜，命竖子杀雁而烹之。竖子请曰："其一能鸣，其一不能鸣，请奚杀？"主人曰："杀不能鸣者。"明日，弟子问于庄子曰："昨日山中之木，以不材得终其天年；今主人之雁，以不材死。先生将何处？"庄子笑曰："周将处乎材与不材之间。材与不材之间，似之而非也，故未免乎累。若夫乘道德而浮游则不然，无誉无訾，一龙一蛇，与时俱化，而无肯专为；一上一下，以和为量，浮游乎万物之祖；物物而不物于物，则胡可得而累邪！此神农、黄帝之法则也。若夫万物之情，人伦之传，则不然。合则离，成则毁；廉则挫，尊则议，有为则亏，贤则谋，不肖则欺，胡可得而必乎哉！悲夫！弟子志之，其唯道德之乡乎！"

市南宜僚见鲁侯，鲁侯有忧色。市南子曰："君有忧色，何也？"鲁侯曰："吾学先王之道，脩先君之业；吾敬鬼尊贤，亲而行之，无须臾离居；然不免于患，吾是以忧。"市南子曰："君之除患之术浅矣！夫丰狐文豹，栖于山林，伏于岩穴，静也；夜行昼居，戒也；虽饥渴隐约，犹且胥疏于江湖之上而求食焉，定也；然且不免于罔罗机辟之患，是何罪之有哉？其皮为之灾也。今鲁国独非君之皮邪？吾愿君刳形去皮，洒心去欲，而游于无人之野。南越有邑焉，名为建德之国。其民愚而朴，少私而寡欲；知作而不知藏，与而不求其报；不知义之所适，不知礼之所将；猖狂妄行，乃蹈乎大方；其生可乐，其死可葬。吾愿君去国捐俗，与道相辅而行。"君曰："彼其道远而险，又有江山，我无舟车，奈何？"市南子曰："君无形倨，无留居，以为君车。"君曰："彼其道幽远而无人，吾谁与为邻？吾无粮，我无食，安得而至焉？"市南子曰："少君之费，寡君之欲，虽无粮而乃足。君其涉于江而浮于海，望之而不见其崖，愈往而不知其所穷。送君者皆自崖而反，君自此远矣！故有人者累，见有于人者忧。故尧非有人，非见有于人也。吾愿去君之累，除君之忧，而独与道游于大莫之国。方舟而济于河，有虚船来触舟，虽有偏心之人不怒；有一人在其上，则呼张歙之；一呼而不闻，再呼而不闻，于是三呼邪，则必以恶声随之。向也不怒而今也怒，向也虚而今也实。人能虚己以游世，其孰能害之！"

北宫奢为卫灵公赋敛以为钟，为坛乎郭门之外，三月而成上下之县。王子庆忌见而问焉，曰："子何术之设？"奢曰："一之间无敢设也。奢闻之：'既雕既琢，复归于朴。'侗乎其无识，傥乎其怠疑；萃乎芒乎，其送往而迎来；来者勿禁，往者勿止；从其强梁，随其曲傅，因其自穷；故朝夕赋敛而毫毛不挫，而况有大涂者乎！"

孔子围于陈、蔡之间，七日不火食。大公任往吊之曰："子几死乎？"曰："然。""子恶死乎？"曰："然。"任曰："予尝言不死之道。东海有鸟焉，其名曰意怠。其为鸟也，翂翂翐翐，而似无能；引援而飞，迫胁而栖；进不敢为前，退不敢为后；食不敢先尝，必取其绪。是故其行列不斥，而外人卒不得害，是以免于患。直木先伐，甘井先竭。子其意者饰知以惊愚，修身以明污，昭昭乎如揭日月而行，故不免也。昔吾闻之大成之人曰：'自伐者无功，功成者堕，名成者亏。'孰能去功与名而还与众人！道流而不明居，德行而不名处；纯纯常常，乃比于狂；削迹捐势，不为功名。是故无责于人，人亦无责焉。至人不闻，子何喜哉？"孔子曰："善哉！"辞其交游，去其弟子，逃于大泽；衣裘褐，食杼栗；入兽不乱群，入鸟不乱行。鸟兽不恶，而况人乎！

孔子问子桑雽曰："吾再逐于鲁，伐树于宋，削迹于卫，穷于商、周，围于陈、蔡之间。吾犯此数患，亲交益疏，徒友益散，何与？"子桑雽曰："子独不闻假人之亡与？林回弃千金之璧，负赤子而趋。或曰：'为其布与？赤子之布寡矣；为其累与？赤子之累多矣；弃千金之璧，负赤子而趋，何也？'林回曰：'彼以利合，此以天属也。'夫以利合者，迫穷祸患害相弃也；以天属者，迫穷祸患害相收也。夫相收之与相弃亦远矣，且君子之交淡若水，小人之交甘若醴；君子淡以亲，小人甘以绝。彼无故以合者，则无故以离。"孔子曰："敬闻命矣！"徐行翔佯而归，绝学捐书，弟子无挹于前，其爱益加进。异日，桑雽又曰："舜之将死，乃命禹曰：'汝戒之哉！形莫若缘，情莫若率。缘则不离，率则不劳；不离不劳，则不求文以待形；不求文以待形，固不待物。'"

庄子衣大布而补之，正緳系履而过魏王。魏王曰："何先生之惫邪？"庄子曰："贫也，非惫也。士有道德不能行，惫也；衣弊履穿，贫也，非惫也；此所谓非遭时也。王独不见夫腾猿乎？其得楠梓豫章也，揽蔓其枝而王长其间，虽羿、蓬蒙不能眄睨也。及其得柘棘枳枸之间也，危行侧视，振动悼栗，此筋骨非有加急而不柔也，处势不便，未足以逞其能也。今处昏上乱相之间而欲无惫，奚可得邪？此比干之见剖心徵也夫！"

孔子穷于陈、蔡之间，七日不火食，左据槁木，右击槁枝，而歌猋氏之风，有其具而无其数，有其声而无宫角，木声与人声，犁然有当于人之心。颜回端拱还目而窥之。仲尼恐其广己而造大也，爱己而造哀也，曰："回，无受天损易，无受人益难。无始而非卒也，人与天一也。夫今之歌者其谁乎？"回曰："敢问无受天损易。"仲尼曰："饥渴寒暑，穷桎不行，天地之行也，运物之泄也，言与之偕逝之谓也。为人臣者，不敢去之。执臣之道犹若是，而况乎所以待天乎？""何谓无受人益难？"仲尼曰："始用四达，爵禄并至而不穷。物之所利，乃非己也，吾命有在外者也。君子不为盗，贤人不为窃，吾若取之何哉？故曰，鸟莫知于鹢鸸，目之所不宜处，不给视，虽落其实，弃之而走。其畏人也，而袭诸人间，社稷存焉尔！""何谓无始而非卒？"仲尼曰："化其万物而不知其禅之者，焉知其所终？焉知其所始？正而待之而已耳。""何谓人与天一邪？"仲尼曰："有人，天也；有天，亦天也。人之不能有天，性也；圣人晏然体逝而终矣！"

庄周游于雕陵之樊，睹一异鹊自南方来者，翼广七尺，目大运寸，感周之颡而集于栗林。庄周曰："此何鸟哉！翼殷不逝，目大不睹。"蹇裳躩步，执弹而留之。睹一蝉，方得美荫而忘其身；螳螂执翳而搏之，见得而忘其形；异鹊从而利之，见利而忘其真。庄周怵然曰："噫！物固相累，二类相召也！"捐弹而反走，虞人逐而谇之。庄周反入，三日不庭。蔺且从而问之："夫子何为顷间甚不庭乎？"庄周曰："吾守形而忘身，观于浊水而迷于清渊。且吾闻诸夫子曰：'入其俗，从其令。'今吾游于雕陵而忘吾身，异鹊感吾颡，游于栗林而忘真，栗林虞人以吾为戮，吾所以不庭也。"

阳子之宋，宿于逆旅。逆旅人有妾二人，其一人美，其一人恶，恶者贵而美者贱。阳子问其故，逆旅小子对曰："其美者自美，吾不知其美也；其恶者自恶，吾不知其恶也。"阳子曰："弟子记之！行贤而去自贤之行，安往而不爱哉！"

田子方第二十一

田子方侍坐于魏文侯，数称谿工。文侯曰："谿工，子之师邪？"子方曰："非也，无择之里人也；称道数当，故无择称之。"文侯曰："然则子无师邪？"子方曰："有。"曰："子之师谁邪？"子方曰："东郭顺子。"文侯曰："然则夫子何故未尝称之？"子方曰："其为人也真，人貌而天虚，缘而葆真，清而容物。物无道，正容以悟之，使人之意也消。无择何足以称之！"子方出，文侯傥然终日不言，召前立臣而语之曰："远矣，全德之君子！始吾以圣知之言、仁义之行为至矣，吾闻子方之师，吾形解而不欲动，口钳而不欲言。吾所学者直土埂耳，夫魏真为我累耳！"

温伯雪子适齐，舍于鲁。鲁人有请见之者，温伯雪子曰："不可。吾闻中国之君子，明乎礼义而陋于知人心，吾不欲见也。"至于齐，反舍于鲁，是人也又请见。温伯雪子曰："往也蕲见我，今也又蕲见我，是必有以振我也。"出而见客，入而叹。明日见客，又入而叹。其仆曰："每见之客也，必入而叹，何耶？"曰："吾固告子矣：'中国之民，明乎礼义而陋乎知人心。'昔之见我者，进退一成规一成矩，从容一若龙一若虎，其谏我也似子，其道我也似父，是以叹也。"仲尼见之而不言。子路曰："吾子欲见温伯雪子久矣，见之而不言，何邪？"仲尼曰："若夫人者，目击而道存矣，亦不可以容声矣！"

颜渊问于仲尼曰："夫子步亦步，夫子趋亦趋，夫子驰亦驰，夫子奔逸绝尘，而回瞠若乎后矣！"夫子曰："回，何谓邪？"曰："夫子步亦步也，夫子言亦言也；夫子趋亦趋也，夫子辩亦辩也；夫子驰亦驰也；夫子言道，回亦言道也；及奔逸绝尘而回瞠若乎后者，夫子不言而信，不比而周，无器而民滔乎前，而不知所以然而已矣。"仲尼曰："恶！可不察与！夫哀莫大于心死，而人死亦次之。日出东方而入于西极，万物莫不比方，有首有趾者，待是而后成功，是出则存，是入则亡。万物亦然，有待也而死，有待也而生。吾一受其成形，而不化以待尽，效物而动，日夜无隙，而不知其所终；薰然其成形，知命不能规乎其前，丘以是日徂。吾终身与汝交一臂而失之，可不哀与！女殆著乎吾所以著也。彼已尽矣，而女求之以为有，是求马于唐肆也。吾服女也甚忘，女服吾也亦甚忘。虽然，女奚患焉！虽忘乎故吾，吾有不忘者存。"

孔子见老聃，老聃新沐，方将被发而干，蛰然似非人。孔子便而待之，少焉见，曰："丘也眩与？其信然与？向者先生形体掘若槁木，似遗物离人而立于独也。"老聃曰："吾游心于物之初。"孔子曰："何谓邪？"曰："心困焉而不能知，口辟焉而不能言，尝为汝议乎其将。至阴肃肃，至阳赫赫；肃肃出乎天，赫赫发乎地；两者交通成和而物生焉，或为之纪而莫见其形。消息满虚，一晦一明，日改月化，日有所为，而莫见其功。生有所乎萌，死有所乎归，始终相反乎无端而莫知乎其所穷。非是也，且孰为之宗！"孔子曰："请问游是。"老聃曰："夫得是，至美至乐也，得至美而游乎至乐，谓之至人。"孔子曰："愿闻其方。"曰："草食之兽，不疾易薮；水生之虫，不疾易水。行小变而不失其大常也，喜怒哀乐不入于胸次。夫天下也者，万物之所一也。得其所一而同焉，则四支百体将为尘垢，而死生终始将为昼夜，而莫之能滑，而况得丧祸福之所介乎！弃隶者若弃泥涂，知身贵于隶也，贵在于我而不失于变。且万化而未始有极也，夫孰足以患心！已为道者解乎此。"孔子曰："夫子德配天地，而犹假至言以修心，古之君子，孰能脱焉！"老聃曰："不然。夫水之于汋也，无为而才自然矣。至人之于德也，不修而物不能离焉，若天之自高，地之自厚，日月之自明，夫何脩焉！"孔子出，以告颜回曰："丘之于道也，其犹醯鸡与！微夫子之发吾覆也，吾不知天地之大全也。"

庄子见鲁哀公，哀公曰："鲁多儒士，少为先生方者。"庄子曰："鲁少儒。"哀公曰："举鲁国而儒服，何谓少乎？"庄子曰："周闻之，儒者冠圜冠者，知天时；履句履者，知地形；缓佩玦者，事至而断。君子有其道者，未必为其服也；为其服者，未必知其道也。公固以为不然，何不号于国中曰：'无此道而为此服者，其罪死！'"于是哀公号之五日，而鲁国无敢儒服者，独有一丈夫，儒服而立乎公门。公即召而问以国事，千转万变而不穷。庄子曰："以鲁国而儒者一人耳，可谓多乎？"

百里奚爵禄不入于心，故饭牛而牛肥，使秦穆公忘其贱，与之政也。有虞氏死生不入于心，故足以动人。

宋元君将画图，众史皆至，受揖而立；舐笔和墨，在外者半。有一史后至者，儃儃然不趋，受揖不立，因之舍。公使人视之，则解衣般礴裸。君曰："可矣，是真画者也。"

文王观于臧，见一丈夫钓，而其钓莫钓；非持其钓有钓者也，常钓也。文王欲举而授之政，而恐大臣父兄之弗安也；欲终而释之，而不忍百姓之无天也。于是旦而属之大夫曰："昔者寡人梦见良人，黑色而髯，乘驳马而偏朱蹄，号曰：'寓而政于臧丈人，庶几乎民有瘳乎！'"诸大夫蹴然曰："先君王也。"文王曰："然则卜之。"诸大夫曰："先君之命，王其无它，又何卜焉！"遂迎臧丈人而授之政。典法无更，偏令无出。三年，文王观于国，则列士坏植散群，长官者不成德，斔斛不敢入于四竟。列士坏植散群，则尚同也；长官者不成德，则同务也，斔斛不敢入于四竟，则诸侯无二心也。文王于是焉以为大师，北面而问曰："政可以及天下乎？"臧丈人昧然而不应，泛然而辞，朝令而夜循，终身无闻。颜渊问于仲尼曰："文王其犹未邪？又何以梦为乎？"仲尼曰："默，汝无言！夫文王尽之也，而又何论刺焉！彼直以循斯须也。"

列御寇为伯昏无人射，引之盈贯，措杯水其肘上，发之，适矢复沓，方矢复寓。当是时，犹象人也。伯昏无人曰："是射之射，非不射之射也。尝与汝登高山，履危石，临百仞之渊，若能射乎？"于是无人遂登高山，履危石，临百仞之渊，背逡巡，足二分垂在外，揖御寇而进之。御寇伏地，汗流至踵。伯昏无人曰："夫至人者，上窥青天，下潜黄泉，挥斥八极，神气不变。今汝怵然有恂目之志，尔于中也殆矣夫!"

肩吾问于孙叔敖曰:"子三为令尹而不荣华,三去之而无忧色。吾始也疑子,今视子之鼻间栩栩然,子之用心独奈何?"孙叔敖曰:"吾何以过人哉!吾以其来不可却也,其去不可止也。吾以为得失之非我也,而无忧色而已矣。我何以过人哉!且不知其在彼乎,其在我乎?其在彼邪?亡乎我;在我邪?亡乎彼。方将踌躇,方将四顾,何暇至乎人贵人贱哉!"仲尼闻之曰:"古之真人,知者不得说,美人不得滥,盗人不得劫,伏戏、黄帝不得友。死生亦大矣,而无变乎己,况爵禄乎!若然者,其神经乎大山而无介,入乎渊泉而不濡,处卑细而不惫,充满天地,既以与人,己愈有。"

楚王与凡君坐,少焉,楚王左右曰凡亡者三。凡君曰:"凡之亡也,不足以丧吾存。夫'凡之亡不足以丧吾存',则楚之存不足以存存。由是观之,则凡未始亡而楚未始存也。

知北游第二十二

知北游于玄水之上,登隐弅之丘,而适遭无为谓焉。知谓无为谓曰:"予欲有问乎若:何思何虑则知道?何处何服则安道?何从何道则得道?"三问而无为谓不答也,非不答,不知答也。知不得问,反于白水之南,登狐阕之上,而睹狂屈焉。知以之言也问乎狂屈。狂屈曰:"唉!予知之,将语若,中欲言而忘其所欲言。"知不得问,反于帝宫,见黄帝而问焉。黄帝曰:"无思无虑始知道,无处无服始安道,无从无道始得道。"知问黄帝曰:"我与若知之,彼与彼不知也,其孰是邪?"黄帝曰:"彼无为谓真是也,狂屈似之,我与汝终不近也。夫知者不言,言者不知,故圣人行不言之教。道不可致,德不可至。仁可为也,义可亏也,礼相伪也。故曰:'失道而后德,失德而后仁,失仁而后义,失义而后礼。礼者,道之华而乱之首也。'故曰:'为道者日损,损之又损之,以至于无为,无为而无不为也。'今已为物也,欲复归根,不亦难乎!其易也,其唯大人乎!生也死之徒,死也生之始,孰知其纪!人之生,气之聚也;聚则为生,散则为死。若死生为徒,吾又何患!故万物一也,是其所美者为神奇,其所恶者为臭腐;臭腐复化为神奇,神奇复化为臭腐。故曰:'通天下一气耳。'圣人故贵一。"知谓黄帝曰:"吾问无为谓,无为谓不应我,非不我应,不知应我也。吾问狂屈,狂屈中欲告我而不我告,非不我告,中欲告而忘之也。今予问乎若,若知之,奚故不近?"黄帝曰:"彼其真是也,以其不知也;此其似之也,以其忘之也;予与若终不近也,以其知之也。"狂屈闻之,以黄帝为知言。

天地有大美而不言,四时有明法而不议,万物有成理而不说。圣人者,原天地之美而达万物之理,是故至人无为,大圣不作,观于天地之谓也。合彼神明至精,与彼百化，物已死生方圆，莫知其根也，扁然而万物，自古以固存。六合为巨，未离其内；秋豪为小，待之成体；天下莫不沈浮，终身不故；阴阳四时运行，各得其序。惽然若亡而存，油然不形而神，万物畜而不知。此之谓本根，可以观于天矣！

啮缺问道乎被衣，被衣曰："若正汝形，一汝视，天和将至；摄汝知，一汝度，神将来舍。德将为汝美，道将为汝居，汝瞳焉如新生之犊而无求其故！"言未卒，啮缺睡寐。被衣大说，行歌而去之，曰："形若槁骸，心若死灰，真其实知，不以故自持。媒媒晦晦，无心而不可与谋。彼何人哉！"

舜问乎丞曰："道可得而有乎？"曰："汝身非汝有也，汝何得有夫道！"舜曰："吾身非吾有也，孰有之哉？"曰："是天地之委形也；生非汝有，是天地之委和也；性命非汝有，是天地之委顺也；子孙非汝有，是天地之委蜕也。故行不知所往，处不知所持，食不知所味。天地之强阳气也，又胡可得而有邪！"

孔子问于老聃曰："今日晏闲，敢问至道。"老聃曰："汝齐戒，疏瀹而心，澡雪而精神，掊击而知！夫道，窅然难言哉！将为汝言其崖略。夫昭昭生于冥冥，有伦生于无形，精神生于道，形本生于精，而万物以形相生，故九窍者胎生，八窍者卵生。其来无迹，其往无崖，无门无房，四达之皇皇也。邀于此者，四肢强，思虑恂达，耳目聪明，其用心不劳，其应物无方。天不得不高，地不得不广，日月不得不行，万物不得不昌，此其道与！且夫博之不必知，辩之不必慧，圣人以断之矣！若夫益之而不加益，损之而不加损者，圣人之所保也。渊渊乎其若海，巍巍乎其若山，终则复始也，运量万物而不匮。则君子之道，彼其外与！万物皆往资焉而不匮，此其道与！

"中国有人焉，非阴非阳，处于天地之间，直且为人，将反于宗。自本观之，生者，暗醷物也。虽有寿夭，相去几何？须臾之说也。奚足以为尧、桀之是非！果蓏有理，人伦虽难，所以相齿。圣人遭之而不违，过之而不守。调而应之，德也；偶而应之，道也，帝之所兴，王之所起也。

人生天地之间，若白驹之过隙，忽然而已。注然勃然，莫不出焉；油然漻然，莫不入焉。已化而生，又化而死。生物哀之，人类悲之。解其天弢，堕其天袭，纷乎宛乎，魂魄将往，乃身从之，乃大归乎！不形之形，形之不形，是人之所同知也，非将至之所务也，此众人之所同论也。彼至则不论，论则不至；明见无值，辩不若默；道不可闻，闻不若塞。此之谓大得。"

东郭子问于庄子曰："所谓道，恶乎在？"庄子曰："无所不在。"东郭子曰："期而后可。"庄子曰："在蝼蚁。"曰："何其下邪？"曰："在稊稗。"曰："何其愈下邪？"曰："在瓦甓。"曰："何其愈甚邪？"曰："在屎溺。"东郭子不应。庄子曰："夫子之问也，固不及质。正获之问于监市履狶也，每下愈况。汝唯莫必，无乎逃物。至道若是，大言亦然。周遍咸三者，异名同实，其指一也。尝相与游乎无何有之宫，同合而论，无所终穷乎！尝相与无为乎！澹而静乎！漠而清乎！调而闲乎！寥已吾志，无往焉而不知其所至，去而来而不知其所止，吾已往来焉而不知其所终；彷徨乎冯闳，大知入焉而不知其所穷。物物者与物无际，而物有际者，所谓物际者也；不际之际，际之不际者也。谓盈虚衰杀，彼为盈虚非盈虚，彼为衰杀非衰杀，彼为本末非本末，彼为积散非积散也。"

妸荷甘与神农同学于老龙吉。神农隐几，阖户昼瞑，妸荷甘日中奓户而入曰："老龙死矣！"神农拥杖而起，曝然放杖而笑，曰："天知予僻陋谩诞，故弃予而死。已矣！夫子无所发予之狂言而死矣夫！"弇堈吊闻之曰："夫体道者，天下之君子所系焉。今于道，秋豪之端万分未得处一焉，而犹知藏其狂言而死，又况夫体道者乎！视之无形，听之无声，于人之论者，谓之冥冥，所以论道，而非道也。"

于是泰清问乎无穷曰："子知道乎？"无穷曰："吾不知。"又问乎无为，无为曰："吾知道。"曰："子之知道，亦有数乎？"曰："有。"曰："其数若何？"无为曰："吾知道之可以贵，可以贱，可以约，可以散，此吾所以知道之数也。"泰清以之言也问乎无始曰："若是，则无穷之弗知与无为之知，孰是而孰非乎？"无始曰："不知深矣，知之浅矣；弗知内矣，知之外矣。"于是泰清仰而叹曰："弗知乃知乎，知乃不知乎！孰知不知之知？"无始曰："道不可闻，闻而非也；道不可见，见而非也；道不可言，言而非也。知形形之不形乎！道不当名。"无始曰："有问道而应之者，不知道也；虽问道者，亦未闻道。道无问，问无应。无问问之，是问穷也；无应应之，是无内也。以无内待问穷，若是者，外不观乎宇宙，内不知乎大初，是以不过乎昆仑，不游乎太虚。"

光曜问乎无有曰："夫子有乎？其无有乎？"无有弗应也。光曜不得问，而孰视其状貌，窅然空然，终日视之而不见，听之而不闻，搏之而不得也。光曜曰："至矣！其孰能至此乎！予能有无矣，而未能无无也；及为无有矣，何从至此哉！"

大马之捶钩者，年八十矣，而不失豪芒。大马曰："子巧与！有道与？"曰："臣有守也。臣之年二十而好捶钩，于物无视也，非钩无察也。是用之者，假不用者也以长得其用，而况乎无不用者乎！物孰不资焉！"

冉求问于仲尼曰："未有天地可知邪？"仲尼曰："可。古犹今也。"冉求失问而退，明日复见，曰："昔者吾问'未有天地可知乎？'夫子曰：'可。古犹今也。'昔日吾昭然，今日吾昧然。敢问何谓也？"仲尼曰："昔之昭然也，神者先受之；今之昧然也，且又为不神者求邪！无古无今，无始无终。未有子孙而有孙子，可乎？"冉求未对。仲尼曰："已矣，未应矣！不以生生死，不以死死生。死生有待邪？皆有所一体。有先天地生者物邪？物物者非物，物出不得先物也，犹其有物也。犹其有物也，无已。圣人之爱人也终无已者，亦乃取于是者也。"

颜渊问乎仲尼曰："回尝闻诸夫子曰：'无有所将，无有所迎。'回敢问其游。"仲尼曰："古之人，外化而内不化，今之人，内化而外不化。与物化者，一不化者也。安化安不化，安与之相靡，必与之莫多。狶韦氏之囿，黄帝之圃，有虞氏之宫，汤武之室，君子之人，若儒、墨者师，故以是非相鳖也，而况今之人乎！圣人处物不伤物。不伤物者，物亦不能伤也。唯无所伤者，为能与人相将迎。山林与！皋壤与！使我欣欣然而乐与！乐未毕也，哀又继之。哀乐之来，吾不能御，其去弗能止。悲夫，世人直为物逆旅耳！夫知遇而不知所不遇，能能而不能所不能。无知无能者，固人之所不免也。夫务免乎人之所不免者，岂不亦悲哉！至言去言，至为去为。齐知之所知，则浅矣！"

杂 篇

庚桑楚第二十三

　　老聃之役，有庚桑楚者，偏得老聃之道，以北居畏垒之山，其臣之画然知者去之，其妾之挈然仁者远之；拥肿之与居，鞅掌之为使。居三年，畏垒大穰。畏垒之民相与言曰："庚桑子之始来，吾洒然异之。今吾日计之而不足，岁计之而有余。庶几其圣人乎！子胡不相与尸而祝之，社而稷之乎？"庚桑子闻之，南面而不释然。弟子异之。庚桑子曰："弟子何异于予？夫春气发而百草生，秋正得而万宝成。夫春与秋，岂无得而然哉？天道已行矣！吾闻至人，尸居环堵之室，而百姓猖狂不知所如往。今以畏垒之细民，而窃窃焉欲俎豆予于贤人之间，我其杓之人邪？吾是以不释于老聃之言。"弟子曰："不然。夫寻常之沟，巨鱼无所还其体，而鲵鳅为之制；步仞之丘，巨兽无所隐其躯，而孽狐为之祥。且夫尊贤授能，先善与利，自古尧、舜以然，而况畏垒之民乎！夫子亦听矣！"庚桑子曰："小子来！夫函车之兽，介而离山，则不免于罔罟之患；吞舟之鱼，砀而失水，则蝼蚁能苦之。故鸟兽不厌高，鱼鳖不厌深。夫全其形生之人，藏其身也，不厌深眇而已矣！且夫二子者，又何足以称扬哉！是其于辩也，将妄凿垣墙而殖蓬蒿也，简发而栉，数米而炊，窃窃乎又何足以济世哉！举贤则民相轧，任知则民相盗。之数物者，不足以厚民。民之于利甚勤，子有杀父，臣有杀君，正昼为盗，日中穴阫。吾语女，大乱之本，必生于尧、舜之间，其末存乎千世之后。千世之后，其必有人与人相食者也！"

　　南荣趎蹴然正坐曰："若趎之年者已长矣，将恶乎托业以及此言邪？"庚桑子曰："全汝形，抱汝生，无使汝思虑营营。若此三年，则可以及此言矣！"南荣趎曰："目之与形，吾不知其异也，而盲者不能自见；耳之与形，吾不知其异也，而聋者不能自闻；心之与形，吾不知其异也，而狂者不能自得。形之与形亦辟矣，而物或间之邪，欲相求而不能相得？今谓趎曰：'全汝形，抱汝生，无使汝思虑营营。'趎勉闻道达耳矣！"庚桑子曰："辞尽矣。奔蜂不能化藿蠋，越鸡不能伏鹄卵，鲁鸡固能矣。鸡之与鸡，其德非不同也，有能与不能者，其才固有巨小也。今吾才小，不足以化子。子胡不南见老子！"南荣趎赢粮，七日七夜至老子之所。老子曰："子自楚之所来乎？"南荣趎曰："唯。"老子曰："子何与人偕来之众也？"南荣趎惧然顾其后。老子曰："子不知吾所谓乎？"南荣趎俯而惭，仰而叹曰："今者吾忘吾答，因失吾问。"老子曰："何谓也？"南荣趎曰："不知乎？人谓我朱愚。知乎？反愁我躯。不仁则害人，仁则反愁我身；不义则伤彼，义则反愁我己。我安逃此而可？此三言者，趎之所患也，愿因楚而问之。"老子曰："向吾见若眉睫之间，吾因以得汝矣，今汝又言而信之。若规规然若丧父母，揭竿而求诸海也。女亡人哉，惘惘乎！汝欲反汝情性而无由入，可怜哉！"南荣趎请入就舍，召其所好，去其所恶，十日自愁，复见老子。老子曰："汝自洒濯，孰哉郁郁乎！然而其中津津乎犹有恶也。夫外韄者不可繁而捉，将内揵；内韄者不可缪而捉，将外揵。外内韄者，道德不能持，而况放道而行者乎！"南荣趎曰："里人有病，里人问之，病者能言其病，然其病病者，犹未病也。若趎之闻大道，譬犹饮药以加病也，趎愿闻卫生之经而已矣。"老子曰："卫生之经，能抱一乎？能勿失乎？能无卜筮而知吉凶乎？能止乎？能已乎？能舍诸人而求诸己乎？能翛然乎？能侗然乎？能儿子乎？儿子终日嗥而嗌不嗄，和之至也；终日握而手不掜，共其德也；终日视而目不瞚，偏不在外也。行不知所之，居不知所为，与物委蛇，而同其波。是卫生之经已。"南荣趎曰："然则是至人之德已乎？"曰："非也。是乃所谓冰解冻释者，能乎？夫至人者，相与交食乎地而交乐乎天，不以人物利害相撄，不相与为怪，不相与为谋，不相与为事，翛然而往，侗然而来。是谓卫生之经已。"曰："然则是至乎？"曰："未也。吾固告汝曰：'能儿子乎！'儿子动不知所为，行不知所之，身若槁木之枝而心若死灰。若是者，祸亦不至，福亦不来。祸福无有，恶有人灾也！"

宇泰定者，发乎天光。发乎天光者，人见其人，物见其物。人有修者，乃今有恒；有恒者，人舍之，天助之。人之所舍，谓之天民；天之所助，谓之天子。

学者，学其所不能学也；行者，行其所不能行也；辩者，辩其所不能辩也。知止乎其所不能知，至矣；若有不即是者，天钧败之。

备物以将形，藏虞以生心，敬中以达彼，若是而万恶至者，皆天也，而非人也，不足以滑成，不可内于灵台。灵台者有持，而不知其所持，而不可持者也。不见其诚己而发，每发而不当，业入而不舍，每更为失。为不善乎显明之中者，人得而诛之；为不善乎幽暗之中者，鬼得而诛之。明乎人，明乎鬼者，然后能独行。券内者，行乎无名；券外者，志乎期费。行乎无名者，唯庸有光；志乎期费者，唯贾人也，人见其跂，犹之魁然。与物穷者，物入焉；与物且者，其身之不能容，焉能容人！不能容人者无亲，无亲者尽人。兵莫憯于志，镆铘为下；寇莫大于阴阳，无所逃于天地之间。非阴阳贼之，心则使之也。

道通。其分也成也，其成也毁也。所恶乎分者，其分也以备；所以恶乎备者，其有以备。故出而不反，见其鬼；出而得，是谓得死。灭而有实，鬼之一也。以有形者象无形者而定矣！出无本，入无窍；有所出而无窍者有实。有实而无乎处，有长而无乎本剽。有实而无乎处者，宇也；有长而无本剽者，宙也。有乎生，有乎死；有乎出，有乎入。入出而无见其形，是谓天门。天门者，无有也，万物出乎无有。有不能以有为有，必出乎无有，而无有一无有。圣人藏乎是。

古之人，其知有所至矣。恶乎至？有以为未始有物者，至矣，尽矣，弗可以加矣。其次以为有物矣，将以生为丧也，以死为反也，是以分已。其次曰始无有，既而有生，生俄而死；以无有为首，以生为体，以死为尻；孰知有无死生之一守者，吾与之为友。是三者虽异，公族也。昭景也，著戴也，甲氏也，著封也；非一也。有生，黬也，披然曰移是。尝言移是，非所言也。虽然，不可知者也。腊者之有膍胲，可散而不可散也；观室者周于寝庙，又适其偃溲焉，为是举移是。请尝言移是。是以生为本，以知为师，因以乘是非；果有名实，因以己为质；使人以为己节，因以死偿节。若然者，以用为知，以不用为愚；以彻为名，以穷为辱。移是，今之人也，是蜩与学鸠同于同也。

蹍市人之足，则辞以放骜，兄则以妪，大亲则已矣。故曰，至礼有不人，至义不物，至知不谋，至仁无亲，至信辟金。

彻志之勃，解心之谬，去德之累，达道之塞。贵富显严名利六者，勃志也；容动色理气意六者，谬心也；恶欲喜怒哀乐六者，累德也；去就取与知能六者，塞道也。此四六者不荡胸中则正，正则静，静则明，明则虚，虚则无为而无不为也。道者，德之钦也；生者，德之光也；性者，生之质。性之动，谓之为；为之伪，谓之失。知者，接也；知者，谟也；知者之所不知，犹睨也。动以不得已之谓德，动而非我之谓治，名相反而实相顺也。

羿工乎中微而拙乎使人无己誉；圣人工乎天而拙乎人。夫工乎天而俍乎人者，唯全人能之。唯虫能虫，唯虫能天。全人恶天？恶人之天？而况吾天乎人乎！

一雀适羿，羿必得之，威也；以天下为之笼，则雀无所逃。是故汤以庖人笼伊尹，秦穆公以五羊之皮笼百里奚。是故非以其所好笼之而可得者，无有也。

介者拸画，外非誉也；胥靡登高而不惧，遗死生也。夫复謵不馈而忘人，忘人，因以为天人矣！故敬之而不喜，侮之而不怒者，唯同乎天和者为然。出怒不怒，则怒出于不怒矣；出为无为，则为出于无为矣！欲静则平气，欲神则顺心，有为也欲当，则缘于不得已，不得已之类，圣人之道。

徐无鬼第二十四

徐无鬼因女商见魏武侯，武侯劳之曰："先生病矣！苦于山林之劳，故乃肯见于寡人。"徐无鬼曰："我则劳于君，君有何劳于我！君将盈耆欲，长好恶，则性命之情病矣；君将黜耆欲，擎好恶，则耳目病矣。我将劳君，君有何劳于我！"武侯超然不对。少焉，徐无鬼曰："尝语君，吾相狗也。下之质执饱而止，是狸德也；中之质若视日，上之质若亡其一。吾相狗又不若吾相马也。吾相马，直者中绳，曲者中钩，方者中矩，圆者中规，是国马也，而未若天下马也。天下马有成材，若恤若失，若丧其一，若是者，超轶绝尘，不知其所。"武侯大悦而笑。徐无鬼出，女商曰："先生独何以说吾君乎？吾所以说吾君者，横说之则以《诗》、《书》、《礼》、《乐》，从说之则以《金板六弢》，奉事而大有功者不可为数，而吾君未尝启齿。今先生何以说吾君，使吾君说若此乎？"徐无鬼曰："吾直告之吾相狗马耳。"女商曰："若是乎？"曰："子不闻夫越之流人乎？去国数日，见其所知而喜；去国旬月，见所尝见于国中者喜；及期年也，见似人者而喜矣；不亦去人滋久，思人滋深乎？夫逃虚空者，藜藿柱乎鼪鼬之径，踉位其空，闻人足音跫然而喜矣，又况乎昆弟亲戚之謦欬其侧者乎！久矣夫，莫以真人之言謦欬吾君之侧乎！"

徐无鬼见武侯，武侯曰："先生居山林，食芋栗，厌葱韭，以宾寡人，久矣夫！今老邪？其欲干酒肉之味邪？其寡人亦有社稷之福邪？"徐无鬼曰："无鬼生于贫贱，未尝敢饮食君之酒肉，将来劳君也。"君曰："何哉！奚劳寡人？"曰："劳君之神与形。"武侯曰："何谓邪？"徐无鬼曰："天地之养也一，登高不可以为长，居下不可以为短。君独为万乘之主，以苦一国之民，以养耳目鼻口，夫神者不自许也。夫神者，好和而恶奸；夫奸，病也，故劳之。唯君所病之，何也？"武侯曰："欲见先生久矣！吾欲爱民而为义偃兵，其可乎？"徐无鬼曰："不可。爱民，害民之始也；为义偃兵，造兵之本也；君自此为之，则殆不成。凡成美，恶器也；君虽为仁义，几且伪哉！形固造形，成固有伐，变固外战。君亦必无盛鹤列于丽谯之间，无徒骥于锱坛之宫，无藏逆于得，无以巧胜人，无以谋胜人，无以战胜人。夫杀人之士民，兼人之土地，以养吾私与吾神者，其战不知孰善？胜之恶乎在？君若勿已矣，脩胸中之诚，以应天地之情而勿撄。夫民死已脱矣，君将恶乎用夫偃兵哉！"

黄帝将见大隗乎具茨之山，方明为御，昌寓骖乘，张若、谐朋前马，昆阍、滑稽后车；至于襄城之野，七圣皆迷，无所问涂。适遇牧马童子，问涂焉，曰："若知具茨之山乎？"曰："然。""若知大隗之所存乎？"曰："然。"黄帝曰："异哉小童！非徒知具茨之山，又知大隗之所存。请问为天下。"小童曰："夫为天下者，亦若此而已矣，又奚事焉！予少而自游于六合之内，予适有眚病，有长者教予曰：'若乘日之车而游于襄城之野。'今予病少痊，予又且复游于六合之外。夫为天下亦若此而已。予又奚事焉！"黄帝曰："夫为天下者，则诚非吾子之事。虽然，请问为天下。"小童辞。黄帝又问。小童曰："夫为天下者，亦奚以异乎牧马者哉！亦去其害马者而已矣！"黄帝再拜稽首，称天师而退。

知士无思虑之变则不乐，辩士无谈说之序则不乐，察士无凌谇之事则不乐，皆囿于物者也。招世之士兴朝，中民之士荣官，筋国之士矜雅，勇敢之士奋患，兵革之士乐战，枯槁之士宿名，法律之士广治，礼乐之士敬容，仁义之士贵际。农夫无草莱之事则不比，商贾无市井之事则不比。庶人有旦暮之业则劝，百工有器械之巧则壮。钱财不积则贪者忧，权势不尤则夸者悲，势物之徒乐变。遭时有所用，不能无为也。此皆顺比于岁，不易于物者也。驰其形性，潜之万物，终身不反，悲夫！

庄子曰："射者非前期而中，谓之善射，天下皆羿也，可乎？"惠子曰：

"可。"庄子曰:"天下非有公是也,而各是其所是,天下皆尧也,可乎?"惠子曰:"可。"庄子曰:"然则儒、墨、杨、秉四,与夫子为五,果孰是邪?或者若鲁遽者邪?其弟子曰:'我得夫子之道矣,吾能冬爨鼎而夏造冰矣。'鲁遽曰:'是直以阳召阳,以阴召阴,非吾所谓道也。吾示子乎吾道。'于是乎为之调瑟,废一于堂,废一于室,鼓宫宫动,鼓角角动,音律同矣。夫或改调一弦,于五音无当也,鼓之,二十五弦皆动,未始异于声,而音之君已。且若是者邪?"惠子曰:"今夫儒、墨、杨、秉,且方与我以辩,相拂以辞,相镇以声,而未始吾非也,则奚若矣?"庄子曰:"齐人蹢子于宋者,其命阍也不以完;其求钘钟也以束缚;其求唐子也而未始出域,有遗类矣!夫楚人寄而蹢阍者;夜半于无人之时而与舟人斗,未始离于岑而足以造于怨也。"

庄子送葬,过惠子之墓,顾谓从者曰:"郢人垩漫其鼻端,若蝇翼,使匠人斲之。匠石运斤成风,听而斲之,尽垩而鼻不伤,郢人立不失容。宋元君闻之,召匠石曰:'尝试为寡人为之。'匠石曰:'臣则尝能斲之。虽然,臣之质死久矣。'自夫子之死也,吾无以为质矣,吾无与言之矣。"

管仲有病,桓公问之曰:"仲父之病病矣,可不讳云!至于大病,则寡人恶乎属国而可?"管仲曰:"公谁欲与?"公曰:"鲍叔牙。"曰:"不可。其为人、洁廉善士也,其于不己若者不比之;又一闻人之过,终身不忘。使之治国,上且钩乎君,下且逆乎民。其得罪于君也,将弗久矣!"公曰:"然则孰可?"对曰:"勿已则隰朋可。其为人也,上忘而下不畔,愧不若黄帝,而哀不己若者。以德分人谓之圣;以财分人谓之贤。以贤临人,未有得人者也;以贤下人,未有不得人者也。其于国有不闻也,其于家有不见也。勿已,则隰朋可。"

吴王浮于江,登乎狙之山,众狙见之,恂然弃而走,逃于深蓁。有一狙焉,委蛇攫搔,见巧乎王。王射之,敏给搏捷矢。王命相者趋射之,狙执死。王顾谓其友颜不疑曰:"之狙也,伐其巧,恃其便以敖予,以至此殛也!戒之哉!嗟乎,无以汝色骄人哉!"颜不疑归而师董梧,以锄其色,去乐辞显,三年而国人称之。

南伯子綦隐几而坐,仰天而嘘。颜成子入见曰:"夫子,物之尤也。形固可使若槁骸,心固可使若死灰乎?"曰:"吾尝居山穴之中矣。当是时也,田禾一睹我,而齐国之众三贺之。我必先之,彼故知之;我必卖之,彼故鬻之。若我而不有之,彼恶得而知之?若我而不卖之,彼恶得而鬻之?嗟乎!我悲人之自丧者,吾又悲夫悲人者,吾又悲夫悲人之悲者,其后而日远矣!"

仲尼之楚,楚王觞之,孙叔敖执爵而立,市南宜僚受酒而祭曰:"古之人乎!于此言已。"曰:"丘也闻不言之言矣,未之尝言,于此乎言之。市南宜僚弄丸而两家之难解,孙叔敖甘寝秉羽而郢人投兵。丘愿有喙三尺。"彼之谓不道之道,此之谓不言之辩,故德总乎道之所一。而言休乎知之所不知,至矣。道之所一者,德不能同也;知之所不能知者,辩不能举也;名若儒、墨而凶矣。故海不辞东流,大之至也;圣人并包天地,泽及天下,而不知其谁氏。是故生无爵,死无谥,实不聚,名不立,此之谓大人。狗不以善吠为良,人不以善言为贤,而况为大乎!夫为大不足以为大，而况为德乎！夫大莫若天地，然奚求焉，而大备矣！知大备者，无求，无失，无弃，不以物易己也。反己而不穷，循古而不摩，大人之诚。

子綦有八子，陈诸前，召九方歅曰："为我相吾子，孰为祥？"九方歅曰："梱也为祥。"子綦瞿然喜曰："奚若？"曰："梱也将与国君同食以终其身。"子綦索然出涕曰："吾子何为以至于是极也！"九方歅曰："夫与国君同食，泽及三族，而况父母乎！今夫子闻之而泣，是御福也。子则祥矣，父则不祥。"子綦曰："歅，汝何足以识之。而梱祥邪？尽于酒肉入于鼻口矣，而何足以知其所自来？吾未尝为牧而牂生于奥，未尝好田而鹑生于宎，若勿怪，何邪？吾所与吾子游者，游于天地。吾与之邀乐于天，吾与之邀食于地；吾不与之为事，不与之为谋，不与之为怪；吾与之乘天地之诚而不以物与之相撄，吾与之一委蛇而不与之为事所宜。今也然有世俗之偿焉！凡有怪徵者，必有怪行。殆乎，非我与吾子之罪，几天与之也！吾是以泣也。"无几何而使梱之于燕，盗得之于道，全而鬻之则难，不若刖之则易。于是乎刖而鬻之于齐，适当渠公之街，然身食肉而终。

啮缺遇许由曰："子将奚之？"曰："将逃尧。"曰："奚谓邪？"曰："夫尧畜畜然仁，吾恐其为天下笑。后世其人与人相食与！夫民，不难聚也；爱之则亲，利之则至，誉之则劝，致其所恶则散。爱利出乎仁义，捐仁义者寡，利仁义者众。夫仁义之行，唯且无诚，且假夫禽贪者器。是以一人之断制利天下，譬之犹一觇也。夫尧知贤人之利天下也，而不知其贼天下也，夫唯外乎贤者知之矣！"

有暖姝者，有濡需者，有卷娄者。所谓暖姝者，学一先生之言，则暖暖姝姝而私自说也，自以为足矣，而未知未始有物，是以谓暖姝者也。濡需者，豕虱是也，择疏鬣自以为广宫大囿，奎蹄曲隈，乳间股脚，自以为安室利处，不知屠者之一旦鼓臂布草操烟火，而己与豕俱焦也。此以域进，此以域退，此其所谓濡需者也。卷娄者，舜也。羊肉不慕蚁，蚁慕羊肉，羊肉膻也。舜有膻行，百姓悦之，故三徙成都，至邓之虚而十有万家。尧闻舜之贤，举之童土之地，曰冀得其来之泽。舜举乎童土之地，年齿长矣，聪明衰矣，而不得休归，所谓卷娄者也。是以神人恶众至，众至则不比，不比则不利也。故无所甚亲，无所甚疏，抱德炀和以顺天下，此谓真人。于蚁弃知，于鱼得计，于羊弃意。以目视目，以耳听耳，以心复心。若然者，其平也绳，其变也循。古之真人，以天待之，不以人入天，古之真人！

得之也生，失之也死；得之也死，失之也生：药也。其实堇也，桔梗也，鸡𦵔也，豕零也，是时为帝者也，何可胜言！

句践也以甲楯三千栖于会稽，唯种也能知亡之所以存，唯种也不知其身之所以愁。故曰，鸱目有所适，鹤胫有所节，解之也悲。故曰，风之过河也有损焉，日之过河也有损焉。请只风与日相与守河，而河以为未始其撄也，恃源而往者也。故水之守土也审，影之守人也审，物之守物也审。故目之于明也殆，耳之于聪也殆，心之于殉也殆。凡能其于府也殆，殆之成也不给改。祸之长也兹萃，其反也缘功，其果也待久。而人以为己宝，不亦悲乎！故有亡国戮民无已，不知问是也。故足之于地也践，虽践，恃其所不蹍而后善博也；人之于知也少，虽少，恃其所不知而后知天之所谓也。知大一，知大阴，知大目，知大均，知大方，知大信，知大定，至矣。大一通之，大阴解之，大目视之，大均缘之，大方体之，大信稽之，大定持之。尽有天，循有照，冥有枢，始有彼。则其解之也似不解之者，其知之也似不知之也，不知而后知之。其问之也，不可以有崖，而不可以无崖。颉滑有实，古今不代，而不可以亏，则可不谓有大扬攉乎！阖不亦问是已，奚惑然为！以不惑解惑，复于不惑，是尚大不惑。

则阳第二十五

则阳游于楚，夷节言之于王，王未之见，夷节归。彭阳见王果曰："夫子何不谭我于王？"王果曰："我不若公阅休。"彭阳曰："公阅休奚为者邪？"曰："冬则擉鳖于江，夏则休乎山樊。有过而问者，曰：'此予宅也。'夫夷节已不能，而况我乎！吾又不若夷节。夫夷节之为人也，无德而有知，不自许，以之神其交，固颠冥乎富贵之地，非相助以德，相助消也。夫冻者假衣于春，喝者反冬乎冷风。夫楚王之为人也，形尊而严；其于罪也，无赦如虎；非夫佞人正德，其孰能桡焉！故圣人，其穷也使家人忘其贫，其达也使王公忘爵禄而化卑。其于物也，与之为娱矣；其于人也，乐物之通而保己焉；故或不言而饮人以和，与人并立而使人化。父子之宜，彼其乎归居，而一闲其所施。其于人心者，若是其远也。故曰待公阅休。"

圣人达绸缪，周尽一体矣，而不知其然，性也。复命摇作而以天为师，人则从而命之也。忧乎知，而所行恒无几时，其有止也，若之何！生而美者，人与之鉴，不告则不知其美于人也。若知之，若不知之，若闻之，若不闻之，其可喜也终无已，人之好之亦无已，性也。圣人之爱人也，人与之名，不告则不知其爱人也。若知之，若不知之，若闻之，若不闻之，其爱人也终无已，人之安之亦无已，性也。

旧国旧都，望之畅然；虽使丘陵草木之缗，入之者十九，犹之畅然，况见见闻闻者也，以十仞之台县众间者也！冉相氏得其环中以随成，与物无终无始，无几无时。日与物化者，一不化者也，阖尝舍之！夫师天而不得师天，与物皆殉，其以为事也若之何？夫圣人未始有天，未始有人，未始有始，未始有物，与世偕行而不替，所行之备而不洫，其合之也若之何？汤得其司御门尹登恒为之傅之，从师而不囿，得其随成，为之司其名；之名嬴法，得其两见。仲尼之尽虑，为之傅之。容成氏曰："除日无岁，无内无外。"

魏莹与田侯牟约，田侯牟背之。魏莹怒，将使人刺之。犀首公孙衍闻而耻之曰："君为万乘之君也，而以匹夫从雠！衍请受甲二十万，为君攻之，虏其人民，系其牛马，使其君内热发于背，然后拔其国。忌也出走，然后抶其背，折其脊。"季子闻而耻之曰："筑十仞之城，城者既十仞矣，则又坏之，此胥靡之所苦也。今

附录

《庄子》原文/杂篇

兵不起七年矣，此王之基也。衍乱人，不可听也。"华子闻而丑之曰："善言伐齐者，乱人也；善言勿伐者，亦乱人也；谓伐之与不伐乱人也者，又乱人也。"君曰："然则若何？"曰："君求其道而已矣！"惠子闻之而见戴晋人。戴晋人曰："有所谓蜗者，君知之乎？"曰："然。""有国于蜗之左角者曰触氏，有国于蜗之右角者曰蛮氏，时相与争地而战，伏尸数万，逐北旬有五日而后反。"君曰："噫！其虚言与？"曰："臣请为君实之。君以意在四方上下有穷乎？"君曰："无穷。"曰："知游心于无穷，而反在通达之国，若存若亡乎？"君曰："然。"曰："通达之中有魏，于魏中有梁，于梁中有王，王与蛮氏，有辩乎？"君曰："无辩。"客出而君惝然若有亡也。客出，惠子见。君曰："客，大人也，圣人不足以当之。"惠子曰："夫吹管也，犹有嗃也；吹剑首者，映而已矣。尧、舜，人之所誉也；道尧、舜于戴晋人之前，譬犹一映也。"

孔子之楚，舍于蚁丘之浆。其邻有夫妻臣妾登极者，子路曰："是稷稷何为者邪？"仲尼曰："是圣人仆也。是自埋于民，自藏于畔。其声销，其志无穷，其口虽言，其心未尝言，方且与世违而心不屑与之俱。是陆沉者也，是其市南宜僚邪？"子路请往召之。孔子曰："已矣！彼知丘之著于己也，知丘之适楚也，以丘为必使楚王之召己也，彼且以丘为佞人也。夫若然者，其于佞人也羞闻其言，而况亲见其身乎！而何以为存？"子路往视之，其室虚矣。

长梧封人问子牢曰："君为政焉勿卤莽，治民焉勿灭裂。昔予为禾，耕而卤莽之，则其实亦卤莽而报予；芸而灭裂之，其实亦灭裂而报予。予来年变齐，深其耕而熟耰之，其禾蘩以滋，予终年厌飧。"庄子闻之曰："今人之治其形，理其心，多有似封人之所谓，遁其天，离其性，灭其情，亡其神，以众为。故卤莽其性者，欲恶之孽，为性萑苇蒹葭，始萌以扶吾形，寻擢吾性；并溃漏发，不择所出，漂疽疥痈，内热溲膏是也。"

柏矩学于老聃，曰："请之天下游。"老聃曰："已矣！天下犹是也。"又请之，老聃曰："汝将何始？"曰："始于齐。"至齐，见辜人焉，推而强之，解朝服而幕之，号天而哭之曰："子乎！子乎！天下有大菑，子独先离之，曰莫为盗！莫为杀人！荣辱立，然后睹所病；货财聚，然后睹所争。今立人之所病，聚人之所争，穷困人之身使无休时，欲无至此，得乎？古之君人者，以得为在民，以失为在己；以正为在民，以枉为在己；故一形有失其形者，退而自责。今则不然，匿为物而过不识，大为难而罪不敢，重为任而罚不胜，远其涂而诛不至。民知力竭，则以伪继之，日出多伪，士民安取不伪！夫力不足则伪，知不足则欺，财不足则盗。盗窃之行，于谁责而可乎？"

蘧伯玉行年六十而六十化，未尝不始于是之而卒诎之以非也，未知今之所谓是之非五十九非也。万物有乎生而莫见其根，有乎出而莫见其门。人皆尊其知之所知，而莫知恃其知之所不知而后知，可不谓大疑乎！已乎！已乎！且无所逃。此所谓然与，然乎！

仲尼问于大史大弢、伯常骞、狶韦曰："夫卫灵公饮酒湛乐，不听国家之政；田猎毕弋，不应诸侯之际；其所以为灵公者何邪？"大弢曰："是因是也。"伯常奰曰："夫灵公有妻三人，同滥而浴。史鰌奉御而进所，搏币而扶翼。其慢若彼之甚也，见贤人若此其肃也，是其所以为灵公也。"狶韦曰："夫灵公也死，卜葬于故墓不吉，卜葬于沙丘而吉。掘之数仞，得石椁焉，洗而视之，有铭焉，曰：'不冯其子，灵公夺而里之。'夫灵公之为灵也久矣，之二人何足以识之！"

少知问于大公调曰："何谓丘里之言？"大公调曰："丘里者，合十姓百名而以为风俗也，合异以为同，散同以为异。今指马之百体而不得马，而马系于前者，立其百体而谓之马也。是故丘山积卑而为高，江河合水而为大，大人合并而为公。是以自外入者，有主而不执；由中出者，有正而不距。四时殊气，天不赐，故岁成；五官殊职，君不私，故国治；文武殊能，大人不赐，故德备；万物殊理，道不私，故无名。无名故无为，无为而无不为。时有终始，世有变化，祸福淳淳，至有所拂者而有所宜；自殉殊面，有所正者有所差。比于大泽，百材皆度；观于大山，木石同坛。此之谓丘里之言。"少知曰："然则谓之道，足乎？"大公调曰："不然。今计物之数，不止于万，而期曰万物者，以数之多者号而读之也。是故天地者，形之大者也；阴阳者，气之大者也；道者为之公。因其大而号以读之，则可也，已有之矣，乃将得比哉？则若以斯辩，譬犹狗马，其不及远矣！"

少知曰："四方之内，六合之里，万物之所生恶起？"大公调曰："阴阳相照，相盖相治；四时相代，相生相杀。欲恶去就，于是桥起；雌雄片合，于是庸有。安危相易，祸福相生，缓急相摩，聚散以成。此名实之可纪，精之可志也。随序之相理，桥运之相使，穷则反，终则始；此物之所有。言之所尽，知之所至，极物而已。睹道之人，不随其所废，不原其所起，此议之所止。"少知曰："季真之莫为，接子之或使，二家之议，孰正于其情，孰偏于其理？"大公调曰："鸡鸣狗吠，是人之所知；虽有大知，不能以言读其所自化，又不能以意测其所将为。斯而析之，精至于无伦，大至于不可围，或之使，莫之为，未免于物，而终以为过。或使则实，莫为则虚。有名有实，是物之居；无名无实，在物之虚。可言可意，言而愈疏。未生不可忌，已死不可徂。死生非远也，理不可睹。或之使，莫之为，疑之所假。吾观之本，其往无穷；吾求之末，其来无止。无穷无止，言之无也，与物同理；或使莫为，言之本也，与物终始。道不可有，有不可无。道之为名，所假而行。或使莫为，在物一曲，夫胡为于大方？言而足，则终日言而尽道；言而不足，则终日言而尽物。道物之极，言默不足以载；非言非默，议有所极。"

外物第二十六

外物不可必，故龙逢诛，比干戮，箕子狂，恶来死，桀、纣亡。人主莫不欲其臣之忠，而忠未必信，故伍员流于江，苌弘死于蜀，藏其血三年而化为碧。人亲莫

附录

不欲其子之孝，而孝未必爱，故孝己忧而曾参悲。木与木相摩则然，金与火相守则流。阴阳错行，则天地大绞，于是乎有雷有霆，水中有火，乃焚大槐。有甚忧两陷而无所逃，蜷蜳不得成，心若县于天地之间，慰暋沈屯，利害相摩，生火甚多，众人焚和，月固不胜火，于是乎有债然而道尽。

庄周家贫，故往贷粟于监河侯。监河侯曰："诺。我将得邑金，将贷子三百金，可乎？"庄周忿然作色曰："周昨来，有中道而呼者。周顾视车辙中，有鲋鱼焉。周问之曰：'鲋鱼来，子何为者耶？'对曰：'我，东海之波臣也。君岂有斗升之水而活我哉？'周曰：'诺，我且南游吴、越之土，激西江之水而迎子，可乎？'鲋鱼忿然作色曰：'吾失我常与，我无所处。吾得斗升之水然活耳，君乃言此，曾不如早索我于枯鱼之肆！'"

任公子为大钩巨缁，五十辖以为饵，蹲乎会稽，投竿东海，旦旦而钓，期年不得鱼。已而大鱼食之，牵巨钩，铭没而下，骛扬而奋鬐，白波若山，海水震荡，声侔鬼神，惮赫千里。任公子得若鱼，离而腊之，自制河以东，苍梧已北，莫不厌若鱼者。已而后世辁才讽说之徒，皆惊而相告也。夫揭竿累，趋灌渎，守鲵鲋，其于得大鱼难矣。饰小说以干县令，其于大达亦远矣。是以未尝闻任氏之风俗，其不可与经于世亦远矣。

儒以诗礼发冢，大儒胪传曰："东方作矣，事之何若？"小儒曰："未解裙襦，口中有珠。""诗固有之曰：'青青之麦，生于陵陂，生不布施，死何含珠为？'接其鬓，压其颅，儒以金椎控其颐，徐别其颊，无伤口中珠。"

老莱子之弟子出取薪，遇仲尼，反以告，曰："有人于彼，修上而趋下，末偻而后耳，视若营四海，不知其谁氏之子？"老莱子曰："是丘也，召而来。"仲尼至。曰："丘！去汝躬矜与汝容知，斯为君子矣。"仲尼揖而退，蹙然改容而问曰："业可得进乎？"老莱子曰："夫不忍一世之伤而骛万世之患，抑固窭邪，亡其略弗及邪？惠以欢为，骛终身之丑，中民之行进焉耳，相引以名，相结以隐。与其誉尧而非桀，不如两忘而闭其所非誉。反无非伤也，动无非邪也。圣人踌躇以兴事，以每成功。奈何哉其载焉终矜尔！"

宋元君夜半而梦人被发窥阿门，曰："予自宰路之渊，予为清江使河伯之所，渔者余且得予。"元君觉，使人占之，曰："此神龟也。"君曰："渔者有余且乎？"左右曰："有。"君曰："令余且会朝。"明日，余且朝。君曰："渔何得？"对曰："且之网得白龟焉，其圆五尺。"君曰："献若之龟。"龟至，君再欲杀之，再欲活之，心疑，卜之，曰："杀龟以卜，吉。"乃刳龟以卜，七十二钻而无遗筴。仲尼曰："神龟能见梦于元君，而不能避余且之网；知能七十二钻而无遗筴，不能避刳肠之患。如是，则知有所困，神有所不及也。虽有至知，万人谋之。鱼不畏网而畏鹈鹕。去小知而大知明，去善而自善矣。婴儿生无硕师而能言，与能言者处也。"

惠子谓庄子曰："子言无用。"庄子曰："知无用而始可与言用矣。天地非不广且大也，人之所用容足耳，然则厕足而垫之致黄泉，人尚有用乎？"惠子曰：

“无用。”庄子曰：“然则无用之为用也亦明矣。”

庄子曰：“人有能游，且得不游乎？人而不能游，且得游乎？夫流遁之志，决绝之行，噫，其非至知厚德之任与！覆坠而不反，火驰而不顾，虽相与为君臣，时也，易世而无以相贱。故曰至人不留行焉。夫尊古而卑今，学者之流也。且以狶韦氏之流观今之世，夫孰能不波？唯至人乃能游于世而不僻，顺人而不失己。彼教不学，承意不彼。

目彻为明，耳彻为聪，鼻彻为颤，口彻为甘，心彻为知，知彻为德。凡道不欲壅，壅则哽，哽而不止则跈，跈则众害生。物之有知者恃息，其不殷，非天之罪。天之穿之，日夜无降，人则顾塞其窦。胞有重阆，心有天游。室无空虚，则妇姑勃豀；心无天游，则六凿相攘。大林丘山之善于人也，亦神者不胜。

德溢乎名，名溢乎暴，谋稽乎誸，知出乎争，柴生乎守，官事果乎众宜。春雨日时，草木怒生，铫鎒于是乎始修，草木之倒植者过半而不知其然。

静默可以补病，眦搣可以休老，宁可以止遽。虽然，若是，劳者之务也，佚者之所未尝过而问焉。圣人之所以骇天下，神人未尝过而问焉；贤人所以骇世，圣人未尝过而问焉；君子所以骇国，贤人未尝过而问焉；小人所以合时，君子未尝过而问焉。

演门有亲死者，以善毁爵为官师，其党人毁而死者半。尧与许由天下，许由逃之；汤与务光，务光怒之，纪他闻之，帅弟子而踆于窾水，诸侯吊之，三年，申徒狄因以踣河。

荃者所以在鱼，得鱼而忘荃；蹄者所以在兔，得兔而忘蹄；言者所以在意，得意而忘言。吾安得夫忘言之人而与之言哉！

寓言第二十七

寓言十九，重言十七，卮言日出，和以天倪。寓言十九，藉外论之。亲父不为其子媒。亲父誉之，不若非其父者也；非吾罪也，人之罪也。与己同则应，不与己同则反；同于己为是之，异于己为非之。重言十七，所以己言也，是为耆艾。年先矣，而无经纬本末以期年耆者，是非先也。人而无以先人，无人道也；人而无人道，是之谓陈人。卮言日出，和以天倪，因以曼衍，所以穷年。不言则齐，齐与言不齐，言与齐不齐也，故曰言无言。言无言，终身言，未尝言；终身不言，未尝不言。有自也而可，有自也而不可；有自也而然，有自也而不然。恶乎然？然于然；恶乎不然？不然于不然。恶乎可？可于可。恶乎不可？不可于不可。物固有所然，物固有所可，无物不然，无物不可。非卮言日出，和以天倪，孰得其久！万物皆种也，以不同形相禅，始卒若环，莫得其伦，是谓天均。天均者天倪也。

庄子谓惠子曰：“孔子行年六十而六十化，始时所是，卒而非之，未知今之所谓是之非五十九非也。"惠子曰："孔子勤志服知也。"庄子曰："孔子谢之矣，而其未之尝言。孔子云：'夫受才乎大本，复灵以生。鸣而当律，言而当法。利义陈乎前，而好恶是非直服人之口而已矣。使人乃以心服，而不敢蘁立，定天下之定。'已乎，已乎！吾且不得及彼乎！"

曾子再仕而心再化，曰："吾及亲仕，三釜而心乐；后仕，三千钟而不洎亲，吾心悲。"弟子问于仲尼曰："若参者，可谓无所县其罪乎？"曰："既已县矣。夫无所县者，可以有哀乎？彼视三釜三千钟，如观鸟雀蚊虻相过乎前也。"

颜成子游谓东郭子綦曰："自吾闻子之言，一年而野，二年而从，三年而通，四年而物，五年而来，六年而鬼入，七年而天成，八年而不知死，不知生，九年而大妙。

生有为，死也。劝公，以其死也，有自也；而生阳也，无自也。而果然乎？恶乎其所适？恶乎其所不适？天有历数，地有人据，吾恶乎求之？莫知其所终，若之何其无命也？莫知其所始，若之何其有命也？有以相应也，若之何其无鬼邪？无以相应也，若之何其有鬼邪？"

罔两问于景曰："若向也俯而今也仰，向也括撮而今也被发，向也坐而今也起，向也行而今也止，何也？"景曰："搜搜也，奚稍问也！予有而不知其所以。予，蜩甲也，蛇蜕也，似之而非也。火与日，吾屯也；阴与夜，吾代也。彼吾所以有待邪？而况乎以无有待者乎！彼来则我与之来，彼往则我与之往，彼强阳则我与之强阳。强阳者又何以有问乎！"

阳子居南之沛，老聃西游于秦，邀于郊，至于梁而遇老子。老子中道仰天而叹曰："始以汝为可教，今不可也。"阳子居不答，至舍，进盥漱巾栉，脱屦户外，膝行而前曰："向者弟子欲请夫子，夫子行不闲，是以不敢。今闲矣，请问其过。"老子曰："而睢睢盱盱，而谁与居？大白若辱，盛德若不足。"阳子居蹴然变容曰："敬闻命矣！"其往也，舍者迎将，其家公执席，妻执巾栉，舍者避席，炀者避灶。其反也，舍者与之争席矣。

让王第二十八

尧以天下让许由，许由不受。又让于子州支父，子州支父曰："以我为天子，犹之可也。虽然，我适有幽忧之病，方且治之，未暇治天下也。"夫天下至重也，而不以害其生，又况他物乎！唯无以天下为者，可以托天下也。舜让天下于子州支伯，子州支伯曰："予适有幽忧之病，方且治之，未暇治天下也。"故天下大器也，而不以易生，此有道者之所以异乎俗者也。舜以天下让善卷，善卷曰："余立于宇宙之中，冬日衣皮毛，夏日衣葛絺；春耕种，形足以劳动；秋收敛，身足以休食；日出而作，日入而息，逍遥于天地之间而心意自得。吾何以天下为哉！悲夫，子之不知余也。”遂不受。于是去而入深山，莫知其处。舜以天下让其友石户之农。石户之农曰：“捲捲乎后之为人，葆力之士也！”以舜之德为未至也，于是夫负妻戴，携子以入于海，终身不反也。

大王亶父居邠，狄人攻之；事之以皮帛而不受，事之以犬马而不受，事之以珠玉而不受，狄人之所求者土地也。大王亶父曰：“与人之兄居而杀其弟，与人之父居而杀其子，吾不忍也。子皆勉居矣！为吾臣与为狄人臣奚以异！且吾闻之，不以所用养害所养。”因杖筴而去之。民相连而从之。遂成国于岐山之下。夫大王亶父，可谓能尊生矣。能尊生者，虽贵富不以养伤身，虽贫贱不以利累形。今世之人居高官尊爵者，皆重失之，见利轻亡其身，岂不惑哉！

越人三世弑其君，王子搜患之，逃乎丹穴。而越国无君，求王子搜不得，从之丹穴。王子搜不肯出，越人薰之以艾。乘以王舆。王子搜援绥登车，仰天而呼曰：“君乎！君乎！独不可以舍我乎！”王子搜非恶为君也，恶为君之患也。若王子搜者，可谓不以国伤生矣，此固越人之所欲得为君也。

韩、魏相与争侵地，子华子见昭僖侯，昭僖侯有忧色。子华子曰：“今使天下书铭于君之前，书之言曰：‘左手攫之则右手废，右手攫之则左手废，然而攫之者必有天下。’君能攫之乎？”昭僖侯曰：“寡人不攫也。”子华子曰：“甚善！自是观之，两臂重于天下也，身又重于两臂。韩之轻于天下亦远矣，今之所争者，其轻于韩又远。君固愁身伤生以忧戚之不得也！”僖侯曰：“善哉！教寡人者众矣，未尝得闻此言也。”子华子可谓知轻重矣。

鲁君闻颜阖得道之人也，使人以币先焉。颜阖守陋闾，苴布之衣而自饭牛。鲁君之使者至，颜阖自对之。使者曰：“此颜阖之家与？”颜阖对曰：“此阖之家也。”使者致币，颜阖对曰：“恐听谬而遗使者罪，不若审之。”使者还，反审之，复来求之，则不得已。故若颜阖者，真恶富贵也。

故曰，道之真以治身，其绪余以为国家，其土苴以治天下。由此观之，帝王之功，圣人之余事也，非所以完身养生也。今世俗之君子，多危身弃生以殉物，岂不悲哉！凡圣人之动作也，必察其所以之与其所以为。今且有人于此，以随侯之珠弹千仞之雀，世必笑之。是何也？则其所用者重而所要者轻也。夫生者，岂特随侯珠之重哉！

子列子穷，容貌有饥色。客有言之于郑子阳者曰：“列御寇，盖有道之士也，居君之国而穷，君无乃为不好士乎？”郑子阳即令官遗之粟。子列子见使者，再拜而辞。使者去，子列子入，其妻望之而拊心曰：“妾闻为有道者之妻子，皆得佚乐，今有饥色，君过而遗先生食，先生不受，岂不命邪？”子列子笑谓之曰：“君非自知我也，以人之言而遗我粟；至其罪我也又且以人之言，此吾所以不受也。”其卒，民果作难而杀子阳。

楚昭王失国，屠羊说走而从于昭王。昭王反国，将赏从者，及屠羊说。屠羊说曰：“大王失国，说失屠羊；大王反国，说亦反屠羊。臣之爵禄已复矣，又何赏之有哉！”王曰：“强之！”屠羊说曰：“大王失国，非臣之罪，故不敢伏其诛；大王反国，非臣之功，故不敢当其赏。"王曰："见之！"屠羊说曰："楚国之法，必有重赏大功而后得见，今臣之知不足以存国，而勇不足以死寇。吴军入郢，说畏难而避寇，非故随大王也。今大王欲废法毁约而见说，此非臣之所以闻于天下也。"王谓司马子綦曰："屠羊说居处卑贱而陈义甚高，子綦为我延之以三旌之位。"屠羊说曰："夫三旌之位，吾知其贵于屠羊之肆也，万钟之禄，吾知其富于屠羊之利也；然岂可以贪爵禄而使吾君有妄施之名乎！说不敢当，愿复反吾屠羊之肆。"遂不受也。

原宪居鲁，环堵之室，茨以生草；蓬户不完，桑以为枢；而瓮牖二室，褐以为塞；上漏下湿，匡坐而弦歌。子贡乘大马，中绀而表素，轩车不容巷，往见原宪。原宪华冠縰履，杖藜而应门。子贡曰："嘻！先生何病？"原宪应之曰："宪闻之，无财谓之贫，学道而不能行谓之病。今宪，贫也，非病也。"子贡逡巡而有愧色。原宪笑曰："夫希世而行，比周而友，学以为人，教以为己，仁义之慝，舆马之饰，宪不忍为也。"

曾子居卫，缊袍无表，颜色肿哙，手足胼胝。三日不举火，十年不制衣，正冠而缨绝，捉衿而肘见，纳屦而踵决。曳纚而歌《商颂》，声满天地，若出金石。天子不得臣，诸侯不得友。故养志者忘形，养形者忘利，致道者忘心矣。

孔子谓颜回曰："回，来！家贫居卑，胡不仕乎？"颜回对曰："不愿仕。回有郭外之田五十亩，足以给飦粥；郭内之田十亩，足以为丝麻；鼓琴足以自娱，所学夫子之道者足以自乐也。回不愿仕。"孔子愀然变容曰："善哉，回之意！丘闻之：'知足者，不以利自累也；审自得者，失之而不惧；行修于内者，无位而不怍。'丘诵之久矣，今于回而后见之，是丘之得也。"

中山公子牟谓瞻子曰："身在江海之上，心居乎魏阙之下，奈何？"瞻子曰："重生。重生则轻利。"中山公子牟曰："虽知之，未能自胜也。"瞻子曰："不能自胜则从之，神无恶乎？不能自胜而强不从者，此之谓重伤。重伤之人，无寿类矣。"魏牟，万乘之公子也，其隐岩穴也，难为于布衣之士；虽未至乎道，可谓有其意矣！

孔子穷于陈、蔡之间，七日不火食，藜羹不糁，颜色甚惫，而犹弦歌于室。颜回择菜于外，子路、子贡相与言曰："夫子再逐于鲁，削迹于卫，伐树于宋，穷于商、周，围于陈、蔡，杀夫子者无罪，藉夫子者无禁。弦歌鼓琴，未尝绝音，君子之无耻也若此乎？"颜回无以应，入告孔子。孔子推琴喟然而叹曰："由与赐，细人也。召而来，吾语之。"子路、子贡入。子路曰："如此者可谓穷矣！"孔子曰："是何言也！君子通于道之谓通，穷于道之谓穷。今丘抱仁义之道以遭乱世之患，其何穷之为！故内省而不疚于道，临难而不失其德，大寒既至，霜雪既降，吾是以知松柏之茂也。陈、蔡之隘，于丘其幸乎！"孔子削然反琴而弦歌，子路扢然执干而舞。子贡曰："吾不知天之高也，地之下也。"古之得道者，穷亦乐，通亦乐。所乐非穷通也，道德于此，则穷通为寒暑风雨之序矣。故许由娱于颍阳，而共伯得志乎丘首。

舜以天下让其友北人无择，北人无择曰："异哉后之为人也，居于畎亩之中而游尧之门！不若是而已，又欲以其辱行漫我。吾羞见之。"因自投清泠之渊。

汤将伐桀，因卞随而谋，卞随曰："非吾事也。"汤曰："孰可？"曰："吾不知也。"汤又因务光而谋，务光曰："非吾事也。"汤曰："孰可？"曰："吾不知也。"汤曰："伊尹何如？"曰："强力忍垢，吾不知其他也。"汤遂与伊尹谋伐桀，克之，以让卞随。卞随辞曰："后之伐桀也谋乎我，必以我为贼也；胜桀而让我，必以我为贪也。吾生乎乱世，而无道之人再来漫我以其辱行，吾不忍数闻也。"乃自投椆水而死。汤又让务光曰："知者谋之，武者遂之，仁者居之，古之道也。吾子胡不立乎？"务光辞曰："废上，非义也；杀民，非仁也；人犯其难，我享其利，非廉也。吾闻之曰非其义者，不受其禄，无道之世，不践其土。况尊我乎！吾不忍久见也。"乃负石而自沈于庐水。

昔周之兴，有士二人处于孤竹，曰伯夷、叔齐。二人相谓曰："吾闻西方有人，似有道者，试往观焉。"至于岐阳，武王闻之，使叔旦往见之，与之盟曰："加富二等，就官一列。"血牲而埋之。二人相视而笑曰："嘻，异哉！此非吾所谓道也。昔者神农之有天下也，时祀尽敬而不祈喜；其于人也，忠信尽治而无求焉。乐与政为政，乐与治为治，不以人之坏自成也，不以人之卑自高也，不以遭时自利也。今周见殷之乱而遽为政，上谋而下行货，阻兵而保威，割牲而盟以为信，扬行以说众，杀伐以要利，是推乱以易暴也。吾闻古之士，遭治世不避其任，遇乱世不为苟存。今天下闇，周德衰，其并乎周以涂吾身也，不如避之，以洁吾行。"二子北至于首阳之山，遂饿而死焉。若伯夷、叔齐者，其于富贵也，苟可得已，则必不赖。高节戾行，独乐其志，不事于世，此二士之节也。

盗跖第二十九

孔子与柳下季为友，柳下季之弟，名曰盗跖。盗跖从卒九千人，横行天下，侵暴诸侯，穴室枢户，驱人牛马，取人妇女，贪得忘亲，不顾父母兄弟，不祭先祖。所过之邑，大国守城，小国入保，万民苦之。孔子谓柳下季曰："夫为人父者，必能诏其子；为人兄者，必能教其弟。若父不能诏其子，兄不能教其弟，则无贵父子兄弟之亲矣。今先生，世之才士也，弟为盗跖，为天下害，而弗能教也，丘窃为先生羞之。丘请为先生往说之。"柳下季曰："先生言为人父者必能诏其子，为人兄者必能教其弟，若子不听父之诏，弟不受兄之教，虽今先生之辩，将奈之何哉？且跖之为人也，心如涌泉，意如飘风，强足以距敌，辩足以饰非，顺其心则喜，逆其心则怒，易辱人以言。先生必无往。"孔子不听，颜回为驭，子贡为右，往见盗跖。

盗跖乃方休卒徒于太山之阳，脍人肝而铺之。孔子下车而前，见谒者曰："鲁人孔丘，闻将军高义，敬再拜谒者。"谒者入通，盗跖闻之大怒，目如明星，发上指冠，曰："此夫鲁国之巧伪人孔丘非邪？为我告之：'尔作言造语，妄称文、武，冠枝木之冠，带死牛之胁，多辞缪说，不耕而食，不织而衣，摇唇鼓舌，擅生是非，以迷天下之主，使天下学士不反其本，妄作孝弟而侥幸于封侯富贵者也。子之罪大极重，疾走归！不然，我将以子肝益昼铺之膳！'"

孔子复通曰："丘得幸于季，愿望履幕下。"谒者复通，盗跖曰：使来前！"孔子趋而进，避席反走，再拜盗跖。盗跖大怒，两展其足，案剑瞋目，声如乳虎，曰："丘来前！若所言，顺吾意则生，逆吾心则死。"

孔子曰："丘闻之，凡天下人有三德：生而长大，美好无双，少长贵贱见而皆说之，此上德也；知维天地，能辩诸物，此中德也；勇悍果敢，聚众率兵，此下德也。凡人有此一德者，足以南面称孤矣。今将军兼此三者，身长八尺二寸，面目有光，唇如激丹，齿如齐贝，音中黄钟，而名曰盗跖，丘窃为将军耻不取焉。将军有意听臣，臣请南使吴、越，北使齐、鲁，东使宋、卫，西使晋、楚，使为将军造大城数百里，立数十万户之邑，尊将军为诸侯，与天下更始，罢兵休卒，收养昆弟，共祭先祖。此圣人才士之行，而天下之愿也。"

盗跖大怒曰："丘来前！夫可规以利而可谏以言者，皆愚陋恒民之谓耳。今长大美好，人见而悦之者，此吾父母之遗德也。丘虽不吾誉，吾独不自知邪？且吾闻之，好面誉人者，亦好背而毁之。今丘告我以大城众民，是欲规我以利而恒民畜我也，安可久长也！城之大者，莫大乎天下矣。尧、舜有天下，子孙无置锥之地；汤、武立为天子，而后世绝灭；非以其利大故邪？且吾闻之，古者禽兽多而人少，于是民皆巢居以避之，昼拾橡栗，暮栖木上，故命之曰有巢氏之民。古者民不知衣服，夏多积薪，冬则炀之，故命之曰知生之民。神农之世，卧则居居，起则于于，民知其母，不知其父，与麋鹿共处，耕而食，织而衣，无有相害之心，此至德之隆也。然而黄帝不能致德，与蚩尤战于涿鹿之野，流血百里。尧、舜作，立群臣，汤放其主，武王杀纣。自是之后，以强陵弱，以众暴寡。汤、武以来，皆乱人之徒也。今子修文、武之道，掌天下之辩，以教后世，缝衣浅带，矫言伪行，以迷惑天下之主，而欲求富贵焉，盗莫大于子。天下何故不谓子为盗丘，而乃谓我为盗跖？子以甘辞说子路而使从之，使子路去其危冠，解其长剑，而受教于子，天下皆曰孔丘能止暴禁非。其卒之也，子路欲杀卫君而事不成，身菹于卫东门之上，子教子路菹此患，上无以为身，下无以为人，是子教之不至也。子自谓才士圣人邪？则再逐于鲁，削迹于卫，穷于齐，围于陈、蔡，不容身于天下。子之道岂足贵邪？世之所高，莫若黄帝，黄帝尚不能全德，而战于涿鹿之野，流血百里。尧不慈，舜不孝，禹偏枯，汤放其主，武王伐纣，此六子者，世之所高也。孰论之，皆以利惑其真而强反其情性，其行乃甚可羞也。世之所谓贤士，莫若伯夷、叔齐。伯夷、叔齐辞孤竹之君，而饿死于首阳之山，骨肉不葬。鲍焦饰行非世，抱木而死。申徒狄谏而不听，负石自投于河，为鱼鳖所食。介子推至忠也，自割其股以食文公，文公后背之，子推怒而去，抱木而燔死。尾生与女子期于梁下，女子不来，水至不去，抱梁柱而死。此六子者，无异于磔犬流豕、操瓢而乞者，皆离名轻死，不念本养寿命者也。世之所谓忠臣者，莫若王子比干、伍子胥。子胥沉江，比干剖心，此二子者，世谓忠臣也，然卒为天下笑。自上观之，至于子胥、比干，皆不足贵也。丘之所以说我者，若告我以鬼事，则我不能知也；若告我以人事者，不过此矣，皆吾所闻知也。今吾告子以人之情，目欲视色，耳欲听声，口欲察味，志气欲盈。人上寿百岁，中寿八十，下寿六十，除病瘦死丧忧患，其中开口而笑者，一月之中不过四五日而已矣。天与地无穷，人死者有时，操有时之具，而托于无穷之间，忽然无异骐骥之驰过隙也。不能说其志意，养其寿命者，皆非通道者也。丘之所言，皆吾之所弃也，亟去走归，无复言之！子之道，狂狂汲汲，诈巧虚伪事也，非可以全真也，奚足论哉！”

孔子再拜趋走，出门上车，执辔三失，目芒然无见，色若死灰，据轼低头，不能出气。归到鲁东门外，适遇柳下季。柳下季曰："今者阙然数日不见，车马有行色，得微往见跖邪？”孔子仰天而叹曰："然！”柳下季曰："跖得无逆汝意若前乎？”孔子曰："然。丘所谓无病而自灸也，疾走料虎头，编虎须，几不免虎口哉！”

子张问于满苟得曰："盍不为行？无行则不信，不信则不任，不任则不利。故观之名，计之利，而义真是也。若弃名利，反之于心，则夫士之为行，不可一日不为乎！”满苟得曰："无耻者富，多信者显。夫名利之大者，几在无耻而信。故观之名，计之利，而信真是也。若弃名利，反之于心，则夫士之为行，抱其天乎！”子张曰："昔者桀、纣贵为天子，富有天下，今谓臧聚曰，汝行如桀、纣，则有怍色，有不服之心者，小人所贱也。仲尼、墨翟，穷为匹夫，今谓宰相曰，子行如仲尼、墨翟，则变容易色称不足者，士诚贵也。故势为天子，未必贵也；穷为匹夫，未必贱也；贵贱之分，在行之美恶。”满苟得曰："小盗者拘，大盗者为诸侯，诸侯之门，仁义存焉。昔者桓公小白杀兄入嫂，而管仲为臣；田成子常杀君窃国，而孔子受币。论则贱之，行则下之，则是言行之情悖战于胸中也，不亦拂乎！故《书》曰：‘孰恶孰美？成者为首，不成者为尾。’”子张曰："子不为行，即将疏戚无伦，贵贱无义，长幼无序；五纪六位，将何以为别乎？”满苟得曰："尧杀长子，舜流母弟，疏戚有伦乎？汤放桀，武王杀纣，贵贱有义乎？王季为适，周公杀兄，长幼有序乎？儒者伪辞，墨者兼爱，五纪六位，将有别乎？且子正为名，我正为利。名利之实，不顺于理，不监于道。吾日与子讼于无约曰：‘小人殉财，君子殉名。其所以变其情，易其性，则异矣；乃至于弃其所为而殉其所不为，则一也。’故曰，无为小人，反殉而天；无为君子，从天之理。若枉若直，相而天极；面观四方，与时消息。若是若非，执而圆机；独成而意，与道徘徊。无转而行，无成而义，将失而所为。无赴而富，无殉而成，将弃而天。比干剖心，子胥抉眼，忠之祸也；直躬证父，尾生溺死，信之患也；鲍子立乾，申子自埋，廉之害也；孔子不见母，匡子不见父，义之失也。此上世之所传，下世之所语，以为士者正其言，必其行，故服其殃，离其患也。”

无足问于知和曰："人卒未有不兴名就利者。彼富则人归之，归则下之，下则贵之。夫见下贵者，所以长生安体乐意之道也。今子独无意焉，知不足邪，意知而力不能行邪！故推正不妄邪？"知和曰："今夫此人，以为与己同时而生，同乡而处者，以为夫绝俗过世之士焉；是专无主正，所以览古今之时、是非之分也，与俗化。世去至重，弃至尊，以为其所为也；此其所以论长生安体乐意之道，不亦远乎！惨怛之疾，恬愉之安，不监于体；怵惕之恐，欣欣之喜，不监于心；知为为而不知所以为，是以贵为天子，富有天下，而不免于患也。"无足曰："夫富之于人，无所不利，穷美究势，至人之所不得逮，贤人之所不能及，侠人之勇力而以为威强，秉人之知谋以为明察，因人之德以为贤良，非享国而严若君父。且夫声色滋味权势之于人，心不待学而乐之，体不待象而安之。夫欲恶避就，固不待师，此人之性也。天下虽非我，孰能辞之！"知和曰："知者之为，故动以百姓，不违其度，是以足而不争，无以为故不求。不足故求之，争四处而不自以为贪；有余故辞之，弃天下而不自以为廉。廉贪之实，非以迫外也，反监之度。势为天子，而不以贵骄人，富有天下，而不以财戏人。计其患，虑其反，以为害于性，故辞而不受也，非以要名誉也。尧、舜为帝而雍，非仁天下也，不以美害生也；善卷、许由得帝而不受，非虚辞让也，不以事害己。此皆就其利，辞其害，而天下称贤焉，则可以有之，彼非以兴名誉也。"无足曰："必持其名，苦体绝甘，约养以持生，则亦犹久病长阨而不死者也。"知和曰："平为福，有余为害者，物莫不然，而财其甚者也。今富人，耳营钟鼓管籥之声，口嗛于刍豢醪醴之味，以感其意，遗忘其业，可谓乱矣；侅溺于冯气，若负重行而上坂也，可谓苦矣；贪财而取慰，贪权而取竭，静居则溺，体泽则冯，可谓疾矣；为欲富就利，故满若堵耳而不知避，且冯而不舍，可谓辱矣；财积而无用，服膺而不舍，满心戚醮，求益而不止，可谓忧矣；内则疑劫请之贼，外则畏寇盗之害，内周楼疏，外不敢独行，可谓畏矣。此六者，天下之至害也，皆遗忘而不知察，及其患至，求尽性竭财，单以反一日之无故而不可得也。故观之名则不见，求之利则不得，缭意绝体而争此，不亦惑乎！"

说剑第三十

昔赵文王喜剑，剑士夹门而客三千余人，日夜相击于前，死伤者岁百余人，好之不厌。如是三年，国衰，诸侯谋之。太子悝患之，募左右曰："孰能说王之意止剑士者，赐之千金。"左右曰："庄子当能。"太子乃使人以千金奉庄子。庄子弗受，与使者俱，往见太子曰："太子何以教周，赐周千金？"太子曰："闻夫子明圣，谨奉千金以币从者。夫子弗受，悝尚何敢言。"庄子曰："闻太子所欲用周者，欲绝王之喜好也。使臣上说大王而逆王意，下不当太子，则身刑而死，周尚安所事金乎？使臣上说大王，下当太子，赵国何求而不得也！"太子曰："然。吾王所见，唯剑士也。"庄子曰："诺。周善为剑。"太子曰："然吾王所见剑士，皆蓬头突鬓垂冠，曼胡之缨，短后之衣，瞋目而语难，王乃说之。今夫子必儒服而见王，事必大逆。"庄子曰："请治剑服。"治剑服三日，乃见太子。太子乃与见王，王脱白刃待之。庄子入殿门不趋，见王不拜。王曰："子欲何以教寡人，使太子先焉？"曰："臣闻大王喜剑，故以剑见王。"王曰："子之剑何能禁制？"曰："臣之剑，十步一人，千里不留行！"王大悦之，曰："天下无敌矣！"庄子曰："夫为剑者，示之以虚，开之以利，后之以发，先之以至。愿得试之。"王曰："夫子休就舍，待命令设戏请夫子。"王乃校剑士七日，死伤者六十余人，得五六人，使奉剑于殿下，乃召庄子。王曰："今日试使士敦剑。"庄子曰："望之久矣！"王曰："夫子所御杖，长短何如？"曰："臣之所奉皆可。然臣有三剑，唯王所用，请先言而后试。"王曰："愿闻三剑。"曰："有天子之剑，有诸侯之剑，有庶人之剑。"

王曰："天子之剑何如？"曰："天子之剑，以燕谿、石城为锋，齐、岱为锷，晋、卫为脊，周、宋为镡，韩、魏为夹；包以四夷，裹以四时；绕以渤海，带以恒山；制以五行，论以刑德；开以阴阳，持以春夏，行以秋冬。此剑直之无前，举之无上，案之无下，运之无旁，上决浮云，下绝地纪。此剑一用，匡诸侯，天下服矣。此天子之剑也。"文王芒然自失，曰："诸侯之剑何如？"曰："诸侯之剑，以知勇士为锋，以清廉士为锷，以贤良士为脊，以忠圣士为镡，以豪桀士为夹。此剑直之亦无前，举之亦无上，案之亦无下，运之亦无旁；上法圆天以顺三光，下法方地以顺四时，中和民意，以安四乡。此剑一用，如雷霆之震也，四封之内，无不宾服而听从君命者矣。此诸侯之剑也。"王曰："庶人之剑何如？"曰："庶人之剑，蓬头突鬓垂冠，曼胡之缨，短后之衣，瞋目而语难。相击于前，上斩颈领，下决肝肺。此庶人之剑，无异于斗鸡，一旦命已绝矣，无所用于国事。今大王有天子之位而好庶人之剑，臣窃为大王薄之。"王乃牵而上殿，宰人上食，王三环之。庄子曰："大王安坐定气，剑事已毕奏矣。"于是文王不出宫三月，剑士皆服毙其处也。

渔父第三十一

孔子游乎缁帷之林，休坐乎杏坛之上。弟子读书，孔子弦歌鼓琴，奏曲未半。有渔父者，下船而来，须眉交白，被发揄袂，行原以上，距陆而止，左手据膝，右手持颐以听。曲终而招子贡、子路，二人俱对。客指孔子曰："彼何为者也？"子路对曰："鲁之君子也。"客问其族。子路对曰："族孔氏。"客曰："孔氏者何治也？"子路未应，子贡对曰："孔氏者，性服忠信，身行仁义，饰礼乐，选人伦，上以忠于世主，下以化于齐民，将以利天下。此孔氏之所治也。"又问曰：

"有土之君与？"子贡曰："非也。""侯王之佐与？"子贡曰："非也。"客乃笑而还，行言曰："仁则仁矣，恐不免其身；苦心劳形以危其真。呜呼！远哉其分于道也！"

子贡还，报孔子。孔子推琴而起曰："其圣人与？"乃下求之，至于泽畔，方将杖挐而引其船，顾见孔子，还乡而立。孔子反走，再拜而进。客曰："子将何求？"孔子曰："曩者先生有绪言而去，丘不肖，未知所谓，窃待于下风，幸闻咳唾之音，以卒相丘也。"客曰："嘻！甚矣子之好学也！"孔子再拜而起曰："丘少而修学，以至于今，六十九岁矣，无所得闻至教，敢不虚心！"客曰："同类相从，同声相应，固天之理也。吾请释吾之所有而经子之所以。子之所以者，人事也。天子诸侯大夫庶人，此四者自正，治之美也，四者离位而乱莫大焉。官治其职，人处其事，乃无所陵。故田荒室露，衣食不足，征赋不属，妻妾不和，长少无序，庶人之忧也；能不胜任，官事不治，行不清白，群下荒怠，功美不有，爵禄不持，大夫之忧也；廷无忠臣，国家昏乱，工技不巧，贡职不美，春秋后伦，不顺天子，诸侯之忧也；阴阳不和，寒暑不时，以伤庶物，诸侯暴乱，擅相攘伐，以残民人，礼乐不节，财用穷匮，人伦不饬，百姓淫乱，天子有司之忧也。今子既上无君侯有司之势，而下无大臣职事之官，而擅饰礼乐，选人伦，以化齐民，不亦泰多事乎？且人有八疵，事有四患，不可不察也。非其事而事之，谓之摠；莫之顾而进之，谓之佞；希意道言，谓之谄；不择是非而言，谓之谀；好言人之恶，谓之谗；析交离亲，谓之贼；称誉诈伪以败恶人，谓之慝；不择善否，两容颊适，偷拔其所欲，谓之险。此八疵者，外以乱人，内以伤身，君子不友，明君不臣。所谓四患者：好经大事，变更易常，以挂功名，谓之叨；专知擅事，侵人自用，谓之贪；见过不更，闻谏愈甚，谓之很；人同于己则可，不同于己，虽善不善，谓之矜。此四患也。能去八疵，无行四患，而始可教已。"

孔子愀然而叹，再拜而起曰："丘再逐于鲁，削迹于卫，伐树于宋，围于陈、蔡。丘不知所失，而离此四谤者何也？"客凄然变容曰："甚矣子之难悟也！人有畏影恶迹而去之走者，举足愈数而迹愈多，走愈疾而影不离身，自以为尚迟，疾走不休，绝力而死。不知处阴以休影，处静以息迹，愚亦甚矣！子审仁义之间，察同异之际，观动静之变，适受与之度，理好恶之情，和喜怒之节，而几于不免矣。谨脩而身，慎守其真，还以物与人，则无所累矣。今不脩之身而求之人，不亦外乎！"

孔子愀然曰："请问何谓真？"客曰："真者，精诚之至也。不精不诚，不能动人。故强哭者虽悲不哀，强怒者虽严不威，强亲者虽笑不和。真悲无声而哀，真怒未发而威，真亲未笑而和。真在内者，神动于外，是所以贵真也。其用于人理也，事亲则慈孝，事君则忠贞，饮酒则欢乐，处丧则悲哀。忠贞以功为主，饮酒以乐为主，处丧以哀为主，事亲以适为主，功成之美，无一其迹矣。事亲以适，不论所以矣；饮酒以乐，不选其具矣；处丧以哀，无问其礼矣。礼者，世俗之所为也；真者，所以受于天也，自然不可易也。故圣人法天贵真，不拘于俗。愚者反此。不能法天而恤于人，不知贵真，禄禄而受变于俗，故不足。惜哉，子之蚤湛于人伪而晚闻大道也。”

孔子又再拜而起曰：“今者丘得遇也，若天幸然。先生不羞而比之服役，而身教之。敢问舍所在，请因受业而卒学大道。”客曰：“吾闻之，可与往者与之，至于妙道；不可与往者，不知其道，慎勿与之，身乃无咎。子勉之！吾去子矣，吾去子矣！”乃刺船而去，延缘苇间。

颜渊还车，子路授绥，孔子不顾，待水波定，不闻拏音而后敢乘。子路旁车而问曰：“由得为役久矣，未尝见夫子遇人如此其威也。万乘之主，千乘之君，见夫子未尝不分庭伉礼，夫子犹有倨傲之容。今渔父杖拏逆立，而夫子曲要磬折，言拜而应，得无太甚乎！门人皆怪夫子矣，渔父何以得此乎！”孔子伏轼而叹曰：“甚矣由之难化也！湛于礼义有间矣，而朴鄙之心至今未去。进，吾语汝！夫遇长不敬，失礼也；见贤不尊，不仁也。彼非至人，不能下人，下人不精，不得其真，故长伤身。惜哉！不仁之于人也，祸莫大焉，而由独擅之。且道者，万物之所由也，庶物失之者死，得之者生，为事逆之则败，顺之则成。故道之所在，圣人尊之。今渔父之于道，可谓有矣，吾敢不敬乎！”

列御寇第三十二

列御寇之齐，中道而反，遇伯昏瞀人。伯昏瞀人曰：“奚方而反？”曰：“吾惊焉。”曰：“恶乎惊？”曰：“吾尝食于十浆而五浆先馈。”伯昏瞀人曰：“若是，则汝何为惊已？”曰：“夫内诚不解，形谍成光，以外镇人心，使人轻乎贵老，而蘯其所患。夫浆人特为食羹之货，无多余之赢，其为利也薄，其为权也轻，而犹若是，而况于万乘之主乎！身劳于国而知尽于事，彼将任我以事而效我以功，吾是以惊。”伯昏瞀人曰：“善哉观乎！汝处已，人将保女矣！”无几何而往，则户外之屦满矣。伯昏瞀人北面而立，敦杖蹙之乎颐，立有间，不言而出。宾者以告列子，列子提屦，跣而走，暨乎门，曰：“先生既来，曾不发药乎？”曰：“已矣，吾固告汝曰人将保汝。果保汝矣。非汝能使人保汝，而汝不能使人无保汝也，而焉用之感豫出异也！必且有感摇而本才，又无谓也。与汝游者又莫汝告也，彼所小言，尽人毒也。莫觉莫悟，何相孰也！巧者劳而知者忧，无能者无所求，饱食而敖游，汎若不系之舟，虚而敖游者也。”

郑人缓也呻吟于裘氏之地。祇三年而缓为儒，河润九里，泽及三族，使其弟墨。儒、墨相与辩，其父助翟。十年而缓自杀。其父梦之曰：“使而子为墨者予也。阖尝视其良，既为秋柏之实矣？”夫造物者之报人也，不报其人而报其人之天。彼故使彼。夫人以己为有以异于人以贱其亲，齐人之井饮者相捽也。故曰今之世皆缓也。自是，有德者以不知也，而况有道者乎！古者谓之遁天之刑。圣人安其所安，不安其所不安；众人安其所不安，不安其所安。庄子曰："知道易，勿言难。知而不言，所以之天也；知而言之，所以之人也；古之人，天而不人。"

朱泙漫学屠龙于支离益，单千金之家，三年技成而无所用其巧。圣人以必不必，故无兵；众人以不必必之，故多兵；顺于兵，故行有求。兵，恃之则亡。小夫之知，不离苞苴竿牍，敝精神乎蹇浅，而欲兼济道物，太一形虚。若是者，迷惑于宇宙，形累不知太初。彼至人者，归精神乎无始而甘冥乎无何有之乡。水流乎无形，发泄乎太清。悲哉乎！汝为知在毫毛，而不知大宁！

宋人有曹商者，为宋王使秦。其往也，得车数乘；王说之，益车百乘。反于宋，见庄子曰："夫处穷闾阨巷，困窘织屦，槁项黄馘者，商之所短也；一悟万乘之主而从车百乘者，商之所长也。"庄子曰："秦王有病召医，破痈溃痤者得车一乘，舐痔者得车五乘，所治愈下，得车愈多。子岂治其痔邪，何得车之多也？子行矣！"

鲁哀公问乎颜阖曰："吾以仲尼为贞干，国其有瘳乎？"曰："殆哉圾乎！仲尼方且饰羽而画，从事华辞，以支为旨，忍性以视民而不知不信，受乎心，宰乎神，夫何足以上民！彼宜女与？予颐与？误而可矣。今使民离实学伪，非所以视民也，为后世虑，不若休之。难治也。"

施于人而不忘，非天布也。商贾不齿，虽以事齿之，神者弗齿。

为外刑者，金与木也；为内刑者，动与过也。宵人之离外刑者，金木讯之；离内刑者，阴阳食之。夫免乎外内之刑者，唯真人能之。

孔子曰："凡人心险于山川，难于知天；天犹有春秋冬夏旦暮之期，人者厚貌深情。故有貌愿而益，有长若不肖，有顺懁而达，有坚而缦，有缓而钎。故其就义若渴者，其去义若热。故君子远使之而观其忠，近使之而观其敬，烦使之而观其能，卒然问焉而观其知，急与之期而观其信，委之以财而观其仁，告之以危而观其节，醉之以酒而观其则，杂之以处而观其色。九徵至，不肖人得矣。"

正考父一命而伛，再命而偻，三命而俯，循墙而走，孰敢不轨！如而夫者，一命而吕钜，再命而于车上儛，三命而名诸父，孰协唐、许！贼莫大乎德有心而心有睫，及其有睫也而内视，内视而败矣。凶德有五，中德为首。何谓中德？中德也者，有以自好也而吡其所不为者也。穷有八极，达有三必，形有六府。美、髯、长、大、壮、丽、勇、敢，八者俱过人也，因以是穷。缘循、偃仰、困畏不若人，三者俱通达。知慧外通，勇动多怨，仁义多责，六者所以相刑也。达生之情者傀，达于知者肖；达大命者随，达小命者遭。

人有见宋王者，锡车十乘。以其十乘骄稚庄子。庄子曰："河上有家贫恃纬萧而食者，其子没于渊，得千金之珠。其父谓其子曰：'取石来锻之！夫千金之珠，必在九重之渊而骊龙颔下，子能得珠者，必遭其睡也。使骊龙而寤，子尚奚微之有哉！'今宋国之深，非直九重之渊也；宋王之猛，非直骊龙也；子能得车者，必遭其睡也。使宋王而寤，子为韲粉矣！"

或聘于庄子，庄子应其使曰："子见夫牺牛乎？衣以文绣，食以刍菽，及其牵而入于大庙，虽欲为孤犊，其可得乎！"

庄子将死，弟子欲厚葬之。庄子曰："吾以天地为棺椁，以日月为连璧，星辰为珠玑，万物为赍送。吾葬具岂不备邪？何以加此！"弟子曰："吾恐乌鸢之食夫子也。"庄子曰："在上为乌鸢食，在下为蝼蚁食，夺彼与此，何其偏也。"以不平平，其平也不平；以不徵徵，其徵也不徵。明者唯为之使，神者徵之。夫明之不胜神也久矣，而愚者恃其所见入于人，其功外也，不亦悲乎！

天下第三十三

天下之治方术者多矣，皆以其有为不可加矣。古之所谓道术者，果恶乎在？曰："无乎不在。"曰："神何由降？明何由出？""圣有所生，王有所成，皆原于一。"不离于宗，谓之天人；不离于精，谓之神人；不离于真，谓之至人。以天为宗，以德为本，以道为门，兆于变化，谓之圣人；以仁为恩，以义为理，以礼为行，以乐为和，薰然慈仁，谓之君子；以法为分，以名为表，以参为验，以稽为决，其数一二三四是也，百官以此相齿；以事为常，以衣食为主，以蕃息畜藏为意，老弱孤寡皆有以养，民之理也。古之人其备乎！配神明，醇天地，育万物，和天下，泽及百姓，明于本数，系于末度，六通四辟，小大精粗，其运无乎不在。其明而在数度者，旧法世传之史，尚多有之。其在于《诗》、《书》、《礼》、《乐》者，邹鲁之士、搢绅先生多能明之——《诗》以道志，《书》以道事，《礼》以道行，《乐》以道和，《易》以道阴阳，《春秋》以道名分。——其数散于天下而设于中国者，百家之学时或称而道之。

天下大乱，贤圣不明，道德不一，天下多得一察焉以自好。譬如耳目鼻口，皆有所明，不能相通。犹百家众技也，皆有所长，时有所用。虽然，不该不遍，一曲之士也。判天地之美，析万物之理，察古人之全，寡能备于天地之美，称神明之容。是故内圣外王之道，暗而不明，郁而不发，天下之人各为其所欲焉以自为方。悲夫！百家往而不反，必不合矣！后世之学者，不幸不见天地之纯，古人之大体，道术将为天下裂。

不侈于后世，不靡于万物，不晖于数度，以绳墨自矫，而备世之急；古之道术有在于是者，墨翟、禽滑釐闻其风而说之。为之大过，已之大循。作为《非乐》，命之曰《节用》；生不歌，死无服。墨子泛爱兼利而非斗，其道不怒；又好学而博，不异，不与先王同，毁古之礼乐。黄帝有《咸池》，尧有《大章》，舜有《大韶》，禹有《大夏》，汤有《大濩》，文王有《辟雍》之乐，武王、周公作《武》。古之丧礼，贵贱有仪，上下有等，天子棺椁七重，诸侯五重，大夫三重，士再重。今墨子独生不歌，死不服，桐棺三寸而无椁，以为法式。以此教人，恐不爱人；以此自行，固不爱己。未败墨子道，虽然，歌而非歌，哭而非哭，乐而非乐，是果类乎？其生也勤，其死也薄，其道大觳；使人忧，使人悲，其行难为也，恐其不可以为圣人之道，反天下之心，天下不堪。墨子虽独能任，奈天下何！离于天下，其去王也远矣！墨子称道曰："昔者禹之湮洪水，决江河而通四夷九州也，名山三百，支川三千，小者无数。禹亲自操橐耜而九杂天下之川；腓无胈，胫无毛，沐甚雨，栉疾风，置万国。禹大圣也，而形劳天下也如此。"使后世之墨者，多以裘褐为衣，以跂蹻为服，日夜不休，以自苦为极，曰："不能如此，非禹之道也，不足谓墨。"相里勤之弟子，五侯之徒，南方之墨者若获、己齿、邓陵子之属，俱诵《墨经》，而倍谲不同，相谓别墨；以坚白同异之辩相訾，以觭偶不仵之辞相应；以巨子为圣人，皆愿为之尸，冀得为其后世，至今不决。墨翟、禽滑釐之意则是，其行则非也。将使后世之墨者，必自苦以腓无胈胫无毛，相进而已矣。乱之上也，治之下也。虽然，墨子真天下之好也，将求之不得也，虽枯槁不舍也，才士也夫！

不累于俗，不饰于物，不苟于人，不忮于众，愿天下之安宁以活民命，人我之养毕足而止，以此白心，古之道术有在于是者。宋钘、尹文闻其风而悦之。作为华山之冠以自表，接万物以别宥为始；语心之容，命之曰心之行。以聏合欢，以调海内，请欲置之以为主。见侮不辱，救民之斗，禁攻寝兵，救世之战。以此周行天下，上说下教，虽天下不取，强聒而不舍者也，故曰上下见厌而强见也。虽然，其为人太多，其自为太少；曰："请欲固置五升之饭足矣。"先生恐不得饱，弟子虽饥，不忘天下，日夜不休，曰："我必得活哉！"图傲乎救世之士哉！曰："君子不为苛察，不以身假物。"以为无益于天下者，明之不如已也。以禁攻寝兵为外，以情欲寡浅为内，其小大精粗，其行适至是而止。

公而不党，易而无私，决然无主，趣物而不两，不顾于虑，不谋于知，于物无择，与之俱往。古之道术有在于是者。彭蒙、田骈、慎到闻其风而悦之。齐万物以为首，曰："天能覆之而不能载之，地能载之而不能覆之，大道能包之而不能辩之。"知万物皆有所可，有所不可，故曰："选则不遍，教则不至，道则无遗者矣。"是故慎到弃知去己，而缘不得已，泠汰于物，以为道理，曰："知不知，将薄知而后邻伤之者也。"謑髁无任，而笑天下之尚贤也；纵脱无行，而非天下之大圣。椎拍輐断，与物宛转，舍是与非，苟可以免。不师知虑，不知前后，魏然而已矣。推而后行，曳而后往，若飘风之还，若落羽之旋，若磨石之隧，全而无非，动静无过，未尝有罪。是何故？夫无知之物，无建己之患；无用知之累，动静不离于理，是以终身无誉。故曰："至于若无知之物而已，无用贤圣。夫块不失道。"豪桀相与笑之曰："慎到之道，非生人之行而至死人之理，适得怪焉。"田骈亦然，学于彭蒙，得不教焉。彭蒙之师曰："古之道人，至于莫之是莫之非而已矣。其风窢然，恶可而言？"常反人，不见观，而不免于魭断。其所谓道非道，而所言之韪不免于非。彭蒙、田骈、慎到不知道。虽然，概乎皆尝有闻者也。

以本为精，以物为粗，以有积为不足，澹然独与神明居，古之道术有在于是者。关尹、老聃闻其风而悦之。建之以常无有，主之以太一，以濡弱谦下为表，以空虚不毁万物为实。关尹曰："在己无居，形物自著。其动若水，其静若镜，其应若响。芴乎若亡，寂乎若清。同焉者和，得焉者失。未尝先人而常随人。"老聃曰："知其雄，守其雌，为天下溪；知其白，守其辱，为天下谷。"人皆取先，己独取后，曰受天下之垢；人皆取实，己独取虚，无藏也故有余；其行身也，徐而不费，无为也而笑巧；人皆求福，己独曲全，曰苟免于咎。以深为根，以约为纪，曰坚则毁矣，锐则挫矣。常宽于物，不削于人。虽未至极，关尹、老聃乎！古之博大真人哉！

芴漠无形，变化无常，死与生与，天地并与，神明往与！芒乎何之，忽乎何适，万物毕罗，莫足以归，古之道术有在于是者，庄周闻其风而悦之。以谬悠之说，荒唐之言，无端崖之辞，时恣纵而不傥，不以觭见之也。以天下为沈浊，不可与庄语，以卮言为曼衍，以重言为真，以寓言为广。独与天地精神往来，而不敖倪于万物，不谴是非，以与世俗处。其书虽瑰玮而连犿无伤也。其辞虽参差而諔诡可观。彼其充实不可以已，上与造物者游，而下与外死生无终始者为友。其于本也，弘大而辟，深闳而肆；其于宗也，可谓稠适而上遂矣。虽然，其应于化而解于物也，其理不竭，其来不蜕，芒乎昧乎，未之尽者。

惠施多方，其书五车，其道舛驳，其言也不中。历物之意，曰："至大无外，谓之大一；至小无内，谓之小一。无厚，不可积也，其大千里。天与地卑，山与泽平。日方中方睨，物方生方死。大同而与小同异，此之谓小同异；万物毕同毕异，此之谓大同异。南方无穷而有穷。今日适越而昔来。连环可解也。我知天下之中央，燕之北越之南是也。泛爱万物，天地一体也。"

惠施以此为大，观于天下而晓辩者，天下之辩者相与乐之。卵有毛；鸡三足；郢有天下；犬可以为羊；马有卵；丁子有尾；火不热；山出口；轮不蹍地；目不见；指不至，至不绝；龟长于蛇；矩不方，规不可以为圆；凿不围枘；飞鸟之景未尝动也；镞矢之疾而有不行不止之时；狗非犬；黄马骊牛三；白狗黑；孤驹未尝有母；一尺之棰，日取其半，万世不竭。辩者以此与惠施相应，终身无穷。桓团、公孙龙辩者之徒，饰人之心，易人之意，能胜人之口，不能服人之心，辩者之囿也。惠施日以其知与之辩，特与天下之辩者为怪，此其柢也。然惠施之口谈，自以为最贤，曰天地其壮乎！施存雄而无术。南方有倚人焉，曰黄缭，问天地所以不坠不陷，风雨雷霆之故。惠施不辞而应，不虑而对，遍为万物说，说而不休，多而无已，犹以为寡，益之以怪。以反人为实，而欲以胜人为名，是以与众不适也。弱于德，强于物，其涂隩矣。由天地之道观惠施之能，其犹一蚊一虻之劳者也。其于物也何庸！夫充一尚可，曰愈贵道，几矣！惠施不能以此自宁，散于万物而不厌，卒以善辩为名。惜乎！惠施之才，骀荡而不得，逐万物而不反，是穷响以声，形与影竞走也。悲夫！

图书在版编目（CIP）数据

图解庄子／（战国）庄子原著；紫图编绘.
—海口：南海出版公司，2007.5
ISBN 978-7-5442-3738-3

Ⅰ.图… Ⅱ.①庄…②紫… Ⅲ.①道家②庄子—图解
Ⅳ.B223.55—64

中国版本图书馆CIP数据核字（2007）第053790号

图解经典 系列

项目创意／设计制作／紫图图书 ZITO®

TUJIE ZHUANGZI

图　　解　　庄　　子

原　著	庄　子	
编　绘	紫　图	
责任编辑	万　夏	
封面设计	紫图装帧	
出版发行	南海出版公司　电话（0898）66568511	
社　址	海南省海口市海秀中路51号星华大厦五楼　邮编 570206	
电子信箱	nanhaicbgs@yahoo.com.cn	
经　销	南海出版公司　电话（0898）66568511	
印　刷	北京瑞禾彩色印刷有限公司	
开　本	787×1092毫米　1/16	
印　张	19	
字　数	211千	
版　次	2012年7月第2版　2013年4月第2次印刷	
书　号	ISBN 978-7-5442-3738-3	
定　价	68元	